JN436488

제2판

경영 정보 시스템

박철우

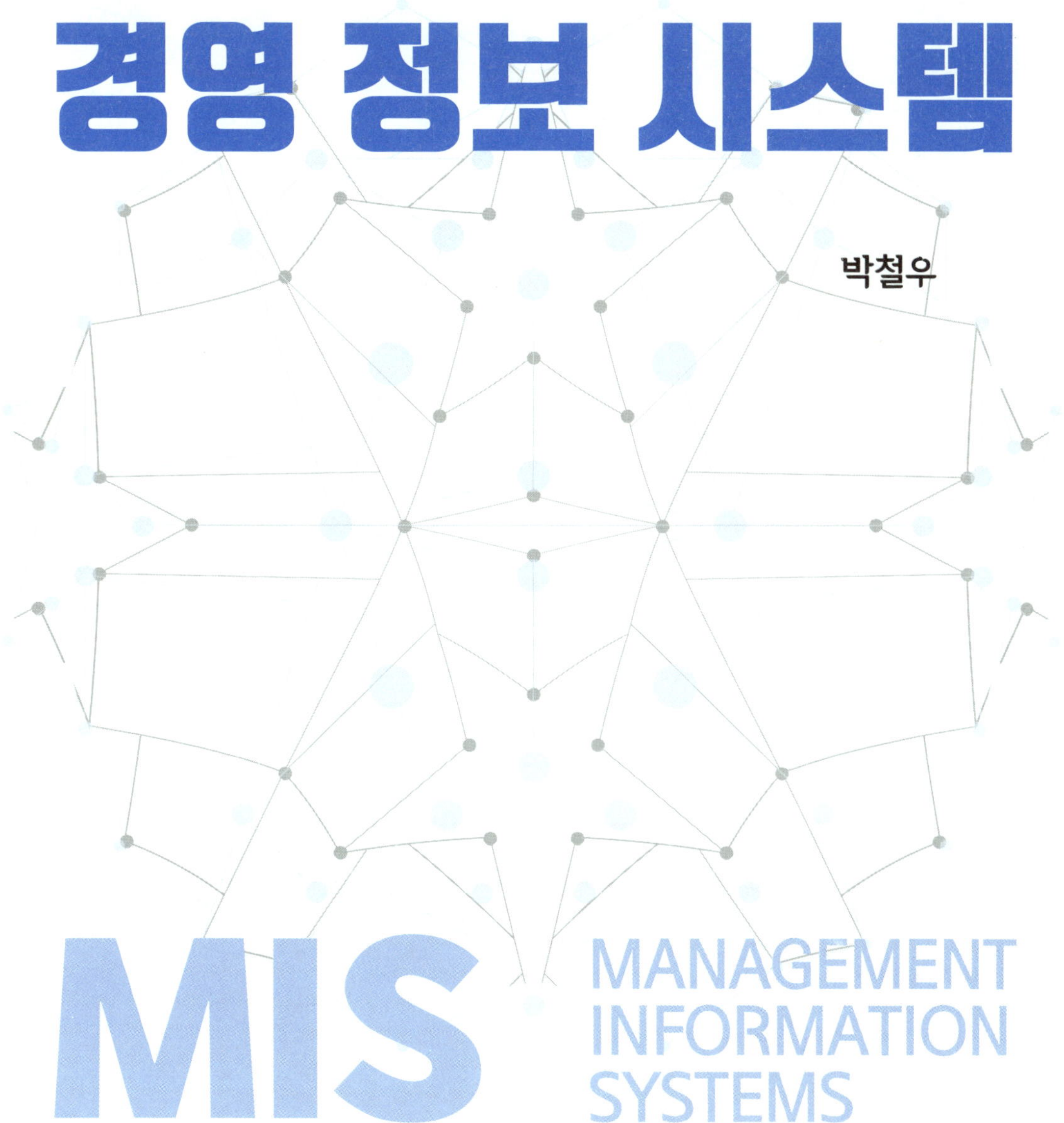

MIS

MANAGEMENT
INFORMATION
SYSTEMS

박영사

제2판 머리말

20년 이상 경영 정보 시스템(MIS) 강의를 진행하며 다양한 교재와 원서를 활용해 왔다. 이 과정에서 학생과 교수자 모두가 겪는 현실적인 어려움을 마주하게 되었고, 2024년에 MIS를 개론 수준에서 부담 없이, 그러나 핵심을 놓치지 않고 학습할 수 있는 교재를 집필하여 출판하였다. 이후 관련 분야의 빠른 변화와 새로운 추세를 반영하기 위해 개정판인 제2판을 내놓게 되었다.

본 교재는 제4차 산업 혁명과 디지털 전환(Digital Transformation)이 가속화되는 현대 경영 환경을 이해하는 데 초점을 맞추었다. 특히 과거의 핵심 기술이었던 ICBM(IoT, Cloud, Big Data, Mobile)을 넘어, 인공 지능(AI)이 결합한 ICBA, 더 나아가 블록체인(Blockchain), 데이터(Data), 확장 현실(Extended Reality)을 포괄하는 'ABCDE' 시대로의 진화를 다루었다.

또한 ChatGPT와 같은 생성형 인공 지능(Generative AI)의 등장, Web3와 메타버스의 부상, 초연결 사회를 뒷받침할 6G 통신 기술 등 급변하는 최신 기술 동향을 충실히 반영하여 학생들이 스마트 비즈니스 환경에 능동적으로 대응할 수 있도록 구성하였다.

전체 분량은 한 학기 15~16주 강의에 유연하게 적용할 수 있도록 총 13개 장으로 구성하였다. 기업과 정보 기술, 정보 시스템 간의 유기적인 관계를 파악하고, 경영 전략 수립에 있어 정보 기술이 어떠한 역할을 하는지 이해하는 데 중점을 두었다. 초판의 취지와 같이 현대 경영 환경에서 필수적인 정보 기술과 정보 시스템의 다양한 요소들을 포괄적으로 다루고 있어, 교강사의 재량에 따라 강의 내용을 조정하고 각 주제의 중요성에 따라 강조점을 달리할 수 있을 것이다. 본 교재 강의에 이어 정보 시스템 개발, 정보 자원 관리, 프로젝트 관리 등의 후속 과목들이 다루어진다면 더욱 좋을 것으로 보인다.

이 교재가 MIS 분야의 심오한 모든 이론을 담기에는 부족할 수 있으나, 강의실에서 경영 정보 시스템의 기초 개념과 최신 기술 트렌드를 연결하는 효율적인 매개체로서 긍정적인 역할을 수행하기를 기대한다.

2026년 2월

박 철 우

차례

01 현대 경영 환경의 변화와 정보 기술

02 정보의 개념과 조직

03 경영 조직의 정보 시스템

07 데이터베이스의 설계와 응용

08 통신 네트워크

09 인터넷

10 월드 와이드 웹과 무선 통신 기술

11 정보 보호의 개념과 중요성

12 정보 보안 기술과 관리

13 전자 상거래와 지식 경영

01

현대 경영 환경의 변화와 정보 기술

1 현대 경영 환경의 변화

2 경영 혁신과 혁신 기술

3 스마트 시대의 핵심 정보 기술

CHAPTER

01

현대 경영 환경의 변화와 정보 기술

1 현대 경영 환경의 변화

1. 제4차 산업 혁명과 경영 환경의 변화

산업 혁명의 시대적 변화는 인류 역사상 가장 중대한 사건 중 하나로 평가받는다. 이는 단순히 기술적 진보에 국한되지 않고, 경제, 사회, 문화 등 인간 생활의 모든 영역에 광범위한 영향을 미쳤다. 산업 혁명은 여러 단계로 나뉘어, 각기 다른 기술적 발전과 사회적 변화를 이끌었다. 이러한 변화는 인류가 경험한 생활 방식과 생산 수단의 근본적인 전환을 의미하며, 이를 이해하는 것은 현대 사회를 이해하는 데에 필수적이다. 이러한 산업 혁명의 각 단계를 살펴보자.

제1차 산업 혁명

제1차 산업 혁명은 1760년에서 1820년 사이에 발생했다. 이 시기에는 증기 기관의 발명이 핵심이었다. 증기 기관의 등장으로 기계화할 수 있었고, 이는 농업 중심의 사회에서 공업 중심의 사회로의 전환을 촉진했다. 제1차 산업 혁명은 대규모 생산과 교통의 혁신을 가져왔으며, 이는 전 세계 경제와 사회에 광범위한 영향을 미쳤다.

제2차 산업 혁명

1870년에서 1914년 사이에 일어난 제2차 산업 혁명은 전기의 발명을 중심으로 진행되었다. 이 혁명은 대량 생산을 가능하게 했고, 생산 방식을 근본적으로 변화시켰다. 전기의 사용은 제조업뿐만 아니라 교통과 통신에도 혁신을 가져왔다. 대량 생산은 제품의 가격을 낮추고, 소비자들에게 더 다양한 상품을 제공했다.

제3차 산업 혁명

1970년대에 일어난 제3차 산업 혁명은 전자와 디지털 혁명에 초점을 맞췄다. 컴퓨터와 인터넷의 등장으로 정보와 지식의 흐름이 급격히 증가했다. 이 시대는 정보 통신 기술(ICT)의 발달로 특징지어지며, 디지털화와 자동화가 경제와 사회의 모든 영역에 영향을 미쳤다. 제3차 산업 혁명은 서비스 산업의 성장과 글로벌화를 촉진했다.

제4차 산업 혁명

제4차 산업 혁명(Fourth Industrial Revolution, 4IR)은 2000년대 초반부터 시작되었다. 이 혁명은 정보 통신 기술의 융합에 중점을 두고 있다. 인공 지능(AI), 빅데이터, 사물 인터넷(IoT), 클라우드 컴퓨팅, 모바일 컴퓨팅 등의 기술이 서로 결합하여 새로운 형태의 경제 및 사회적 변화를 이끌고 있다. 이러한 기술의 융합은 기존의 비즈니스 모델과 경영 환경에 근본적인 변화를 불러오고 있다.

2. 4차 산업 혁명 시대 신경제의 특징

제4차 산업 혁명 시대 신경제의 특징은 다음과 같다.

생산 방식과 생산 요소의 변화

제4차 산업 혁명은 기술 혁신을 통해 전통적인 생산 방식을 근본적으로 변화시키고 있다. 이 혁명은 디지털화, 네트워킹, 지능화를 통해 생산 과정을 최적화하며, 기존의 노동, 토지, 자본과 같은 전통적인 생산 요소들을 재구성한다. 여기에 정보(Information)와 지식(Knowledge)이 새로운 생산 요소로 부상하면서, 생산성과 효율성이 크게 향상되었다.

초연결성, 초지능화, 컨버전스

초연결성(Hyperconnectivity)과 초지능화(Superintelligence)는 4IR의 핵심적 특징으로, 모든 것이 연결되고 데이터를 기반으로 지능적인 의사 결정이 이루어진다. 컨버전스(Convergence, 융합)는 서로 다른 기술과 산업 간의 경계를 허물며 새로운 형태의 가치 창출을 가능하게 한다. 이러한 컨버전스는 기술, 시장, 산업 구조에 걸쳐 이루어지며, 전통적인 산업 경계를 넘어선 새로운 혁신을 촉진한다. 한편 이 컨버전스는 '융합(融合)'이라는 한자어로 번역해 사용하기도 한다. 관련된 문헌 등의 자료에서 융합이라는 표현을 접했을 때, 일반적인 원어인 'Fusion'을 말하는 것인지, 'Convergence'를 말하는 것인지 제대로 확인할 필요가 있다.

참고로 이와 유사한 개념인 통일, 통합과 함께 전체적인 의미 차이를 보면 아래 표와 같다.

구분	개념	특징	IS 예	비유
통일 Unification	다양한 요소, 규칙, 프로세스 등이 하나의 표준이나 체계로 합쳐지는 과정	통일 과정을 거친 후에는 원래의 개별 요소, 규칙, 메뉴 등이 사라지고, 새롭게 통일된 표준이나 체계만 남음	기업 내 워드 프로세서를 MS Word로 단일화	친구 5명이 식당에서 메뉴를 한 가지로 정해서 주문
통합 Integration	다양한 시스템, 서비스, 데이터 등을 하나의 통합된 플랫폼으로 합치는 작업	원래의 시스템은 자체적인 특성과 기능을 유지하며, 통합된 시스템을 통해 접근됨	CRM 시스템과 ERP 시스템을 통합하여, 하나의 대시보드에서 두 시스템의 정보를 모두 볼 수 있게 함	짜장면과 짬뽕을 한 그릇에 담아 "짬짜면"을 만듦
융합 Fusion	주로 물리학, 화학에서 사용되며, 원자나 분자, 물질이 합쳐져 새로운 형태나 상태를 만드는 것	합쳐진 후에는 원래의 개별 요소들의 특성이 거의 없어지고 완전히 새로운 형태나 물질이 됨	다양한 소스의 데이터를 융합하여 새로운 통찰을 제공하는 빅데이터 분석 플랫폼 구축	한국의 불고기와 멕시코의 타코를 합쳐 퓨전 요리인 "불고기 타코"를 만듦
컨버전스 Convergence	다양한 기술, 시스템, 서비스, 분야 등이 하나의 통합된 플랫폼이나 체계로 합쳐지는 것	원래의 개별 요소들이 그 특성을 일부 유지하면서 새로운 형태나 기능으로 합쳐짐	스마트폰이 전화, 카메라, 음악 플레이어 등 다양한 기능을 하나의 디바이스에서 제공	짜장면과 볶음밥이 "짜장볶음밥"으로 합쳐짐 가락과 포크를 합쳐 겸용 식기를 만듦

공유 경제와 비즈니스 모델의 변화

공유 경제(Sharing Economy)는 자원의 효율적인 분배와 사용을 강조하는 경제 모델이다. 이는 4IR 시대의 정보 기술을 활용하여, 개인이나 기업이 직접 소유하지 않은 자원을 공유하는 새로운 방식이다. 공유 경제 모델은 전통적인 소유와 소비의 개념을 재정의하며, 경제 활동의 방식에 혁신적 변화를 불러온다.

공유 경제 모델의 대표적인 예로 우버(Uber)와 에어비앤비(Airbnb)를 들 수 있다. 우버는 개인의 차량을 활용하여 타인에게 운송 서비스를 제공하는 플랫폼이다. 이 회사는 전통적인 택시 서비스와 달리, 사람들이 자신의 차량을 이용하여 수입을 창출할 수 있는 기회를 제공한다. 우버 모델은 차량 소유의 개념을 넘어서, 개인이 가진 자원을 효율적으로 활용하여 경제적 가치를 창출하는 방식을 보여준다.

에어비앤비는 이와 유사한 방식으로 작동한다. 이 플랫폼은 사람들이 자기 집이나 방을 여행객에게 임시로 임대할 수 있게 함으로써, 전통적인 호텔 산업에 대한 대안을 제시한다. 에어비앤비는 개인의 주거 공간을 활용하여 추가 수익을 얻을 수 있는 기회를 제공하며, 이는 전통적인 부동산 소유와 사용의 방식을 변화시킨다.

우버와 에어비앤비의 성공은 정보 기술을 활용하여 비활용 자원을 경제적으로 가치 있는 자산으로 전환하는 공유 경제 모델의 잠재력을 입증한다. 이들은 개인이나 소규모 사업자가 자신의 자원을 공유함으로써, 전통적인 시장에 새로운 경쟁자로 등장할 수 있게 한다. 이러한 변화는 소유와 소비의 전통적 개념을 재정의하고, 경제 활동의 전반적인 방식을 혁신적으로 변화시킨다. 공유 경제는 자원의 효율적인 사용과 지속 가능한 경제 성장을 촉진하는 중요한 모델로 자리 잡고 있다.

지식 경영과 경제

지식 경영(Knowledge Management)은 조직 내에서 지식을 체계적으로 관리하고 활용하는 프로세스이다. 이는 정보의 생성, 공유, 활용을 중심으로 하는 경제 활동을 말하며, 지식 기반 경제(Knowledge-based Economy)로의 전환을 의미한다. 이 과정에서 지식 근로자(Knowledge Worker)의 역할이 중요해지며, 지식과 정보가 중요한 경제적 자원으로 자리 잡는다.

인간 감성 및 경험 중시

4IR 시대의 경제는 단순한 기술 발전을 넘어, 인간의 감성과 경험을 중시한다. 사용자 경험(User Experience, UX)의 중요성이 강조되며, 제품과 서비스는 개인의 요구와 감성에 맞춰 제공되어야 한다. 이는 고객의 만족도를 높이고, 장기적인 고객 관계를 구축하는 데 중요한 역할을 한다.

개인 중심

4IR 시대의 경제는 개인화(Personalization)와 맞춤화(Customization)[1]에 중점을 둔다. 대량 생산(Mass Production)에서 대량 맞춤화(Mass Customization, 대량 고객화라고도 함)로의 전환은 소비자의 개별적인 요구와 취향을 반영하는 방향으로 진화하고 있다. 이는 기술의 발전과 데이터 분석의 정교화를 통해 가능해졌으며, 소비자에게 더 개인적이고 맞춤형의 경험을 제공한다.

이러한 변화는 경영 환경에 근본적인 영향을 미치고 있으며, 기업들은 이

---

1) **개인화**(Personalization)는 고객 개인의 데이터를 활용하여 서비스나 제품을 제공하는 전략이다. 이 데이터에는 고객의 행동, 관심사, 과거 구매 이력 등이 포함된다. 개인화의 핵심은 고객에게 **차별화**(Differentiation)된 경험을 제공하는 것이다. 예를 들어, 구내식당에서 생일과 같은 특정한 날에 고객에게 특별한 메뉴를 제공하는 것이 이에 해당한다. 이러한 접근법은 고객의 개별적인 요구와 선호를 반영하여 서비스나 제품을 맞춤형으로 조정함으로써 이루어진다. 개인화 과정에서는 고객의 독특한 특성을 파악하고, 이를 서비스나 제품에 반영하여 고객에게 특별하고 고유한 경험을 제공하는 것이 중요하다. 반면, **맞춤화**(Customization)는 고객이 제품이나 서비스의 특정 요소를 자신의 필요나 선호에 맞게 조절할 수 있게 하는 과정이다. 맞춤화는 **구성 가능성**(Configurability)을 강조한다. 여기서 중요한 점은 사용자가 직접 제품이나 서비스의 구성을 선택하고, 필요에 따라 변경할 수 있다는 것이다. 예를 들어, 구내식당에서 밥의 양을 대, 중, 소 등으로 구분하여 제공하는 경우가 이에 해당한다. 이 과정은 고객 주도적으로 진행되며, 제공된 옵션 내에서 사용자가 자신만의 제품이나 서비스를 만들어갈 가능성을 제공한다. 맞춤화에서는 고객이 제품이나 서비스를 자신의 취향과 필요에 따라 조정할 수 있는 유연성이 중요하다. 개인화와 맞춤화는 모두 고객 중심적인 접근을 바탕으로 하지만, 그 실행 방식과 초점에 차이가 있다. 개인화는 고객의 데이터를 기반으로 한 서비스 제공에 중점을 두지만, 맞춤화는 고객이 직접 제품이나 서비스를 조정할 수 있는 선택권을 강조한다. 이 두 전략은 고객 만족도를 높이고, 고객 경험을 개선하는 데 중요한 역할을 한다.

러한 변화에 적응하기 위한 새로운 전략과 모델을 개발해야 한다. 제4차 산업 혁명은 기술의 진보뿐만 아니라, 사회적, 경제적 구조에도 깊은 변화를 야기하고 있다.

3. 경영 환경의 변화와 디지털 기업

디지털 기업(Digital Enterprise 또는 Digital Firm)은 현대 경영 환경에서의 모든 기업이 채택하고 있는 필수적인 모델이다. 현대의 모든 기업은 정보 통신 기술(ICT)을 핵심 운영 과정과 전략에 통합하여 기업 목표를 달성하는데 활용하고 있으며, 이러한 통합은 다음과 같은 중요한 특징과 결과를 낳는다.

- ICT의 필수적 통합: 현대 기업은 기업 활동의 모든 측면에서 정보 통신 기술을 사용한다. 이는 운영의 효율성을 높이고, 비즈니스 모델을 혁신하는 핵심 요소가 된다.
- 전략적 디지털화: 디지털 기술은 단순한 도구가 아니라 전략적 자산으로 활용된다. 이를 통해 기업은 시장 변화에 빠르게 대응하고, 경쟁 우위를 확보할 수 있다.
- 고객 중심의 서비스 접근: 현대 기업은 고객 데이터 분석을 통해 맞춤형 서비스를 제공하고, 고객 경험을 최적화한다. 이는 고객 만족도와 충성도를 높이는 중요한 요인이 된다.
- 유연한 조직 문화와 구조: 디지털 기업은 협업과 혁신을 강조하는 조직 문화를 갖추고 있다. 이는 기업이 변화하는 시장 환경에 신속하게 적응하고, 지속적인 성장을 추구하는 데 필수적이다.
- 지속 가능성과 사회적 책임: 디지털 기업은 지속 가능한 비즈니스 모델을 추구하며, 환경적 및 사회적 책임을 인식한다. 이는 기업의 장기적 성공에 중요한 요소이다.
- 보안과 프라이버시의 중시: 디지털 기술의 증가는 보안과 개인정보 보호의 중요성을 높인다. 이는 기업의 신뢰성과 지속 가능성에 직접적으로 영향을 미친다.

결과적으로, **현대의 모든 기업은 디지털 기업**이라고 할 수 있다. 이러한 변화는 비즈니스 환경에서의 경쟁력을 유지하고, 시장에서 성공하기 위한 필수적인 요소가 되었다. 디지털 기술의 통합은 기업의 운영 방식, 조직 문화, 고객 관계 관리 및 전략적 결정에 근본적인 영향을 미치며, 이를 통해 기업은 지속 가능하고 혁신적인 방식으로 성장할 수 있다.

2 경영 혁신과 혁신 기술

1. 혁신의 개념과 유형

혁신의 정의

혁신(Innovation)은 기존의 방식, 기술, 제품, 또는 서비스를 개선하거나 새롭게 창출함으로써 가치를 창출하는 과정이다. 이는 단순히 새로운 아이디어의 도입에 국한되지 않으며, 실제로 가치를 창출하기 위해 그 아이디어를 실행하는 것을 포함한다. 혁신은 기업이나 조직의 지속 가능한 성장과 발전에 필수적인 요소로, 새로운 시장 기회를 창출하고 경쟁 우위를 확보하는 데 중요한 역할을 한다.

혁신의 유형

혁신을 구분하는 방식은 다양하지만 우선 급진적 혁신과 점진적 혁신으로 나눌 수 있다.

급진적 혁신(Radical Innovation)

급진적 혁신은 기존의 시장, 기술, 또는 운영 방식에 근본적인 변화를 가져오는 혁신이다. 이는 종종 새로운 시장을 창출하거나 기존 시장의 규칙을 재정립한다. 예를 들어, 디지털 카메라는 필름 기반의 사진 산업에 급진적인 변화를 가져왔다.

점진적 혁신(Incremental Innovation)

점진적 혁신은 기존 제품이나 서비스의 성능을 향상시키거나, 작은 개선을 통해 새로운 가치를 창출하는 혁신이다. 이는 기존 시장과 기술에 대한 깊은 이해를 바탕으로 이루어지며, 비교적 위험이 낮고 예측 가능한 결과를 가져온다. 예를 들어, 스마트폰의 카메라 해상도 개선은 점진적 혁신의 예시이다.

이와 같은 분류와 유사하지만, 또다른 분류로 다음과 같은 혁신이 있다.

와해성 혁신(Disruptive Innovation)

와해성 혁신(瓦解性 革新)은 기존 시장의 기반이 되는 기술이나 비즈니스 모델을 무너뜨리는 새로운 접근 방식을 제시한다. 이는 초기에는 주류 시장에서 주목받지 못할 수 있으나, 점차적으로 시장을 재편하고 기존의 선도 기업들을 위협한다. 예를 들어, 스트리밍 서비스는 전통적인 미디어 방송 산업을 와해시키는 혁신이다.

존속성 혁신(Sustaining Innovation)

존속성 혁신(存續性 革新)은 기존 제품이나 서비스를 개선하거나 유지하는 것을 목표로 하는 혁신이다. 이는 기존 고객의 요구를 충족시키기 위해 지속적인 개선을 추구하며, 대체적으로 시장의 기존 구조를 유지한다. 예를 들어, 연료 효율이 개선된 새로운 자동차 모델의 출시는 존속성 혁신에 해당한다.

---

2) 참고로 비슷하게 생긴 **지속 가능 기술**(sustainable technology)이라는 개념이 있다. 이는 환경적, 경제적, 사회적으로 지속 가능한 방식으로 개발되고 활용될 수 있는 기술을 의미한다. 이 기술들은 장기적으로 환경에 미치는 영향을 최소화하면서 자원을 효율적으로 사용하는 것을 목표로 한다. 예를 들어, 태양광 발전과 같은 재생 가능 에너지 기술은 화석 연료에 대한 의존을 줄이고 온실가스 배출을 감소시키는 등 지속 가능성을 높이는 기술이다. 이와 달리, 존속성 기술은 기존 시장이 요구하는 바에 부응하며 현재 시스템과의 호환성을 중시하는 기술 개선을 추구한다. 이는 현존하는 비즈니스 모델 내에서 기존 제품이나 서비스의 성능을 향상하거나, 시장에서의 경쟁력을 유지하기 위한 기술적 발전을 지칭한다. 간단하게는 **지속 가능성**(sustainability)을 구현하는 기술로 볼 수 있다. 결국, 지속 가능 기술은 장기적인 환경적 지속 가능성에 중점을 두지만, 존속성 기술은 기존의 시장 수요와 호환성을 유지하며 비즈니스 모델을 강화하고자 하는 단기적 및 중기적 목표를 가지고 있다. 두 용어는 서로 비슷하게 생겨서 혼동할 수 있지만, 초점과 목표에서 분명한 차이가 있는 별개의 개념이다.

2. 혁신 기술의 유형

존속성(지속성) 기술(Sustaining Technology)[2)]

존속성 기술은 기존 시장의 요구에 부응하거나, 현재 시스템과 호환되는 기술적 개선을 지향한다. 이러한 기술은 기존의 시장과 제품에 잘 통합되며, 기업의 현재 비즈니스 모델을 강화하는 데 기여한다.

와해성 기술(Disruptive Technology)

와해성 기술은 기존 시장의 기술적 표준이나 비즈니스 모델에 도전하며, 새로운 시장을 창출하거나 기존 시장을 변혁시키는 새로운 기술이다. 이는 초기에는 간과되거나 과소평가될 수 있으나, 장기적으로는 엄청난 영향력을 발휘할 수 있다. 예를 들어, 클라우드 컴퓨팅은 전통적인 온프레미스 데이터 센터[3)]에 대한 와해성 기술이다.

참고문헌

"Sustaining Technology vs. Sustainable Technology", 2008. 4. 10.
https://cantips.com/737

3) 전통적인 **온프레미스 데이터 센터**(On-Premise Data Center)는 기본적으로 한 조직이 자신의 물리적 공간에 직접 컴퓨터 서버와 관련 인프라를 설치하고 관리하는 방식을 말한다. '온프레미스(on-premise)'란 말은 '현장에 있는'이라는 뜻으로, 기업이나 조직이 자체적으로 소유한 건물이나 다른 물리적 위치에 데이터 센터를 운영한다는 것을 의미한다. 이 방식의 핵심은 기업이나 조직이 자신의 IT 인프라를 완전히 통제하며, 이를 위해 필요한 모든 장비(서버, 스토리지, 네트워크 장비 등)를 구매하고 유지 보수해야 한다는 점이다. 이렇게 하면 데이터에 대한 접근과 보안을 직접 관리할 수 있으며, 외부 서비스 제공업체에 의존하지 않아도 된다. 예를 들어, 한 학교가 학생과 교직원들의 데이터를 저장하고 관리하기 위해 교내에 서버실을 마련하고, 그곳에 필요한 서버와 네트워크 장비를 설치하여 운영하는 경우, 이는 전통적인 온프레미스 데이터 센터의 예라고 할 수 있다. 이 방식은 데이터 관리와 보안을 직접 관장할 수 있다는 장점이 있지만, 초기 투자 비용이 높고, 유지 보수 및 업그레이드가 복잡하다는 단점도 있다.

3. 최신 정보 기술의 추세

TGIF

TGIF는 원래 “Thank God It’s Friday”의 약자로 주말을 앞둔 기쁨을 표현하는 말이지만, 최신 정보 기술의 추세를 이해하는 데에도 의미심장하게 사용될 수 있다. 여기서의 TGIF는 트위터(Twitter), 구글(Google), 아이폰(iPhone), 페이스북(Facebook)의 첫 글자를 따서 만든 것이다. 이들 각각은 현대 정보 기술의 중요한 구성 요소를 대표한다.

Twitter (X) - 실시간 소셜 네트워킹과 정보 전달의 핵심

트위터는 정보를 빠르고 간결하게 전달하는 대표적인 소셜 미디어 플랫폼이다. 실시간으로 세계적인 이슈와 트렌드를 반영하며, 개인과 기업이 대중과 소통하는 주요 수단으로 자리매김했다. 트위터는 2023년 7월에 ‘X’로 브랜드를 변경했다. 이 변경은 2022년 10월 Elon Musk가 트위터를 인수한 후 일어난 주요 변화 중 하나이다. 이 브랜드 변경의 하나로, 공식 앱도 ‘X’로 이름이 바뀌었으며, 새로운 태그라인 ‘Blaze Your Glory!’가 도입되었다. 또한, 트위터의 기존 상징이었던 파란 새 로고가 ‘X’ 아이콘으로 대체되었다. 트위터의 몇몇 용어도 변경되었다. 예를 들어, ‘tweet’는 이제 ‘post’로, ‘retweet’는 ‘repost’로 불리게 되었다. 사용자 인터페이스는 기존의 트위터와 동일하지만, 앱과 웹사이트의 상단에 새로운 ‘X’ 로고가 추가되었다. 이 외에도 X는 ‘everything app’[4]으로 확장할 것으로 발표했는데, 이는 사용자들이 마이크로블로깅(microblogging) 외에도 은행 업무 및 메시징을 포함한 다양한 활동을 할 수 있게 될 것을 의미한다. 이러한 변화는 트위터의 새로운 방향성을 반영하는 것으로, 단순한 소셜 네트워킹 플랫폼에서 더 넓은 범위의 서비스를 제공하는 플랫폼으로 확장하려는 전략을 제시하고 있다.

---

4) 이는 우리가 흔히 **슈퍼앱**(super-app, super app, superapp)이라고 하는 종류를 말한다. 슈퍼앱은 결제 및 금융 거래 처리를 포함한 여러 서비스를 제공할 수 있는 모바일 또는 웹 애플리케이션으로, 사실상 개인과 영리를 추구하는 삶의 모든 분야를 포괄하는 자체 탑재 상거래 및 통신 온라인 플랫폼이다. 이 용어는 처음에 중국의 위챗(WeChat)을 상징하는 용어로 쓰였다. 우리나라의 카카오톡도 이런 성격의 앱으로 설명할 수 있다.

Google - 정보 검색과 처리의 혁신

구글은 단순한 검색 엔진을 넘어서, 인공 지능, 클라우드 컴퓨팅, 빅 데이터 분석 등을 통해 정보 처리와 관리의 방식을 혁신적으로 변화시켰다. 이를 통해 사용자는 효율적으로 필요한 정보를 찾고 활용할 수 있게 되었다.

iPhone(Apple) - 모바일 컴퓨팅과 사용자 경험의 변화

아이폰은 사용자 인터페이스와 모바일 앱스토어를 통해 스마트폰 사용의 패러다임을 바꾸었다. 이러한 혁신은 모바일 컴퓨팅 분야의 발전뿐만 아니라, 사용자 경험의 진화에도 크게 기여했다. 일반적으로 아이폰이 발표된 2007년을 모바일 혁명, 모바일 혁신의 원년(元年)으로 본다.

Facebook(Meta) - 소셜 네트워킹과 개인화된 콘텐츠의 중심

페이스북은 전 세계 수많은 사람들을 연결하고, 개인화된 콘텐츠를 제공하는 주요 플랫폼이다. 이를 통해 정보의 공유 방식과 소셜 미디어의 영향력이 크게 증대되었다. 페이스북은 2021년 10월에 메타(Meta)로 이름을 변경한다. 주요 이유는 회사가 단순한 소셜 미디어 플랫폼을 넘어서, "메타버스(Metaverse)"[5]라는 새로운 가상 현실 경험을 중심으로 자신들의 사업을 재정의하고자 하는 의도에서 비롯되었다. 메타버스는 실제와 가상이 결합된 3D 가상 공간을 말하며, 사용자들이 디지털 아바타를 통해 서로 상호 작용할 수 있는 환경을 제공한다. 이 회사명 변경은 페이스북이 그동안의 이미지를 넘어서 더 넓은 기술 분야로 확장하고자 하는 전략의 일환으로, 가상 현실(VR), 증강 현실(AR), 인공 지능(AI) 등의 분야에 더 많은 투자와 연구를 진행하겠다는 의미를 내포하고 있다. 또한, 이러한 변화는 사회적, 정치적 논란에서 벗어나기 위한 브랜드 이미지 개선의 측면도 있는 것으로 알려졌다. 이는 단순한 상표 변경이

---

5) 메타버스는 'meta'(beyond, after란 뜻의 그리스어)와 'universe'의 합성어로 '초월한 우주'라는 의미를 담고 있다. 이 용어는 가상 현실과 증강 현실 기술을 바탕으로 한 디지털 세계를 의미하며, 사용자들이 3차원 가상 공간에서 상호 작용할 수 있는 환경을 제공한다. 이 가상 공간에서는 사용자들이 아바타(avatar)를 통해 서로 소통하고, 다양한 활동을 경험할 수 있다. 예를 들어, 게임, 교육, 업무, 사회적 활동 등 현실 세계의 활동을 가상 공간에서도 수행할 수 있으며, 디지털 자산의 거래와 같은 경제 활동도 가능하다. 메타버스는 기술적 진보뿐만 아니라, 사회적, 경제적 변화를 촉진하는 중요한 요소로 주목받고 있다.

아니라 회사의 방향성과 미래 비전을 나타내는 중요한 결정으로 볼 수 있다.

이 네 키워드는 단순히 해당 기업이나 브랜드를 지칭하는 것이 아니라, 그 이면에 있는 근본적인 기술 트렌드를 상징한다. 즉, 소셜 네트워크(Social Network), 클라우드 컴퓨팅(Cloud Computing), 모바일 컴퓨팅(Mobile Computing)과 같은 기술들은 이들 기업의 혁신을 통해 발전하고, 다시 이들 기업이 이러한 기술 트렌드에 의해 형성되고 성장한다. 이러한 상호 작용은 최신 정보 기술의 발전 방향과 그 영향력을 이해하는 데 중요한 열쇠를 제공한다.

ICBM

ICBM은 일반적으로 '대륙 간 탄도 미사일(Intercontinental Ballistic Missile)'을 의미하지만, 최신 정보 기술의 관점에서는 다음과 같은 네 가지 핵심적인 기술 트렌드를 나타내는 약어로 사용될 수 있다. 이 네 가지 기술은 현대 사회와 산업에 근본적인 변화를 가져오고 있다.

IoT(Internet of Things) - 연결성과 자동화의 진화

사물 인터넷은 서로 다른 기기들이 인터넷을 통해 연결되어 상호 작용하는 기술을 말한다. 이는 가정, 산업, 의료 등 다양한 분야에서 자동화와 지능화를 가능하게 하며, 새로운 서비스와 솔루션을 창출하고 있다.

Cloud Computing - 유연한 자원 활용과 데이터 관리

클라우드 컴퓨팅은 인터넷 기반의 컴퓨팅 자원과 서비스를 제공하는 기술이다. 이를 통해 기업과 개인은 하드웨어와 소프트웨어를 직접 구매하고 관리하는 대신, 필요에 따라 유연하게 이용할 수 있다.

Big Data - 대규모 데이터의 분석과 인사이트 도출

빅 데이터는 대량의 구조적, 비구조적 데이터를 분석하여 의미 있는 정보를 도출하는 기술이다. 이는 비즈니스 의사 결정, 과학 연구, 사회적 트렌드 분석 등에서 중요한 역할을 하고 있다.

Mobile Computing - 이동성과 접근성의 확장

모바일 컴퓨팅은 스마트폰, 태블릿 등 이동 가능한 기기를 사용하여 정보에 언제 어디서나 접근할 수 있는 기술이다. 이는 업무 방식과 일상생활에 큰 영향을 미치며, 새로운 형태의 커뮤니케이션과 서비스를 가능하게 한다.

ICBM은 현재와 미래의 사회, 산업에 혁신적인 변화를 주도하는 주요 요소로, 이들 기술의 상호 작용과 발전은 계속해서 우리 삶의 모든 측면에 영향을 미칠 것이다. 자세한 내용은 이어서 살펴보기로 한다.

3 스마트 시대의 핵심 정보 기술

1. 스마트 시대의 핵심 기술: ICBM

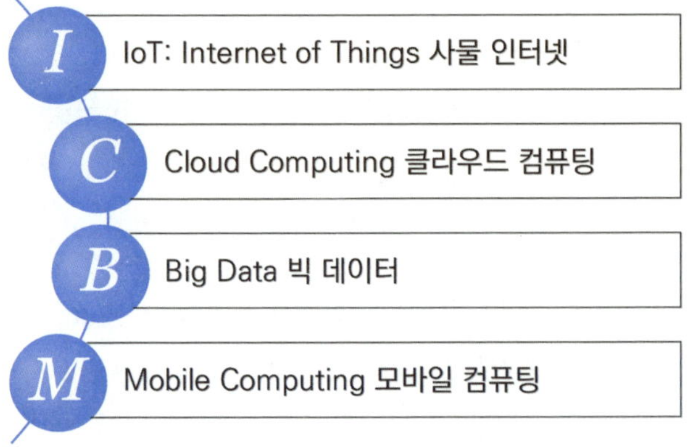

2. 사물 인터넷

사물 인터넷의 개념

IoT(Internet of Things, 사물 인터넷)는 각종 사물에 센서와 통신 기능을 내장하여 인터넷에 연결하는 기술이다. 이는 가전제품, 모바일 장비, 웨어러블 디바이스 등 다양한 임베디드 시스템(Embedded System)에 적용된다. 사물 인터넷에 연결된 각 객체는 자신을 구별할 수 있는 유일한 IP 주소(Internet Protocol

Address)를 가지고, 외부 환경으로부터 데이터를 취득하기 위해 센서를 내장할 수 있다. 이를 통해 무선 통신을 활용하여 사물들을 서로 연결하고, 데이터를 수집 및 공유한다.

사물 인터넷의 범위

사물 인터넷의 범위는 매우 광범위하다. 개인 부문에서는 자율 자동차, 건강 상태를 모니터링하는 센서 등이 포함되며, 산업 부문에서는 공정 분석 및 모니터링, 고 부가 가치 제품 개발 등에 활용된다. 또한, 공공 부문에서는 재난 및 재해 관리, 환경 오염 방지, 홈 케어, 유통 체제 밀착 관리, 공공 시설의 효율적 활용 등 다양한 분야에서 IoT 기술이 접목되고 있다.

사물 인터넷의 활용

사물 인터넷은 다양한 분야에서 효율성과 혁신을 가져오고 있다. 예를 들어, 자율 주행 자동차는 사물 인터넷을 통해 주변 환경 정보를 실시간으로 수집하고 처리하여 안전한 운전을 지원한다. 산업 부문에서는 공장의 기계들이 IoT를 통해 상태 데이터를 실시간으로 모니터링하고, 이를 바탕으로 예방 정비나 효율적인 운영이 가능하다. 공공 부문에서는 IoT를 활용해 재난 상황에 빠르게 대응하거나, 도시의 에너지 관리를 최적화하는 등 공공 서비스의 질을 향상시키는 데 기여한다.

관련 개념

- 유비쿼터스 컴퓨팅(Ubiquitous Computing): 어디에서나 컴퓨팅이 가능하다는 개념으로, 사용자의 인식을 넘어선 곳에서 컴퓨터 기술이 적용되는 환경.
- 사물 통신(M2M: Machine to Machine): 기계와 기계 간 직접적인 통신을 통해 정보를 교환하고 자동으로 작업을 수행하는 기술.
- 무선 센서 네트워크(WSN: Wireless Sensor Network 또는 USN: Ubiquitous Sensor Network): 다수의 센서가 무선으로 연결되어 환경 정보를 수집하고 중앙 처리 장치에 전송하는 네트워크 시스템.
- 웨어러블 컴퓨터(Wearable Computer): 사용자가 몸에 착용하며, 일상생활에서 사용할 수 있는 소형 컴퓨팅 장치.

- RFID(Radio-Frequency Identification): 무선 주파수 신호를 사용해 객체의 식별 및 추적을 가능하게 하는 기술.
- NFC(Near Field Communication): 근거리 무선 통신 기술로, 간단한 터치만으로 정보를 교환할 수 있게 하는 통신 방식.
- 디지털 트윈(Digital Twin): 현실 세계의 물리적 객체, 시스템, 환경 등을 가상 공간에 동일하게 모사한 모델. 실시간으로 데이터를 수집하여 업데이트하고, 시뮬레이션, 머신 러닝, 추론 등을 통해 의사 결정을 지원하는 기술.
- 만물 인터넷(IoE: Internet of Everything): 사물 인터넷(IoT)보다 더 넓은 개념으로, 사람, 데이터, 과정, 사물이 모두 연결되어 상호 작용하는 통합 네트워크를 의미.

3. 클라우드 컴퓨팅

클라우드 컴퓨팅의 개념

클라우드 컴퓨팅은 데이터 스토리지와 컴퓨팅 파워와 같은 컴퓨터 시스템 리소스를 필요 시 즉각적으로 제공하는 인터넷 기반 컴퓨팅의 한 형태이다. 이 개념에서 '클라우드'는 네트워크 또는 인터넷을 의미하며, 정보를 자신의 컴퓨터가 아닌 클라우드에 연결된 다른 컴퓨터로 처리하는 기술을 말한다.

클라우드 컴퓨팅의 서비스 모델

클라우드 컴퓨팅은 크게 세 가지 서비스 모델로 나뉜다.

- IaaS(Infrastructure as a Service): 기본적인 컴퓨팅 인프라, 예를 들어 서버, 스토리지, 네트워크를 클라우드 서비스로 제공하는 형태.
- SaaS(Software as a Service): 소프트웨어 및 관련 데이터가 중앙에 호스팅되고, 사용자는 웹 브라우저 등의 클라이언트를 통해 접속하여 사용하는 형태.
- PaaS(Platform as a Service): 애플리케이션을 개발, 실행, 관리할 수 있게 하는 플랫폼을 제공하는 형태.

클라우드 컴퓨팅과 관련된 개념

클라우드 컴퓨팅과 관련하여 다양한 개념들이 연계되어 있다.

- 서버 기반 컴퓨팅: 클라우드 컴퓨팅의 기초가 되는 컴퓨팅 형태로, 서버에서 중앙 집중적으로 데이터 처리를 수행함.
- 스마트 오피스: 클라우드 기반 서비스를 활용하여 업무 환경을 최적화하는 개념.
- 클라우드 스토리지: 데이터를 클라우드 서버에 저장하고 접근하는 기술.
- 하드웨어 가상화(Virtualization): 물리적인 하드웨어 자원을 가상화하여 여러 사용자가 공유하는 방식.
- 분산 컴퓨팅: 여러 컴퓨터가 네트워크를 통해 연결되어 작업을 분산 처리하는 컴퓨팅 방식.
- 가상 사설망(VPN: Virtual Private Network)[6]: 인터넷을 통해 가상의 사설망을 구축하여 보안성을 높이는 기술.
- 네트워크 결합 스토리지(NAS: Network-Attached Storage): 네트워크에 연결된 스토리지 장치로, 파일 저장 및 공유에 사용됨.

4. 빅 데이터

빅 데이터의 개념

빅 데이터는 전통적인 데이터베이스 관리 도구의 능력을 초과하는 대규모의 정형 및 비정형 데이터로부터 가치를 추출하고 결과를 분석하는 기술이다. 이는 방대한 양의 데이터를 수집, 저장, 분석, 처리하는 데 있어 기존 데이터 처리 응용 소프트웨어의 한계를 뛰어넘는다. 빅 데이터는 정치, 사회, 경제, 문화, 과학, 기술 등 다양한 영역에 걸쳐 가치 있는 정보를 제공하며 그 중요성이 점점 부각되고 있다.

빅 데이터의 특징: 3V

빅 데이터의 핵심 특징은 '3V'로 요약된다.

---

6) 제9장 가상 사설망 항목 참조.

- Volume(규모): 데이터의 양이 매우 방대함. 이는 기존 데이터베이스 시스템의 용량을 초과하는 수준임.
- Variety(다양성): 데이터 형식의 다양성을 의미함. 텍스트, 이미지, 비디오, 로그 파일 등 다양한 형식의 데이터가 포함됨.
- Velocity(속도): 데이터가 생성되고 수집되는 속도가 매우 빠름. 이는 실시간 분석과 신속한 의사 결정을 가능하게 함.

관련 개념

- 비즈니스 인텔리전스(BI: Business Intelligence): 데이터 분석을 통해 비즈니스 의사 결정을 지원하는 과정.
- 데이터 웨어하우스(Data Warehouse):[7] 다양한 출처에서 온 대량의 데이터를 저장하고 관리하는 시스템.
- 데이터 마이닝(Data Mining):[8] 대규모 데이터 집합에서 유용한 패턴, 관계, 통찰을 발견하는 과정.
- 데이터 과학(Data Science): 데이터로부터 가치를 추출하기 위해 통계, 데이터 마이닝, 빅 데이터 분석 등의 기술을 활용하는 학문 분야.

5. 모바일 컴퓨팅

모바일 컴퓨팅은 이동 중에도 데이터, 음성, 동영상 등을 전송할 수 있는 컴퓨팅 기술을 말한다. 이는 인간과 컴퓨터 간의 상호 작용을 기반으로 하며, 모바일 통신, 모바일 하드웨어, 모바일 소프트웨어를 포함한다. 스마트폰의 보급과 함께 기술 자체뿐만 아니라 비즈니스 용도로도 주목받고 있다.

모바일 컴퓨팅의 기본 원칙

- 휴대성(Portability): 장치의 이동성을 가능하게 하는 중요한 특성.
- 연결성(Connectivity): 네트워크 접속을 통한 지속적인 정보 교환 능력.
- 상호 작용성(Interactivity): 사용자와 장치 간의 실시간 상호 작용이 가능해야 함.

---

7) 제7장 데이터 웨어하우스 항목 참조.
8) 제7장 데이터 마이닝 항목 참조.

- 개별성(Individuality): 사용자의 개별적인 요구와 환경에 맞춘 맞춤형 서비스 제공.

관련 개념

모바일 컴퓨팅과 관련된 여러 기술 및 개념은 다음과 같다.

- 컴퓨터 네트워크(Computer Network): 여러 컴퓨터와 기타 장치들이 서로 연결되어 데이터를 공유할 수 있는 구조.
- 셀룰러 네트워크(Cellular Network): 이동 통신을 가능하게 하는 무선 네트워크 시스템.
- 모바일 애플리케이션(Mobile Application): 스마트폰과 같은 모바일 장치에서 사용되는 소프트웨어.
- 모바일 장치 관리(MDM: Mobile Device Management): 모바일 장치의 보안, 정책 관리 및 모니터링을 위한 기술.
- 위치 기반 서비스(LBS: Location-Based Service): 사용자의 위치 정보를 기반으로 서비스를 제공하는 기술.

6. 스마트 시대의 핵심 기술: ICBM → ICBA

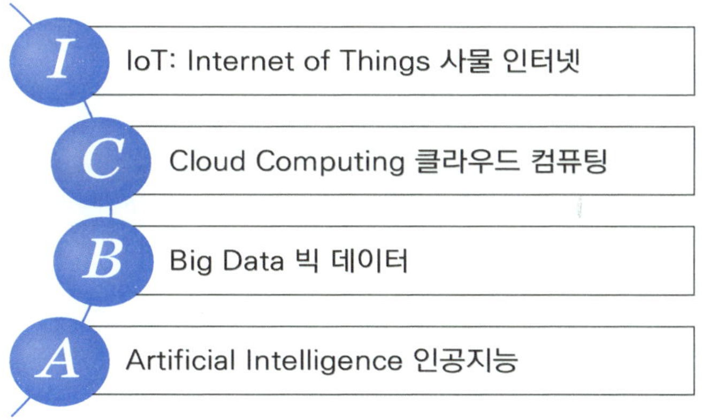

7. 인공 지능

인공 지능의 개념

인공 지능은 컴퓨터 시스템이 인간처럼 학습, 추론, 인식, 언어 이해 등의 지능적인 작업을 수행할 수 있게 하는 기술이다. 이는 기계가 인간의 사고 및 학습 능력을 모방하여 문제 해결 및 의사 결정을 지원하는 지능형 시스템을 말한다.

인공 지능의 기본 원칙

- 자동화(Automation): 반복적이고 예측 가능한 작업을 컴퓨터가 자동으로 수행.
- 학습 및 추론(Learning and Inference): 데이터로부터 학습하고 새로운 상황에 적용하는 능력.
- 자율성(Autonomy): 사람의 지속적인 간섭 없이 독립적으로 작업 수행.

인공 지능의 구분

인공 지능은 그 성격과 능력에 따라 크게 약 인공 지능과 강 인공 지능으로 구분된다. 이러한 분류는 인공 지능이 수행할 수 있는 작업의 범위와 복잡성에 따라 이루어진다.

약 인공 지능(Weak AI)

약 인공 지능은 응용 인공 지능이라고도 하며 특정한 작업이나 기능에 초점을 맞춘 인공 지능이다. 이는 인간의 일부 지능적 작업을 모방하거나 특정 영역에서 인간과 유사한 성능을 발휘하도록 설계된다.

여기에는 지능의 수준에 따라 판별형 인공 지능(Discriminative AI)과 생성형 인공 지능(Generative AI)이 있다. 판별형 인공 지능은 주어진 데이터를 기반으로 이미 존재하는 데이터와 유사한 데이터를 분류하거나, 새로운 데이터를 예측하는 데 사용하는 인공 지능이다. 예를 들어, 이메일이 스팸인지 아닌지 분류하거나, 주가를 예측하는 데 사용할 수 있다. 반면에 생성형 인공 지능은 주어진 데이터를 기반으로 새로운 데이터를 생성하는 데 사용하는 인공 지능이다. 예를 들어, 텍스트나, 이미지, 음악 등을 생성하는 데 사용할 수 있다.

강 인공 지능(Strong AI)

강 인공 지능은 완전 인공 지능이라고도 할 수 있는데, 인간의 지능과 유사한 또는 그 이상의 지적 능력을 지닌 인공 지능을 의미한다. 이는 다양한 문제를 독립적으로 해결하고, 복잡한 추론과 학습 능력을 갖추었다고 가정된다. 현재 강 인공 지능은 이론적인 개념에 가깝고, 완전한 형태의 실현은 아직 이루어지지 않았다. AGI(Artificial General Intelligence, 인공 일반 지능)는 강 인공 지능의 범주에 속하는 개념으로, 인간과 같은 일반적인 지능 수준을 달성하는 것을 목표로 한다. AGI는 여러 분야에 걸쳐 융통성 있고 독립적인 문제 해결 능력을 보여주는 것이 특징이다.

약 인공 지능과 강 인공 지능의 이러한 구분은 각각의 인공 지능이 추구하는 목표와 가능성을 기반으로 한다. 약 인공 지능은 현재 다양한 분야에서 실용적인 응용을 찾아가고 있지만, 강 인공 지능은 미래의 기술 발전과 함께 그 실현 가능성이 탐구되고 있다. 생성형 인공 지능과 AGI는 이러한 구분을 이해하는 데 있어 좋은 예시로, 인공 지능의 다양한 형태와 발전 방향을 이해하는 데 도움이 된다.

인공 지능의 핵심 기술

- 머신 러닝(Machine Learning, 기계 학습): 데이터를 기반으로 패턴을 학습하고 예측을 하는 기술.
- 딥 러닝(Deep Learning, 심층 학습): 신경망을 이용해 복잡한 문제를 해결하는 고급 머신 러닝 기법.
- 자연어 처리(NLP: Natural Language Processing): 인간의 언어를 이해하고 처리하는 기술.

인공 지능의 응용 분야

- 경영: 시장 분석, 의사 결정 지원, 비즈니스 프로세스 자동화 등에 활용.
- 의료: 예측 진단, 환자 모니터링 등의 의료 서비스 향상에 기여.
- 금융: 거래 감시, 리스크 관리 등의 금융 분야에서 중요한 역할.
- 교육: 개인화된 학습 경로 제공 및 교육의 질 향상에 기여.

8. 스마트 시대의 핵심 기술: ICBM → ICBA → ABCDE

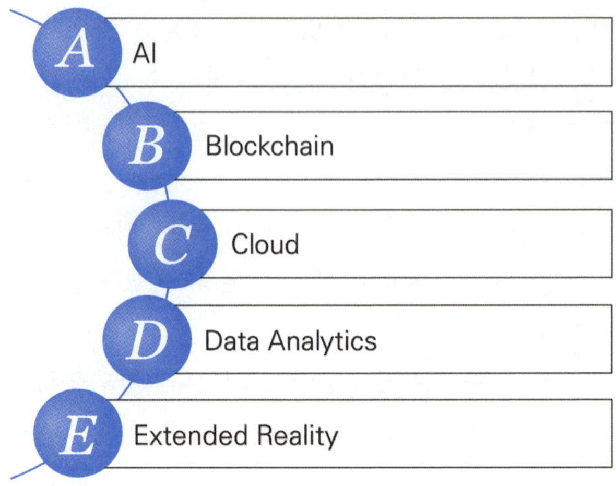

특징

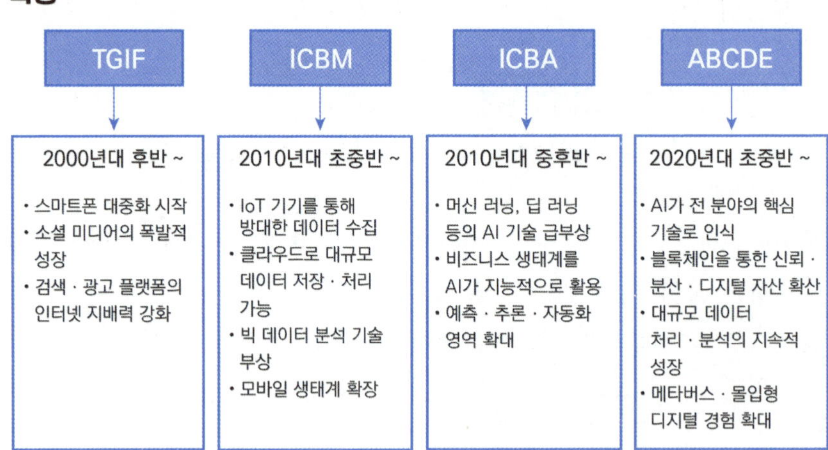

의의

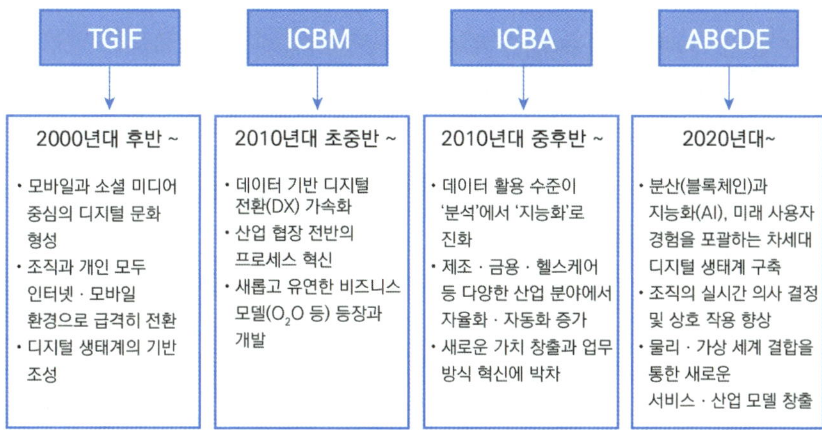

4 스마트 비즈니스

1. 스마트 비즈니스의 개념

스마트 비즈니스(Smart Business)는 기술의 발전을 기반으로 비즈니스 과정을 혁신하는 접근 방식이다. 이는 디지털 기술을 활용하여 비즈니스 모델을 최적화하고, 운영 효율성을 높이며, 고객 경험을 개선하는 것을 목표로 한다.

2. 스마트 비즈니스의 구성 요소(S.M.A.R.T.)

스마트 비즈니스는 다음과 같은 핵심 구성 요소로 이루어져 있다.

- Social Media(소셜 미디어): 소셜 네트워킹, 고객 참여 및 마케팅 전략에 중요한 역할을 함.
- Mobile Computing(모바일 컴퓨팅): 모바일 기술을 통한 유연한 업무 환경과 고객 접근성 향상.

- Artificial Intelligence(AI, 인공 지능): 비즈니스 프로세스 자동화, 데이터 분석 및 의사 결정 지원.
- Realistic Virtual World(현실적 가상 세계): VR 및 AR 기술을 활용한 몰입형 사용자 경험 제공.
- Technology Application(기술 적용): 최신 기술을 비즈니스에 통합하여 혁신과 경쟁력 강화.

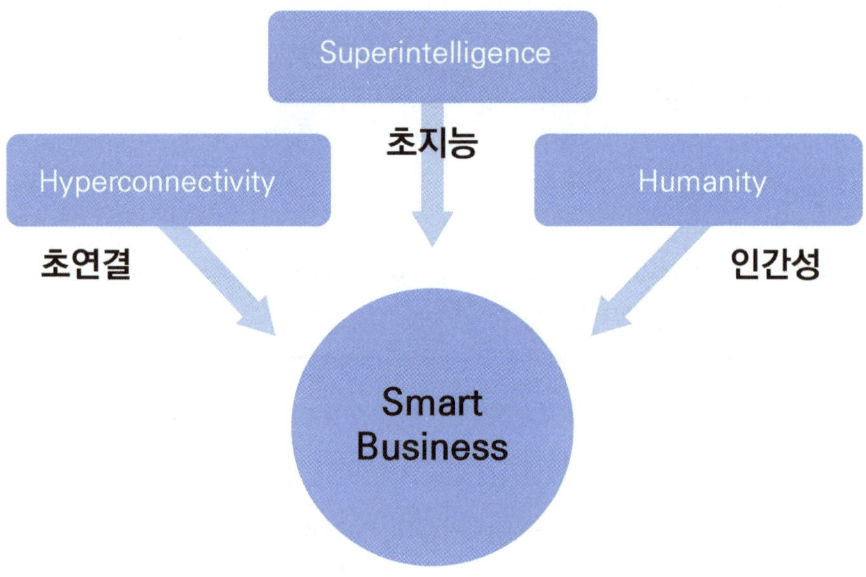

3. 스마트 비즈니스의 중요성

스마트 비즈니스는 기업이 시장 변화에 빠르게 대응하고, 고객의 요구를 충족시키며, 경쟁 우위를 확보하는 데 필수적이다. 이를 통해 기업은 효율성을 높이고, 새로운 기회를 발굴하며, 지속 가능한 성장을 이룰 수 있다. 따라서 기업은 스마트 비즈니스 전략을 채택하여 디지털 시대의 도전과 기회에 적극적으로 대응해야 한다.

02

정보의 개념과 조직

1 정보 시스템의 개념

2 정보의 개념

3 조직과 정보 시스템

CHAPTER 02

정보의 개념과 조직

1 | 정보 시스템의 개념

1. 정보 기술(IT)

정보 기술의 일반적인 개념

정보 기술(Information Technology, IT)은 정보의 수집, 가공, 저장, 검색, 송신, 수신 등 정보 유통의 모든 과정에 사용되는 기술 수단을 총체적으로 표현하는 개념이다. 이는 전기, 통신, 방송, 컴퓨팅, 통신망 등 사회 기반을 형성하는 유형 및 무형의 기술 분야를 포괄한다. 정보 기술은 일상생활뿐만 아니라 산업과 경제 전반에 걸쳐 광범위하게 활용되며, 현대 사회의 핵심적인 구성 요소로 자리 잡고 있다.

정보 기술의 경영학적 개념

경영학적 관점에서 정보 기술은 조직의 운영과 목표 달성에 필수적인 각종 하드웨어와 소프트웨어의 집합으로 정의된다. 이러한 기술은 조직 내 의사 결정 과정을 효율화하고, 업무 처리 속도를 개선하며, 비용을 절감하는 데 기여한다. 또한, 정보 기술은 경쟁 우위를 확보하고, 새로운 비즈니스 기회를 창출하는 데 중요한 역할을 한다.

정보 기술의 구성 요소

정보 기술의 구성 요소를 살펴볼 때, 일반적으로 하드웨어와 소프트웨어의 두 가지로 분류하는 것이 기본적이다. 그러나 조직의 정보 기술 활용과 중요성을 깊이 이해하고 설명하기 위해서는 이를 네 가지 주요 구성 요소로 세분화하여 살펴보는 것이 효과적이다. 이는 조직 내 IT의 역할과 기능을 더 명확하게 파악하고, 기술적 요소뿐만 아니라 경영적 관점에서의 중요성을 강조할 수 있기 때문이다.

- 하드웨어(Hardware): 하드웨어는 컴퓨터 시스템 및 주변 장치를 포함하는 물리적 구성 요소로, 데이터 처리와 저장의 기본적인 플랫폼을 제공한다. 조직에서 하드웨어는 업무 수행을 위한 필수적인 기반 시설의 역할을 한다.
- 소프트웨어(Software): 소프트웨어는 시스템 및 응용 프로그램 소프트웨어로 구분되며, 하드웨어를 운영하고 사용자가 특정 작업을 수행할 수 있도록 지원하는 지침의 집합이다. 소프트웨어는 조직의 효율성과 생산성을 향상하는 데 핵심적인 역할을 한다.
- 데이터(Data)/데이터 관리: 데이터는 조직에서 생성, 저장, 분석되는 정보의 자산으로, 의사 결정 및 전략 수립에 중요한 기초 자료를 제공한다. 데이터 관리는 이러한 데이터를 체계적으로 조직하고 보호하는 과정을 포함한다.
- 네트워크(Network): 네트워크는 컴퓨터 시스템들을 연결하여 데이터와 자원의 공유를 가능하게 하는 기술이다. 이는 인터넷과 같은 글로벌 네트워크부터 조직 내부의 사설 네트워크에 이르기까지 다양한 형태로 구현된다. 네트워크는 정보의 신속한 교환과 협업을 가능하게 하여 조직의 역량을 강화한다.

이처럼 정보 기술의 네 가지 주요 구성 요소는 조직에서 IT를 효과적으로 활용하고, 경영 전략에 적극적으로 통합하는 데 필수적이다. 각 구성 요소는 상호 연결되어 조직의 성과 향상과 경쟁 우위 확보에 기여한다.

2. 정보 시스템(IS)

정보 시스템의 일반적인 개념

정보 시스템(Information System, IS)은 개인이나 집단에게 유용한 정보를 제공하는 시스템으로 정의될 수 있다. 이는 사람, 장소, 사물에 대한 자료를 효과적으로 처리하여 의사 결정에 유용한 정보를 제공한다. 더 나아가, 정보 시스템은 의사 결정 과정에서 정보를 제공하여 기획, 통제, 운영 등의 기능을 조정하는 역할을 수행한다. 이러한 정보 시스템은 정보의 획득, 가공, 저장, 배포 등을 포함하는 여러 과정을 통합적으로 관리한다.

정보 시스템의 경영학적 개념

경영학적 관점에서 정보 시스템은 기업(조직)의 목표 달성과 의사 결정 지원을 위해 기업 내외부의 각종 정보를 획득(준비), 가공(처리), 저장(보관), 배포(공유)하는 데 사용되는 정보 기술 구성 요소들의 집합으로 볼 수 있다. 이는 조직 내 정보의 흐름과 관리를 최적화하고, 효율적인 의사 결정과 운영을 지원함으로써 조직의 전략적 목표 달성에 기여한다.

정보 시스템 개념의 구조

정보 시스템의 구조적 개념을 살펴보면, 정보와 시스템이라는 두 핵심 요소로 구분할 수 있다. '정보'는 조직이나 시스템 내에서 생성되고, 처리되며, 전달되는 중요한 자산으로, 의사 결정 과정에서 중추적인 역할을 한다. '시스템'은 이러한 정보의 효율적인 처리, 저장, 전달을 가능하게 하는 일련의 상호 연관된 구성 요소들의 집합체를 의미한다. 이러한 시스템은 기술적 요소와 인적 요소를 포함하여 조직 내에서 정보의 효율적인 관리와 활용을 지원한다.

정보 시스템은 기술의 발전과 함께 끊임없이 진화하고 있으며, 현대 조직에서는 정보의 효과적인 관리와 활용을 통해 경쟁 우위를 확보하고, 조직의 효율성과 생산성을 향상하는 데 중요한 역할을 한다. 이를 통해 조직은 빠르게 변화하는 비즈니스 환경에 적응하고, 지속 가능한 성장을 도모할 수 있다.

3. 시스템이란

시스템의 개념

정보 시스템이라는 용어를 구성하는 두 개의 요소 중 우선 시스템을 알아보기로 한다. 시스템(System)은 여러 구성 요소들이 서로 상호 작용하거나 상호 의존하여 복잡하게 얽혀 있는 통일된 하나의 집합체를 의미한다. 이러한 시스템은 조직, 사회, 기계 등 다양한 형태로 존재할 수 있으며, 각 구성 요소 간의 연결과 상호 작용을 통해 특정 목적이나 기능을 수행한다. 시스템은 그 경계의 개방성에 따라 개방 시스템(Open System)과 폐쇄 시스템(Closed System)으로 분류될 수 있으며, 이는 시스템이 외부 환경과 어떻게 상호 작용하는지를 나타낸다.

시스템의 구성

시스템의 기본적인 구성 요소는 다음과 같다.

- 입력(Input): 시스템으로 들어오는 자료나 정보, 에너지 등의 자원이다. 이는 시스템의 작동과 프로세스를 시작하는 데 필요한 기본적인 요소이다.
- 리(Process): 입력된 자원이나 정보를 특정한 방식으로 변환, 조정 또는 관리하는 과정이다. 이 과정은 시스템의 주요 기능이며, 목적 달성을 위해 필요한 작업을 수행한다.
- 출력(Output): 처리 과정을 거친 후에 시스템에서 나오는 결과물이다. 이는 정보, 제품, 서비스 등 다양한 형태로 나타날 수 있으며, 시스템의 목적을 달성하는 데 필수적이다.
- 피드백(Feedback): 출력 결과가 다시 입력으로 활용되어 시스템의 효율성과 효과성을 개선하는 데 기여하는 정보나 데이터이다. 피드백은 시스템의 지속적인 개선과 최적화를 가능하게 한다.

시스템의 이러한 구성 요소들은 서로 연결되어 있으며, 각 요소의 상호 작용을 통해 시스템 전체의 효율성과 효과성이 결정된다. 이는 조직, 기술, 자연환경 등 다양한 형태의 시스템에서 관찰될 수 있는 보편적인 특성이다. 시스템의 이해는 복잡한 조직이나 기술적 구조를 분석하고 이해하는 데 중요한 기초가 된다.

2 정보의 개념

1. 관련 개념과 차이점

데이터(Data)

데이터는 사실이나 상태를 나타내는 가장 기본적인 형태의 자료로, 관찰이나 실험, 조사를 통해 얻어진 원시적인 형태의 사실이나 수치를 말한다. 컴퓨터 분야에서는 문자, 숫자, 소리, 그림 등 컴퓨터가 처리할 수 있는 다양한 형태로 된 정보를 의미한다. 데이터는 자체적으로는 의미를 가지지 않으나, 처리 및 분석을 통해 유용한 정보로 변환될 수 있다.

자료(資料)

자료는 연구나 조사 등의 기초가 되는 재료를 의미하며, 만들거나 이루는 데 바탕이 되는 물자나 재료를 포함한다. 자료는 데이터보다 넓은 개념으로, 데이터를 포함하여 연구나 분석의 기초가 되는 모든 종류의 원자료를 말한다. 자료는 특정 목적을 위해 수집되고 정리되며, 해당 목적에 따라 해석되고 활용된다.

정보(情報)

정보는 관찰이나 측정을 통해 수집된 자료를 실제 문제에 도움이 될 수 있도록 정리한 지식 또는 그 자료를 의미한다. 정보는 데이터와 자료를 바탕으로 한 분석, 해석, 평가를 거쳐 특정한 의미나 가치를 가진 형태로 변환된 것이다. 예를 들어, 정보는 군사 분야에서 일차적으로 수집한 첩보를 분석·평가하여 얻은 구체적인 소식이나 자료로 활용될 수 있다. 컴퓨터 분야에서는 데이터와 자료를 통해 얻은 지식이나 상태의 총량으로 정의되며, 정보 원천에서 발생하며 구체적 양, 즉 정보량으로 측정될 수 있다.

이렇게 데이터, 자료, 정보는 각기 다른 의미를 가지며, 정보의 생성 및 활용 과정에서 서로 다른 역할을 한다. 데이터는 원시적인 형태의 사실을 나타내고, 자료는 이러한 데이터를 포함한 연구나 분석의 기초 재료를 의미하며, 정보는 이러한 데이터와 자료가 가공, 해석되어 특정한 의미와 가치를 가진 상태를 말한다. 이 세 가지 개념의 이해는 정보의 생성, 가공, 활용 과정을 더 명확하게 이해하는 데 중요하다.

정보의 계층도

데이터, 자료, 정보가 상이한 의미가 있음을 확인하였으나, 일상에서는 데이터와 자료, 정보를 구분없이 호환하여 사용하는 것이 일반적이다. 보통 데이터와 자료는 영한 번역 수준의 동의어로 생각하는 경향이 강해서 데이터와 정보, 자료와 정보를 구분하여 말하기는 하지만, 이 역시 혼용하는 경우가 적지 않다. 엄밀하게 데이터(자료)와 정보는 다른 개념이다. 이를 정보의 계층도(정보의 개념도)로 살펴보자면 우선 피라미드 구조로 하위에 데이터가 있고, 그 위에 정보가 있다.

데이터(Data)

데이터는 현실 세계의 사실이나 상태를 나타내는 가장 기본적인 형태의 기록이다. 이는 숫자, 문자, 이미지 등 다양한 형태로 존재할 수 있다. 데이터는 자체적으로는 큰 의미를 가지지 않지만, 적절한 처리와 분석을 통해 의미 있는 정보로 변환될 수 있다. 예를 들어, 매일 기록된 온도 데이터는 기후 변화 연구에서 중요한 정보로 활용될 수 있다.

정보(Information)

정보는 데이터를 집계하고 여과하여 의사 결정에 활용하기 좋은 형태로 가공한 결과물이다. 정보는 데이터보다 더 고차원적이며, 특정 목적이나 맥락에서 의미를 가진다. 예를 들어, 매출 데이터를 분석하여 얻은 월별 매출 추세는 비즈니스 의사 결정에 중요한 정보를 제공한다.

이 계층에 지식(Knowledge)을 더할 수 있다.

지식은 정보가 누적되고 반복적으로 사용되어 나타난 결과물이다. 지식은 단순한 사실이나 데이터의 집합을 넘어서 경험, 추론, 학습을 통해 얻어진 깊이 있는 이해를 포함한다. 지식은 특정 분야의 전문성이나 경험을 바탕으로 형성되며, 의사 결정 과정에서 중요한 역할을 한다. 하지만 지나친 반복과 확산으로 인해 상식(common knowledge)으로 전락하여 경쟁력이 저하될 수 있는 문제도 존재한다.

그래서 그 위로 지혜(wisdom)가 언급되기도 한다. 지혜는 지식을 바탕으로 한 더 높은 수준의 이해와 통찰력을 의미한다. 지혜는 단순히 사실이나 정보를 알고 있는 것을 넘어서, 그것들을 어떻게 적절하게 활용하고 응용할 수 있는지를 아는 능력을 포함한다. 지혜는 복잡한 문제 해결, 전략적 의사 결정, 창의적인 사고 등에 중요한 역할을 한다. 이 용어도 나쁘지는 않지만, 자료 처리, 정보 처리, 지식 관리와 같은 개념에서 지혜 처리, 지혜 관리로 이어지는 느낌이 자연스럽지는 않아 Intelligence라는 말을 주로 사용하게 된다. 우리가 인공 지능(Artificial Intelligence, AI)이나 지능 지수(Intelligence Quotient, IQ) 같은 용어에서 이 단어를 볼 수 있어서 '지능'이라고 번역할 수도 있겠지만, 미국의 CIA(Central Intelligence Agency)나 우리나라의 국가 정보원(National Intelligence Service: NIS)의 'Intelligence'가 '지능'으로 이해하기 어려운 점이 있고, 그렇다고 이를 '정보'라고 쓰기에도 적합하지 않다. 이 경우 보통 '스파이(간첩)가 사용하는 정보'라는 의미로 '첩보'라고 쓰게 되는데, 우리가 사용하는 맥락과 의도는 일치하나 번역한 용어로는 어울리지 않다. 그래서 그냥 "인텔리전스"라고 한다.

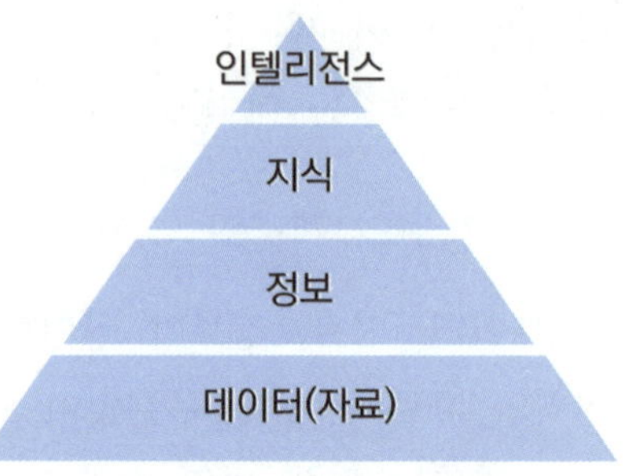

그래서 '인텔리전스(Intelligence)'의 사용은 이러한 기초적인 개념을 더욱 확장한다. 인텔리전스는 정보의 분석과 해석, 전략적 활용을 강조한다. 이는 정보가 단순히 알고 있는 것을 넘어서, 그것을 어떻게 현실의 복잡한 문제 해결이나 의사 결정 과정에서 활용할 수 있는지에 초점을 맞춘다. 따라서 인텔리전스는 지식의 가치를 넘어서는 더 높은 수준의 이해와 통찰력, 응용 능력을 의미한다. 비즈니스 인텔리전스(Business Intelligence, BI) 개념도 이런 관점에서 이해할 수 있다.

비즈니스 인텔리전스(BI)

BI는 기업(조직)에서 데이터를 수집, 정리, 분석하고 활용하여 효율적인 의사 결정을 할 수 있는 방법에 대해 연구하는 이론 또는 실무 분야를 일컫는다. 기업(조직)의 목표를 달성하기 위해 비즈니스 전략을 효율적·효과적으로 지원하여 조직의 각 구성원(종업원, 중간 관리자, 의사 결정자 등)에게 적시에 의사 결정을 할 수 있도록 지원하는 정보 체계를 구성하고 다룬다.

예를 들어, 상호 작용 방식의 데이터 시각화 소프트웨어의 하나인 마이크로소프트 Power BI[1]는 이런 비즈니스 인텔리전스에 초점에 두고 있다.

3 조직과 정보 시스템

1. 조직 경영과 경영자

조직의 성공은 그 기반을 이루는 경영의 효과성과 경영자의 역량에 크게 의존한다. 이를 깊이 있게 이해하기 위해서는 먼저 '경영'과 '경영자'라는 개념에 대한 명확한 정의가 필요하다.

경영: 조직 목표의 달성을 위한 핵심 과정

경영은 조직이 설정한 목표를 달성하기 위해 필요한 모든 활동을 포괄하는 개념이다. 이는 단순한 업무 집행을 넘어서 목표를 설정하고, 이를 달성하기 위한 전략을 수립하며, 필요한 자원을 적절히 배분하고 조정하는 과정을 포함한다. 또한, 경영은 변화하는 시장 환경에 대응하고, 내부 및 외부 이해관계자와의 관계를 관리하는 중요한 역할을 한다. 경영의 궁극적 목표는 조직의 효율성과 효과성을 극대화하는 것이며, 이는 조직의 지속 가능한 성장과 발전을 보장하는 기반이 된다.

경영자: 조직 목표 달성을 위한 동력

경영자는 경영 과정의 핵심 인물로, 조직의 방향성과 목표 달성을 책임진다. 이들은 조직의 비전과 전략을 설정하고, 이를 구현하기 위해 필요한 자원

1) https://powerbi.microsoft.com

을 효율적으로 배분한다. 경영자의 역할은 다양한 형태로 나타나는데, 이는 직원들을 지휘하고 동기를 부여하는 것에서부터, 의사 결정을 내리고, 조직 내외부의 다양한 이해관계자와의 관계를 조율하는 것까지 다양하다. 경영자는 조직 내에서 리더십을 발휘하여 직원들의 성과를 최대화하고, 조직의 목표 달성을 위한 동력을 제공한다.

경영과 경영자는 서로 긴밀하게 연결되어 있으며, 이들의 효과적인 역할 수행은 조직의 성공에 있어 중대한 요소이다. 경영자는 조직의 목표를 설정하고, 이를 달성하기 위한 전략을 구상하며, 필요한 자원을 적절하게 배분하는 중추적인 역할을 한다. 이러한 과정을 통해 조직은 목표를 효율적으로 달성하며, 지속 가능한 성장과 발전을 이룩할 수 있다. 따라서, 경영자의 역량과 리더십은 조직의 성공을 좌우하는 중요한 요인이 되며, 이를 강화하고 발전시키는 것은 조직 경영의 핵심적인 과제로 자리 잡는다.

경영자의 목표: 효과성과 효율성

경영 또는 경영자의 핵심 목표는 효과성(Effectiveness)과 효율성(Efficiency)을 달성하는 것이다.

현대 경영학의 창시자의 피터 드러커(Peter Drucker, 1909–2005)에 따르면 이 둘의 개념은 아래와 같다.

> "Effectiveness is the foundation of success–efficiency is a minimum condition for survival *after* success has been achieved. Efficiency is concerned with doing things right. Effectiveness is doing the right things."
>
> Peter F. Drucker, *Management: Tasks, Responsibilities, Practices*, Transaction Pub, 2007, p. 45

여기서 '효율성'은 주어진 자원을 사용하여 최대한의 결과를 얻어내는 것을 의미한다. 즉, 최소한의 시간, 비용, 노력으로 최대한의 성과를 내는 것을 말한다. 이는 일을 '올바르게' 하는 것, 즉 방법론적인 측면에 초점을 맞춘다.

반면에 '효과성'은 조직이나 개인이 자신의 목표를 얼마나 잘 달성하고 있는지를 나타낸다. 이는 단순히 일을 잘하는 것을 넘어, '올바른 일'을 하는 것에 중점을 둔다. 즉, 목표와 결과의 적합성에 초점을 맞춘 개념이다.

따라서 효율성은 성공을 유지하기 위한 필수 조건이지만, 진정한 성공을 위해서는 효과성이 근본적인 기반이 되어야 한다. 이 두 가지는 서로 보완적인 관계에 있으며, 효율성과 효과성 모두를 갖춘 활동이나 조직이 진정으로 성공할 수 있다는 것을 의미한다. 또한, 효율성은 경영자의 일(Management)이며, 효과성은 리더의 일(Leadership)이라는 식으로도 인용된다.

조직의 개념과 필요성

조직(organization)은 개인만으로는 달성할 수 없는 목적을 이루기 위해 여러 사람들로 이루어진 협동 체제이다. 이 체제는 인간 또는 다른 공동체가 특정 목적이나 의사를 달성하기 위해 구성된다. 조직은 지휘 관리와 역할 분담을 통해 일정한 목적을 효율적으로 달성하며, 이를 위해 계속적인 결합 관계를 유지한다. 주로 환경에서 자원을 획득하고, 이를 처리하여 산출물을 생산하는 안정되고 정형화된 사회 구조로 볼 수 있다.

조직의 효율성과 성공은 경영자(관리자)의 역할에 크게 의존한다. 경영자는 조직의 목표 설정, 자원 배분, 역할 할당, 성과 평가 등 다양한 활동을 통해 조직의 성과를 극대화한다. 이를 위해 경영자는 조직 내외부의 다양한 상황을 이해하고, 효과적인 의사소통, 리더십, 의사 결정 능력을 발휘해야 한다.

이러한 조직 경영의 과정에서 경영자는 조직의 내부 구조뿐만 아니라 외부 환경과의 상호 작용에도 주목해야 한다. 예를 들어, 기술적 변화, 경제적 조건, 사회적 요구 등 외부 환경의 변화는 조직의 전략과 운영에 중대한 영향을 미친다. 따라서 경영자는 조직의 내외부 요인을 종합적으로 분석하고, 이에 기반하여 조직을 효과적으로 관리하고 이끌어야 한다.

이러한 관점에서 볼 때, 조직 경영은 단순히 내부 업무의 효율화를 넘어서, 조직이 속한 사회와 경제 시스템 내에서 지속 가능하고 효과적으로 기능할 수 있도록 하는 포괄적인 활동이다. 조직의 성공은 경영자의 통찰력과 전략적 사고, 조직 구성원들과의 협력에 의해 좌우된다.

2. 조직의 구성

조직은 기본적으로 '사람'과 '일'이라는 두 가지 핵심 요소로 구성되어 있다.

이들은 조직의 기본 구조와 기능을 형성하며, 서로 상호 작용하면서 조직의 목표와 운영을 이끈다.

경영층(사람)

조직의 중심 요소이자, 모든 조직 활동의 주체인 사람은 경영층(management group) 또는 경영 수준(management level)이다. 경영층은 수준에 따라 조직의 전략과 방향을 설정하고, 전체적인 관리와 의사 결정을 담당한다. 이들은 조직의 목표 설정, 자원 배분, 성과 평가 등을 통해 조직을 이끌며, 조직 구성원들의 업무 효율성과 동기 부여에 중요한 역할을 한다.

직능(일)

조직에는 조직이 존재하는 목적과 연결되는 요소로, 조직 내에서 수행되는 모든 활동과 업무가 존재한다. 이는 직능(function. 기능)으로 세분화될 수 있는데, 각 직능은 조직의 목표를 달성하기 위해 특화된 역할과 기능을 수행한다. 예를 들어, 마케팅, 재무, 인사 관리, 연구 개발 등이 직능의 예시이다. 각 직능은 조직의 전략적 목표를 실현하기 위해 필수적인 역할을 하며, 이들 간의 효과적인 조화와 협력은 조직의 성공에 핵심적이다.

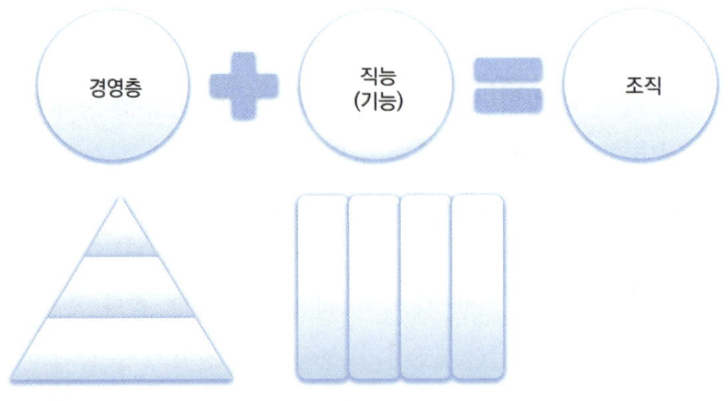

조직의 성공은 이 두 가지 요소, 즉 사람(경영층)과 일(직능)이 어떻게 상호 작용하고 조화를 이루는가에 달려 있다. 경영층은 조직의 비전과 방향을 제시하고, 직능별 팀들이 이를 실행에 옮길 수 있도록 지원하고 동기를 부여한다.

반면, 각 직능은 조직의 전략적 목표를 실현하기 위한 구체적인 활동을 수행함으로써 조직의 전체적인 성과를 창출한다. 이러한 상호 의존적 관계는 조직의 효율성과 성공을 좌우하는 결정적인 요소이다.

3. 경영층의 수준

조직의 경영층은 그들의 역할과 책임에 따라 여러 수준으로 나누어질 수 있다. 이러한 분류는 조직의 구조를 이해하는 데 중요하며, 각 수준의 경영자들은 조직 내에서 서로 다른 기능과 역할을 수행한다. 주로 경영층은 최고 경영층, 중간 관리층, 운영 관리층의 세 가지 주요 수준으로 구분된다.

- 최고 경영층(Top Management 또는 Senior Management): 이 수준의 경영자들은 조직의 전략적 방향과 장기 목표를 설정하며, 전체 조직의 리더십을 제공한다. 최고 경영층에는 일반적으로 CEO(Chief Executive Officer), CFO(Chief Financial Officer), COO(Chief Operating Officer)와 같은 최고 직책을 가진 인사들이 포함된다. 이들은 조직의 비전과 목표를 결정하고, 중요한 사업 결정을 내리며, 외부 이해관계자와의 관계를 관리한다.

최고 경영층
(최고 경영자)
중간 관리층
(중간 관리자)
운영 관리층
(운영 관리자/실무진)

- 중간 관리층(Middle Management): 중간 관리층의 경영자들은 최고 경영층과 운영 관리층 사이에서 중요한 역할을 한다. 이들은 최고 경영층이 설정한 전략적 목표를 구체적인 계획과 정책으로 전환하며, 이를 하부 조직에 전달하고 실행한다. 부서장, 팀장과 같은 중간 관리자들은 팀의 목표 설정, 성과 관리, 구성원 관리 등을 담당한다.
- 운영 관리층(Operational Management): 운영 관리층은 조직의 일상적인 활동과 프로세스를 관리하는 데 초점을 맞춘다. 이들은 현장에서 직접 업무를 감독하고, 일선 직원들을 지도한다. 운영 관리층에는 감독자, 팀 리더, 실무진 등이 포함되며, 이들은 일상적인 업무의 효율성과 효과성을 보장하는 데 중점을 둔다.

각 경영층의 경영자들은 조직 내에서 매우 중요한 역할을 하며, 이들의 역할과 책임은 조직의 크기, 유형, 구조에 따라 다를 수 있다. 조직의 효율적인 운영과 성공을 위해서는 이들 각각의 수준에서 효과적인 관리와 리더십이 요구된다.

4. 기업의 직능

직능의 개념과 구분

기업 또는 조직에서 직능(Function)은 업무의 전문성과 해당 분야의 특징을 기준으로 구분되는 중요한 개념이다. 이는 기업 내에서 다양한 부서를 구분하고, 경영학 분야에서 세부 전공을 나누는 기준으로 사용된다. 직능의 구분은 그 목적과 범위에 따라 다양하게 존재하며, 각 직능은 명칭과 업무 범위가 다양하다.

기업 내에서의 직능 구분은 조직의 효율성과 효과성을 높이는 데 중요한 역할을 한다. 각 직능은 조직의 다양한 요구를 충족시키기 위해 특화된 역량과 지식을 필요로 한다. 이러한 구분은 조직의 전략적 목표를 달성하는 데 필수적이며, 직원들이 자신의 역할과 책임을 명확히 이해하는 데 도움을 준다.

주요 직능의 종류와 특징

- 운영 관리(Operation Management) 또는 생산 관리(Production Management): 이 직능은 제품 또는 서비스의 효율적인 생산과 공급을 관리한다. 운영 관리는 자원의 최적화, 공정의 개선, 품질 관리 등을 포함한다.
- 마케팅(Marketing): 마케팅은 시장 조사, 제품 개발, 광고, 판매 촉진 등을 통해 기업의 제품이나 서비스를 시장에 알리고 판매를 증진시키는 역할을 한다.
- 재무(Finance): 재무 관리는 기업의 자본 구조를 관리하고, 투자 결정을 내리며, 재정적 위험을 관리한다. 이는 기업의 재정적 안정성과 수익성을 보장하는 데 중요하다.
- 회계(Accounting): 회계는 재정 거래를 기록하고 분석하여 재정 보고서를 작

성하는 직능이다. 이는 기업의 재정 상태와 성과를 이해하는 데 필수적이다.

- 인적 자원 관리(Human Resource Management) 또는 인사 관리(Personnel Management): 인적 자원 관리는 직원 채용, 교육, 평가, 보상 등을 통해 조직의 인적 자원을 효과적으로 관리한다.
- 경영 정보 시스템(Management Information System): 이 직능은 기업의 정보 시스템과 기술 인프라를 관리하며, 비즈니스 결정을 지원하는 정보와 데이터를 제공한다.

각 직능은 기업의 전반적인 전략과 목표 달성에 있어 서로 상호 작용하며 중요한 역할을 한다. 이러한 직능들의 효과적인 관리와 조화는 조직의 성공을 위해 필수적이다.

5. 비즈니스 프로세스

비즈니스 프로세스의 개념

비즈니스 프로세스(business process, 업무 절차)는 특정 고객을 대상으로 특정 서비스의 제품을 생산하는 활동이나 과업의 구조 관계에 대한 집합이다. 이는 논리적으로 관련된 작업 및 조직이 구체적인 비즈니스 결과를 생성하는 시간과 관련 활동을 구성하고 조정하는 고유한 방식으로 개발된다. 비즈니스 프로세스는 기업의 효율성과 생산성을 높이는 데 핵심적인 역할을 한다.

비즈니스 프로세스의 관련 개념

- BPR(Business Process Reengineering): 업무 재설계라고도 하는 BPR은 경영 혁신 기법의 하나로, 기업의 활동이나 업무의 전반적인 흐름을 분석하고 경영 목표에 맞도록 조직과 사업을 최적으로 다시 설계하여 구성하는 활동이다. 정보 시스템의 도입으로 매우 쉬워지며, 반복적이고 불필요한 과정들을 제거하기 위해 작업 수행의 여러 단계가 통합 및 단순화된다.
- BPM(Business Process Management): 기업에 맞는 프로세스를 최적화하기 위해 다양한 분석 도구와 방법을 제공하는 활동이다. 많은 비즈니스 프로세스를 지속해서 개선하고 기업 정보 시스템의 기본 단위로 활용할

수 있도록 하는 것이 목적이다. BPM은 BPR과 달리 처음부터 정보 기술을 염두에 두고 업무 재설계 아이디어를 추구하며, 이를 신속하고 정확하게 구현할 수 있는 장점을 보유한다.

비즈니스 프로세스는 기업의 전략적 목표 달성에 중요한 역할을 하며, 업무 재설계와 업무 관리를 통해 기업의 경쟁력을 강화하고 효율성을 높일 수 있다. 이러한 프로세스 관리는 기업의 성공에 있어 필수적인 요소로 자리 잡고 있다.

03

경영 조직의 정보 시스템

1 정보 시스템의 유형

2 기업의 4대 정보 시스템

3 정보 시스템 관리 조직의 구성과 역할

CHAPTER 03

경영 조직의 정보 시스템

1 정보 시스템의 유형

1. 정보 시스템의 구분

조직 구성 요소 수준에서의 정보 시스템 구분

일에 따른 구분: 직능별 정보 시스템

각 직능에 따라 특화된 정보 시스템이 존재한다. 예를 들어, 마케팅 정보 시스템, 회계 정보 시스템, 재무 정보 시스템, 인적 자원 관리 시스템 등이 이에 해당한다. 이러한 시스템들은 해당 분야의 특정 업무를 지원하고 효율성을 높이는 데 중점을 둔다.

사람에 따른 구분: 경영층별 정보 시스템

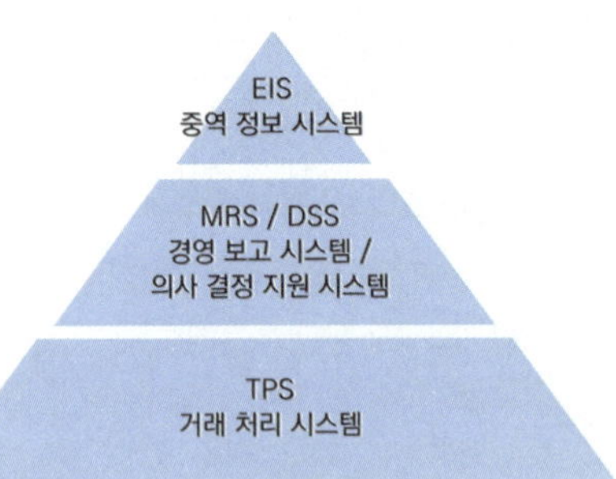

다양한 경영층에 맞춘 정보 시스템의 구분도 중요하다. 예를 들어, 최고 경영층을 위한 EIS(Executive Information System), 중간 관리층을 위한 MRS(Management

Reporting System)/DSS(Decision Support System), 운영 관리층을 위한 TPS(Transaction Processing System) 등이 있다. 이러한 시스템은 각 경영층의 의사 결정과 관리 업무를 지원한다.

전사적 수준에서의 정보 시스템 구분: 기업의 4대 정보 시스템

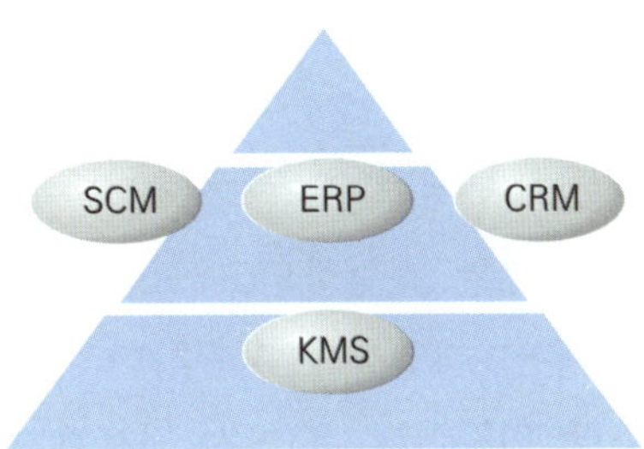

- SCM(Supply Chain Management): 공급망 관리 시스템으로, 공급망 전반의 효율성을 높이고 최적화하는 데 목적이 있다.
- ERP(Enterprise Resource Planning): 전사적 자원 관리 시스템으로, 기업의 다양한 자원을 통합적으로 관리하고 최적화한다.
- CRM(Customer Relationship Management): 고객 관계 관리 시스템으로, 고객 정보를 관리하고 고객 만족도를 높이는 데 사용된다.
- KMS(Knowledge Management System): 지식 관리 시스템으로, 조직 내의 지식을 체계적으로 수집, 저장, 공유, 활용하는 데 중점을 둔다.

이러한 정보 시스템들은 조직의 다양한 요구에 맞추어 설계되고 구현되며, 조직의 효율성과 경쟁력을 높이는 데 중요한 역할을 한다. 각 시스템은 상호 작용하며 조직의 전략적 목표 달성에 기여한다. 직능에 따른 정보 시스템의 유형은 재무 정보 시스템, 마케팅 정보 시스템, 회계 정보 시스템과 같이 간단하게 이해할 수 있으므로, 여기에서는 경영층별 정보 시스템과 전사적 수준의 정보 시스템인 4대 정보 시스템을 살펴보기로 한다. 추가로 인터넷 도입 후 정보 시스템 명칭으로 흔히 사용되고 있는 인트라넷과 엑스트라넷의 개념도 살펴본다.

2. 경영층별 정보 시스템: TPS

TPS의 개념 및 기능

거래 처리 시스템(Transaction Processing System, TPS)은 조직의 일상적인 비즈니스 거래를 기록, 처리, 저장하는 정보 시스템이다. 이 시스템은 자재 구입, 상품 판매, 영수증 발행, 급여 지급, 온라인 입출금, 신용도 관리, 상품 주문 및 발송 등과 같은 다양한 거래를 처리한다. TPS는 단말기에서 발신된 데이터를 수신하여 처리하고, 그 결과를 즉시 보내는 역할을 한다.

거래는 시스템에 데이터를 입력하고 출력하는 단위 작업을 의미한다. TPS는 이러한 거래 데이터를 정확하고 효율적으로 처리하여, 조직의 일상적인 운영을 지원한다. 주요 기능으로는 데이터의 정확한 입력, 신속한 처리, 안정적인 저장 및 적절한 출력이 있다.

TPS의 구조 및 중요성

TPS는 정형화되고 표준화된 방식으로 거래 데이터를 처리한다. 이 시스템은 운영 경영층을 지원하며, 많은 양의 상세한 데이터 처리를 위한 데이터베이스에 의존한다. TPS는 정보보다는 데이터 중심의 시스템으로, 다른 유형의 정보 시스템에 필요한 데이터를 제공하는 중요한 역할을 한다.

TPS의 일상적인 운영은 조직의 기본적인 활동을 지원하고, 이를 통해 조직의 효율성과 생산성을 증가시킨다. 또한, TPS는 조직의 다른 정보 시스템과 긴밀하게 연결되어 있으며, 이 시스템에서 처리된 데이터는 조직의 전략적 의사 결정에 중요한 정보를 제공한다.

이와 같이 TPS는 조직의 일상적인 운영을 원활하게 하고, 데이터의 정확성과 신뢰성을 보장하는 데 중요한 역할을 한다. 따라서, TPS의 효율적인 설계와 관리는 조직의 전반적인 성공에 중요한 요소이다.

3. 경영층별 정보 시스템: MRS

MRS의 개념 및 기능

MRS(Management Reporting System), 즉 경영 보고 시스템은 경영상의 관리 통제에 도움을 주기 위해 TPS나 현장에서 발생한 데이터를 정리하여 의사 결정 목적으로 제공하는 시스템이다. 이 시스템은 주로 중간 관리층에 사용되며, 기업의 운영에 필요한 정보를 제공하고, 관리 및 의사 결정을 지원한다. MRS를 좁은 의미의 MIS로 지칭하는 경우도 있으나, 혼동을 피하기 위해 이 이름을 사용하는 것이 좋다.

MRS는 운영 수준의 TPS가 처리하는 대량의 데이터를 기반으로 정보를 생성한다. 이는 단순한 거래 처리 정보의 요약이 아닌, 다양한 분석 및 보고서 작성 기법을 활용하여 경영 관리에 필요한 과학적인 정보를 생성하고 제공한다.

MRS의 중요성

MRS는 경영 관리에 있어서 핵심적인 역할을 한다. 이 시스템은 데이터를 정보로 전환하는 기능을 통해 조직 내의 의사 결정 과정을 강화하고, 경영 성과의 향상을 도모한다. 특히, 중간 관리층이 전략적 의사 결정을 내릴 때 필요한 정보를 제공함으로써, 조직의 전반적인 성과 관리와 효율적인 운영 관리를 가능하게 한다.

MRS는 조직의 다양한 활동과 성과를 시각화하고 분석할 수 있는 도구를 제공함으로써, 경영진이 더 명확하고 효과적인 결정을 내릴 수 있도록 지원한다. 이 시스템을 통해 경영진은 조직의 성과를 모니터링하고, 필요한 조정 및 개선 사항을 식별할 수 있다.

따라서, MRS는 조직의 전략적 목표 달성과 경영 효율성 향상에 필수적인 요소로 간주될 수 있다. 이 시스템의 효과적인 구현과 활용은 조직의 성공적인 경영 관리에 있어 중요한 역할을 한다.

4. 경영층별 정보 시스템: DSS

DSS의 개념 및 기능

DSS(Decision Support System, 의사 결정 지원 시스템)는 기업 경영에서 다양한 문제를 해결하기 위해 복수의 대안을 개발하고 비교 평가하여 최적안을 선택하는 과정을 지원하는 정보 시스템이다. 이 시스템은 단순히 정보를 수집, 저장, 분배하는 것을 넘어서 사용자들이, 특히 관리자들이 의사 결정을 쉽게 내릴 수 있도록 사업 자료를 분석하는 역할을 한다.

DSS는 복잡한 의사 결정 과정에서 정보를 제공하고, 다양한 대안의 결과를 시뮬레이션하며, 이를 통해 최적의 의사 결정을 내릴 수 있도록 지원한다. 이 시스템은 특히 불확실성이 높은 상황에서 유용하게 사용된다.

DSS의 구성 요소

- 데이터베이스 시스템: 필요한 데이터를 저장하고 관리하는 시스템으로, 의사 결정 과정에서 필요한 다양한 데이터를 제공한다.
- 모델베이스 시스템: 다양한 의사 결정 모델을 제공하며, 이를 통해 의사 결정 과정에서 발생할 수 있는 다양한 시나리오를 분석한다.
- 사용자 인터페이스: 사용자가 시스템과 상호 작용할 수 있게 하는 인터페이스로, 사용자의 요구에 따라 정보를 조회하고 분석하는 기능을 제공한다.
- 지식베이스 시스템: 의사 결정 과정에서 필요한 지식과 규칙을 저장하고 관리하는 시스템으로, 의사 결정의 질을 높이는 데 기여한다.
- 사용자(의사 결정자): DSS를 활용하여 의사 결정을 내리는 최종 사용자로, 시스템의 다양한 기능을 활용하여 정보를 분석하고 의사 결정을 내린다.

DSS는 조직 내의 복잡한 의사 결정 과정을 지원하고, 의사 결정의 질을 향상시키는 데 중요한 역할을 한다. 이 시스템은 관리자들이 더 빠르고 효과적인 의사 결정을 내릴 수 있도록 돕는 동시에, 조직의 전략적 목표 달성에 기여한다.

5. 경영층별 정보 시스템: EIS

TEIS의 개념 및 기능

EIS(Executive Information System, 중역 정보 시스템)는 ESS(Executive Support System, 중역 지원 시스템)이라고도 하는데, 최고 경영진을 위해 설계된 정보 시스템이다. 이 시스템은 전략적 의사 결정을 지원하기 위해 필요한 정보를 제공하는 데 중점을 둔다. EIS는 최고 경영자의 업무 특성을 고려하여 중요한 비즈니스 지표, 시장 동향, 경쟁사 분석 등의 정보를 집약적으로 제공한다.

EIS는 거래 자료 자체를 넘어 기업 경영에 필요한 비정형적 정보까지 포함하는 다양한 정보를 제공한다. 이는 종합 정보 제공, 정보 시각화, 예외 관리(이상 현상 관리) 등의 기능을 포함한다. EIS는 또한 DSS의 일부로 제공되기도 하며, 경영진에게 복잡한 데이터를 쉽게 이해할 수 있는 형태로 제공하는 역할을 한다.

EIS의 중요성과 구성 요소

EIS는 조직의 전략적 의사 결정을 지원하는 데 있어 중요한 요소들을 포함한다. 여기에는 사용자 친화성, 통합성, 유연성 및 확장 가능성, 보안성, 실시간 분석 처리 등 다양한 것들이 있으나, 크게 아래 구성 요소를 요약할 수 있다.

정보의 종합성과 드릴다운 기능

정보의 종합성은 EIS에서 매우 중요하다. 이는 시스템이 조직 전반의 다양한 데이터를 통합하여 제공해야 한다는 것을 의미한다. 또한, 정보의 종합성을 뒷받침하는 핵심 기능 중 하나는 드릴다운(drill down, 상세 탐색 기능)이다. 이 기능을 통해 사용자는 요약된 데이터에서 더 상세한 정보로 쉽게 접근할 수 있어, 데이터의 깊이와 맥락을 더 잘 이해할 수 있다. 예를 들어, 매출 요약 보고서에서 특정 지역의 세부 매출 데이터로 드릴다운할 수 있다.

예외 관리와 경고 기능

예외 관리는 EIS의 또 다른 중요한 요소이다. 이는 시스템이 비정상적인 데이터 패턴이나 경향을 식별할 수 있어야 함을 의미한다. 경고(alert) 기능은 이러한 예외 관리를 강화한다. 예를 들어, 특정 재무 지표가 사전에 설정된 임계값을 벗어날 경우, EIS는 경영진에게 즉각적인 알림을 보내 이상 상황에 주의를 기울이게 한다. 이를 통해 조직은 빠르게 대응하여 잠재적인 문제를 해결할 수 있다.

데이터 시각화와 대시보드

마지막으로, 데이터 시각화(data visualization)는 EIS의 중요한 구성 요소이다. 데이터의 시각적 표현은 정보를 더 쉽게 이해하고 분석할 수 있게 해준다. 대시보드(dashboard, digital dashboard)는 이러한 시각화의 대표적인 예이며, 중요한 데이터를 그래프, 차트, 요약된 수치 등의 형태로 직관적으로 보여준다. 대시보드를 통해 경영진은 조직의 현재 상태를 빠르게 파악하고, 필요한 결정을 신속하게 내릴 수 있다.

이렇게 EIS는 정보의 종합성, 예외 관리, 효과적인 데이터 시각화를 통해 조직의 전략적 의사 결정을 강화한다. 이러한 요소들은 EIS를 통해 제공되는 정보가 경영진에게 실질적인 가치를 제공하고, 조직의 효율성과 성공을 높이는 데 기여한다.

6. 인트라넷과 엑스트라넷

위와 같은 경영층별 정보 시스템은 역할 중심의 분류라고도 생각할 수 있다. 인터넷의 확산과 도입 이후로 인트라넷과 엑스트라넷이라는 정보 시스템을 지칭하는 용어를 자주 듣게 된다.

인트라넷(Intranet)

인트라넷은 조직 내부의 컴퓨터 네트워크로, 인터넷 기술을 기반으로 구축되지만 조직의 구성원만 접근할 수 있다. 이는 조직의 내부 커뮤니케이션, 정보 공유, 협업 시스템, 내부 시스템 접근 등을 위해 사용된다. 인트라넷은 기업이나 기관의 프라이버시를 보호하고, 보안을 강화하며, 내부 정보와 자원을 효율적으로 관리할 수 있도록 한다. 예를 들어, 직원들은 인트라넷을 통해 내부 문서를 공유하고, 회사 소식이나 공지 사항을 확인하며, 다양한 내부 애플리케이션에 접근할 수 있다. 이러한 인트라넷 시스템은 표준 인터넷 프로토콜을 사용하며, 웹 브라우저를 통해 접근할 수 있다. 따라서 인트라넷 도입으로 특정 용도의 애플리케이션을 별도로 설치해 사용하지 않고 웹 브라우저 하나로 정보 시스템을 사용하는 단일 인터페이스 환경이 조성되었다.

엑스트라넷(Extranet)

엑스트라넷은 인트라넷을 확장한 형태로, 조직 외부의 특정 비즈니스 파트너, 공급업체, 고객 등과 정보를 공유하기 위해 설계된 네트워크이다. 엑스트라넷은 조직 외부의 사용자들이 특정한 보안 조건하에 조직의 일부 네트워크 자원에 접근할 수 있도록 허용한다. 이는 비즈니스 협력과 커뮤니케이션을 강화하고, 공급망 관리, 고객 서비스, 공동 프로젝트 관리 등에 활용될 수 있다. 이를 통해 조직은 외부 이해관계자들과 안전하게 정보를 교환하고 협업할 수 있는 환경을 제공한다. 엑스트라넷은 상호 작용이 필요한 외부 그룹과 조직 간의 효율적인 정보 교류를 가능하게 하여, 비즈니스 프로세스를 개선하고, 파트너 관계를 강화하며, 시장 대응 시간을 단축하는 데 기여한다. 간단한 예로,

전자 상거래에서 주문한 상품의 현재 위치를 고객이 직접 파악하는 배송 추적이나 교통편이나 공연 예약을 고객이 직접 진행하는 인터넷 예약 기능 등도 엑스트라넷으로 지원한다고 볼 수 있다.

인트라넷과 엑스트라넷은 모두 조직의 효율성, 커뮤니케이션, 협업을 향상시키는 중요한 디지털 도구이다. 인트라넷은 조직 내부의 정보 공유와 커뮤니케이션을 위한 안전한 플랫폼을 제공하는 반면, 엑스트라넷은 조직과 그 외부 이해관계자 간의 협력을 강화하기 위해 조직의 네트워크를 확장한다. 이 두 시스템은 각각의 목적에 맞춰 설계되고 사용되며, 조직의 전반적인 운영 효율성과 비즈니스 성과에 기여한다.

2 | 기업의 4대 정보 시스템

1. SCM: 공급 사슬 관리 시스템

SCM의 개념

SCM(Supply Chain Management, 공급 사슬 관리)은 부품 제공업자부터 생산자, 배포자, 고객에 이르는 전체 물류의 흐름을 하나의 가치 사슬 관점에서 파악하고, 필요한 정보가 원활히 흐르도록 지원하는 시스템이다. SCM의 목적은 공급망 구성 요소들 간의 전체 프로세스를 최적화하여 경영 혁신을 달성하는 것이다. 이는 기업 내부의 부문별 최적화나 개별 기업 단위의 최적화를 넘어서, 전체 공급망을 통합적으로 관리하는 데 초점을 맞춘다.

채찍 효과

채찍 효과의 개념

채찍 효과(Bullwhip Effect)는 공급 사슬 내에서 수요 정보의 왜곡이 상류로 이동함에 따라 증폭되는 현상을 지칭한다. 이는 공급 사슬의 각 단계에서 발생하는 수요 예측 오류가 재고 부족이나 과잉 재고와 같은 비효율적인 상황을 야기한다. 채찍 효과는 특히 전통적인 공급 사슬에서 흔히 발생하며, 이를 해결하기 위해 SCM이 중요한 역할을 한다.

SCM을 통한 채찍 효과의 해결

SCM은 공급 사슬 내의 투명한 정보 공유를 통해 채찍 효과를 줄이는 데 중요한 역할을 한다. 공급 사슬 전반에 걸친 실시간 수요 및 재고 데이터의 공유는 수요 예측의 정확성을 높이고, 공급 사슬 내의 각 주체들이 더 효과적으로 대응할 수 있도록 한다.

- 정보의 공유와 투명성: SCM은 공급망 내의 각 단계에서 발생하는 데이터를 실시간으로 공유함으로써, 수요 예측의 정확도를 높인다. 이는 수요 예측 오류와 재고 적체를 최소화하는 데 기여한다.
- 수요 예측 개선: 정확한 수요 예측을 통해 공급 사슬 내에서 불필요한 재고를 줄이고, 재고 관리의 효율성을 높인다.
- 주문 배치 크기 최적화: SCM을 통해 공급망의 각 단계에서 주문 배치 크기를 최적화함으로써, 과잉 주문이나 재고 적체를 방지한다.
- 생산 계획 유연성: SCM은 공급망의 유연성을 향상시키며, 변동하는 시장 수요에 신속하게 대응할 수 있도록 한다.

SCM의 이러한 접근은 전체 공급 사슬의 효율성과 반응성을 높이며, 채찍 효과로 인한 비효율성을 줄이는 데 중요한 역할을 한다. 이를 통해 공급 사슬의 유연성과 경쟁력을 강화할 수 있다.

SCM의 구성 요소

- 공급 사슬 계획(Supply Chain Planning): 공급망의 각 단계에서 필요한 자원을 계획하고 조정하는 활동을 포함한다. 여기에는 수요 계획, 공급 계획, 생산 관리, 유통 관리, 재고 관리 등이 포함된다.

- 공급 사슬 실행(Supply Chain Execution): 계획된 자원과 활동을 실행하는 단계로, 주문 관리, 제조 계획, 유통 계획, 운송 계획, 역물류 관리[1] 등을 포함한다.

2. ERP: 전사적 자원 관리

ERP의 개념

ERP(Enterprise Resource Planning, 전사적 자원 관리)는 기업의 다양한 자원을 통합적으로 관리하고 최적화하는 시스템이다. ERP는 기업의 전반적인 시스템을 하나로 통합함으로써 경영, 인사, 재무, 생산 등 다양한 분야의 효율성을 극대화하고, 전사적 자원에서의 경영 전략을 지원하는 도구로 활용된다. 이는 기업의 모든 정보뿐만 아니라 공급 사슬 관리, 고객의 주문 정보까지 포함하여 종합적으로 관리한다.

ERP의 등장 배경

ERP의 등장 배경에는 MRP(Material Requirements Planning, 자재 소요 계획)와 MRP II(Manufacturing Resource Planning, 생산 자원 관리)[2]가 있다. MRP는 제조 기업의 생산 계획과 재고 관리를 효율적으로 수행하기 위한 시스템으로 시작되었다. MRP II는 MRP를 확장하여 제조 자원의 계획 및 관리를 포함하게 되었다. 이러한 MRP와 MRP II의 발전은 기업의 자원 관리를 더 광범위하고 통합적으로 관리하는 ERP 시스템의 등장으로 이어졌다.

이러한 배경에서도 ERP를 원어 그대로 번역하면 전사적 자원 '계획(Planning)'이 되어야 하나, SCM, CRM과 같은 수준에서 생각할 때, 의도적으로 전사적 자원 '관리'로 부르고 있다. 보통, 계획은 "Plan(계획) → Do(실행) → See

1) 역물류 관리(Reverse Logistics Management)란 기업의 공급 사슬에서 소비자 또는 최종 사용자로부터 제품, 재료, 부품을 회수하여 원점 또는 처리 센터로 되돌리는 과정을 관리하는 것을 말한다. 이는 기존의 전통적인 물류 프로세스, 즉 제품의 생산부터 배송까지의 흐름과 반대되는 개념으로, 제품이나 재료의 반환, 재사용, 재활용, 폐기 등을 포함한다.
2) 자재 소요 계획의 MRP와 약어가 같아 구분을 위해 II를 붙여 표기한다.

(평가)"라고 하는 관리 과정의 한 요소로 이해할 수 있으므로 관리라고 해야 더 상위 개념으로 인식될 수 있는 점도 고려된 것 같다.

ERP의 특징과 성공 요인

ERP 시스템은 기업 단위의 업무를 모듈화하여 전체적인 혁신 또는 부분적 혁신이 모두 가능하게 한다. 이 시스템은 업계의 모범 사례(Best Practice, 베스트 프랙티스)를 도입하여 과도한 맞춤화(customization)를 자제하고, 최고 경영층의 의지가 중요한 성공 요인으로 작용한다. ERP 도입 전후의 컨설팅과 교육 과정의 중요성도 강조된다.

ERP의 성공적인 도입은 조직의 운영 효율성을 크게 향상시키고, 경영 의사 결정의 정확성을 높이며, 전사적 차원에서 자원의 최적화를 달성할 수 있게 한다. 따라서, ERP는 현대 기업 경영에 있어 필수적인 요소로 간주되며, 지속적인 발전과 함께 다양한 분야에 적용되고 있다.

3. CRM: 고객 관계 관리 시스템

CRM의 개념

CRM(Customer Relationship Management, 고객 관계 관리)은 기업이 고객과의 관계를 효율적으로 관리하고, 고객 충성도를 높이며 장기간 유지하는 경영 방식 및 시스템을 의미한다. CRM은 기업이 고객 데이터를 수집, 분석 및 활용하여 고객의 니즈를 더 잘 이해하고, 이를 바탕으로 개인화된 서비스와 마케팅 전략을 구현하는 데 중점을 둔다.

CRM의 주요 구성 요소

- 콜 센터(고객 센터): 고객 데이터 확보와 관리를 위한 주요 접점으로, 고객의 문의와 피드백을 처리한다. 콜 센터는 인바운드(수신호)와 아웃바운드(발신호) 통화, 일대일 마케팅, 데이터베이스 마케팅 등을 통해 고객과 직접적으로 상호 작용한다.
- 영업력(Sales Force): 영업팀이 고객과의 관계를 관리하고, 개별 고객의 요구에 맞춘 제품이나 서비스를 제공한다. SFA(Sales Force Automation, 영업 과

정 자동화) 시스템은 영업팀의 작업을 자동화(정보화)하고, 고객 관리를 더 효율적으로 수행할 수 있도록 지원한다. 이 과정에서 고객과의 접점에서 신속하고 자율적인 의사 결정을 내릴 수 있도록 임파워먼트(empowerment)에 대한 고려도 필요한다. 단순한 권한 부여나 권한 이양의 수준을 넘어서 의사 결정에 필요한 각종 자원을 제공하는 과정을 포함한다. 임파워먼트의 요소로는 정보 접근성, 의사 결정 권한, 기술 및 교육 지원 등이 있다.

CRM의 중요성은 정보 기술의 발달과 함께 더욱 강조되고 있다. 정보 시스템의 지원을 받는 CRM은 고객 데이터를 심층적으로 분석하고, 이를 바탕으로 고객 만족도를 높이고, 평생 고객 가치를 창출하는 데 중점을 둔다. 이는 기업이 경쟁력을 강화하고, 지속 가능한 성장을 이루는 데 핵심적인 역할을 한다. CRM은 기업과 고객 간의 친밀한 관계 구축을 통해 고객의 충성도를 높이고, 장기적인 관계를 유지하는 데 기여한다.

4. KMS: 지식 관리 시스템

KMS의 개념

지식 관리 시스템(Knowledge Management System, KMS)은 기업 내외부의 다양한 지식과 전문성을 확보하고 적용하는 데 필요한 비즈니스 프로세스를 관리하는 정보 시스템이다. 이 시스템은 정보 활용의 가용성과 즉시성을 보장하며, 단순한 생산성 도구의 활용도 포함한다.

KMS의 특징

KMS 활동은 기본적인 컴퓨터 사용에서부터 시작한다. 이는 다른 정보 시스템이 도입되거나 구축되지 않은 초기 단계에서도 필수적인 역할을 한다. KMS는 종종 굳이 언급하지 않더라도 기본적으로 사용되는 시스템으로 여겨진다. 따라서 KMS는 기본적인 시스템으로 여겨서 SCM, ERP, SCM만 묶어 기업의 3대 정보 시스템이라고 부르기도 한다. 이는 중요하지 않기 때문이 아니라 당연한 것이기 때문이다. 현대 기업이라면 우리 회사에 SCM이 없을 수는 있으나, KMS가 없을 수는 없다.

3 | 정보 시스템 관리 조직의 구성과 역할

1. 정보 시스템 도입 이유

정보 시스템의 도입은 기업이나 조직의 경쟁력을 강화하는 데 있어 필수적인 요소로 자리 잡고 있다. 이는 다음과 같은 몇 가지 핵심 이유로 설명될 수 있다.

- 운영의 효율성 달성(Operational Efficiency): 정보 시스템은 운영의 효율성을 증가시킨다. 이는 인간과 컴퓨터 간의 상호 작용을 통해 달성되며, 데이터 처리와 정보 관리를 자동화함으로써 작업 과정을 최적화한다. 예를 들어, 자동 재고 관리 시스템은 재고 수준을 실시간으로 추적하여 과잉 재고나 재고 부족 문제를 줄일 수 있다.
- 경영 혁신의 수단(Business Innovation): 정보 시스템은 신제품, 서비스, 비즈니스 모델의 개발에 중요한 역할을 한다. 디지털 기술을 통한 새로운 비즈니스 모델의 창출은 기업이 시장에서 차별화된 가치를 제공할 수 있게 해 준다. 예를 들어, 온라인 스트리밍 서비스는 전통적인 미디어 산업에 혁신을 가져왔다.
- 경영 자원의 관리(Resource Management): 데이터의 확보와 분석은 기업의 중요한 자산 관리 방법이다. 데이터 분석을 통해 고객 행동, 시장 추세 등을 파악하여 더 효과적인 결정을 내릴 수 있다. 예를 들어, 빅 데이터 분석은 마케팅 전략을 최적화하고, 개인화된 고객 서비스를 제공하는 데 중요하다.
- 경쟁 우위의 확보(Competitive Advantage): 정보 시스템은 기업이 경쟁에서 우위를 점하는 데 중요한 도구이다. 효율적인 정보 관리와 분석을 통해 시장 변화에 빠르게 대응하고, 핵심 역량을 유지하며 경쟁자보다 앞서 나갈 수 있다.
- 조직의 생존 도구(Organizational Survival): 오늘날의 비즈니스 환경에서 정보 시스템은 조직의 생존에 필수적인 요소이다. 기술의 발전과 시장의 변화에 적응하며, 조직의 성공이나 성장을 위한 기반을 마련한다.

이렇게 정보 시스템의 도입은 단순히 기술적인 진보를 넘어서 조직의 전략적 방향성을 결정하는 중요한 요소로 작용한다. 이는 기업이 지속 가능한 성장을 이루고 시장에서 경쟁력을 유지하기 위해 필수적인 투자라 할 수 있다.

2. 정보 시스템 관리 조직의 구성

정보 시스템 관리 조직 역시 사람과 일로 구성이 되어 있고, 이를 구성원과 서비스로 구분하여 설명하면 이와 같다.

구성원

정보 시스템 관리 조직의 주요 구성원은 다음과 같다.

- CIO 및 기획 관리 업무: 최고 정보 책임자(Chief Information Officer, CIO)는 정보 시스템 전략을 수립하고 이를 관리하는 핵심 인물이다. 그들은 기술과 비즈니스의 경계에서 조직의 IT 정책을 주도하며, 조직의 전략적 방향에 따라 정보 시스템의 발전을 이끈다.
- 분석가 및 개발자: 이들은 정보 시스템의 분석, 설계, 실행을 담당하는 전문가들로, 기술적 문제 해결과 새로운 소프트웨어 개발을 주요 업무로 한다. 이들은 기술적 능력과 비즈니스 요구 사이의 균형을 맞추며, 조직의 IT 솔루션을 형성한다.
- 시설 및 장비 관리 실무진: IT 장비의 운영, 유지보수를 담당하며, 기술적 문제에 신속하게 대응한다. 이들은 IT 인프라의 안정성과 효율성을 보장하는 데 중요한 역할을 한다.
- 현업 사용자 지원: 이 팀은 기업 내부의 최종 사용자(End User)에게 필요한 IT 지원을 제공한다. 사용자의 IT 관련 문제 해결과 효율적인 소프트웨어 활용을 지원함으로써, 전반적인 업무 효율성을 높이는 데 기여한다.

서비스

정보 시스템 관리 조직이 제공하는 주요 서비스는 다음과 같다.

- 하드웨어 및 소프트웨어 관리: 조직 내 모든 IT 장비와 소프트웨어의 관리와

유지를 책임진다. 이는 시스템의 안정적인 운영을 보장하고, 기술적 문제가 발생했을 때 신속한 대응을 가능하게 한다.

- 데이터 및 통신 관리: 조직 내 데이터의 저장, 처리, 보안 및 네트워크 통신 시스템의 관리를 포함한다. 데이터의 안전한 관리는 조직의 기밀성과 무결성을 유지하는 데 핵심적이다.
- 장단기 업무 계획 및 운영: 조직의 장기적인 IT 전략을 수립하고 이를 실현시키는 업무를 맡는다.
- 교육 및 표준 수립, 연구 개발(R&D): IT 기술과 관련된 최신 트렌드를 연구하고, 조직 내에서 이를 활용하기 위한 교육 프로그램과 표준을 개발한다.

이러한 구성원과 서비스는 정보 시스템 관리 조직의 핵심적인 부분이며, 조직의 IT 인프라와 전략적 목표를 달성하는 데 필수적인 요소이다. 각각의 역할과 기능을 정확히 이해하는 것은 효율적인 IT 관리와 전략적 계획 수립에 있어 중요하다.

3. 정보 시스템 관리 조직의 구성원

정보 시스템의 관리 조직의 구성원으로는 주로 관리자, 시스템 분석가, 시스템 관리자 등이 있다. 이들 각각은 시스템의 관리와 운영을 위해 중추적인 역할을 수행한다.

관리자는 전반적인 조직 관리와 운영을 담당하며, 이를 위해 필요한 자원을 적절히 배분하는 역할을 한다. 시스템 분석가는 시스템 사용자의 요구와 필요성을 분석하고 이를 시스템 설계에 반영하는 역할을 수행한다.

시스템 관리자는 시스템의 정상적인 작동을 유지하며 발생할 수 있는 여러 가지 시스템 오류를 예방하고 해결하는 역할을 한다. 이는 네트워크 관리, 데이터베이스 관리, 웹 관리 등의 세부적인 업무를 포함할 수 있다.

그리고 시스템의 개발과 구현을 담당하는 소프트웨어 개발자가 있다. 그리고 그 외에도 프로젝트 관리자, 시설 관리자, 하드웨어 유지 보수, 교육 담당자, 상담 등의 구성원이 존재한다.

관리자

정보 시스템 관리 조직의 관리자 유형에는 최고 책임자라고 할 수 있는 CIO를 비롯하여 다양한 종류가 있다.

- CIO(Chief Information Officer), 최고 정보 책임자: 일반적으로 정보 시스템 부서를 이끄는 역할을 한다. 전사적인 IT 전략을 수립하고, 기업의 정보 자원을 효율적으로 관리하고 운용한다.
- CTO(Chief Technology Officer), 최고 기술 책임자: 회사의 기술 및 연구 개발(R&D) 전략을 담당하며, 전반적인 기술 연구와 개발 투자를 총괄한다.
- CPO(Chief Privacy Officer), 개인 정보 보호 책임자: 회사의 개인 정보 보호 정책을 설정하고 준수를 감독한다. 또한, 개인 정보 보호 및 데이터 보호와 관련된 법규 준수를 담당한다.
- CSO(Chief Security Officer), 최고 보안 책임자: 조직의 물리적 및 디지털 보안에 대한 책임을 가지고 있다. 정보 시스템, 데이터 보호, 기업 시설 보안, 보안 정책 등을 관리하는 역할을 한다.
- CKO(Chief Knowledge Officer), 최고 지식 책임자: 지식 관리 전략을 수립하고 이를 실행하는 역할을 한다. 회사의 지식 자원을 효과적으로 활용하도록 지원하며, 지식 창출과 공유를 촉진한다.
- CDO(Chief Data Officer), 최고 데이터 책임자: 기업의 정보 자원과 데이터 자산의 효율적 관리와 활용을 총괄한다. 데이터 관련된 모든 사항, 즉 데이터의 활용, 관리, 보호 등을 담당한다.

이와 같이 정보 시스템 관리 조직의 구성원 중 관리자는 다양한 책임을 가지고 있으며, 이는 정보 시스템의 효율적인 운영과 발전에 필수적인 역할이다. 이러한 관리자들은 각각의 업무를 수행하면서 정보 시스템이 안정적이고 효과적으로 작동할 수 있도록 지원한다. 참고로 조직 규모에 따라서 한 사람이 여러 직책을 담당하기도 한다.

시스템 분석가

시스템 분석가는 정보 시스템의 정상적인 작동과 효과적인 운영을 위해 중요한 역할을 하는 구성원으로, 이들의 역할과 책임은 다양하다.

비즈니스 기술 분석가, 정보 시스템의 분석, 설계, 실행 전문가와 같은 시스템 분석가는 정보 시스템 조직과 현업 부서 간의 중간자 역할을 하며, 정보 기술을 활용하여 현업 부서의 문제를 해결하고 의사 결정을 지원한다. 또한, 기업이나 조직의 정보 시스템이 비즈니스 목표와 일치하도록 시스템 분석과 설계를 수행하며, 사용자 요구 사항이 효과적으로 시스템 설계에 반영될 수 있도록 지원한다.

시스템 분석가 중에는 소프트웨어 분석가라는 특정 분야의 전문가도 있다. 이는 소프트웨어의 사용자와 개발자 간의 업무 조정 역할에 특화된 분석가로, 사용자의 요구와 기대를 정확하게 이해하고 이를 개발 프로젝트에 반영하는 역할을 한다. 소프트웨어 분석가는 사용자의 요구를 정의하고 분석하는 데 있어 핵심적인 역할을 하며, 이를 바탕으로 시스템의 효율적인 설계와 구현에 중요한 기여를 한다. 개발자와 사용자 간의 커뮤니케이션 다리 역할을 하는 이들은 시스템의 성능 향상과 개선을 위해 필수적이다.

따라서 시스템 분석가는 비즈니스 목표와 정보 시스템의 효율적인 운영 사이에서 다리 역할을 하며 변수를 조정하고 관리한다. 이러한 이중적 역할은 정보 시스템 관리 조직이 효율적으로 작동하고 역동적으로 적응하며 발전하는 데 결정적이다.

시스템 관리자

시스템 관리자(시스템 어드민)는 컴퓨터 시스템이나 네트워크를 운영하고 유지 보수하는 역할을 담당한다. IT 장치 전반을 관리하며, 서버나 다른 컴퓨터에 운영 체제를 설치하고, 지원하고, 유지 보수한다. 또한, 서비스 정지나 다른 문제에 대해 즉시 응답하며 이를 해결할 능력과 책임을 가져야 한다.

시스템 관리자는 다소의 개발 능력과 시스템 관련 프로젝트 관리 스킬, 감시 능력, 컴퓨터 운영 기술을 갖추어야 한다. 이런 전문적 기술 외에도, 시스템 관리자는 IT 문제에 대한 기술적 지원을 통해 상담 역할을 수행한다.

그 외 세부적인 시스템 관리 업무는 각각의 전문 관리자에 의해 공유하고 분담된다. 이러한 관리자에는 네트워크 관리자, 데이터베이스 관리자, 웹 관리자인 웹마스터가 포함된다.

- 네트워크 관리자: 네트워크 관리자는 회사 내부의 네트워크 시스템을 구성하고 운영한다. 네트워크 트래픽의 안정성을 유지하고, 네트워크 문제 해결을 위한 기술적 지원을 제공한다.
- 데이터베이스 관리자(DBA: Database Administrator): DBA는 조직의 데이터베이스 시스템을 설계하고 운영한다. 데이터 관리 전략을 수립하고, 데이터베이스의 성능을 최적화하며, 데이터 손실을 방지하기 위한 백업 및 복구 전략을 관리한다.
- 웹 관리자(Webmaster): 웹 관리자(웹마스터)는 기업의 웹 서버 및 사이트를 관리한다. 웹사이트의 구성 및 디자인을 담당하고, 웹 서비스에 대한 문제를 해결한다. 또한, 사용자 트래픽을 모니터링하고, 웹사이트의 성능을 최적화하는 역할을 한다.

이처럼, 시스템 관리자는 전반적인 시스템 운영과 유지를 담당하는 중추적인 역할을 하며, 세부적인 업무는 각 분야의 전문 관리자들이 공유하고 분담한다. 이는 시스템의 효율적인 운영을 위해 필수적이다.

소프트웨어 개발자

소프트웨어 개발자(프로그래머)는 현업의 업무에 필요한 소프트웨어를 요구사항에 맞게 작성하는 전문가로, 기업이나 조직의 IT 시스템을 구축하고 운영하기 위해 필수적인 역할을 한다.

이들은 시스템 분석가가 도출한 사용자 요구와 비즈니스 목표를 바탕으로 적절한 소프트웨어를 개발하며, 이를 통해 기업이나 조직의 업무 효율성과 일관성을 개선하고 시스템의 안정성과 보안성을 유지하는 데 기여한다.

소프트웨어 개발자는 소프트웨어 공학에 관한 전문 지식뿐만 아니라 현업 업무 영역, 즉 도메인(domain)에 관련된 지식도 갖추어야 한다. 이를 위해 프로그래머는 해당 분야의 전문가들과 긴밀하게 협력하며, 분석, 설계, 테스트, 유지 보수 등의 과정을 거쳐 사용자 중심의 소프트웨어를 개발한다.

그러나 현대 사회에서는 개발 업무의 외주화(아웃소싱) 추세가 일반화되고 있고, 클라우드 컴퓨팅 기술의 확산으로 인해 일반 기업이 프로그래머를 직접 고용하는 사례가 감소하는 경향을 보이고 있다. 이는 IT 자원의 표준화와 전문화, 경제성 제고 등의 장점을 안겨주지만, 동시에 데이터 보안과 서비스 품질에 대한 우려를 낳기도 한다.

이에 따라 소프트웨어 개발자는 단순히 특정 언어나 기술을 익히는 것을 넘어서 도메인에 대한 이해와 사용자 중심 사고, 지속적인 기술 업데이트에 대한 준비가 필요하다. 이를 바탕으로 효과적이고 안정적인 소프트웨어를 개발하며, 이는 기업이나 조직의 핵심 역량 강화를 위해 필수적이다.

기타 구성원

- 프로젝트 관리자(PM: project manager): 프로젝트 관리자는 정보 시스템 프로젝트의 전반적인 진행 상황을 총괄하는 역할을 맡는다. 프로젝트의 목표 설정, 일정 관리, 예산 조정, 리스크 관리 등을 담당하며, 프로젝트 팀 내에서 일어나는 모든 활동을 조정한다. 프로젝트가 예정된 목표에 부합하게 진행될 수 있도록 관리하는 역량이 필요하며, 이를 위해 리더십, 커뮤니케이션이나 협상 능력 등 다양한 관리 기술을 활용한다.
- 시설 관리자: 시설 관리자는 기업의 IT 인프라를 운영하고 유지하는 역할을 담당한다. 서버, 네트워크 장비, 컴퓨터 등 각종 하드웨어와 그에 연관된 시설을 관리하며, 환경 설정, 침입 방지, 재해 복구 등에 대한 준비를 한다. 또한, 시스템 성능 모니터링 및 최적화 등 업무도 수행한다.
- 하드웨어 유지 보수: 하드웨어 유지 보수 담당자는 기업이 보유한 IT 하드웨어의 정상적인 작동을 보장한다. 이들은 하드웨어 결함 발생 시 즉시 대처하고 필요한 부품 교환, 수리 등 보수 작업을 수행한다. 또한, 예방 차원에서 주기적인 점검 및 유지 관리 활동을 통해 하드웨어의 수명을 연장하고 안정적인 작동을 지원한다.
- 교육 담당자(IT 강사): 교육 담당자는 IT 시스템의 사용자에게 필요한 지식과 기술을 전달한다. 시스템 사용자가 새로운 소프트웨어나 기술을 올바르게 이해하고 활용할 수 있도록 훈련 프로그램을 개발하고 운영한다. 일반적으로 교육 담당자는 IT에 대한 깊은 이해와 함께 커뮤니케이션 능력, 교육 기법에 대한 지식이 필요하다.
- 상담(헬프데스크): 헬프데스크는 IT 시스템 사용자들의 기술적인 질문이나 문제에 대해 지원을 제공한다. 이들은 전화, 이메일, 채팅 등 다양한 채널을 통해 사용자의 IT 관련 문제를 해결하며, 필요한 경우 IT 전문가팀에

문제를 전달한다. 헬프데스크 업무는 기술적 지식뿐만 아니라, 고객 서비스 능력, 문제 해결 기술도 필요하다.

4. 정보 시스템 관리 조직의 업무

정보 시스템 관리 조직의 역할은 매우 다양하고 복잡하다. 그 중에서도 특히 정보 시스템 부서는 전체 IT 운영과 관리 업무를 총괄한다. 이는 IT 자원 관리부터 시설 관리, 교육, 표준 수립, R&D 등 다양한 범위의 업무를 포함한다.

정보 시스템 관리 조직의 업무는 IT 운영과 IT 관리라는 두 가지 주요 부문으로 업무를 구분하여 살펴볼 수 있다.

IT 운영

IT 운영은 일반적으로 전산 자원 관리, 데이터 관리, 네트워크 관리, 시설 관리를 포함한다.

- 전산 자원 관리: 하드웨어와 소프트웨어 자원을 효율적으로 관리하고 최적화하는데 초점을 맞춘다. 이는 사용 가능한 자원을 최대한 활용하고, 필요한 추가 자원을 정확하게 예측하고 확보하는 능력을 필요로 한다.
- 데이터 관리: 데이터의 저장, 전송 및 보안을 책임진다. 이는 데이터를 효과적으로 관리하고 분석할 수 있도록 하는 데이터베이스 시스템의 구축 및 운영을 의미한다.
- 네트워크 관리: 네트워크 시스템의 설계와 구축, 그리고 이를 통한 데이터의 보안 전송 및 효율적인 통신을 보장하는 역할을 수행한다.
- 시설 관리(FM: Facility Management): IT 인프라 및 기타 관련 시설을 관리하고 유지한다. 이는 예상치 못한 사고나 재해로부터 시스템을 보호하고 안정적인 운영을 지원한다.

IT 관리

IT 관리 부분에서는 IT 기획 및 관리, 교육, 표준 수립, R&D가 주요 업무로 포함된다.

- IT 기획 및 관리: 기업의 전략적 목표를 달성하기 위해 필요한 IT 시스템

및 서비스를 기획하고 관리한다. 이는 정보 시스템의 전반적인 전략과 행동 계획을 수립하며, 기술 트렌드를 파악하고 이를 시스템에 반영하는 역할을 수행한다.

- 교육: IT 사용자 및 관리자에 대한 교육 및 훈련 프로그램을 개발하고 실행한다. 이는 IT 시스템의 효과적인 사용을 보장하며, 이러한 시스템을 통해 비즈니스 목표를 이루는 데 필요한 기술과 지식을 전달하는 역할을 한다.
- 표준 수립: IT 시스템 및 프로세스의 표준을 개발하고 관리한다. 이는 효율성, 호환성, 보안성 등을 보장하며, IT 시스템의 안정적인 운영을 지원한다.
- R&D: 향후 IT 시스템과 서비스의 개선 및 혁신을 위한 연구 및 개발 활동을 수행한다. 이는 새로운 기술 동향을 파악하고, 이를 기반으로 향후 시스템의 발전 방향을 설정하는 역할을 한다.

이처럼, 정보 시스템 관리 조직 내의 각 역할은 IT 시스템의 효율적인 운영과 관리를 위해 매우 중요하다. 각 역할은 IT 시스템의 전반적인 작동을 지원하며, 기업의 목표 달성을 위해 기여한다.

최종 사용자 컴퓨팅 현상의 보편화와 환경 변화

최종 사용자 컴퓨팅(EUC, End-User Computing)은 전문 개발자가 아닌 현업 사용자가 정보 시스템과 애플리케이션의 개발·활용에 직접 참여하는 현상을 의미한다. 과거에는 대부분의 정보 시스템이 IT/IS 부서에서 설계·개발·운영되었으나, 이제는 현업 부서의 구성원도 스스로 필요한 도구와 기능을 만들고 수정하는 일이 일반적인 모습이 되었다. 이러한 변화는 단순한 예외적인 활동이 아니라, 기업 전반에서 널리 나타나는 보편적인 현상으로 이해할 수 있다.

EUC의 확산 배경에는 크게 두 가지 요인이 있다. 첫째, 스프레드시트, 대시보드 도구, 로코드/노코드(low-code/no-code) 플랫폼과 같이 사용자 친화적인 도구와 개발 환경이 크게 발전하였다. 둘째, 업무 현장에서 데이터를 활용하고 디지털 도구를 사용하는 경험이 축적되면서 현업 사용자의 IT 활용 능력이 전반적으로 향상되었다. 이에 따라 사용자는 단순 조회나 입력을 넘어서, 스스로 데이터를 가공하고, 프로그래밍 논리를 설계하며, 보고서를 자동으로 생성하는 등 과거보다 더욱 능동적인 방식으로 정보 시스템을 활용할 수 있게 되었다.

이러한 EUC 활동은 업무 효율성과 기민성을 높이는 데 기여한다. 현업 사용자가 자신의 업무 흐름을 가장 잘 이해하고 있기 때문에, 필요한 기능을 IT/IS 부서에 상세히 설명하고 개발을 의뢰하는 대신, 스스로 필요한 양식, 분석 논리, 간단한 자동화 기능 등을 구성하면 요구 사항 전달과 개발에 드는 시간을 줄일 수 있다. 그 결과, 의사 결정에 필요한 정보를 더 빠르게 얻고, 업무 변화에 더 민감하게 대응할 수 있다. 이와 같이 EUC는 현업 사용자가 "IT 서비스의 수동적 이용자"에서 "업무 도구를 설계하는 주체"로 역할을 확장하는 과정으로 볼 수 있다.

최근에는 **생성형 인공 지능**(Gen AI)의 확산이 EUC의 양상을 한층 더 변화시키고 있다. 대규모 언어 모델을 기반으로 한 생성형 인공 지능은 사용자가 복잡한 명령어나 프로그래밍 언어를 학습하지 않아도, 자연어로 "원하는 분석"이나 "필요한 보고서의 형태"를 설명하면 이를 바탕으로 문서, 코드, 분석 결과를 자동으로 생성해 준다. 이때 사용자가 자연어로 원하는 결과의 분위기나 방향을 설명하며 시스템을 활용하는 방식을 **바이브 코딩**(vibe coding)이라고 부를 수 있다. 바이브 코딩은 사용자가 세부적인 설계를 일일이 지시하지 않고도, "어떤 느낌의 결과물을 원하는지"를 중심으로 시스템과 상호 작용을 한다는 점에서, 생성형 인공 지능 시대의 새로운 EUC 형태로 이해할 수 있다.

또한 **AI 에이전트**(AI agent)의 발전은 EUC 활동을 단일 작업 단계를 넘어, 복수의 업무 절차를 자동으로 수행하는 수준으로 확장하고 있다. AI 에이전트는 사용자가 제시한 목표를 달성하는 데 필요한 작업을 스스로 계획하고, 여러 도구와 시스템을 연계하여 데이터를 조회·분석·정리·전달하는 기능을 수행한다. 예를 들어, "매월 매출 데이터를 정리해 요약 보고서를 작성하고 담당자에게 전달하라"라는 목표를 정해 두면, 에이전트가 정해진 시점마다 데이터 수집, 분석, 문서 작성, 공유까지의 과정을 자동으로 실행할 수 있다. 이 경우 현업 사용자는 개별 명령을 하나씩 실행하는 수준을 넘어서, 업무 규칙과 목표를 정의하는 역할을 담당하게 된다.

이와 같은 환경 변화 속에서 IT/IS 부서의 역할도 함께 변화하고 있다. IT/IS 부서는 더 이상 모든 애플리케이션을 직접 개발하고 운영하는 조직에 머무르지 않는다. 대신, 현업 사용자가 안전하고 효율적으로 EUC 활동을 수행할 수 있도록 플랫폼, 도구, 데이터 환경, 가이드라인을 제공하고 관리하는 역할을 맡는다. 특히 데이터 보안, 접근 권한, 품질 관리, 표준화, 변경 관리와 같은 거버넌스는 여전히 IT/IS 부서의 중요한 책임이다. 생성형 인공 지능, 바이브 코딩, AI 에이전트가 확산할수록, EUC에서 발생할 수 있는 오류나 오용, 정보 유출의 위험도 함께 증가할 수 있기 때문이다.

따라서 조직과 경영자는 EUC를 단순한 기술적 유행이 아니라, 디지털 환경에서 업무가 설계·실행되는 방식 자체를 바꾸는 구조적 변화로 이해할 필요가 있다. 현업 사용자의 자율성과 창의성을 존중하면서도, 적절한 통제와 지원 체계를 마련하는 것이 중요하다. 이를 위해 조직은 교육과 훈련을 통해 직원의 디지털 역량을 높이고, 생성형 인공 지능과 AI 에이전트를 포함한 EUC 활동에 대한 명확한 원칙과 규칙을 수립해야 한다. 이러한 노력을 통해 EUC는 기업의 업무 혁신과 경쟁력 향상에 기여하는 중요한 기반이 될 수 있다.

04

경영 전략과 정보 기술의 역할

1 경영 전략과 정보 시스템

2 정보 윤리와 개인 정보

3 정보 기술과 인간의 기본권

CHAPTER

경영 전략과 정보 기술의 역할

1 경영 전략과 정보 시스템

1. 전략의 개념

전략의 정의

전략(Strategy)은 본래 군사 용어로, 특정한 목표를 수행하기 위한 행동 계획을 의미한다. 전략의 핵심은 고유하고 가치 있는 시장 지위를 창출하는 것이며, 이를 위해 포기하는 활동으로 인한 손실을 상쇄할 수 있는 대안을 마련하는 것이 중요하다. 또한, 조직의 목표 달성을 위해 제반 활동들을 조정할 수 있는 적정 방법을 모색하는 것도 전략의 중요한 부분이다.

전략의 기본 원칙

전략은 다음과 같은 다섯 가지 기본 원칙으로 나눌 수 있다.[1)]

- 계획(Strategy as Plan): 잘 짜인 목표를 달성하기 위한 체계적 활동의 제시.
- 패턴(Strategy as Pattern): 일관성 있는 행동 양식.

---

1) Mintzberg, H. Ahlstrand, B. and Lampel, J. Strategy Safari: A Guided Tour Through the Wilds of Strategic Management, The Free Press, New York, 1998.

- 위치(Strategy as Position): 경쟁 환경에서 자신의 자리매김.
- 책략(Strategy as Ploy): 경쟁자를 능가할 수 있는 구체적 활동.
- 관점(Strategy as Perspective): 전략 수행의 바탕이 되는 조직의 사상과 철학.

이러한 원칙들은 전략이 단순히 계획이나 목표 달성의 도구가 아니라, 조직의 전반적인 방향성과 패러다임을 설정하는 중요한 요소임을 보여준다. 전략은 조직이 외부 환경과 내부 역량을 바탕으로 효과적으로 자원을 배분하고, 경쟁 우위를 확보하기 위한 중요한 수단이다.

2. 경영 전략

경영 전략의 개념

경영 전략(Business Strategy)은 일정한 환경 하에서 기업이 성장하기 위해 필요한 사업 활동을 명확히 하는 경영 활동을 의미한다. 이는 기업의 장기적인 방향성을 설정하고, 자원을 효율적으로 배분하여 경쟁 우위를 확보하는 데 중요한 역할을 한다.

세부 전략 예시

- 제품 전략(Product Strategy): 제품의 혁신, 개발 및 개선을 통해 시장에서 경쟁력을 갖추는 전략.
- 다각화 전략(Diversification Strategy): 다양한 사업 분야로의 확장을 통해 위험을 분산하고 성장 기회를 창출하는 전략.
- 투자 전략(Investment Strategy): 재무적 자원을 효과적으로 배분하여 최대의 수익을 달성하는 전략.

경영 전략의 속성(고려 대상)

- 환경 적응성(Environmental Adaptability): 경영 전략은 외부 환경의 변화에 적응할 수 있는 능력을 가져야 한다. 이는 시장의 동향, 기술의 발전, 경제적 조건 등 외부 요인에 대한 지속적인 분석과 이에 따른 전략 조정을 포함한다. 환경 적응성은 기업이 생존하고 성장하기 위한 필수적인 요소이다.

- 변화 적응성(Adaptability to Change): 이는 **유연성**(Flexibility)과 **복잡성**(Complexity)의 두 가지 주요 요소로 구성된다. 유연성은 시장이나 기술의 변화에 신속하게 대응할 수 있는 기업의 능력을 의미하며, 복잡성은 다양한 시장 조건과 상황에 적합한 다양한 전략을 개발하고 실행하는 능력을 가리킨다.
- 조직 수준의 방향성(Organizational Direction): 전략은 조직의 장기적인 목표와 방향성을 설정하는 데 중요하다. 이는 조직의 비전, 사명, 목표를 명확히 하고, 이를 달성하기 위한 구체적인 전략을 수립하는 과정을 포함한다.
- 계획성과 즉흥성(Planning and Improvisation): 계획성은 장기적이고 체계적인 접근을 통해 목표를 달성하는 방식을 의미한다. 반면, 즉흥성은 불확실한 상황에서 신속하고 유연하게 대응하는 능력을 말한다. 효과적인 전략은 계획성과 즉흥성을 적절히 조화시켜야 한다.
- 경영 수준별 다양성(Diversity Across Management Levels): 경영 전략은 다양한 경영 수준에서 고려되어야 한다. 최고 경영진의 전략적 의사 결정부터 중간 관리자의 전술적 실행까지, 모든 수준에서 전략이 일관되게 적용되고 조정되어야 한다.
- 개념성과 분석성(Conceptuality and Analyticity): 전략은 추상적인 개념과 구체적인 분석을 모두 포함해야 한다. 개념성은 전략의 비전과 방향성을 설정하는 것을 의미하며, 분석성은 구체적인 시장, 경쟁자, 내부 역량 등에 대한 철저한 분석을 통해 이러한 비전과 방향성을 실현하는 것을 말한다.

이러한 속성들은 경영 전략을 수립하고 실행하는 데 있어 필수적인 고려사항들이다. 각 속성은 서로 연관되어 있으며, 이들을 종합적으로 고려하고 균형 있게 적용하는 것이 기업의 성공적인 전략 수립에 결정적인 역할을 한다. 경영 전략의 이러한 다양한 속성을 이해하고 적절히 활용함으로써 기업은 변화하는 시장 환경에서 경쟁력을 유지하고 지속 가능한 성장을 이룰 수 있다

속성에 따른 경영 전략의 구분

- 선형 전략(Linear Strategy): 일관된 방향으로 결정된 장기적 전략.
- 적응형 전략(Adaptive Strategy): 환경의 변화에 유연하게 대응하는 전략.
- 해석형 전략(Interpretive Strategy): 이해관계자의 요구에 순응하는 전략.

각 전략은 조직의 내외부 환경과 이해관계자의 요구에 따라 선택되며, 기업의 특정 상황과 목표에 맞게 적용되어야 한다.

3. 경영 전략과 정보 기술의 영향

오프라인 서점 대 온라인 서점

경영 전략과 정보 기술의 상호 작용은 현대 비즈니스 환경에서 기업들이 마주하는 주요 도전과 기회를 정의한다. 이러한 상호 작용의 중요성은 '오프라인 서점 대 온라인 서점' 사례에서도 두드러지게 나타난다. 이 사례를 통해, 정보 기술이 전통적인 경영 전략을 어떻게 변화시키고, 새로운 경쟁 우위를 창출하는지를 명확히 이해할 수 있다.

오프라인 서점은 오랫동안 지역 사회의 중심으로서 문화적 경험과 개인적인 서비스를 제공하는 데 중점을 두었다. 이들의 경영 전략은 이러한 장점을 활용하여 고객 충성도를 높이는 데 초점을 맞췄다. 그러나 정보 기술의 발전은 이러한 전략에 중대한 도전을 제시했다. 인터넷의 등장과 함께, 아마존(Amazon)과 같은 온라인 서점들은 전통적인 서점의 경영 모델에 혁신적인 변화를 가져왔다. 이들은 광범위한 제품 범위, 저렴한 가격, 편리한 배송 서비스 등을 통해 전통적인 서점들이 제공할 수 없는 가치를 제공했다.

아마존의 성공은 단순히 온라인으로의 이동을 넘어서, 고객 데이터의 분석과 개인화된 추천 시스템을 활용하여 고객 경험을 혁신적으로 개선한 것에 기인한다. 이러한 접근 방식은 고객 맞춤형 서비스를 제공함으로써 고객 충성도를 높이고, 재고 관리와 판매 전략을 최적화하는 데 중요한 역할을 했다.

우리나라의 경우, 예스24나 알라딘과 같은 온라인 서점들이 이와 유사한 전략을 채택하며 시장에서 성공을 거두었다. 이들은 다양한 책과 관련 상품을 온라인으로 판매하고, 사용자 리뷰 및 온라인 커뮤니티 활동을 통해 고객 참여를 촉진했다. 이러한 전략은 소비자들에게 편의성을 제공하고, 다양한 프로모션을 통해 경쟁력을 강화했다.

하지만 최근에는 오프라인과 온라인 서점 간의 경계가 점차 모호해지고 있다. 많은 오프라인 서점들이 온라인 판매 채널을 도입하고, 반대로 온라인 서점들도 오프라인 매장을 개설하는 추세다. 이러한 혼합 전략은 고객에게 다양한 쇼핑 경험을 제공하며, 두 경영 모델 간의 강점을 조화롭게 결합한다.

이러한 사례를 통해 볼 때, 경영 전략과 정보 기술은 서로를 보완하며 기업의 경쟁력에 핵심적인 영향을 미친다. 정보 기술은 전통적인 경영 전략을 혁신하고, 새로운 경쟁 우위를 창출하는 데 중요한 역할을 한다. 이러한 상호 작용을 통해 기업들은 변화하는 시장 환경에 효과적으로 대응하며 지속 가능한 성장을 추구할 수 있다.

브리태니커 대 위키피디아

디지털 시대의 도래와 정보 기술의 급속한 발전은 전통적인 지식의 축적과 전달 방식에 혁명적인 변화를 가져왔다. 이 변화의 대표적인 사례는 "브리태니커"와 "위키피디아"의 대비에서 잘 드러난다. 이 사례는 정보의 생산, 관리, 전달 방식이 어떻게 변화했는지를 보여주며, 현대 사회에서 지식의 역할과 형태가 어떻게 진화하고 있는지를 분명하게 설명한다.

브리태니커 백과사전은 전통적인 지식의 집대성으로 수백 년 동안 지식과 정보의 신뢰할 수 있는 원천으로 여겨져 왔다. 전문가와 학자들이 집필하고, 엄격한 편집 과정을 거쳐 출판되는 브리태니커는 정확성과 권위를 그 특징으로 한다. 그러나 종이 백과사전의 물리적 형태와 고비용은 접근성과 유연성에 한계를 두었다.

반면, 위키피디아는 21세기의 정보 기술 혁명의 산물이다. 2001년에 창설된 이 온라인 백과사전은 누구나 편집할 수 있는 개방형 플랫폼으로 설계되었다. 이는 전통적인 지식 전달의 관문을 넘어, 지식의 민주화를 실현했다. 위키피디아는 실시간으로 업데이트되며, 다양한 사용자와 편집자들이 참여하는 집단 지성의 결과물이다. 이러한 접근 방식은 놀라운 수준의 광범위한 내용을 제공하지만, 때때로 정확성과 권위에 대한 질문을 불러일으킨다.

이 두 백과사전의 차이는 정보 기술이 어떻게 전통적인 지식의 구조를 변화시켰는지를 보여준다. 브리태니커는 전문가 중심의, 정제된 지식의 제공을 강조하는 반면, 위키피디아는 개방성과 접근성, 지속적인 갱신을 통한 지식의 확산에 초점을 맞춘다. 위키피디아의 성공은 정보의 속도와 범위가 중요한 디지털 시대에 맞춰 적응하고 혁신하는 것이 얼마나 중요한지를 강조한다.

브리태니커와 위키피디아 사이의 이러한 구분은 현대 사회에서 지식과 정보의 역할이 어떻게 변화하고 있는지를 잘 보여준다. 지식의 권위와 정확성에 대한 전통적인 관념과, 개방성, 협력, 지식의 빠른 순환을 강조하는 현대적 관념 사이의 균형을 찾는 것이 중요하다. 또한, 이는 지식의 생산과 소비가 어떻게 더 민주적이고 접근 가능하게 되었는지를 보여주는 동시에, 이러한 변화가 가져올 수 있는 잠재적인 도전과 기회에 대해 생각해볼 기회를 제공한다.

순수 온라인 사업자

디지털 시대의 도래와 함께 경영 전략과 정보 기술의 상호 작용은 기업 운영의 핵심 요소로 부상했다. 구글(Google)과 네이버(Naver)와 같은 순수 온라인 사업들은 이러한 상호 작용을 적절히 활용하여 성공한 대표적인 예시들이다. 이들 사례를 통해 정보 기술이 어떻게 경영 전략에 근본적인 변화를 불러오고, 기업이 시장에서 성공하는 데 결정적인 역할을 하는지를 분석해 볼 수 있다.

구글은 검색 엔진으로 시작하여, 현재는 광고, 클라우드 컴퓨팅, 인공 지능, 소프트웨어 개발 등 다양한 분야에서 활동하는 글로벌 기업으로 성장했다. 구글의 경영 전략은 혁신과 지속적인 기술 개발에 중점을 두고 있다. 이는 데이터 분석, 사용자 경험의 최적화, 새로운 기술의 탐색과 적용을 통해 이루어진다. 구글은 빅 데이터와 기계 학습 기술을 활용하여 사용자의 검색 경험을 개선하고, 이를 바탕으로 광고 수익을 극대화하는 전략을 성공적으로 실행했다. 또한, 구글은 혁신적인 기업 문화를 통해 직원들의 창의력과 혁신을 장려하며, 경쟁 우위를 유지하고 있다.

한편, 네이버는 우리나라의 대표적인 인터넷 기업으로, 검색 서비스를 시작으로 다양한 온라인 플랫폼을 제공한다. 네이버의 경영 전략은 사용자 중심의 서비스 개발과 지속적인 혁신에 초점을 맞추고 있다. 특히, 네이버는 사용자의 요구와 트렌드를 반영한 맞춤형 서비스 개발과, 콘텐츠 생산자와 사용자 간의 상호 작용을 촉진하는 플랫폼을 제공함으로써 차별화된 경쟁력을 구축했다. 또한, 네이버는 빅 데이터와 인공 지능을 활용한 검색 알고리즘 개선과 사용자 경험 최적화에 집중하고 있다.

이 두 기업의 사례에서 볼 수 있듯이, 정보 기술은 경영 전략의 핵심 요소로 작용한다. 특히 순수 온라인 사업에서는 기술의 빠른 변화와 시장의 동향을 신속하게 파악하고, 이에 맞춰 혁신적인 서비스와 솔루션을 개발하는 것이 중요하다. 구글과 네이버는 기술 중심의 경영 전략을 통해 시장에서 선도적인 위치를 확보했으며, 이는 디지털 시대에 기업이 성공하기 위해서는 기술 혁신과 전략적 유연성이 필수적임을 보여준다.

이러한 사례를 통해 우리는 정보 기술이 단순한 도구가 아니라, 기업 전략을 구성하고 실행하는 데 있어 중심적인 역할을 한다는 것을 이해할 수 있다. 정보 기술을 통한 혁신은 기업이 시장에서 경쟁 우위를 확보하고, 새로운 비즈니스 기회를 창출하는 데 결정적인 역할을 한다. 따라서 기업들은 기술 발전을 지속해서 모니터링하고, 이를 자신들의 경영 전략에 효과적으로 통합해야 한다.

정보 기술의 영향을 반영한 비즈니스 모델의 유형

디지털 시대의 도래로 비즈니스 모델의 유형이 크게 변화하고 있다. 특히, 정보 기술의 영향을 반영한 두 가지 주요한 비즈니스 모델 유형으로 '온라인 · 오프라인 결합형'과 '순수 온라인형'을 들 수 있다. 이 두 모델은 현대 비즈니스 환경에서 기업이 어떻게 자신의 전략을 조정하고 시장에서 경쟁력을 강화하는지를 보여준다.

온라인 · 오프라인 결합형(Bricks and Clicks)

이 모델은 전통적인 오프라인 기업(Brick－and－Mortar Business, B&M Business)이 온라인 비즈니스 모델을 채택한 형태를 말한다. 'Bricks and Clicks'[2)]라는 용어는 오프라인 매장(Bricks)과 온라인 채널(Clicks)을 모두 결합한 전략을 의미한다. 이 접근 방식은 다채널(다중 채널) 비즈니스 전략의 핵심이며, 소비자에게 더욱 다양한 쇼핑 경험과 편의성을 제공한다.

예를 들어, 많은 소매 업체들은 물리적 매장을 유지하면서도 온라인 쇼핑 플랫폼을 개발하여 고객의 접근성을 높였다. 이러한 혼합 모델은 고객에게 상품을 직접 체험할 수 있는 기회를 제공하며, 동시에 온라인을 통한 편리한 구매 옵션도 가능하게 한다. 또한, 온라인과 오프라인 채널 간의 시너지를 통해 고객 데이터를 수집하고, 맞춤형 마케팅과 효율적인 재고 관리를 실현할 수 있다.

---

2) clicks and bricks, click and mortar 형태로도 사용한다.

순수 온라인형(Pure Player)

순수 온라인형 비즈니스 모델은 오프라인에 기반이 없는 온라인 전용 비즈니스를 의미한다. 이 모델은 물리적인 매장이 없이 완전히 온라인상에서만 운영되며, 이는 대폭 줄어든 고정 비용과 광범위한 시장 접근성이라는 장점이 있다.

순수 온라인 기업들은 전 세계 고객에게 서비스를 제공할 수 있으며, 지리적 제약 없이 빠르게 성장할 수 있다. 예를 들어, 아마존과 같은 전자 상거래 플랫폼은 온라인 전용 모델을 통해 세계 최대의 소매업체 중 하나로 성장했다. 이러한 기업들은 데이터 분석, 사용자 맞춤형 서비스, 독창적인 고객 경험 제공 등을 통해 시장에서 경쟁력을 확보한다.

이 두 비즈니스 모델은 정보 기술의 영향을 반영하면서 각각 독특한 장점과 전략을 가진다. 온라인·오프라인 결합형은 다채널 접근을 통해 브랜드 충성도와 고객 경험을 향상할 수 있지만, 순수 온라인형은 낮은 운영 비용과 광범위한 시장 접근성으로 신속한 성장과 혁신을 추구한다. 이러한 다양성은 현대 비즈니스 환경에서 기업이 시장의 동향과 소비자의 요구에 어떻게 적응하고 혁신하는지를 보여주는 중요한 사례가 된다.

SoLoMo의 등장과 전략적 활용

SoLoMo는 Social, Local, Mobile의 앞 글자를 따서 만든 용어로, 소셜 미디어, 위치 기반 서비스, 모바일 장치의 확산을 하나의 통합된 마케팅·비즈니스 전략으로 이해하고자 했던 2010년대의 대표적인 프레임이다. 이 관점에서 기업은 사회적 관계(Social), 지역·위치(Local), 이동성과 개인화(Mobile)를 결합해, 특정 시점·장소·상황에 있는 고객에게 더 높은 관련성을 지닌 메시지와 서비스를 제공하고자 한다.

SoLoMo의 **사회성**(Social)은 소셜 네트워크를 통해 고객의 관계망과 의견을 파악하고, 이를 기반으로 입소문, 참여, 커뮤니티를 활용하는 활동에 초점을 둔다. **지역성**(Local)은 위치 기반 서비스를 활용해 특정 지역이나 상권의 고객에게 맞춤형 정보와 혜택을 제공하는 전략을 의미한다. **모바일**(Mobile)은 스마트폰과 태블릿을 통해 언제 어디서나 고객과 연결될 수 있는 환경을 전제로, 앱, 푸시 알림, 모바일 결제 등을 활용한 즉각적이고 개인화된 상호 작용을 강조한다.

SoLoMo라는 약어는 이후 옴니채널 전략과 고객 경험 관리, 데이터 기반 개인화 전략이 부상하면서 다소 덜 사용되는 경향이 있다. 그러나 소셜, 로컬, 모바일 요소를 통합하여 고객에게 맥락적이고 개인화된 경험을 제공한다는 기본 아이디어는 여전히 디지털 마케팅과 O_2O(online-to-offline) 비즈니스 모델을 이해하는 데 중요한 출발점이 된다.

옴니채널 전략

옴니채널(omnichannel) 전략은 기업이 온라인과 오프라인을 포함한 다양한 채널을 하나의 통합된 고객 경험으로 설계·운영하는 접근 방식을 의미한다. 고객은 웹사이트, 모바일 앱, 소셜 미디어, 콜센터, 오프라인 매장 등 여러 접점에서 기업과 상호 작용을 하지만, 옴니채널 전략에서는 이 모든 접점이 하나의 일관된 경험으로 느껴지도록 통합하는 것을 목표로 한다.

기존의 **멀티채널**(multichannel) 전략이 "여러 채널에 존재하는 것"에 초점을 두었다면, 옴니채널 전략은 "채널 간의 연결과 통합"에 초점을 둔다는 점에서 구별된다. 멀티채널 환경에서는 각 채널이 서로 다른 정보와 프로모션을 제공하여 고객 경험이 단절되는 경우가 많았다. 반면, 옴니채널 전략에서는 고객이 어느 채널에서 시작하더라도 같은 정보와 혜택을 제공받고, 한 채널에서 진행하던 활동을 다른 채널에서 자연스럽게 이어갈 수 있어야 한다.

옴니채널 전략의 핵심은 고객 경험(customer experience) 중심 사고이다. 기업은 상품이나 채널 자체가 아니라, 고객의 전체 여정(customer journey)을 기준으로 채널을 설계하고 연결한다. 예를 들어, 고객이 모바일 앱에서 상품을 검색하고, 웹사이트에서 장바구니에 담은 후, 오프라인 매장에서 실물을 확인하고 바로 수령하는 과정이 끊김 없이 이어지는 것이 옴니채널 전략의 대표적인 모습이다. 이러한 환경에서는 고객 데이터와 상호 작용 기록이 채널 간에 공유되며, 이를 바탕으로 더 개인화된 서비스와 추천을 제공할 수 있다.

옴니채널 전략은 특히 리테일, 금융, 항공, 엔터테인먼트 등 고객 접점이 많은 산업에서 중요한 경쟁 요소로 작용한다. 효율적인 옴니채널 운영을 위해 기업은 채널별 역할을 명확히 정의하고, 재고, 가격, 프로모션, 고객 정보를 가능한 한 단일한 기준으로 관리해야 한다. 이를 통해 고객은 어떤 채널을 사용하더라도 동일한 브랜드 경험을 얻을 수 있고, 기업은 채널 간 시너지를 활용하여 매출과 고객 충성도를 동시에 높일 수 있다.

2 정보 윤리와 개인 정보

1. 정보 윤리

정보 기술과 윤리 문제의 대두

정보 기술의 발전은 현대 사회에서 필수 불가결인 요소이지만, 동시에 다양한 윤리적 문제들을 야기하고 있다. 이는 특히 자동화 및 정보화의 확산, IoT의 연결성, 지능형 장치의 의사 결정, 법률 및 규제의 국제적 차이, 정보 격차 문제에서 두드러진다.

기술의 발전은 전통적인 인간 중심의 세계관에 도전하며, 인공 지능(AI)과 같은 기술이 의사 결정 과정에서 중요한 역할을 하게 되면서, 인간의 역할과 책임이 변화하고 있다. 인간의 도덕적, 윤리적 판단이 기계 또는 알고리즘에 의해 대체될 위험은 심각한 사회적, 철학적 논쟁을 초래한다.

또한, 사물 인터넷(IoT)의 발전은 일상생활의 모든 면에서 끊임없는 데이터 수집을 가능하게 하고 있다. 이는 개인의 프라이버시를 심각하게 위협하는 요소로 작용한다. 데이터의 무분별한 수집과 사용은 개인의 자유와 권리에 대한 중대한 침해로 이어질 수 있다.

지능형 장치의 의사 결정 문제 역시 중요한 윤리적 고려 사항이다. 예를 들어, 자율 주행 자동차가 초래할 수 있는 사고나 의사 결정 과정에서의 윤리적 쟁점은 기술 발전과 함께 반드시 고려되어야 한다. 이러한 장치들의 결정이 인간의 안전과 직결되기 때문에, 이에 대한 윤리적 책임은 매우 중대하다.

국가 및 문화 간의 법률 및 규제의 이해 정도의 차이는 글로벌화한 세계에서 더욱 복잡한 문제를 낳는다. 정보 기술과 시스템에 대한 국제적인 규범과 법적 틀을 마련하는 것은 국제 사회의 중요한 과제가 되고 있다.

마지막으로, 정보 격차 문제는 기술 발전이 모든 사람에게 고르게 이익을 가져다주지 않는다는 점을 보여준다. 이는 사회적, 경제적 불평등을 심화할 수 있으며, 정보 윤리의 관점에서 균형 있는 접근이 요구된다.

이처럼 정보 기술의 발전은 많은 이점을 가져다주지만, 이와 동시에 다양한 윤리적 문제를 일으킨다. 이러한 문제들은 단순히 기술적인 해결책으로는 극복하기 어려우며, 사회적, 법적, 철학적 차원에서의 깊은 고민과 논의가 필요하다.

윤리의 정의

윤리(Ethics)는 인간의 행위와 삶에 대한 규범적 기준을 연구하는 학문 분야로, 사람으로서 마땅히 행하거나 지켜야 할 도리를 탐구한다. 이는 단순한 규칙이나 법률을 넘어서, 인간의 행동과 결정에 근본적인 도덕적 가치를 부여하는 과정을 포함한다. 윤리는 도덕의 본질, 기원, 발달, 그리고 인간 생활과의 관계를 심층적으로 다루며, 선악의 기준을 설정한다.

윤리학은 인간이 올바른 행동을 선택하고 선한 삶을 영위하는 데 필요한 원리와 지침을 제공한다. 이는 단순히 개인의 도덕적 선택에만 국한되지 않고, 사회 전반의 다양한 측면에서 인간 행동의 규범을 설정한다. 예를 들어, 비즈니스 윤리, 의료 윤리, 환경 윤리 등과 같이 특정 분야에 적용되는 윤리적 원칙들이 개발되고 있다. 윤리학은 그 자체로서 철학의 한 주요 분야를 이룬다. 철학적 윤리학은 인간의 행동과 삶의 근본적인 목적과 가치를 탐색하며, 개인과 사회가 어떻게 행동해야 하는지에 대한 철학적 기초를 제공한다. 이는 인간의 행동이 단순히 결과에 따라 평가되는 것이 아니라, 그 행동이 수행되는 동기와 원칙에 따라 평가됨을 의미한다.

이러한 윤리학의 연구는 인간의 본성과 사회 구조에 대한 깊은 이해가 필요하다. 윤리적 판단은 문화, 역사, 사회적 맥락에 따라 다를 수 있으며, 이는 윤리학이 지속해서 진화하고 발전해야 하는 이유를 설명한다. 따라서 윤리학은 인간의 다양한 행동과 상황에 적용되는 유연하고 포괄적인 원칙을 제공하기 위해 끊임없이 자신을 재정의하고 있다.

결론적으로, 윤리는 단순히 '옳고 그름'을 판단하는 규범 이상의 것으로, 인간의 행동, 의사 결정, 삶의 전반적인 질에 관한 근본적인 탐구를 포함한다. 윤리학은 사회적으로 책임감 있는 행동, 개인의 성찰적 생활, 공동체 내에서의 올바른 행동을 위한 지침을 제시한다.

정보 윤리의 정의

정보 윤리(Information Ethics)는 정보와 관련된 다양한 행위 및 절차에 적용되는 윤리적 기준과 도덕률에 초점을 맞춘 윤리학의 한 분야이다. 이는 정보의 창작, 조직, 전파, 이용에 있어 발생하는 윤리적 문제들을 다루며, 정보를 자원, 제품, 또는 대상으로 간주했을 때의 도덕적 시험에 대해 탐구한다.

정보 윤리는 정보 기술의 급속한 발전과 함께 그 중요성이 커지고 있다. 현대 사회에서 정보는 단순한 자료의 집합이 아니라, 의사 결정, 사회적 상호작용, 경제 활동 등 인간 생활의 다양한 측면에 영향을 미치는 핵심 요소로 자리 잡았다. 이러한 맥락에서 정보 윤리는 정보의 생성, 관리, 분배, 이용에 있어서의 책임과 의무를 다루며, 정보와 관련된 행위들이 개인, 사회, 그리고 문화에 어떠한 영향을 미치는지를 고민한다.

이 분야의 핵심 주제 중 하나는 정보의 접근성과 공정성이다. 정보 윤리는 정보에 대한 접근이 모든 사람에게 평등하게 이루어져야 한다는 원칙을 강조한다. 또한, 정보의 사적 이용이나 남용으로 인한 프라이버시 침해, 지식 재산권 위반, 데이터 보안 문제 등도 중요한 윤리적 고려 사항이다.

더 나아가, 정보 윤리는 정보와 관련된 정책 결정과 법적 규제의 수립에서도 중요한 역할을 한다. 정보 기술의 발전이 가져오는 새로운 도전 과제에 대응하기 위해서는 윤리적 가이드라인과 법적 프레임워크가 필요하다. 예를 들어, 인터넷의 자유로운 정보 공유와 개인 정보 보호 간의 균형을 찾는 것은 현대 사회에서 중요한 윤리적 문제이다.

결국, 정보 윤리는 정보의 생성과 이용이 인간의 존엄성과 사회적 정의에 어떻게 기여할 수 있는지를 탐구하는 분야이다. 이는 정보가 갖는 힘을 인식하고, 그 힘을 책임감 있게 사용하기 위한 윤리적 틀을 제공한다. 따라서 정보 윤리는 단순히 기술적 문제에 대한 해결책을 제시하는 것을 넘어서, 정보가 우리 사회와 문화에 미치는 광범위한 영향을 고려하는 학문이다.

정보 윤리의 역할과 중요성

정보 윤리는 현대 사회에서 정보와 관련된 다양한 도덕적 문제를 다루는 중요한 프레임워크를 제공한다. 이 분야는 정보의 차원에서 발생하는 프라이버시 이슈, 윤리적 딜레마, 환경 문제, 정보의 전반적인 과정(생성, 수집, 처리, 저장, 배포 등)에서 생기는 다양한 문제를 고려한다. 특히, 소유권과 저작권, 정보 격차, 디지털 권리 등이 중요한 논점으로 부상하고 있다.

정보 윤리의 역할은 정보 기술이 빠르게 발전함에 따라 더욱 중요해지고 있다. 정보의 생성과 활용이 증가함에 따라, 개인의 프라이버시 보호와 정보의 적절한 사용에 대한 필요성이 강조되고 있다. 정보 윤리는 이러한 문제에 대해 윤리적 지침과 가이드라인을 제공함으로써, 정보의 책임 있는 사용을 촉진한다.

더불어, 정보 윤리는 컴퓨터 윤리, 의학 윤리, 저널리즘, 정보 철학 등과 같은 다양한 분야에서 그 중요성을 드러낸다. 예를 들어, 컴퓨터 윤리에서는 개인 데이터의 보호, 네트워크 보안, 사이버 범죄와 같은 문제가 주요한 고려 사항이다. 의학 윤리에서는 환자 데이터의 취급과 의료 정보 시스템의 사용에서 발생하는 윤리적 문제를 다룬다. 저널리즘에서는 정보의 정확성과 공정성, 정보 공개와 개인의 프라이버시 사이의 균형을 맞추는 문제가 중요하다.

정보 윤리는 또한 정보 격차와 디지털 권리와 같은 사회적 문제에 대해서도 중요한 역할을 한다. 정보 격차는 기술적 접근성과 정보 활용 능력의 불평등을 의미하며, 이는 사회적, 경제적 불평등을 증가시킬 수 있다. 디지털 권리는 온라인상에서의 표현의 자유, 저작권, 데이터 소유권 등을 포함하며, 이러한 권리의 보호와 관리는 정보 윤리에서 중요한 주제이다.

결론적으로, 정보 윤리는 정보 기술이 개인, 사회, 문화에 미치는 영향을 이해하고, 이에 대한 책임 있는 접근을 제공한다. 정보의 적절한 사용, 데이터 보호, 윤리적 의사 결정의 촉진은 현대 사회에서 정보 윤리의 필수적인 부분이며, 이는 지속해서 발전하고 확장되어야 할 분야이다.

정보 윤리의 대상

정보 윤리는 디지털 환경에서 발생하는 갖가지 윤리적 문제에 대응하는 분야다. 다음과 같은 몇 가지를 대상으로 생각해 볼 수 있다.

컴퓨터 범죄(Computer Crime)은 컴퓨터나 인터넷을 도구, 대상, 또는 수단으로 사용하여 범죄를 저지른 행위를 가리킨다. 이는 해킹, 바이러스 유포, 사이버 테러 등 다양한 형태를 포함하며, 이들 활동은 개인의 권리를 침해하고 사회 전체의 안전을 위협한다.

프라이버시(Privacy)는 개인이 자신의 정보를 제어하고 보호하는 권리를 의미한다. 인터넷 환경에서는 이러한 프라이버시 보호가 더욱 중요해지는데, 이는 개인의 데이터가 쉽게 수집, 저장, 공유될 수 있기 때문이다. 따라서 인터넷 프라이버시를 보장하는 것은 정보 윤리의 핵심 과제로 여겨진다.

익명성(Anonymity)은 인터넷 사용자가 자신의 실제 신원을 숨기고 활동할 수 있는 권리를 가리킨다. 익명성은 자유 표현과 개인의 프라이버시를 보호하는 중요한 도구로 활용되지만, 동시에 비윤리적, 불법적 행동을 익명으로 수행하는 데에도 악용될 수 있다.

디지털 환경에서의 자유(Freedom)는 정보에 접근하고, 의사를 표현하고, 창의적 행동을 취하는 데 있어 제한을 받지 않는 것을 의미한다. 하지만, 이러한 자유가 결여될 경우 격차가 생길 수 있으며, 디지털 환경에서의 평등과 공정함이 침해될 우려가 있다.

과거에 지적 재산권이라고 부르던 지식 재산권(Intellectual property rights, IPR)은 원작자가 자신의 창작물에 대한 독점적인 권리를 가지는 것을 의미한다. 하지만 디지털 환경에서의 지식 재산권 보호는 저작물의 불법 복제, 배포 등 많은 도전에 직면해 있다.

이처럼 정보 윤리는 컴퓨터 범죄, 프라이버시 보호, 익명성, 자유, 지식 재산권 등 다양한 이슈에 관한 행동 원칙과 지침을 제공한다. 이러한 이슈들은 디지털 환경에서도 우리가 윤리적인 판단을 내릴 수 있도록 돕는 동시에, 기술의 발전이 사회와 개인에 미치는 영향을 이해하는 데 도움을 준다. 따라서 우리는 컴퓨터와 인터넷이 본질적으로 제공하는 편리함과 기회를 누리면서, 동시에 이러한 문제들에 대한 적절한 해결책을 찾을 필요가 있다.

2. 프라이버시

프라이버시의 개념

프라이버시(Privacy)는 현대 사회에서 핵심적인 가치로 여겨진다. 이는 개인의 사생활과 집안의 사적인 일들이 남에게 간섭받지 않을 권리를 포함한다. 이는 개인의 자유와 존엄성과 밀접한 관련이 있으며, 개인이나 집단이 자신들에 관한 정보를 다른 사람들에게 선택적으로 공개할 수 있는 권리를 의미한다. 이러한 개념은 다양한 사회, 법적, 기술적 맥락에서 중요한 의미를 지닌다.

프라이버시의 중요성은 개인이 사회에서 자신을 어떻게 표현하고 다른 사람들과 상호 작용할지 결정할 수 있는 자유에 근거한다. 이는 개인이 자신의 생각, 감정, 신념을 자유롭게 표현할 수 있음을 보장하며, 이를 통해 창의력과 개인적 성장을 촉진한다. 또한, 프라이버시는 개인이 사회적 압력이나 감시로부터 보호받을 수 있는 공간을 제공한다.

법적 관점에서 볼 때, 프라이버시는 개인의 권리와 자유를 보호하는 중요한 요소이다. 많은 국가에서 프라이버시는 법적으로 보호되며, 이는 개인의 통신, 거주지, 개인 데이터에 대한 무단 접근이나 감시로부터 보호받을 수 있는 권리를 포함한다. 이러한 법적 보호는 개인이 자신의 사생활을 자유롭게 관리하고, 정보 기술의 급속한 발전으로 인한 잠재적인 위협으로부터 보호받을 수 있는 기반이 된다.

기술적인 관점에서는 프라이버시가 데이터 보호와 밀접하게 연결되어 있다. 디지털 시대에서 개인 정보는 수시로 수집, 저장, 분석되며 때로는 상업적 목적으로 사용된다. 이러한 맥락에서 프라이버시 보호는 개인 데이터의 적절한 관리와 사용을 의미하며, 이는 개인이 자신의 정보를 어떻게 공유할지에 대한 통제를 강조한다.

결론적으로, 프라이버시는 개인의 자유와 권리, 그리고 존엄성과 긴밀하게 연결되어 있다. 이는 사회, 법적, 기술적 차원에서 중요한 역할을 하며, 개인이 자신의 사생활을 보호하고 자유롭게 표현할 수 있는 기본적인 권리로 여겨진다. 프라이버시의 보호는 개인이 디지털 시대의 도전과 기회 속에서 자신의 정보와 사생활을 효과적으로 관리할 수 있는 필수적인 요소이다.

프라이버시와 사생활

프라이버시(Privacy)는 종종 사생활과 교차하는 개념으로 사용되지만, 이 두 용어는 서로 다른 측면을 강조한다. 사생활은 개인의 사사로운 일상생활을 의미하며, 정보의 비공개를 통한 보호의 측면을 강조한다. 반면, 프라이버시는 사생활보다 더 넓은 범위를 포괄하는 개념으로, 정보 공개 및 비공개의 선택적 권리를 포함한다.

사생활은 개인이 일상에서 경험하는 개인적인 순간들, 개인적인 공간, 가족 및 친구와의 관계 등을 포함한다. 이는 개인이 사회의 시선과 간섭으로부터 자유로운 상태에서 즐길 수 있는 개인적인 영역을 말한다. 여기에는 개인의 감정, 생각, 취향 등도 포함되며, 이러한 사생활의 보호는 개인의 자유와 존엄성에 기여한다.

프라이버시는 사생활의 개념을 포함하면서도, 개인이나 집단이 자신들에 관한 정보를 다른 사람들에게 어떻게, 언제, 어떤 조건하에 공개할지를 결정할 수 있는 권리를 강조한다. 이는 정보의 자기 결정권(self-determination)과 밀접하게 연관되어 있으며, 디지털 시대에는 특히 중요한 의미를 지닌다. 프라이버시는 데이터 보호, 온라인상의 개인 정보 관리, 정보 기술을 통한 감시와 관련된 이슈들을 포괄한다.

사생활과 프라이버시 간의 구분은 현대 사회에서 중요한 의미를 지니며, 프라이버시는 더 적극적인 개념으로 받아들여지고 있다. 이는 개인이 자신의 사생활뿐만 아니라, 자신에 관한 정보를 어떻게 관리할지에 대한 권리를 포함하기 때문이다. 프라이버시 침해는 따라서 단순히 사생활의 침해를 넘어, 개인의 정보 자기 결정권을 침해하는 것으로 볼 수 있다.

결론적으로, 프라이버시와 사생활은 밀접하게 연결되어 있지만, 프라이버시는 사생활보다 더 포괄적인 개념을 담고 있다. 사생활은 개인의 일상적인 사사로운 영역을 중심으로 하며, 프라이버시는 이를 넘어 개인의 정보 관리와 자율성에 대한 권리를 강조한다. 이러한 구분은 정보 기술의 발달과 함께 점점 더 중요해지고 있으며, 개인의 권리와 자유를 보호하는 데 핵심적인 역할을 한다.

인터넷 프라이버시

인터넷 프라이버시(Internet Privacy)는 현대 정보화 사회에서 중요한 개념으로 부상하고 있다. 이는 개인이 인터넷과 컴퓨터를 사용하는 과정에서 자신의 자료를 보호하는 행동을 의미한다. 인터넷 프라이버시는 전통적인 프라이버시 개념을 넘어서, 디지털 환경에서의 개인 정보 보호를 중심으로 다룬다.

인터넷 프라이버시의 중요성은 디지털 시대의 정보 흐름에서 나타난다. 인터넷을 통해 개인 정보가 쉽게 수집되고, 저장, 전송, 분석될 수 있기 때문에, 개인의 정보 보호는 더욱 복잡하고 중요한 문제가 되었다. 이러한 정보는 신원 정보(identity information), 위치 데이터(location data), 온라인 행동 패턴(online behavior patterns), 소통 내용(communication content) 등을 포함할 수 있다.

인터넷 프라이버시는 개인이 자신의 정보를 어떻게 관리하고, 누구와 공유할지에 대한 선택과 통제를 강조한다. 이는 사용자가 온라인 환경에서 자신의 정보를 보호하고, 불필요하거나 원하지 않는 정보 공유로부터 자유로울 수 있도록 한다. 예를 들어, 소셜 미디어 사용, 온라인 쇼핑, 웹 브라우징 등에서 개인 정보가 어떻게 수집되고 사용되는지에 대한 인식과 관리가 이에 해당한다.

인터넷 프라이버시 보호를 위한 방법은 다양하다. 개인이 직접 취할 수 있는 조치로는 강력한 비밀번호 사용, 보안 소프트웨어의 활용, 데이터 암호화, 개인 정보 설정 관리 등이 있다. 또한, 사용자는 자신의 정보가 수집되고 사용되는 방식에 대해 인식하고, 필요한 경우 이에 대한 동의를 철회할 수 있어야 한다.

인터넷 프라이버시의 보호는 법적, 사회적 차원에서도 중요하다. 정부와 기업은 개인의 인터넷 프라이버시를 보호하기 위한 정책과 규제를 마련해야 한다. 이에는 데이터 보호법(data protection laws), 사용자 동의(consent)에 기반한 데이터 처리, 정보 보안(privacy security)에 대한 기준이 포함된다.

결론적으로, 인터넷 프라이버시는 개인이 디지털 환경에서 자신의 정보를 보호하고 통제할 수 있는 권리를 의미한다. 이는 개인의 자유와 존엄성을 보호하는 것뿐만 아니라, 디지털 시대의 정보 보안과 사용자 권리 보장에 핵심적인 역할을 한다. 따라서, 개인, 기업, 정부 모두에게 인터넷 프라이버시 보호는 중요한 과제이다.

잊힐 권리

잊혀질 권리라고도 표현하는 잊힐 권리(Right to be Forgotten, RTBF)는 디지털 시대의 중요한 개념으로, 정보 주체가 온라인상에서 자신과 관련된 모든 정보의 삭제 및 확산 방지를 요구할 수 있는 자기 결정권 및 통제 권리를 말한다. 이 권리는 개인이 과거의 정보가 현재의 삶에 부정적인 영향을 미치는 것을 방지하고, 개인 정보의 온라인 관리를 더 효과적으로 수행할 수 있도록 한다.

잊힐 권리의 도입은 개인이 과거의 행동, 실수, 또는 더 이상 관련이 없는 정보로부터 자유로워지도록 하는 데 중점을 둔다. 이는 특히 온라인 환경에서 개인의 명예와 사생활이 쉽게 침해받을 수 있는 상황에서 중요하다. 예를 들어, 과거의 범죄 기록, 부적절한 사진, 개인적인 논란 등이 인터넷상에 영구적으로 남아 개인의 삶에 부정적인 영향을 미칠 수 있다.

하지만, 잊힐 권리에 대한 도입은 표현의 자유와 정보 이용자의 접근권에 대한 제한을 초래할 수 있다는 비판도 받고 있다. 이는 특히 공인이나 공적 인물에 대한 정보를 삭제하려 할 때 문제가 될 수 있다. 공인에 대한 정보 접근은 공적 관심의 대상이며, 이를 제한함으로써 사회적 투명성과 책임성이 저해될 수 있다.

잊힐 권리의 실행은 균형 잡힌 접근이 필요하다. 개인의 프라이버시와 명예를 보호하는 한편, 공적 관심과 표현의 자유 또한 중요한 가치로 여겨져야 한다. 이를 위해, 온라인 정보 삭제 요구는 사회적 중요성, 공적 관심, 해당 정보의 시의성 등을 고려하여 신중하게 처리되어야 한다.

결론적으로, 잊힐 권리는 디지털 시대에 개인의 프라이버시와 명예를 보호하는 중요한 수단이지만, 이를 적용할 때는 표현의 자유와 공적 관심 사이에서 균형을 찾아야 한다. 이 권리의 적절한 적용은 개인의 존엄성을 보호하고 디지털 환경에서의 개인 정보 관리를 강화하는 데 기여한다.

3. 개인 정보

개인 정보의 개념

개인 정보(Personal Data)는 현대 정보화 사회에서 중요한 개념 중 하나이다. 우리나라 국립국어원 표준국어대사전에는 아직 등재되지 않았지만, 개인 정보는 개인에 관한 정보 가운데 직접적이거나 간접적으로 각 개인을 식별할 수 있는 정보를 말한다. 이 개념은 개인의 프라이버시 보호와 데이터 보안에 있어 핵심적인 역할을 한다.

개인 정보는 개인의 신원과 관련된 다양한 형태의 데이터를 포함한다. 이는 이름, 주소, 전화번호와 같이 명확하게 개인을 식별할 수 있는 정보뿐만 아니라, 지문, 얼굴 인식 데이터와 같은 생체 정보, 온라인에서의 행동 패턴, 위치 데이터와 같이 간접적으로 개인을 식별할 수 있는 정보도 포함한다. 이러한 정보들은 개인의 동의 없이 무단으로 수집, 사용, 공유되었을 때 개인의 프라이버시와 권리를 침해할 수 있다.

개인 정보의 보호는 개인의 프라이버시를 보장하고, 개인 데이터의 부적절한 사용으로부터 개인을 보호하는 데 중요하다. 디지털 시대에서 데이터는 쉽게 수집되고 분석될 수 있으며, 이 과정에서 개인 정보의 보호는 개인의 자유와 안전을 유지하는 데 핵심적인 요소가 된다. 따라서, 개인 정보는 법적, 기술적, 사회적 차원에서 중요한 주제이며, 이에 대한 보호 조치는 필수적이다.

결론적으로, 개인 정보는 개인을 직·간접적으로 식별할 수 있는 모든 정보를 포함하며, 이는 개인의 프라이버시와 안전을 보호하는 데 중요한 역할을 한다. 개인 정보의 적절한 관리와 보호는 개인의 권리를 보장하고, 디지털 환경에서의 안전을 유지하는 데 필수적이다. 따라서, 개인, 기업, 정부 모두에게 개인 정보의 보호는 중대한 책임이자 의무이다.

개인 정보 관련 국내 법률

우리나라에서 개인 정보 보호와 관련하여 주요한 법률로는 '개인정보 보호법', '정보통신망 이용촉진 및 정보보호 등에 관한 법률(약칭: 정보통신망법)', '전자서명법' 등이 있다. 이 법률들은 개인 정보 보호와 디지털 환경에서의 정보 보안을 목적으로 하며, 각각의 법률은 개인 정보의 취급과 보호에 대한 구체적인 규정을 담고 있다.

개인정보 보호법은 우리나라의 개인 정보 보호 관련 주요 법률로, 개인의 프라이버시를 보호하고 개인 정보의 안전한 처리를 목적으로 한다. 이 법은 개인 정보의 수집, 처리, 보관, 파기 등의 전 과정에 대한 규제를 포함하며, 개인 정보의 오남용을 방지하고 개인 정보 관련 사고 시 대응 방안을 제시한다.

정보통신망법 전문(법제처 https://p.cantips.com/lawicnu)

정보통신망법은 정보통신망을 통한 개인 정보의 보호와 안전한 정보 통신망의 구축 및 운영에 초점을 맞춘다. 이 법률은 정보 통신 서비스 제공자와 이용자의 권리와 의무를 규정하며, 온라인상에서의 개인 정보 보호에 중점을 둔다.

전자서명법은 디지털 환경에서의 전자 서명과 관련된 법적, 기술적 기준을 제공한다. 전자 서명의 안전성과 신뢰성을 보장하며, 이를 통해 전자 문서의 법적 효력과 보안을 강화한다. 이는 전자 거래에서 개인 정보의 보호와 안전한 거래를 가능하게 하는 중요한 요소이다.

2020년 이후, 정보통신망법과 전자서명법에 수록되어 있던 개인 정보 관련 정의와 항목들은 대거 삭제 및 축소되었으며, 이에 따라 개인정보 보호법으로 일원화되는 추세를 보였다. 이러한 변화는 개인 정보 보호 법률을 더욱 체계적이고 통합적으로 관리하고자 하는 노력의 일환으로 해석될 수 있다.

전자서명법 전문(법제처 https://p.cantips.com/lawdsa)

우리나라의 개인 정보 관련 법률은 개인 정보의 보호와 안전한 정보 관리에 중점을 두고 있다. 개인정보 보호법, 정보통신망법, 전자서명법은 각각 개인 정보 보호의 다양한 측면을 다루며, 이들 법률의 통합과 발전은 개인 정보 보호의 강화와 함께 디지털 환경에서의 정보 보안을 향상시키는 중요한 역할을 하고 있다.

우리나라 개인정보 보호법의 개인 정보

우리나라의 개인정보 보호법(Personal Information Protection Act)은 개인 정보의 처리 및 보호에 관한 중요한 법적 규정을 제공한다. 이 법의 제1장 총칙에서는 법의 목적과 개인 정보에 대한 정의 및 관련 용어들을 명확히 규정하고 있다. 법의 목적은 개인의 자유와 권리를 보호하고, 개인의 존엄과 가치를 구현하는 데 있음을 명시한다.

개인정보 보호법의 제2조에서는 '개인 정보'와 관련된 용어들의 정의를 제공한다. 여기서 개인 정보는 살아 있는 개인에 관한 정보로서, 직·간접적으로 개인을 식별할 수 있는 정보를 의미한다. 이에는 성명, 주민등록번호, 영상 등을 통한 식별 정보, 다른 정보와 결합하여 개인을 식별할 수 있는 정보가 포함된다. 또한, 가명 처리된 정보도 개인 정보의 범주에 포함되며, 이는 개인을 특정할 수 없도록 처리된 정보를 의미한다.

'처리'는 개인 정보의 수집, 생성, 연계, 연동, 기록 등을 포함하는 광범위한 행위를 말한다. 이는 개인 정보의 전체적인 관리와 이용 과정을 아우른다. '정보 주체'는 처리되는 정보에 의해 식별 가능한 개인을 가리키며, '개인 정보 파일'은 체계적으로 배열되거나 구성된 개인 정보의 집합을 의미한다.

'개인 정보 처리자'는 개인 정보 파일을 운용하는 공공 기관, 법인, 단체 및 개인 등을 지칭한다. 여기에는 개인 정보의 처리와 관련된 모든 주체가 포함된다. 공공 기관의 범위는 국회, 법원, 헌법재판소 등을 포함하며, 이들 기관은 개인정보 보호법에 따라 개인 정보를 관리해야 한다.

개인정보 보호법은 또한 고정형 및 이동형 영상 정보 처리 기기에 대해서도 규정하고 있다. 이는 감시 카메라와 같은 장치들이 개인의 영상을 촬영하고 전송하는 방식에 대한 규제를 포함한다. 마지막으로, '과학적 연구'를 위한 개인 정보의 사용도 법적으로 규정되어 있으며, 이는 연구 목적에 따른 개인 정보의 적절한 사용을 보장한다.

이렇게 개인정보 보호법은 개인 정보의 정의부터 처리, 관리, 보호에 이르는 전 과정에 대한 체계적인 규정을 제공한다. 이 법은 개인의 프라이버시와 데이터 보호를 위한 법적 틀을 마련하고, 디지털 시대에 개인 정보의 안전한 처리와 사용을 보장하는 데 중요한 역할을 한다.

4. 마이데이터

마이데이터의 개념

마이데이터(MyData)는 개인이 자신의 데이터에 대한 통제력을 강화하고, 이를 기반으로 능동적인 의사 결정을 할 수 있도록 하는 서비스의 개념을 의미한다. 이는 행정, 금융 거래, 의료, 통신, 교육 등 다양한 서비스를 이용하면서 생성되는 개인의 정보에 접근하고, 이를 저장, 활용하는 과정에 중점을 둔다. 마이데이터는 정보 주체가 자신의 개인 정보를 적극적으로 관리하고 활용할 수 있는 권리와 능력을 강조한다.

마이데이터 서비스의 핵심은 개인이 자신의 데이터에 대한 접근성을 갖고, 이를 자유롭게 관리하며 활용할 수 있는 권한을 가진다는 점이다. 이를 통해 개인은 자신의 정보를 본인 또는 제3자에게 전송 요구할 수 있으며, 이러한 정보의 이동성은 개인에게 더 큰 데이터 활용의 기회를 제공한다.

예를 들어, 개인이 자신의 금융 거래 데이터를 접근하여 이를 다른 금융 기관이나 서비스 제공자에게 전송 요구할 수 있다면, 이는 신용 평가, 자산 관리와 같은 데이터 기반 서비스에 적극적으로 활용될 수 있다. 마찬가지로 의료 데이터의 경우, 개인은 자신의 건강 정보를 관리하고, 필요한 의료 서비스나 상담에 활용할 수 있다.

마이데이터 서비스의 도입은 개인의 데이터 주권을 강화하는 동시에, 데이터 기반의 맞춤형 서비스 제공을 가능하게 한다. 이는 개인화된 경험과 서비스를 제공하는 데 중요한 역할을 하며, 개인에게 더 많은 선택권과 통제권을 부여한다. 또한, 데이터의 투명한 관리와 활용을 통해 신뢰성 있는 데이터 환경을 조성하는 데 기여한다.

마이데이터는 개인이 자신의 데이터에 대해 통제력을 갖고, 이를 자신의 필요와 목적에 맞게 활용할 수 있도록 하는 개념이다. 이는 개인의 자율성과 데이터 주권을 강화하며, 다양한 분야에서 맞춤형 서비스와 혁신을 촉진하는 중요한 동력이 된다.

마이데이터의 구분

마이데이터는 공공 분야와 금융 분야에서의 데이터 관리 및 활용에 관한 서비스를 포함한다. 이러한 마이데이터 서비스의 구조와 기능은 특정 법률에 의해 규제되며, 이는 개인의 데이터 활용과 보호를 동시에 목표로 한다.

공공 마이데이터는 주로 '민원 처리에 관한 법률(약칭: 민원처리법)'과 '전자정부법'에 의해 규율된다. 민원처리법은 공공 서비스와 관련된 개인 데이터의 처리 및 민원 관리에 관한 사항을 다룬다. 이 법은 공공 기관이 처리하는 개인 데이터의 관리 및 민원 처리 과정의 효율성과 투명성을 보장하는 데 중점을 둔다. 전자정부법은 공공 기관이 제공하는 전자적 서비스와 이를 통한 데이터 관리에 관한 규정을 제공한다. 이 법은 전자 정부 서비스를 통한 데이터 접근성과 활용, 보안 등을 규제하며, 개인 데이터의 안전한 관리와 활용을 목표로 한다.

금융 마이데이터는 '신용정보의 이용 및 보호에 관한 법률(약칭: 신용정보법)'에 의해 규율된다. 이 법은 금융 서비스 내에서의 개인 신용 정보의 수집, 이용, 보호에 관한 사항을 다룬다. 금융 마이데이터 서비스는 개인의 금융 데이터에 대한 접근성을 강화하고, 이를 기반으로 한 맞춤형 금융 서비스 제공을 가능하게 한다. 신용정보법은 금융 기관이 처리하는 개인 신용 정보의 안전한 관리 및 사용을 보장하며, 개인의 신용 정보 보호에 중점을 둔다.

이와 같이 공공 마이데이터와 금융 마이데이터는 각각 민원처리법, 전자정부법, 신용정보법에 의해 규정되며, 이들 법률은 개인 데이터의 안전한 관리와 효율적인 활용을 목표로 한다. 이러한 법적 규제는 개인 데이터의 보호와 개인의 데이터 활용 권한을 강화하며, 데이터 기반의 서비스 혁신을 촉진하는 중요한 기반이 된다.

3 정보 기술과 인간의 기본권

1. 디지털 권리

디지털 권리의 개념

디지털 권리는 현대 사회에서 디지털 기술의 급속한 발전과 밀접하게 연관된 개념이다. 이는 개인이 디지털 미디어에 접근하고, 이를 사용, 생성, 게시할 수 있는 권리를 포함한다. 또한, 컴퓨터, 기타 전자 장치 및 통신 네트워크에 대한 접근과 사용 권한도 이에 포함된다. 디지털 권리는 기본적 인권과 법적 권리의 관점에서 이해되며, 디지털 환경에서의 개인 정보 보호와 표현의 자유를 중요한 요소로 포함한다.

디지털 권리의 중요성은 인터넷과 같은 디지털 기술의 보편화에서 기인한다. 이러한 기술은 개인이 정보를 접근하고, 창조하며, 공유하는 방식을 근본적으로 변화시켰다. 디지털 권리는 이러한 변화된 환경에서 개인의 권리와 자유를 보호하고 실현하는 데 중점을 둔다.

디지털 권리는 기존의 인권과 표현의 자유 권리를 디지털 환경에 적용하고 확장하는 개념을 포함한다. 예를 들어, 표현의 자유는 온라인 공간에서도 보장되어야 하며, 이는 개인이 자유롭게 의견을 표현하고, 정보를 검색하고 공유할 수 있는 권리를 의미한다. 마찬가지로, 개인 정보 보호는 디지털 환경에서 개인 데이터의 수집, 사용 및 공유에 관한 권리와 보호 조치를 포함한다.

디지털 권리는 또한 접근성과 관련된 문제를 포함한다. 이는 모든 개인이 디지털 기술과 서비스에 공평하게 접근할 수 있어야 한다는 원칙을 강조한다. 따라서, 디지털 불평등과 관련된 문제를 해결하고, 모든 사람이 디지털 기술의 혜택을 누릴 수 있도록 하는 것이 중요하다.

디지털 권리는 디지털 기술이 제공하는 새로운 환경에서 개인의 권리와 자유를 보호하고 실현하는 데 중점을 둔다. 이는 표현의 자유, 정보 접근, 개인 정보 보호 등의 기존 권리를 디지털 맥락에 맞게 조정하고 확장하는 것을 포함한다. 디지털 권리의 보장은 모든 개인이 디지털 시대의 기회와 도전을 공정하고 안전하게 경험할 수 있도록 하는 데 핵심적인 역할을 한다.

디지털 권리와 인터넷

디지털 권리와 인터넷은 현대 사회에서 개인의 기본 권리가 디지털 환경에서 어떻게 적용되고 확장되는지를 보여준다. 인터넷은 표현의 자유, 사생활 보호, 결사의 자유, 교육권, 소비자 권리, 다중 언어 및 문화 존중 등 여러 기본적인 권리와 밀접하게 연결되어 있다.

표현의 자유는 인터넷 환경에서 중요한 권리로, 개인이 자신의 의견을 자유롭게 표현하고 정보를 공유할 수 있는 능력을 의미한다. 이는 온라인 플랫폼과 소셜 미디어를 통해 다양한 목소리가 드러나고, 광범위한 대화가 이루어질 수 있도록 한다.

사생활 보호는 디지털 환경에서 개인의 데이터와 개인적인 활동이 적절히 보호되어야 한다는 원칙을 강조한다. 인터넷상의 개인 정보 보호는 사용자의 프라이버시를 지키고, 무단으로 개인 정보가 수집되거나 공유되는 것을 방지하는 데 중요하다.

결사(結社)의 자유는 온라인에서의 모임과 조직 활동의 자유를 의미한다. 인터넷은 다양한 커뮤니티와 네트워크를 형성하고, 공통의 관심사를 가진 사람들이 서로 연결될 수 있는 기회를 제공한다.

교육권은 인터넷을 통해 다양한 학습 자료와 교육 기회에 접근할 수 있는 권리를 포함한다. 이는 정보와 지식에 대한 접근을 평등하게 하여, 교육의 질을 향상시키고 학습 기회를 확대하는 데 기여한다.

소비자 권리는 온라인 시장에서의 투명한 정보 제공, 공정한 거래 조건, 그리고 소비자 보호를 포함한다. 이는 소비자가 안전하고 신뢰할 수 있는 온라인 구매 환경을 경험할 수 있도록 한다.

다중 언어 및 문화 존중은 인터넷이 다양한 언어와 문화를 포용하고 존중하는 공간이 되어야 함을 의미한다. 이는 문화적 다양성을 존중하고, 다양한 언어를 사용하는 사용자들이 인터넷을 통해 정보를 접근하고 소통할 수 있게 한다.

이러한 디지털 권리들은 인터넷 환경에서 개인의 권리가 어떻게 구현되고 보호되어야 하는지를 명확히 하며, 디지털 시대에 적합한 권리 보호와 활용의 기준을 제시한다. 이는 인터넷이 단순한 기술적 도구를 넘어 사회적, 문화적 상호 작용의 중심이 되면서 더욱 중요해지고 있다.

2. 정보 격차

정보 격차의 개념

디지털 격차라고도 하는 정보 격차(Digital Divide)는 현대 사회에서 중요한 이슈로, 사회적, 지리적, 지정학적 기준에 따라 구별되는 다양한 그룹 간의 정보 기술에 대한 접근과 사용에서 발생하는 불균등한 분배를 설명하는 개념이다. 이 현상은 특정 집단이나 지역이 다른 집단이나 지역에 비해 정보 기술, 특히 인터넷과 같은 디지털 자원을 이용하는 데 있어 상대적으로 불리한 위치에 놓이게 되는 상황을 의미한다.

디지털 격차의 원인은 다양하다. 경제적 요인, 교육 수준, 인프라의 발달 정도, 정부 정책 등이 이 격차를 만드는 주요 요인으로 작용한다. 예를 들어, 경제적으로 낙후된 지역이나 저소득층은 디지털 기기나 인터넷 서비스에 대한 접근이 제한적일 수 있으며, 이는 정보 획득과 디지털 기술 활용에 있어서의 불평등을 초래한다.

또한, 디지털 격차는 교육과 직접적인 연관이 있다. 디지털 기술을 효과적으로 사용하기 위해서는 기본적인 컴퓨터 및 인터넷 활용 능력이 필요하며, 이는 교육 수준에 영향을 받는다. 교육 기회의 부족은 디지털 기술에 대한 이해와 활용 능력의 격차를 초래할 수 있다.

인프라의 발달 정도 또한 디지털 격차에 큰 영향을 미친다. 도시 지역에 비해 농촌 지역이나 개발 도상국에서는 고속 인터넷 접속과 같은 기본적인 디지털 인프라가 부족할 수 있으며, 이는 정보 접근성의 격차를 낳는다.

정부 정책은 디지털 격차를 해소하는 데 중요한 역할을 한다. 디지털 인프라의 확장, 교육 프로그램의 개발, 경제적 지원을 통해 디지털 격차를 줄일 수 있다. 반면, 효과적인 정책이 부재할 경우 이 격차는 더욱 확대될 수 있다.

이러한 디지털 격차는 사회적, 경제적 불평등을 심화할 수 있다. 정보 기술에 대한 접근이 제한될 경우, 교육, 건강 관리, 고용 기회와 같은 중요한 분야에서의 기회가 제한되며, 이는 결국 사회 전반에 걸쳐 불평등을 증가시킬 수 있다. 디지털 격차를 해소하는 것은 모든 사람이 정보 사회의 혜택을 공평하게 누릴 수 있도록 하기 위한 중요한 과제이다.

정보 격차의 관점

정보 격차를 이해하는 데는 네 가지 중요한 관점이 있다. 이들은 정보 격차가 어떻게 발생하고, 어떤 요인들이 영향을 미치는지에 대한 깊은 이해를 제공한다. 이들 관점은 WHAT(대상 기술), WHO(사용자), WHICH(속성), HOW(방법)으로 구분된다.

WHAT

대상 기술의 관점에서 정보 격차는 통신 장치, 인터넷 접속, 대역폭, 저장 장치 등의 기술적 요소에 초점을 맞춘다. 여기서 중요한 것은 기술 자체의 발전뿐만 아니라, 이러한 기술들에 대한 접근성이다. 특정 지역이나 집단이 최신 기술에 접근할 수 없거나, 느린 인터넷 속도나 제한된 대역폭에 의존해야 하는 경우, 정보 격차는 심화한다.

WHO

사용자의 관점에서는 정보 격차가 국가, 조직, 개인 등 다양한 주체들 사이에서 어떻게 나타나는지를 살펴본다. 각 주체의 경제적, 사회적, 문화적 배경이 정보 기술의 사용과 접근에 영향을 미친다. 예를 들어, 개발 도상국의 국가나 저소득층 개인은 종종 디지털 자원에 대한 접근이 제한적일 수 있다.

WHICH

속성의 관점에서는 수입, 능력, 소유권, 지리적 위치 등과 같은 다양한 요인들이 정보 기술 접근에 미치는 영향을 고려한다. 높은 수입 수준의 지역이나 개인은 더 진보된 기술에 대한 접근이 용이한 반면, 저소득 지역이나 개인은 이러한 기술에 대한 접근이 제한적일 수 있다.

HOW

방법의 관점에서는 정보 기술에 접근하는 방식, 즉 유무선 접속, 인터넷 용량, 전반적인 접근성을 포함한다. 사용자가 인터넷에 접속할 수 있는 방법, 인터넷 속도, 데이터 용량 등은 정보 기술의 이용에 큰 영향을 미친다.

이러한 관점들을 통해 정보 격차를 분석하면, 격차를 해소하기 위한 훨씬 구체적이고 효과적인 전략을 수립할 수 있다. 기술적, 인적, 지리적, 방법론적 요인들을 고려함으로써, 정보 기술의 불평등한 분배를 극복하고 모든 사람에게 정보 기술의 혜택이 도달할 수 있는 방안을 모색할 수 있다. 이는 디지털 시대에 모두가 공평한 기회를 갖고, 정보 사회의 혜택을 누릴 수 있는 사회를 만드는 데 중요한 기여를 한다.

3. 정보 기술의 부작용

컴퓨터 범죄의 개념 및 분류

컴퓨터 범죄(Computer Crime) 또는 사이버 범죄는 컴퓨터, 통신 네트워크, 인터넷 등을 악용하여 사이버 공간에서 행해지는 범죄 행위를 의미한다. 이러한 범죄는 기술의 발전과 디지털 네트워크의 확산에 따라 다양한 형태로 나타나며, 범행의 목적에 따라 크게 일반 범죄형과 사이버 테러형으로 분류된다.

일반 범죄형 사이버 범죄는 금전적 이득, 개인적 복수, 또는 단순한 장난 등의 개인적인 동기에 의해 이루어진다. 이에는 신용 카드 정보 도용, 개인 정보 유출, 사이버 괴롭힘, 온라인 사기 등이 포함된다. 이 유형의 범죄는 일상생활에 더 깊숙이 침투하여 개인의 프라이버시와 재산에 직접적인 피해를 줄 수 있다.

사이버 테러형 범죄는 정치적, 사회적 목적을 가진 행위로, 이는 일반적으로 국가 안보, 공공의 안전, 대중의 심리에 영향을 미치려는 목적을 가진다. 예를 들어, 해킹을 통해 중요한 인프라 시스템을 공격하거나, 대규모 데이터 유출을 일으켜 사회적 혼란을 야기하는 것이 이에 해당한다. 이러한 유형의 범죄는 종종 고도의 기술적 능력을 필요로 하며, 그 피해는 매우 심각할 수 있다.

사이버 범죄의 대응 방안으로는 기술적 보안 강화, 사이버 범죄에 대한 법적 규제와 처벌 강화, 일반 대중의 사이버 보안 인식 제고 등이 필요하다. 기술적 보안 강화는 해킹과 같은 공격으로부터 시스템을 보호하는 데 중요하며, 법적 규제와 처벌은 사이버 범죄자에 대한 억제력을 강화한다. 또한, 사용자 스스로의 보안 인식과 관련 지식을 향상시키는 것도 사이버 범죄 예방에 중요하다.

일반 범죄형	사이버 테러형
• 사기(통신, 게임) • 불법 복제(음란물, 프로그램) • 불법/유해 사이트(음란, 도박, 폭발물, 자살) • 명예훼손죄 • 모욕죄 • 개인 정보 침해 • 사이버 스토킹 • 성폭력 • 협박/공갈	• 해킹 • 서비스 거부 공격 • 바이러스 제작, 유포 • 악성 프로그램 • 메일 폭탄

이처럼 사이버 범죄는 현대 사회에서 중대한 위협으로 자리 잡고 있으며, 이에 대한 지속적인 대응과 예방 노력이 필요하다. 기술의 발전과 더불어 발생하는 다양한 형태의 사이버 범죄에 효과적으로 대처하기 위해서는 기술, 법률, 교육의 측면에서의 지속적인 노력과 협력이 요구된다.

인력의 대체와 사용자 저항

기술의 발전, 특히 기계화, 자동화, 전산화는 많은 산업 분야에서 인력 감축 현상을 초래하고 있다. 이러한 변화는 사용자 측면에서 실업, 이직 등의 문제를 발생시키며, 이는 직원들의 불안과 저항을 야기할 수 있다. 정보 기술과 정보 시스템의 활용은 업무 내용과 사용자의 역할에도 중요한 변화를 가져온다. 이러한 변화는 업무의 효율성을 증가시킬 수 있으나, 동시에 기존 직원들의 역량과 적응 능력에 도전을 제시한다.

기술 변화에 따른 사용자의 저항은 다양한 형태로 나타날 수 있다. 태업,

파업, 퇴사, 이직 등은 직원들이 변화에 대해 느끼는 불만과 불안을 표출하는 방법이다. 특히 기술 도입이 직원들의 업무 안정성을 위협하거나, 기존의 업무 방식과 크게 다른 경우, 이러한 저항은 더욱 심화될 수 있다.

이러한 상황에서 조직적 노력은 매우 중요하다. 업무 전환에 따른 교육과 훈련은 직원들이 새로운 기술과 업무 방식에 적응하는 데 도움을 줄 수 있다. 이는 기술 변화가 가져오는 두려움과 불안을 감소시키고, 직원들의 역량을 강화하는 데 기여한다. 또한, 근로 생활의 질 향상을 위한 지원은 직원들의 만족도를 높이고, 조직에 대한 충성도를 강화할 수 있다.

정보 격차 발생 요인을 제거하기 위한 노력도 중요하다. 기술 변화에 따른 정보 격차는 직원들 사이에 불평등을 만들어낼 수 있으며, 이는 조직 내부의 갈등과 저항을 유발할 수 있다. 따라서, 모든 직원이 새로운 기술에 대한 접근과 이해를 가질 수 있도록 지원하는 것이 필요하다.

기술의 발전과 이에 따른 조직 내 변화는 불가피한 현상이지만, 이 과정에서 직원들의 우려와 저항을 고려하는 조직적 접근은 매우 중요하다. 직원들의 역량 강화, 교육 및 훈련 제공, 정보 격차 해소를 위한 지원 등은 기술 변화가 가져오는 긍정적인 결과를 최대화하고 부정적인 영향을 최소화하는 데 기여한다. 이러한 노력은 직원들이 변화를 받아들이고, 새로운 기술 환경에서 성장할 수 있는 기반을 마련한다.

4. 사용자의 건강과 일과 생활의 균형

컴퓨터 사용으로 인한 신체 · 정신적 위협

현대 사회에서 컴퓨터 사용은 필수불가결한 활동으로 자리 잡았다. 그러나 장시간 컴퓨터를 사용함으로써 발생하는 신체적, 정신적 문제는 점차 대두되고 있다. 대표적인 신체적 질환으로 거북 목 증후군, 일자 목 증후군, VDT 증후군, 수근관 증후군 등이 있으며, 이들은 모두 잘못된 자세와 반복적인 움직임에서 기인한다.

거북 목 증후군(Turtle Neck Syndrome)은 목이 앞으로 길게 빠진 자세로 오랜 시간 유지될 때 발생한다. 이는 목과 어깨에 지속적인 통증을 일으키며, 척추 건강에도 영향을 끼친다. 일자 목 증후군(Forward Head Posture) 역시 비슷한 원인으로 목 뒤 근육의 긴장과 두통을 야기한다.

VDT 증후군(Visual Display Terminal Syndrome) 또는 컴퓨터 시각 증후군(Computer Vision Syndrome)은 화면을 장시간 바라볼 때 눈의 피로, 건조, 시력 저하를 유발한다. 이는 업무 효율성 감소와 일상생활에 불편을 가져온다.

수근관 증후군(Carpal Tunnel Syndrome, CTS) 또는 손목 터널 증후군은 손목을 반복적으로 사용함으로써 발생하는 질환이다. 손목의 터널 안에서 신경이 눌려 손의 저림과 통증을 느끼게 되며, 심한 경우 수술이 필요할 수도 있다.

정신적으로는 테크노스트레스(Technostress)라는 새로운 형태의 스트레스가 있다. 지속적인 기술 사용으로 인한 스트레스는 심리적 불안정, 집중력 감소, 수면 장애 등을 초래하며, 장기적으로는 심각한 정신 건강 문제로 이어질 수 있다.

이와 같은 신체적, 정신적 문제를 예방하기 위해 적절한 휴식, 올바른 자세 유지, 적절한 작업 환경 조성이 중요하다. 주기적인 스트레칭, 적절한 스크린 거리 유지, 눈의 휴식, 인체 공학적 키보드와 마우스 사용 등이 이에 도움이 될 수 있다. 또한, 기술 사용에 대한 자기 관리와 스트레스 관리 기법을 통해 테크노스트레스를 감소시킬 수 있다.

현대 생활에서 컴퓨터와 기술의 사용은 피할 수 없지만, 이로 인한 건강 문제를 최소화하기 위한 조치는 필수적이다. 개인의 적극적인 노력과 함께 조직적인 지원이 이루어진다면, 건강한 컴퓨터 사용 환경을 조성할 수 있을 것이다.

일과 생활의 균형

일과 생활의 교차점(Work－Life Interface)은 직업과 개인 생활이 서로 영향을 주고받는 다양한 방식을 의미한다. 이 개념은 직장에서의 요구와 개인의 사생활이 어떻게 상호 작용하는지를 탐구한다. 현대 사회에서는 이 두 영역이 서로 구분되지 않고 상호 연결되어 있기 때문에, 일과 사생활 사이의 경계가 모호해지고 있다.

워라벨(Work－Life Balance)은 일과 사생활의 균형을 강조하는 개념이다. 이는 직업적 책임과 개인적 삶 사이에서 균형을 찾아, 스트레스를 관리하고 삶의 질을 향상시키기 위한 전략이다. 워라벨의 실현은 개인의 건강과 행복은 물론, 직장의 생산성 향상에도 긍정적인 영향을 미친다.

균형 있는 생활을 위해서는 유연한 근무 시간, 재택근무 선택권, 충분한 휴가 제도 등이 지원되어야 한다. 또한, 개인적으로는 일과 개인 시간을 구분하고, 취미 생활, 가족과의 시간, 휴식 등 개인 생활에 충분한 시간을 할애해야 한다.

조직 차원에서는 근무 환경과 기업 문화를 개선하여 직원들이 일과 개인 생활 사이에서 균형을 찾을 수 있도록 도와야 한다. 이는 직원 만족도를 높이고, 직장 이탈률을 감소시키며, 장기적으로 조직의 성공에 기여한다.

건강한 일과 생활의 균형은 개인의 삶의 질을 향상시키는 핵심 요소이다. 이를 위해 개인의 의식적인 노력과 조직의 적극적인 지원이 중요하다. 이러한 노력은 직원들이 업무에 더 집중하고, 창의적이며 생산적으로 활동할 수 있는 기반이 될 것이다.

직장 내 괴롭힘 금지법

직장 내 괴롭힘 금지와 관련된 법적 조치는 우리나라 근로기준법에 포함되어 있으며, 이는 직장 내 괴롭힘을 명확하게 금지하고 있다. 법률은 직장 내에서 발생할 수 있는 다양한 형태의 괴롭힘 행위를 규정하고, 이에 대한 구체적인 조치를 제시한다. 2019년에 신설된 제6장의 2 '직장 내 괴롭힘의 금지'는 직장에서의 지위나 관계의 우위를 이용하여 다른 근로자에게 신체적, 정신적 고통을 주거나 근무 환경을 악화시키는 행위를 엄격히 금지한다.

근로기준법[시행 2021. 11. 19.]

제6장의2 직장 내 괴롭힘의 금지

제76조의2(직장 내 괴롭힘의 금지) 사용자 또는 근로자는 직장에서의 지위 또는 관계 등의 우위를 이용하여 업무상 적정범위를 넘어 다른 근로자에게 신체적·정신적 고통을 주거나 근무환경을 악화시키는 행위(이하 "직장 내 괴롭힘"이라 한다)를 하여서는 아니 된다.

제76조의3(직장 내 괴롭힘 발생 시 조치) ① 누구든지 직장 내 괴롭힘 발생 사실을 알게 된 경우 그 사실을 사용자에게 신고할 수 있다.

② 사용자는 제1항에 따른 신고를 접수하거나 직장 내 괴롭힘 발생 사실을 인지한 경우에는 지체 없이 당사자 등을 대상으로 그 사실 확인을 위하여 객관적으로 조사를 실시하여야 한다.

> ③ 사용자는 제2항에 따른 조사 기간 동안 직장 내 괴롭힘과 관련하여 피해를 입은 근로자 또는 피해를 입었다고 주장하는 근로자(이하 "피해근로자등"이라 한다)를 보호하기 위하여 필요한 경우 해당 피해근로자등에 대하여 근무장소의 변경, 유급휴가 명령 등 적절한 조치를 하여야 한다. 이 경우 사용자는 피해근로자등의 의사에 반하는 조치를 하여서는 아니 된다.
> ④ 사용자는 제2항에 따른 조사 결과 직장 내 괴롭힘 발생 사실이 확인된 때에는 피해근로자가 요청하면 근무장소의 변경, 배치전환, 유급휴가 명령 등 적절한 조치를 하여야 한다.
> ⑤ 사용자는 제2항에 따른 조사 결과 직장 내 괴롭힘 발생 사실이 확인된 때에는 지체 없이 행위자에 대하여 징계, 근무장소의 변경 등 필요한 조치를 하여야 한다. 이 경우 사용자는 징계 등의 조치를 하기 전에 그 조치에 대하여 피해근로자의 의견을 들어야 한다.
> ⑥ 사용자는 직장 내 괴롭힘 발생 사실을 신고한 근로자 및 피해근로자등에게 해고나 그 밖의 불리한 처우를 하여서는 아니 된다.
> ⑦ 제2항에 따라 직장 내 괴롭힘 발생 사실을 조사한 사람, 조사 내용을 보고받은 사람 및 그 밖에 조사 과정에 참여한 사람은 해당 조사 과정에서 알게 된 비밀을 피해근로자등의 의사에 반하여 다른 사람에게 누설하여서는 아니 된다. 다만, 조사와 관련된 내용을 사용자에게 보고하거나 관계 기관의 요청에 따라 필요한 정보를 제공하는 경우는 제외한다.

직장 내 괴롭힘은 업무상 적정 범위를 넘어서는 언행을 포함하며, 이는 근로자의 존엄과 근무 만족도에 심각한 영향을 끼칠 수 있다. 법률은 사용자에게 직장 내 괴롭힘 발생 시 적절한 조치를 취할 책임을 부과하고 있다. 이에 따라, 사용자는 괴롭힘 발생을 인지한 즉시 피해자 보호를 위한 조치를 취해야 하며, 가해자에 대한 적절한 조치를 취하여야 한다.

2019년 7월부터 시행된 이 조항은 직장 내 괴롭힘을 예방하고, 발생 시 신속하게 대응하기 위한 기업의 의무를 명확히 한다. 또한, 이는 근로자 개개인의 정신적 건강을 보호하고, 건전한 근무 환경을 조성하기 위한 법적 토대를 제공한다.

직장 내 괴롭힘 금지법은 근로자의 권리 보호뿐만 아니라, 조직 문화의 건강성을 증진하는 중요한 역할을 한다. 이 법률에 의해 기업은 괴롭힘 행위에 대한 제재를 강화하고, 근무 환경 개선을 위한 적극적인 조치가 요구된다. 이러한 법적 조치는 직장 내 괴롭힘 문제에 대한 인식을 높이고, 근로 환경에서의 윤리적 행동을 장려한다.

정보 시스템 관련 직장 내 괴롭힘 유형

정보 시스템과 관련하여 직장 내에서 발생할 수 있는 괴롭힘 유형은 다양하다. 이 중 일부는 직접적인 물리적 자원의 차단에서부터 더 세밀하고 간접적인 정보 접근의 제한에 이르기까지, 광범위하다. 예를 들어, 차단 유형의 괴롭힘에는 필요한 비품을 주지 않거나, 인터넷이나 사내 네트워크 접속을 일부러 차단하는 행위가 포함된다. 이러한 행위는 근로자가 업무를 수행하는 데 필요한 기본적인 수단을 빼앗고, 업무 수행 능력을 고의로 저해함으로써 고립감을 증가시키고, 업무 효율성을 감소시킨다.

정보 차단은 근로자가 합당한 이유 없이 중요한 업무 정보에 접근하거나 전달받지 못하게 하는 행위를 말한다. 이는 근로자가 업무를 수행하는 데 필요한 중요한 정보를 인위적으로 차단함으로써, 근로자가 업무에 참여하고 기여하는 데 필요한 지식과 도구를 박탈하는 것이다.

소셜 미디어를 통한 괴롭힘은 업무 시간 이외에 전화나 온라인을 통해 지속적해서 업무 지시를 내리는 것을 포함한다. 이는 근로자의 사생활 침해와 업무와 생활의 분리를 방해하는 행위로, 근로자의 휴식 시간을 침해하고 스트레스를 증가시킨다.

이와 같은 정보 시스템 관련 괴롭힘 유형은 근로자의 권리를 침해하고, 심리적 안정성 및 업무 만족도를 저하시키는 결과를 초래한다. 이에 대응하기 위해서는 사내 정책의 명확한 수립과 집행, 근로자의 권리를 보호하기 위한 교육 및 인식 개선 프로그램이 필요하다. 또한, 직장 내 괴롭힘을 식별하고 이를 해결하기 위한 명확한 절차와 지원 시스템을 마련하는 것이 중요하다. 직장 내 괴롭힘에 대한 적극적인 대처는 건강한 조직 문화를 조성하고, 모든 근로자가 존중받는 업무 환경을 만드는 데 기여한다.

05

정보 기술 인프라스트럭처

CHAPTER

정보 기술 인프라스트럭처

1 IT 인프라스트럭처의 진화 과정

1. IT 인프라스트럭처의 시대 구분

IT 인프라스트럭처의 개념

정보 기술 인프라스트럭처(Information Technology Infrastructure)[1]는 IT 서비스의 기반이 되는, 다양한 정보 기술 구성 요소들의 집합체를 말한다. 이 개념은 단순히 물리적인 장비들에 국한되지 않으며, 컴퓨터 및 네트워킹 하드웨어, 시설과 같은 물리적 구성 요소뿐만 아니라 소프트웨어 및 네트워크 구성 요소 등도 포괄한다.

---

1) 'Infrastructure'는 우리나라 국립국어원의 표준 국어대사전에는 건설 분야의 용어로 생산이나 생활의 기반을 형성하는 중요한 구조물을 뜻하는 단어로 '인프라스트럭처'로 표기되어 있다. 예로, 도로, 항만, 철도, 발전소, 통신 시설 따위의 산업 기반과 학교, 병원, 상수·하수 처리 따위의 생활 기반을 들고 있는데, IT 인프라스트럭처처럼 기본적인 물리적, 조직적 구조와 시설이라는 의미로 다양한 분야에서 쓰이고 있다. 이 단어의 정식 표기는 '인프라스트럭처'가 맞지만, 표준 국어대사전에서도 '인프라'도 같이 등재되어 있고, 사회 및 일상 전반에서 두루 사용되고 있으므로, 본서에서도 '인프라스트럭처'와 '인프라'를 혼용하기로 한다. 이외에도 기반, 기반 구조, 기본 시설, 하부 구조 등으로 표현될 수 있다.

물리적 구성 요소는 서버, 컴퓨터, 데이터 센터, 스위치, 허브 등의 하드웨어를 포함하며, 이러한 장비들은 IT 인프라의 기본적인 '골격'을 이룬다. 소프트웨어 구성 요소에는 운영 체제, 데이터베이스 관리 시스템, 애플리케이션, 이를 관리하는 도구들이 포함된다. 네트워크 구성 요소는 무선 통신, 인터넷 연결, 보안 시스템과 같이 정보가 흐를 수 있는 통로와 이를 보호하는 메커니즘을 의미한다.

IT 인프라는 단순한 기술적 측면을 넘어서 조직의 전략적 자산이다. 이는 조직이 정보를 효과적으로 처리하고, 운영 효율성을 극대화하며, 시장에서 경쟁력을 유지하는 데 필수적인 역할을 한다. 따라서, IT 인프라의 설계와 관리는 조직의 전반적인 성과에 직접적인 영향을 미친다.

비록 IT 인프라에 관련 인력, 프로세스 및 문서가 직접적으로 포함되지는 않지만, 이들은 IT 인프라를 효과적으로 운영하고 유지 보수하는 데 중요한 역할을 한다. 따라서 IT 인프라의 설계 및 관리 전략을 수립할 때는 인적 요소와 운영 프로세스를 통합적으로 고려해야 한다.

종합적으로 IT 인프라는 현대 조직의 핵심적인 기능을 지원하는 기술적 기반을 이룬다. 이는 하드웨어, 소프트웨어, 데이터, 네트워크가 조화를 이루며, 조직이 정보를 생성, 저장, 처리, 전송하고, 비즈니스 목표를 달성하는 데 필수적인 구성 요소들을 제공한다.

IT 인프라스트럭처의 시대 구분

- 제1기: 메인프레임 시대
- 제2기: PC 시대
- 제3기: 클라이언트/서버(C/S) 시대
- 제4기: 기업 컴퓨팅 시대
- 제5기: 클라우드 컴퓨팅 시대
- 제6기: 모바일 컴퓨팅 시대
- 제7기: 인공 지능 컴퓨팅 시대

2. 메인프레임 시대

메인프레임의 등장

메인프레임(Mainframe)은 대규모의 연산 능력을 요구하는 작업을 처리하기 위해 설계된 대형 컴퓨터를 지칭한다. 이 용어는 우리나라 국립국어원 표준국어대사전에 '메인 프레임 컴퓨터(main frame computer)'로 등재되어, main과 frame의 두 단어로 분리하여 표기하지만 'Mainframe'처럼 한 단어로 사용한다.

메인프레임 컴퓨터는 특히 통계 데이터 처리, 금융 전산 업무, ERP 등과 같이 복잡하고 대량의 데이터를 다루는 작업에 특화되어 있다. 이러한 컴퓨터들은 높은 처리 속도, 대용량의 메모리, 강력한 데이터 처리 능력을 갖추고 있으며, 여러 사용자가 동시에 사용할 수 있는 멀티태스킹과 시간 공유 능력을 제공한다.

현대식 메인프레임의 시초는 1964년 IBM에 의해 선보인 System/360으로, 이는 컴퓨터 기술의 주요한 이정표였다. System/360은 하드웨어와 소프트웨어의 호환성을 갖추었고, 다양한 크기와 성능의 모델을 제공하여 사용자의 다양한 요구를 충족시켰다. 이로 인해 메인프레임은 기업들이 대량의 데이터를 효율적으로 관리하고 분석하는 데 필수적인 도구로 자리 잡게 되었다.

메인프레임은 시간이 흘러도 그 중요성을 유지하고 있으며, 현재도 많은 기업들이 거대한 데이터베이스 관리, 복잡한 트랜잭션 처리, 중요한 비즈니스 응용 프로그램의 운영 등에 사용하고 있다. 이러한 시스템은 고도로 안정적이고 확장 가능하며, 특히 보안과 신뢰성이 매우 중요한 금융, 보험, 공공 서비스와 같은 분야에서 그 가치를 인정받고 있다.

메인프레임의 발전은 계속해서 기술적 혁신을 거듭하며, 클라우드 컴퓨팅, 빅 데이터 분석과 같은 최신 IT 트렌드와도 통합되어 가고 있다. 이는 업무의 복잡성과 데이터 중심의 비즈니스 환경이 계속 성장함에 따라, 메인프레임의 역할이 더욱 중요해지고 있음을 시사한다.

메인프레임의 용도와 장점

메인프레임은 그 강력한 처리 능력으로 인구 조사, 산업 및 소비자 통계, ERP, 금융 트랜잭션 처리 등 정부 기관 및 대기업의 중요한 응용 프로그램 실행에 광범위하게 활용된다. 이러한 작업은 대량의 데이터를 신속하고 정확하게 처리해야 하는 복잡한 연산을 요구하며, 메인프레임은 이와 같은 요구사항을 충족시키는 데 이상적인 기술이다.

메인프레임의 핵심 장점 중 하나는 고도의 내부 기술과 안정적인 결과 산출 능력이다. 이는 중대한 의사 결정이나 민감한 업무에 필수적인 요소로, 오류의 여지를 최소화하며 신뢰할 수 있는 운영 환경을 제공한다. 또한, 메인프레임은 기술 지원과 보안성 면에서도 높은 평가를 받는다. 특히, 보안은 금융 기관이나 정부 기관에서 중요한 고려 사항이며, 메인프레임은 이러한 기관들에게 필수적인 높은 수준의 데이터 보호를 제공한다.

메인프레임은 이전 버전의 소프트웨어와의 호환성에 대한 신뢰성도 제공한다. 기존 시스템과의 원활한 통합은 기업이 새로운 기술을 도입하면서 겪을 수 있는 장벽을 낮춰주며, 기존 응용 프로그램과의 연속성을 보장한다.

장기간 운영에서 메인프레임의 가장 큰 장점 중 하나는 그 안정성이다. 고장 수리에 대한 걱정 없이 장시간에 걸쳐 신뢰성 있게 운영될 수 있으며, 이는 비즈니스 연속성에 있어 중요한 요소이다. 제조사에서 제공하는 지속적인 밀착형 유지 보수 서비스는 이러한 안정성을 뒷받침하며, 중단 없는 비즈니스 운영을 가능하게 한다.

메인프레임은 큰 규모의 데이터를 처리하고, 복잡한 연산을 수행하는 대규모 기업 및 정부 기관에 있어 중추적인 기술로 자리매김하고 있다. 그 안정성과 보안성, 호환성, 지속적인 지원 등은 메인프레임을 신뢰할 수 있는 업무 수행 도구로 만들어주며, 이는 정보 기술 인프라의 중요한 부분으로 그 가치를 계속 유지할 것이다.

3. 개인용 컴퓨터 시대

개인용 컴퓨터의 등장과 발전

개인용 컴퓨터(PC, Personal Computer) 시장의 역사는 1975년으로 거슬러 올라간다. 그 해, MITS사는 Altair 8800을 발표하며 최초로 상업적으로 판매된 개인용 컴퓨터를 시장에 내놓았다. 이 기기는 컴퓨터 애호가들 사이에서 조립 키트 형태로 큰 인기를 얻었으며, 개인용 컴퓨터에 대한 대중의 관심을 증폭시킨 주요한 사건이었다.

참고문헌

"MITS Altair 8800(세계 최초의 상업용 조립식 개인용 컴퓨터)", 2008. 9. 21.
https://cantips.com/899

Altair 8800의 등장은 다른 기업들에게도 영감을 주었고, 이후 IBM은 1981년 자사의 PC를 시장에 선보이며 'PC'라는 용어를 대중화시켰다. IBM PC는 개방형 아키텍처와 호환성 덕분에 산업 표준으로 자리 잡았고, 이는 PC 시장의 급속한 성장을 촉진시켰다.

PC 시장의 또 다른 중요한 플레이어는 애플(Apple)이다. 애플은 1984년 Macintosh(맥)를 출시하며 사용자 인터페이스와 디자인에 있어 혁신을 가져왔다. Mac은 그래픽 사용자 인터페이스(GUI)를 대중화하고, 비전문가도 사용하기 쉬운 컴퓨터로서 시장에 새로운 기준을 제시했다. 이는 PC와 Mac 간의 장기간에 걸친 경쟁을 불러일으키며, 양자는 각각의 특성을 강화하고 사용자 경험을 개선하기 위해 계속 발전해왔다.

개인용 컴퓨터의 발전 과정은 단순히 하드웨어의 진화에만 국한되지 않았다. 소프트웨어의 발전, 사용자 인터페이스의 혁신, 이후 인터넷의 보급은 PC가 일상생활과 업무에 필수적인 도구로 자리잡는 데 중요한 역할을 했다. Altair 8800에서 시작된 개인용 컴퓨터의 여정은 IBM PC의 표준화, Mac의 혁신적인 GUI 도입과 함께 현대 사회에 깊숙이 뿌리내리며, 지속적인 기술적 변화의 원동력이 되고 있다.

업무용 PC의 보급

IBM PC의 등장은 개인용 컴퓨팅의 새로운 장을 열었다. 이전까지는 주로 대형 컴퓨터를 중심으로 한 중앙 집중형 시스템을 사용하던 것과 대조적으로, 개인용 컴퓨터는 개인이나 소규모의 그룹에서 사용할 수 있는 저렴하면서도 강력한 컴퓨팅 기능을 제공하게 되었다. IBM PC는 그 성공을 바탕으로 이후에도 여러 호환 기종을 출시하게 되며 앞서 언급한 바와 같이 "개인용 컴퓨터(PC)"라는 명칭이 일반화되는 계기를 만들었다.

또한, 스프레드시트인 로터스 1-2-3, 워드 프로세서인 워드 퍼펙트 등의 개발과 보급으로 개인용 컴퓨터는 업무용으로 광범위하게 활용되게 되었다. 이러한 소프트웨어들은 업무 처리의 효율성을 크게 향상시키는 데 일조하였고, 이를 통해 개인용 컴퓨터는 각종 사무 업무를 처리하는 필수적인 도구로 자리매김하게 되었다.

그래픽 사용자 인터페이스(GUI)의 개념은 매킨토시의 등장과 함께 크게 확산되었다. 이전까지의 CLI(Command Line Interface) 기반의 인터페이스와 달리, GUI는 사용자에게 훨씬 직관적이고 더 쉬운 조작이 가능하도록 해주었다. 이러한 인터페이스는 사용자에게 컴퓨터를 더 쉽게 다루도록 도와주었고, 이 효과는 특히 비전문가 사용자들에게 더 크게 느껴지게 되어 전반적인 컴퓨터 사용률을 높이는 결과를 가져왔다.

1985년에는 매킨토시에서 동작하는 마이크로소프트 엑셀(Excel)이 출시되었다. 이는 Microsoft Windows용 버전이 1987년에 출시되기 전에 이루어진 일이었다. 엑셀은 그 이후 급속도로 확산되었고, 이는 사무 업무를 전산화하고 공유하는 시대로의 전환을 가속화하는 데 중요한 역할을 수행하였다.

이렇게 IBM PC의 출시로 개인용 컴퓨터 시장이 형성되고, 다양한 애플리케이션의 등장으로 더욱 다양한 업무에서 사용하게 되었다. 매킨토시의 등장과 엑셀의 출시는 사용자 인터페이스와 사무 업무 처리를 혁신적으로 변화시키는 원동력이 되었다. 이 모든 변화들은 업무용 PC의 보급을 촉진시키며 그 중요성을 강조하게 되었다. 이러한 변화는 오늘날 우리가 컴퓨터를 활용하는 방식의 기초를 마련해주며, 이후의 IT 발전에 중요한 영향을 미쳤다. 차세대 컴퓨팅 환경을 지속해서 발전시키기 위해 이러한 과거의 경험들을 잘 기억하고 이해하는 것이 중요하다고 할 수 있다.

주요 업무용 소프트웨어의 등장 시기

- 한/글(아래아한글): 1989년
- MS Word: 1983년(출시 당시 이름: Multi-Tool Word)
- MS PowerPoint: 1990년
- Adobe Photoshop: 1990년

4. 클라이언트/서버 시대

클라이언트/서버 모델

C/S 모델(Client-Server Model)은 분산 애플리케이션 구조 및 네트워크 아키텍처의 한 유형이다. 이 모델에서는 서비스 요청을 하는 **클라이언트**와 서비스 자원을 제공하는 **서버**가 있다. 클라이언트와 서버 간에 작업을 분리해주는 이 모델은 본질적으로 분산 컴퓨팅 환경을 구성하고 있다.

C/S 모델은 웹 시스템을 포함하여 요즘에 보편적으로 쓰이는 많은 시스템에서 사용되고 있다. 웹 시스템은 웹 브라우저(클라이언트)가 웹 서버에게 웹페이지 제공을 요청하고, 웹 서버가 요청을 처리해 웹페이지를 제공하는 구조로, 이 또한 C/S 모델의 확장된 형태라고 할 수 있다.

문화적 측면에서 볼 때, 일반적으로 C/S 모델이란 웹 시스템이 출현하기 이전에 개인용 컴퓨터(PC)에 설치된 클라이언트 소프트웨어가 화면을 처리하고, 서버에서는 데이터를 처리하는 시스템을 가리키는 말로 사용되었다.

그러나 이 모델이 가지는 효율성과 확장성을 바탕으로 인터넷의 발전과 함께 C/S 모델은 더욱 넓은 영역으로 확산되었고, 이제는 원격 서버와의 네트워크 통신을 통한 서비스 제공에 기반한 다양한 분산 시스템 구조에서 널리 활용되고 있다.

구성 개념

C/S 모델의 구성 개념은 현대 컴퓨팅 환경에서 핵심적인 역할을 하는 원칙이다. 이 구조에서 "클라이언트(Client)"와 "서버(Server)"라는 두 가지 주요 구성 요소가 있다.

클라이언트는 서비스를 사용하는 사용자 혹은 사용자의 단말기 또는 소프트웨어를 지칭한다. 클라이언트는 서버에게 서비스를 요청하고, 서버로부터 서비스를 받아 이를 사용한다. 일반적으로는 웹 브라우저나 애플리케이션이 클라이언트의 역할을 담당하며, 이들은 사용자의 서비스 요청을 서버에 전달하고, 서버로부터 받은 응답을 사용자에게 제공한다.

반면 **서버**는 서비스를 제공하는 컴퓨터를 뜻한다. 서버는 클라이언트로부터 받은 요청에 따른 서비스를 제공하며, 다수의 클라이언트를 대상으로 서비스를 제공하기 위해 일반적으로 매우 큰 용량과 성능을 보유하고 있다. 서버는 하나 이상의 네트워크에 연결되어 있으며, 제공하는 서비스의 종류에 따라 웹 서버, 데이터베이스 서버, 메일 서버 등으로 구분된다.

C/S 모델은 서비스 제공 시스템을 효율적으로 구성하고 운영하는 데 필수적이다. 클라이언트는 사용자와 가까운 곳에서 사용자 인터페이스 및 사용자 관련 처리를 담당하고, 서버는 중앙에서 데이터 처리와 네트워크 관리 등의 복잡한 처리를 담당함으로써 역할을 분산시키고 시스템의 성능과 효율성을 높인다. 또한, 이 구조는 시스템의 확장성과 유연성을 확보하는 데도 중요한 역할을 한다. 사용자 수가 늘어나거나 처리량이 증가할 경우에 서버를 추가하거나 업그레이드함으로써 시스템을 쉽게 확장할 수 있게 된다.

또한, 이는 정보 보호와 데이터 관리 측면에서도 중요한 장점을 갖고 있다. 중앙 서버에서 데이터를 관리하면 데이터의 일관성을 유지하고 중복을 제거할 수 있으며, 중요 데이터에 대한 보안 관리도 효과적으로 수행할 수 있다.

따라서, C/S 모델은 다양한 컴퓨팅 환경에서 널리 사용되며, 그 효율성과 유연성, 보안성 등의 장점으로 인해 현대 IT 시스템의 핵심 구조로 자리 잡고 있다. 이 모델을 이해하고 제대로 활용하는 것은 IT 시스템의 설계와 구현, 운영에 있어 매우 중요하다고 할 수 있다.

C/S 모델 활용의 의의

C/S 모델, 즉 클라이언트/서버 모델의 활용은 현대의 다양한 컴퓨팅 환경에 근본적인 변화를 불러왔다. 이 모델은 네트워크의 중요성을 증대시키고, 컴퓨팅 자원의 관리와 활용에 대한 새로운 접근법을 제시하였다.

첫 번째로, C/S 모델은 네트워크의 중요성을 크게 증대시켰다. 과거에는 개별 컴퓨터에서 모든 데이터 처리 작업을 수행하였지만, C/S 모델의 등장으로 네트워크를 통한 데이터 공유와 정보 교환의 중요성이 증대되었다. 한 컴퓨터에서 발생한 데이터가 네트워크를 통해 다른 컴퓨터에 전달되어 처리되고, 그 결과가 다시 원래의 컴퓨터로 전달되는 과정이 가능해지면서 컴퓨팅 작업의 효율성이 크게 향상되었다.

또한, C/S 모델은 클라이언트의 용량과 성능을 뛰어넘는 컴퓨팅 능력의 활용이 가능하게 했다. 서버는 일반적으로 클라이언트보다 큰 용량과 높은 성능을 갖는다. 따라서 클라이언트에서 처리하기 어려운 복잡하고 대규모의 데이터 처리 작업을 서버에서 수행할 수 있게 되었다. 이를 통해 데이터 분석, 과학 연구, 머신 러닝 등 다양한 고급 컴퓨팅 작업이 가능해졌다.

세 번째로, C/S 모델을 통해 개별적인 클라이언트 중심의 관리 방식에서 중앙 집중 방식으로 전환함으로써 효율성이 크게 향상되었다. 개별 클라이언트에서 프로그램의 업데이트와 유지 보수를 수행하는 것은 비효율적이다. 그러나 서버에서 이러한 작업을 한 번에 수행하면, 모든 클라이언트가 이를 동시에 반영할 수 있게 된다. 이로 인해 IT 관리 비용의 절감과 시스템 운영의 효율성 향상이 가능하게 되었다.

마지막으로, C/S 모델은 인터넷의 확산과 발전에 중요한 기술적 기반이 되었다. 웹 서버와 웹 브라우저, 즉 서버와 클라이언트의 관계는 C/S 모델에 기반하며, 이는 웹의 기본적인 작동 원리를 형성한다. 이로 인해 글로벌 네트워크인 인터넷이 지금과 같이 광범위하게 확산될 수 있었다.

C/S 모델은 이처럼 다양한 방면에서 컴퓨팅 환경과 IT 패러다임에 큰 영향을 미쳤다. 이를 통해 컴퓨팅 작업의 효율성을 높이고, 신규 IT 서비스의 제공을 가능하게 하며, 최신 컴퓨팅 기술의 발전과 퍼뜨림에 기여하였다.

5. 기업 컴퓨팅 시대

기업 컴퓨팅의 개념

기업 컴퓨팅(Enterprise Computing)은 기업의 전반적인 비즈니스 프로세스에 정보 시스템을 접목하고 활용하는 개념이다. 이는 기업의 광범위한 영역에 걸친 소프트웨어의 전사적 활용을 의미한다. 기업 컴퓨팅은 조직 내의 각종 업무 흐름을 자동화하고 통합하여, 비즈니스 프로세스의 효율성을 높이고, 의사 결정을 지원하며, 고객 서비스의 질을 향상시킨다.

기업 컴퓨팅의 핵심 구성 요소는 기업의 4대 정보 시스템인 ERP, SCM, CRM, KMS이다. 이들 시스템은 기업의 자원, 공급망, 고객 관계, 지식 등의 핵심 비즈니스 영역을 관리하고 통합한다.

기업 컴퓨팅은 네트워크 기반의 정보 기술 인프라에 맞춰 정보 시스템을 확충하고 응용한다. 특히 전사적인 정보 시스템의 도입과 활용은 인터넷의 발전과 더불어 확산되었으며, 이로 인해 기업 컴퓨팅의 확산과 역할이 고도화되었다. 인터넷이 상호 연결된 글로벌 네트워크를 제공함으로써 기업들은 기존에 경험하지 못했던 대규모 데이터의 수집, 분석, 공유 그리고 처리가 가능해졌다.

따라서, 기업 컴퓨팅은 기술적 발전과 경제적인 효과를 통해 기업 경영에 필수적인 요소로 자리잡았다. 기업의 비즈니스 프로세스를 개선하고, 의사 결정을 지원하며, 고객 서비스를 향상시키는 데 큰 역할을 하는 동시에, 직원들이 필요한 정보와 지식에 원활하게 접근할 수 있게 하는 중요한 역할을 수행한다.

전사적 소프트웨어의 종류(예)

- Business Intelligence(BI)
- Business Process Management(BPM)
- Content Management System(CMS)
- Customer Relationship Management(CRM)
- Database Management System(DBMS)
- Data Warehousing(DW)
- Enterprise Resource Planning(ERP)
- Enterprise Asset Management(EAM)
- Human Resource Management(HRM)
- Knowledge Management (KM)
- Product Data Management(PDM)
- Product Information Management(PIM)
- Product Lifecycle Management(PLM)
- Supply Chain Management(SCM)
- Software Configuration Management(SCM)
- Version Control System(VCS)
- Intrusion Detection Prevention(IDS)
- Intrusion Prevention System(IPS)
- Software Defined Networking(SDN)
- Security Information Event Management(SIEM)
- Security Information Management(SIM)
- Security Event Management(SEM)

6. 클라우드 컴퓨팅 시대

클라우드 컴퓨팅의 도입 의의

클라우드 컴퓨팅의 도입은 기업이나 조직에 다양한 이점을 제공한다. 먼저, 초기 구입 비용의 감소를 가능하게 한다. 클라우드 컴퓨팅은 필요한 서비스만을 선택하여 사용하는 "Pay As You Go(PAYG)" 모델[2)]을 따르기 때문에, 기업이나 개인이 처음부터 고가의 하드웨어나 소프트웨어를 구입할 필요가 없어진다. 이로 인해 초기 투자 비용이 크게 감소한다.

또한, 클라우드 컴퓨팅은 휴대성 및 이동성을 확보할 수 있게 한다. 사용자는 어디에서나 클라우드에 저장된 데이터에 접근하거나 서비스를 이용할 수 있다. 이는 장소에 구애받지 않는 업무 환경을 제공하며, 이는 휴대형 기기의 활용을 늘리는 동시에 다양한 기기를 단말기로 사용할 수 있게 한다.

클라우드 컴퓨팅의 도입은 기업의 IT 인프라 사용 효율성을 향상시킨다. 서버나 스토리지 등의 자원을 실시간으로 확장하거나 축소할 수 있어, 컴퓨터 가용률을 높일 수 있다. 이는 그린 IT 전략의 일환으로, 높은 에너지 효율성을 구현하고 전력 사용량을 감소시킨다.

중앙 집중형 서비스를 통해 일관된 사용자 환경을 구현하는 것은 또 다른 중요한 장점이다. 클라우드에서 제공하는 모든 서비스와 데이터는 중앙 서버에서 관리되므로, 어디에서나 동일한 환경을 제공한다. 이는 작업의 효율성을 증가시키고, 사용자의 만족도를 높인다.

민감한 데이터는 클라우드 서버에서 안전하게 보관되며, 이는 높은 수준의

---

2) Pay as you go 모델은 사용자가 실제로 사용한 서비스나 자원에 대해서만 비용을 지불하는 방식을 말한다. 이 모델은 특히 클라우드 컴퓨팅 환경에서 널리 사용되는데, 이는 IT 자원을 필요에 따라 신속하게 확장하거나 축소하는 유연성을 제공하기 때문이다. PAYG 모델을 적용하면 기업들은 불필요한 비용을 줄이고, 본업에 집중하며, IT 성능을 최적화할 수 있다. 즉, 사용하지 않는 리소스에 대해 비용을 지불하지 않아 관리 비용을 절감할 수 있고, 필요한 만큼의 리소스만을 사용해 효율성을 높일 수 있다. 또한, PAYG 모델은 기업들이 미리 예상치 못한 요구 사항에 대응할 수 있도록 해 준다. 예를 들어, 특정 시기에 서비스 이용량이 급증할 경우, 필요한 만큼의 추가 리소스를 즉시 확보하고 사용한 만큼만 비용을 지불하면 된다. 이런 식으로 PAYG 모델은 기업들에게 유연성과 확장성을 제공하는 동시에, 비용 효율성을 높여준다.

보안을 제공한다. 클라우드 서비스 공급자는 전문적인 보안 기술과 인프라를 갖추어 운영하므로, 개별 기업이나 조직이 직접 보안을 관리하는 것보다 효과적이다.

클라우드 컴퓨팅은 IT 인프라에 대한 전문 인력의 필요성을 줄인다. 기업은 클라우드 서비스 공급자에게 인프라의 관리와 유지보수를 맡기고, 그로 인해 발생하는 비용과 시간을 절약할 수 있다.

마지막으로, 클라우드 컴퓨팅의 가장 큰 장점 중 하나는 IT 인프라의 설치 및 확장에 필요한 시간을 크게 단축시킨다는 점이다. 기업이 필요에 따라 즉시 서버를 확장하거나 축소할 수 있어, 빠른 시장 변화에 신속하게 대응할 수 있다.

이와 같이 클라우드 컴퓨팅의 도입은 비용 절감, 확장성, 이동성, 효율성, 보안 강화 등 다양한 이점을 제공한다. 이는 기업이 경쟁력을 유지하고 성장하는데 필수적인 요소로 작용한다.

클라우드 컴퓨팅 활용의 한계

클라우드 컴퓨팅은 많은 혜택을 제공하지만, 동시에 몇 가지 한계를 안고 있다. 클라우드 컴퓨팅의 핵심 한계 중 하나는 보안 문제로, 클라우드 서버가 공격당할 경우 대량의 사고가 발생할 수 있다. 클라우드 환경에서는 한 서버의 보안 문제가 다른 시스템에도 영향을 줄 수 있어, 보안 사고의 규모가 확대될 수 있다. 이런 위험성 때문에 보안이 중요한 기업은 클라우드 환경으로 전환하는데 주저함을 보이곤 한다.

두 번째 한계는 클라우드 서버에 대한 종속성이다. 클라우드 서비스 공급자가 서비스를 중단하거나 망가질 경우, 이는 사용자의 업무에 큰 영향을 미칠 수 있다. 이러한 종속성은 기업이 클라우드 컴퓨팅 환경에서 전체 업무를 운영하는 데 불안감을 느끼게 한다.

세 번째 한계는 클라우드 서버의 제공 서비스 범위 내에서만 애플리케이션을 활용할 수 있다는 점이다. 이러한 제한성 때문에 사용자는 자신의 요구 사항을 완벽하게 충족하는 애플리케이션을 만들거나 사용하는데 제한을 받을 수 있다.

네 번째로, 인터넷 또는 이와 유사한 통신 환경의 성능과 안정성이 클라우드 컴퓨팅의 성공 여부에 결정적인 역할을 한다. 인터넷 연결이 불안정하거나 느릴 경우, 사용자는 클라우드 컴퓨팅의 이점을 제대로 누리지 못하며, 이는 클라우드 컴퓨팅 환경의 단점으로 작용할 수 있다.

마지막으로, 클라우드 컴퓨팅은 개별 정보의 물리적 위치 파악이 어렵다. 이는 데이터 보안 및 규정 준수와 관련해 문제를 야기할 수 있다. 특정 국가나 지역에서는 개인 정보를 포함한 중요 정보를 해당 지역 이외에 저장하고 이동하는 것에 제한을 두는데, 이런 경우 클라우드 컴퓨팅 환경에서 데이터를 관리하는 데 어려움을 겪을 수 있다.

이처럼 클라우드 컴퓨팅은 다양한 편리함을 제공하지만, 보안과 종속성, 활용 제한, 통신 환경의 의존성, 데이터 위치의 불확실성 등의 한계가 있다. 이를 이해하고 이에 대비하는 것이 클라우드 컴퓨팅 활용에서 중요하다.

7. 모바일 컴퓨팅 시대

모바일 컴퓨팅 시대의 의의

모바일 컴퓨팅 시대는 기업 IT 인프라에 혁신적인 변화를 가져왔다. 이 시대의 가장 두드러진 특징은 IT 인프라의 개인화(Personalization)와 분산화(Decentralization)의 가능성이다. 이 두 가지 변화는 기업 운영 방식과 직원들의 업무 수행 방식에 중대한 영향을 미치고 있다.

첫째, 기업 IT 인프라의 개인화는 직원들이 개인적인 모바일 기기를 활용하여 업무를 수행할 수 있게 함으로써, 업무 환경을 더 유연하고 효율적으로 만들었다. 개인화는 'BYOD(Bring Your Own Device)'라는 새로운 현상을 낳았으며, 직원들은 자신의 스마트폰, 태블릿, 노트북 등을 사용하여 언제 어디서나 업무에 접근할 수 있게 되었다. 이는 업무의 효율성을 극대화하고, 직원의 만족도를 높이는 결과를 가져왔다.

둘째, IT 인프라의 분산화는 기업 데이터와 시스템이 중앙 집중식 서버가 아닌 클라우드 기반의 분산 시스템에 저장되고 관리됨을 의미한다. 이러한 분산화는 데이터 접근성과 보안성을 향상시키고, 하드웨어 비용을 절감하는 등 다양한 이점을 제공한다. 또한, 재택 근무, 원격 근무 등 새로운 업무 형태의 증가에 따라 분산 인프라는 필수적인 요소가 되었다.

이러한 변화는 개인 소유 및 사용 자원에 대한 조직 차원의 관리 인식을 전환시켰다. 과거에는 기업이 제공하는 장비와 소프트웨어를 사용하는 것이 일반적이었지만, 모바일 컴퓨팅 시대의 도래와 함께 직원들은 자신의 개인 장비를 사용하여 업무를 수행하게 되었다. 이에 따라 기업은 개인 장비의 보안 및 관리 문제에 대해 새로운 정책과 절차를 마련해야 했다. 또한, 이러한 변화는 IT 부서의 역할에도 영향을 미쳐, 기존의 중앙 집중식 관리에서 더 유연하고 분산된 관리 체계로의 전환을 요구하고 있다.

모바일 컴퓨팅 시대는 기업 IT 인프라의 개인화와 분산화를 통해 기업의 업무 방식과 직원들의 작업 환경을 근본적으로 변화시켰다. 이러한 변화는 기업이 더 유연하고 효율적으로 운영될 수 있도록 돕고 있으며, 디지털 기술의 발전과 더불어 계속 진화할 것으로 예상된다.

BYOD와 IT의 소비자화

현대 기업 환경에서 'BYOD(Bring Your Own Device)', 'BYOT(Bring Your Own Technology)', 'BYOP(Bring Your Own Phone)', 'BYOPC(Bring Your Own Personal Computer)'와 같은 개념들은 IT의 소비자화(Consumerization of IT) 현상을 대변한다. 이러한 변화는 조직 구성원들이 자신의 개인 소유 IT 자원을 업무에 활용하는 것을 의미하며, 기업이 제공하는 IT 자원을 대체하고 있다.

BYOD 정책은 직원들이 개인 소유의 스마트폰, 태블릿, 노트북 등을 업무에 사용하도록 허용하는 것을 말한다. 이는 직원들에게 업무 수행의 유연성을 제공하고, 개인 장비에 대한 선호도에 따른 업무 만족도를 증가시킨다. BYOT는 기술 자체에 초점을 맞추며, BYOP와 BYOPC는 각각 개인 소유의 전화와 개인 컴퓨터를 업무에 사용하는 것을 의미한다.

IT의 소비자화는 조직 구성원의 개인 소유 IT 자원의 확대 현상을 말하며, 이는 전통적인 기업 소유 또는 지급의 IT 자원을 대체하고 있다. 이러한 현상은 단순히 하드웨어에 국한되지 않고, 소프트웨어와 서비스 영역까지 확장되고 있다. 예를 들어, 스마트폰, 노트북 PC, 태블릿 등의 개인 장비뿐만 아니라 소셜 미디어, 화상회의 프로그램, 클라우드 저장 서비스, 웹 애플리케이션(Software as a Service, SaaS) 등 다양한 분야에서 이 현상을 볼 수 있다.

이러한 IT의 소비자화는 조직에 여러 가지 장점을 제공한다. 첫째, 직원들은 자신이 선호하고 익숙한 기기와 소프트웨어를 사용함으로써 업무 효율성을 높일 수 있다. 둘째, 기업은 IT 장비 및 소프트웨어 구매와 유지보수 비용을 절감할 수 있다. 셋째, IT 부서는 중앙 집중식 관리에서 벗어나 더 유연한 관리 방식을 채택할 수 있다.

그러나 이러한 변화는 보안 및 관리 측면에서 새로운 도전 과제를 제시한다. 개인 장비의 보안성 확보, 데이터 유출 방지, 네트워크 보안 관리 등은 IT 부서가 직면한 주요 과제들이다. 따라서, 기업은 BYOD 정책을 도입함에 있어 보안 정책과 프로토콜을 강화하고, 직원 교육을 통해 보안 의식을 제고할 필요가 있다.

결국, BYOD와 IT의 소비자화는 기업 환경에 큰 변화를 가져오고 있으며, 이러한 변화는 기업의 업무 방식, IT 관리 전략, 보안 정책에 중대한 영향을 미치고 있다. 기업은 이러한 변화를 수용하고 적응함으로써 직원들의 업무 만족도와 업무 효율성을 높이며 동시에 새로운 보안 도전 과제에 효과적으로 대응해야 한다.

8. 인공 지능 컴퓨팅 시대

생성형 인공 지능의 출현

OpenAI의 ChatGPT 발표는 인공 지능(AI) 분야, 특히 생성형 인공 지능(Generative AI, GenAI)의 발전과 적용에 있어 중요한 이정표가 되었다. 2022년 11월 30일에 출시된 GPT-3.5 버전의 ChatGPT 모델은 개인 및 조직 수준에서 인공 지능에 대한 관심을 급격히 증가시켰다. ChatGPT는 자연어 기반의 프롬프트 엔지니어링(prompt engineering)을 활용하여 복잡한 질문에 대한 답변, 글쓰기, 대화 등 다양한 기능을 제공한다.

이러한 ChatGPT의 성공 이후 유사 서비스들이 급속도로 출현하기 시작했다. 대표적인 예로 Microsoft의 Copilot(Bing Chat)과 Google의 Gemini(Bard)가 있다. 이러한 서비스들은 각기 다른 기술적 접근과 기능을 제공하며, 생성형 인공 지능 기술의 다양한 가능성을 탐색하고 있다.

생성형 인공 지능의 가장 큰 특징 중 하나는 다양한 모드를 지원한다는 점이다. 처음에는 텍스트 기반의 생성과 처리에 초점을 맞췄지만, 현재는 문서, 이미지, 비디오, 오디오 등 다양한 형태의 데이터를 생성하고 처리할 수 있는 능력을 갖춰나가고 있다. 또한, 이미지와 비디오 생성을 위한 DALL-E나

DeepFake 기술, 오디오 생성을 위한 음성 합성 기술 등이 활발히 개발되고 있다. 이러한 기술의 발전은 미디어, 교육, 엔터테인먼트, 커뮤니케이션 등 다양한 분야에 혁신을 가져오고 있다.

생성형 인공 지능의 이러한 발전은 사회와 산업에 많은 영향을 미치고 있다. 예를 들어, 개인화된 교육 콘텐츠의 생성, 미디어 콘텐츠의 자동화된 제작, 실시간 언어 번역 등은 일상생활과 업무 환경에서 큰 변화를 가져오고 있다. 하지만, 동시에 이 기술들은 저작권, 개인 정보 보호, 윤리적 사용 등의 문제를 제기하며, 사회적 규제와 지침의 필요성을 촉구하고 있다.

생성형 인공 지능의 출현은 기술적 혁신뿐만 아니라 사회적, 윤리적, 법적 측면에서도 중요한 도전 과제를 제시하고 있다. 이러한 기술의 발전은 인간의 삶을 풍요롭게 할 무한한 가능성을 내포하고 있지만, 동시에 새로운 유형의 문제와 위험을 야기할 수 있다. 따라서 이 기술의 발전과 적용에 있어 균형 잡힌 접근과 책임감 있는 관리가 필요하다.

인공 지능 기반의 조직 업무 변화

인공 지능 기술의 급속한 발전은 조직의 업무 환경에 혁명적인 변화를 가져오고 있다. 특히, 인공 지능이 단순 문서 생성, 코드 작성, 이미지 작업 등의 분야에서 인간의 역할을 대체하기 시작함으로써, 업무 수행 방식에 근본적인 변화가 일어나고 있다.

인공 지능의 이러한 활용은 특히 단순하고 반복적인 업무에 효과적이다. AI 기술을 활용한 문서 생성 도구는 보고서 작성, 이메일 작성 등의 업무를 자동화하며, 프로그래밍 분야에서는 코드 작성과 디버깅을 보조한다. 또한, 이미지와 비디오 편집 분야에서도 AI는 놀라운 능력을 발휘하며, 이러한 기술은 디자인, 마케팅, 미디어 산업 등 다양한 분야에서 활용되고 있다.

하지만, 이러한 발전은 초중급 근로자들의 역할 축소와 일자리 상실이라는 우려를 현실로 만들고 있다. AI가 수행할 수 있는 업무 범위가 확대됨에 따라, 이전에는 인간만이 수행할 수 있었던 일부 업무들이 기계에 의해 대체되고 있다. 이는 특히 단순하고 반복적인 작업을 수행하는 노동 시장에 큰 변화를 야기할 수 있다.

또한, 인공 지능의 적용 범위는 창의성이 필요한 분야뿐만 아니라 의사 결정이 필요한 분야까지 확대되고 있다. 예를 들어, 데이터 분석, 시장 예측, 전략 수립 등 복잡한 의사 결정 과정에서 AI는 인간의 직관과 경험을 보완하는 역할을 하고 있다. 이는 기업의 의사 결정 효율성과 정확성을 높이는 데 크게 기여하고 있다.

마지막으로, 각종 기업용 정보 시스템 및 애플리케이션에 인공 지능 지원 기능의 탑재가 가속화하고 있다. 이는 업무 프로세스의 자동화, 효율성 증대, 비용 절감 등을 가능하게 하며, 기업의 경쟁력 강화에 기여하고 있다. 예를 들어, CRM 시스템에 AI를 통합함으로써 고객 관리와 마케팅 전략 수립이 더욱 정교해지고 있다.

인공 지능 기술의 발전은 조직의 업무 방식을 근본적으로 변화시키고 있다. 이러한 변화는 기업에게 새로운 기회를 제공하는 동시에, 인력 구조와 업무 프로세스에 대한 재고를 요구하고 있다. 따라서 조직은 이러한 변화를 수용하고 적응하는 과정에서 인공 지능의 잠재력을 최대한 활용하면서도, 발생할 수 있는 사회적, 윤리적 문제에 대해 세심한 주의를 기울여야 한다.

인공 지능 활용을 위한 고려 사항

인공 지능의 도입과 활용은 다양한 혜택을 제공하지만, 여러 중요한 고려 사항이 수반된다.

첫째, 인공 지능이 생성한 결과물에 대한 과도한 신뢰는 금지되어야 한다. 인공 지능은 강력한 도구이지만, 그 결과는 항상 인간의 검증과 판단을 거쳐야 한다. 오류나 편향, 부정확한 정보 처리의 가능성을 인지하고, AI의 결정에 대해 비판적인 시각을 유지하는 것이 중요하다.

둘째, 인공 지능 가동을 위한 비용 및 자원의 낭비는 항상 고려해야 할 요소이다. AI 시스템의 구축과 유지에는 상당한 비용과 자원이 필요하며, 이는 특히 중소기업에게 부담이 될 수 있다. 따라서 AI의 도입 결정은 비용 대비 효과 분석을 통해 신중하게 이루어져야 한다.

셋째, 인공 지능의 한계와 현실적인 적용 범위에 대한 이해는 필수적이다. 인공 지능이 인간을 완전히 대체할 수 있다는 오해는 방지해야 한다. AI는 특정 작업에서 인간의 능력을 보완하거나 향상시킬 수 있지만, 모든 분야에서 인간의 역할을 대체할 수는 없다.

넷째, 인공 지능의 윤리적 측면에 대한 논의는 필수적이다. 개인 정보의 보호, 데이터의 편향과 차별 문제 등은 AI를 책임감 있게 활용하기 위해 반드시 고려해야 하는 요소들이다. 기업과 개발자는 AI의 윤리적 활용을 위한 지침과 정책을 마련하고 이행해야 한다.

다섯째, 인공 지능 활용에 따른 새로운 직업 기회와 직업 변환에 대한 인식도 중요하다. AI 도입으로 인해 일부 직업은 사라지겠지만, 새로운 기술과 업무 방식에 맞는 새로운 직업들이 생겨날 것이다. 이에 따른 교육 및 훈련 프로그램의 중요성을 인식하고, 재교육과 평생 학습의 기회를 제공하는 것이 필요하다.

여섯째, 인공 지능의 조직적, 사회적, 경제적 영향에 대한 논의는 피할 수 없는 과제이다. AI의 영향은 단순한 기술적 변화를 넘어 사회와 경제 전반에 걸쳐 다양한 변화를 야기한다. 이러한 변화를 이해하고 적절하게 대응하는 것은 조직과 사회에게 중대한 과제이다.

마지막으로, 정책 및 의사 결정자의 역할은 인공 지능의 건강한 발전과 통합을 위해 필수적이다. 정책 결정자들은 AI 관련 법률, 규제, 윤리적 지침을 수립하고 이행하여, AI 기술의 책임 있는 사용과 사회적 통합을 촉진해야 한다.

이처럼 인공 지능 활용은 기술적 발전뿐만 아니라 사회적, 윤리적, 경제적 고려 사항들을 포함한다. 이러한 요소들을 종합적으로 고려하고 적절히 관리하는 것은 AI 기술의 성공적인 적용과 지속 가능한 발전을 위해 필수적이다.

2 | 컴퓨터 하드웨어와 최신 동향

1. 컴퓨터 하드웨어

컴퓨터 하드웨어의 개념

컴퓨터 하드웨어(Computer Hardware)는 컴퓨터 시스템을 구성하는 물리적 부품들을 총칭한다. 이러한 하드웨어는 컴퓨터의 기본적인 기능과 작동을 가능하게 하는 필수적인 요소들로 구성된다. 대표적인 하드웨어 구성 요소로는 케이스, 중앙 처리 장치(Central Processing Unit, CPU), 모니터, 키보드, 컴퓨터 기억 장치, 그래픽 카드, 사운드 카드, 메인보드 등이 있다. 이들 각각의 부품은 컴퓨터 시스템의 전체적인 성능과 기능에 영향을 미친다.

이와 대비되는 개념으로 **소프트웨어**가 있다. 소프트웨어는 컴퓨터 하드웨어에 명령을 내리고, 컴퓨터가 특정 작업을 수행하도록 하는 프로그램 및 데이터의 집합을 의미한다. 하드웨어가 컴퓨터의 물리적인 구성 요소라면, 소프트웨어는 이러한 하드웨어를 작동시키는 비물리적인 지시와 정보를 제공한다.

컴퓨터 하드웨어는 컴퓨터 시스템의 기본적인 작동과 성능을 결정하는 기반을 제공한다. 각 부품의 특성과 역할을 이해하는 것은 컴퓨터의 효율적인 사용과 문제 해결에 중요하다. 따라서 컴퓨터 하드웨어에 대한 지식은 기술 시대를 살아가는 데 있어 필수적인 부분이다.

컴퓨터 하드웨어의 기능

컴퓨터 하드웨어는 기본적으로 입력, 연산, 제어, 기억, 출력 등의 다섯 가지 주요 기능을 수행한다. 이들 각각의 기능은 컴퓨터 시스템의 효율적이고 정확한 작동을 위해 서로 긴밀하게 연결되어 있다.

- 입력: 사용자나 다른 시스템으로부터 데이터를 받아들이는 과정이다. 이는 키보드, 마우스, 스캐너, 카메라 등 다양한 입력 장치를 통해 이루어진다. 이러한 장치들은 사용자의 지시나 외부 정보를 전자적 신호로 변환하여 컴퓨터가 이해하고 처리할 수 있는 형태로 제공한다.
- 연산: 컴퓨터의 중앙 처리 장치(CPU)가 담당한다. CPU는 입력된 데이터를 처리하고 계산하는 역할을 하며, 모든 프로그램 실행과 명령 처리의 중심적인 역할을 수행한다. 연산 기능은 컴퓨터의 '두뇌'라 할 수 있으며, 컴퓨터의 전체적인 성능과 속도에 결정적인 영향을 미친다.
- 제어: 컴퓨터 시스템 내의 모든 프로세스와 하드웨어 부품의 작동을 조정하고 관리한다. 이는 메인보드와 내장된 제어 회로들을 통해 이루어지며, 모든 하드웨어 부품이 올바르게 작동하도록 보장한다.
- 기억: 데이터와 명령어를 저장하는 역할을 한다. 이는 주 기억 장치인 RAM과 보조 기억 장치인 하드 드라이브, SSD 등에 의해 수행된다. 기

억 장치는 컴퓨터가 현재 처리 중인 작업에 대한 정보를 일시적으로 저장하거나, 장기간 데이터를 보관하는 데 사용된다.

- 출력: 컴퓨터가 처리한 데이터를 사용자에게 전달하는 과정이다. 출력 장치로는 모니터, 프린터, 스피커 등이 있으며, 이들은 컴퓨터 내부에서 처리된 정보를 시각적, 청각적, 또는 물리적 형태로 변환하여 제공한다.

이러한 다섯 가지 기능은 컴퓨터 하드웨어가 사용자의 명령을 받아들여 처리하고 결과를 도출하는 데 필수적이다. 각각의 기능은 서로 상호 작용하며, 컴퓨터 시스템의 효율적이고 정확한 작동을 보장한다. 따라서 컴퓨터 하드웨어의 이해는 컴퓨터 시스템의 원리와 작동 방식을 파악하는 데 중요한 역할을 한다.

주요 구성 요소

중앙 처리 장치

중앙 처리 장치(Central Processing Unit, CPU)는 컴퓨터의 핵심 부품으로, 마이크로프로세서 또는 단순히 프로세서라고도 불린다. CPU는 컴퓨터 시스템을 통제하고 프로그램의 연산을 실행 및 처리하는 가장 중요한 컴퓨터의 제어 장치이다. 이 장치는 컴퓨터 프로그램의 명령어를 해석하고, 연산을 수행하며, 외부로 결과를 출력하는 역할을 한다.

CPU는 외부에서 정보를 입력 받아 이를 기억하고, 필요한 연산을 수행한 뒤 결과를 다시 외부로 출력하는 역할을 수행한다. 이 과정에서 CPU는 컴퓨터 프로그램의 명령어를 해석하여 해당하는 작업을 수행한다. 이러한 처리 과정은 컴퓨터가 다양한 작업을 수행할 수 있게 만드는 기본적인 메커니즘이다.

CPU의 또 다른 중요한 기능은 컴퓨터 부품 간의 정보 교환과 컴퓨터 시스템 전체의 제어이다. CPU는 메모리, 저장 장치, 입력 장치, 출력 장치 등 컴퓨터의 다양한 부품과 지속해서 정보를 주고받으며, 이러한 부품들이 조화롭게 작동하도록 한다. 이 때문에 CPU는 컴퓨터의 '두뇌'에 해당하며, 컴퓨터의 모든 작동 과정이 CPU의 제어를 받는다.

CPU의 성능은 그 처리 속도와 연산 능력에 의해 결정된다. 현대의 CPU는 고도로 복잡한 연산을 빠르고 효율적으로 처리할 수 있도록 설계되었으며, 컴퓨터의 전체적인 성능에 결정적인 영향을 미친다. CPU의 성능은 클럭 속도,

코어 수, 캐시 메모리 크기 등 다양한 요소에 의해 결정되며, 이러한 요소들은 컴퓨터의 용도와 사용자의 요구에 맞춰 선택될 수 있다.

중앙 처리 장치는 컴퓨터 시스템의 핵심적인 부분으로, 모든 컴퓨터 작업의 실행과 처리를 담당한다. CPU의 성능과 구조는 컴퓨터의 전체적인 성능과 기능을 결정짓는 중요한 요소이며, 컴퓨터의 다양한 작업을 가능하게 하는 기본적인 구성 요소이다. 따라서 컴퓨터 시스템을 이해하고, 효율적으로 활용하기 위해서는 CPU의 역할과 기능에 대한 이해가 필수적이다.

기억/저장 장치

컴퓨터 시스템에서 기억 장치와 저장 장치는 데이터를 보관하는 중요한 역할을 수행한다. 이들은 서로 다른 목적과 특성을 가지며, 컴퓨터의 작동에 필수적인 기능을 제공한다.

기억 장치는 주로 '주기억 장치', '1차 기억 장치', '메모리', 'RAM(Random Access Memory)'으로 알려져 있다. 주기억 장치는 컴퓨터가 현재 수행 중인 작업과 관련된 데이터와 프로그램을 일시적으로 저장하는 역할을 한다. RAM은 빠른 데이터 접근 속도를 제공하기 때문에, CPU가 즉시 필요로 하는 데이터를 빠르게 읽고 쓸 수 있도록 돕는다. 이는 컴퓨터의 전체적인 성능과 응답 속도에 중대한 영향을 미친다. RAM은 전원이 꺼지면 그 내용이 사라지는 휘발성 메모리이기 때문에, 컴퓨터가 꺼지면 저장된 정보는 사라진다.

반면, 저장 장치는 '보조 기억 장치', '2차 기억 장치'로 HDD(Hard Disk Drive), SSD(Solid State Drive) 등이 여기에 해당한다. 보조 기억 장치는 컴퓨터가 영구적으로 데이터를 저장하는 데 사용된다. 이는 주기억 장치보다는 느린 데이터 접근 속도를 가지지만, 전원이 꺼진 후에도 데이터를 유지할 수 있는 비휘발성 특성을 가진다. HDD는 전통적인 기계식 저장 장치로, 자기 디스크를 사용하여 데이터를 저장한다. SSD는 더 빠른 데이터 접근 속도와 내구성을 제공하는 반도체 기반의 저장 장치이다.

주기억 장치와 보조 기억 장치의 조합은 컴퓨터가 효율적으로 작동하도록 한다. 주기억 장치는 컴퓨터가 현재 처리 중인 작업에 필요한 정보를 빠르게 제공하며, 보조 기억 장치는 장기적인 데이터 저장과 보관을 가능하게 한다. 이 두 가지 유형의 메모리는 서로 다른 기능을 수행하지만, 컴퓨터의 데이터 관리와 처리에 있어서 상호 보완적인 역할을 한다.

기억 장치와 저장 장치는 컴퓨터의 핵심적인 부분으로, 데이터의 처리와 저장을 담당한다. 이들은 컴퓨터의 성능, 속도, 데이터 관리 능력에 직접적인 영향을 미치며, 사용자의 요구와 컴퓨터의 용도에 따라 그 사양과 용량이 선택되어야 한다. 따라서 컴퓨터를 효과적으로 사용하고 최적화하기 위해서는 기억 장치와 저장 장치의 특성과 역할에 대한 이해가 필요하다.

입력 장치

컴퓨터의 입력 장치는 사용자가 원하는 문자, 기호, 그림 등의 데이터 또는 명령(프로그램)을 컴퓨터 내부의 메모리에 전달하는 데 사용된다. 이러한 장치들은 컴퓨터와 사용자 간의 상호 작용을 가능하게 하며, 컴퓨터 시스템의 핵심적인 부분이다.

가장 기본적인 입력 장치는 '키보드'이다. 키보드는 문자와 숫자, 다양한 기호를 입력하는 데 사용되며, 컴퓨터를 조작하는 데 있어 가장 기본적이고 중요한 도구이다. 사용자는 키보드를 통해 문서 작성, 프로그램 명령 입력 등 다양한 작업을 수행할 수 있다.

'마우스'는 키보드와 함께 가장 널리 사용되는 입력 장치 중 하나이다. 마우스는 화면상의 커서를 이동시키고, 클릭이나 드래그 앤 드롭 등의 명령을 전달하는 데 사용된다. 이는 그래픽 사용자 인터페이스(GUI) 환경에서 효율적인 상호 작용을 가능하게 한다.

'터치패드'는 주로 노트북 컴퓨터에 내장된 입력 장치로, 손가락의 움직임을 감지하여 커서를 조작한다. 마우스와 유사한 기능을 제공하지만, 별도의 장치가 필요 없어 휴대성과 편리성이 높다.

최근에는 고기능의 스마트폰과 태블릿 PC의 보급 확산으로 손가락 터치를 이용한 입력이나 펜 형태의 입력 도구(펜슬, 스타일러스)도 많이 사용되고 있다.

'마이크'는 음성 데이터를 컴퓨터로 입력하는 데 사용된다. 음성 인식 기술의 발전으로 마이크를 통한 음성 명령이나 대화 입력이 가능해졌으며, 이는 사용자 인터페이스의 새로운 차원을 열었다.

'스캐너'는 문서나 이미지를 디지털 형태로 컴퓨터에 입력하는 데 사용된다. 스캐너를 통해 얻은 디지털 이미지는 편집, 저장, 전송이 가능하며, 이는 디지털 문서 관리 및 저장, 보관에 중요한 역할을 한다.

마지막으로, '카메라'는 영상 데이터를 컴퓨터에 입력하는 장치이다. 디지털 카메라나 웹캠은 사진 또는 비디오를 캡처하여 컴퓨터에 전송하며, 이 데이터는 다양한 방식으로 활용될 수 있다.

입력 장치는 컴퓨터와 사용자 간의 소통 창구 역할을 하며, 다양한 형태의 데이터를 컴퓨터로 전송하는 중요한 수단이다. 각각의 입력 장치는 특정한 목적과 기능을 가지고 있으며, 사용자의 요구와 환경에 따라 선택될 수 있다. 이러한 다양한 입력 장치들은 사용자가 컴퓨터와 상호 작용하는 방식을 다양화하고, 컴퓨터 사용의 효율성과 편리성을 증가시킨다.

출력 장치

컴퓨터의 출력 장치는 컴퓨터가 처리한 결과물을 사용자에게 전달하는 역할을 한다. 이 장치들은 빛, 소리, 인쇄 등 다양한 방식을 통해 컴퓨터의 데이터를 사용자에게 가시적이고 청각적으로 제시한다. 출력 장치는 컴퓨터 사용의 최종 목적을 달성하는 데 필수적이며, 다양한 형태와 기능을 가진다.

가장 흔한 출력 장치는 '모니터'이다. 모니터는 컴퓨터의 그래픽 출력을 시각화하여 사용자에게 보여준다. 텍스트, 이미지, 비디오 등 다양한 형태의 시각 정보를 표시하는 데 사용되며, 컴퓨터와의 상호 작용에서 중요한 역할을 한다. 최신 모니터는 고해상도, 광범위한 색상 범위, 높은 주사율(refresh rate, 화면 재생 빈도) 등을 제공하여 더욱 향상된 시각적 경험을 제공한다.

'프린터'는 컴퓨터의 결과물을 종이에 인쇄하는 장치이다. 문서, 사진, 그래픽 등 다양한 형태의 정보를 물리적 형태로 출력할 수 있어, 비즈니스, 교육, 가정에서 널리 사용된다. 프린터는 잉크젯, 레이저, 사진 전용 등 다양한 종류가 있으며, 각기 다른 인쇄 품질과 속도, 비용 효율성을 제공한다.

'스피커'는 오디오 출력을 담당하는 장치로, 컴퓨터가 생성한 소리를 청각적으로 전달한다. 음악, 비디오, 게임, 시스템 경고음 등 다양한 오디오 데이터를 사용자에게 전달하며, 컴퓨터 사용 경험을 풍부하게 만든다. 스피커는 내장형, 외장형, 서라운드 사운드 시스템 등 다양한 형태로 제공된다.

일부 장치는 입력과 출력 기능을 겸용으로 제공하기도 한다. 예를 들어, 터치스크린 모니터는 사용자의 입력을 받아들이는 동시에 시각적 정보를 출력하는 기능을 수행한다. 이러한 겸용 장치는 공간 효율성과 사용의 편리성을 높여준다.

출력 장치는 컴퓨터 사용자가 컴퓨터의 정보를 인지하고 상호 작용하는 데 필수적인 역할을 한다. 모니터, 프린터, 스피커 등 각각의 장치는 특정한 용도와 기능을 가지며, 사용자의 요구와 환경에 따라 선택될 수 있다. 이러한 다양한 출력 장치들은 사용자에게 컴퓨터의 정보를 효과적으로 전달하며, 컴퓨터 사용의 효율성과 만족도를 증가시킨다.

2. 컴퓨터 하드웨어의 응용

멀티태스킹(Multitasking)

멀티태스킹(다중 작업)은 컴퓨터 시스템에서 중요한 운영 체제의 기능 중 하나로, 다수의 작업(혹은 프로세스)이 CPU와 같은 공용 자원을 공유하며 사용하는 기법을 말한다. 이 기술의 핵심은 한 개의 CPU가 여러 작업을 동시에 처리하는 것처럼 보이게 하는 데 있다.

컴퓨터의 CPU는 실제로 특정 순간에 오직 하나의 태스크만을 수행할 수 있다. 그러나 멀티태스킹은 이를 시간 분할(time-sharing) 방식으로 운영하여 사용자에게 마치 여러 작업이 동시에 이루어지는 것처럼 느끼게 한다. CPU는 매우 빠른 속도로 여러 작업 사이를 전환하며, 각 작업에 약간씩의 처리 시간을 할당한다. 이로 인해 각 작업이 거의 동시에 진행되는 것처럼 보인다.

멀티태스킹은 컴퓨터의 효율성과 반응성을 크게 향상시킨다. 사용자는 여러 프로그램을 동시에 실행하고, 각각의 프로그램이 빠른 반응을 보이는 것을 경험할 수 있다. 예를 들어, 문서 편집 소프트웨어를 사용하면서 동시에 웹 브라우징을 할 수 있는 것은 멀티태스킹 덕분이다.

멀티태스킹을 구현하는 방식에는 여러 가지가 있다. 주요 방식으로는 협력적 멀티태스킹(cooperative multitasking)과 선점적 멀티태스킹(preemptive multitasking)이 있다. 협력적 멀티태스킹은 각 프로세스가 CPU 사용을 자발적으로 양보하는 방식으로, 이 방식은 프로세스 간의 협력에 의존하기 때문에 한 프로세스의 오류가 시스템 전체에 영향을 미칠 수 있다. 반면, 선점적 멀티태스킹은 운영 체제가 CPU 점유 시간을 강제로 할당하고 관리한다. 이 방식은 시스템의 안정성과 반응성을 높이지만, 자원 관리가 더 복잡해진다.

멀티태스킹은 현대 컴퓨팅 환경에서 필수적인 요소이며, 이는 컴퓨터 사용자의 경험을 크게 향상시키는 중요한 기술이다.

광학 문자 인식(OCR)

광학 문자 인식(OCR, Optical Character Recognition)은 디지털 이미지로부터 문자를 인식하고 이를 기계가 읽을 수 있는 형태로 변환하는 기술이다. 이 과정은 사람이 쓴 손글씨나 기계로 인쇄한 문서를 이미지 스캐너로 획득하여 디지털 형태로 변환한 후, 해당 이미지 내의 문자를 인식하여 텍스트 데이터로 변환한다.

OCR 기술은 다양한 산업 분야에서 중요한 역할을 한다. 예를 들어, 도서관에서는 오래된 문서들을 디지털화하는 데 OCR을 사용하여 대량의 텍스트를 빠르고 효율적으로 전자적 형태로 변환할 수 있다. 또한, 우편 서비스에서는 우편 번호를 자동으로 읽어 분류하는 데 OCR을 활용한다.

OCR 기술의 핵심은 높은 정확도로 다양한 글꼴과 스타일을 인식하는 것이다. 이를 위해 OCR 소프트웨어는 패턴 인식, 인공 지능, 머신 러닝과 같은 기술을 사용하여 이미지상의 문자를 정확히 해석한다. 초기 OCR 시스템은 제한된 글꼴과 명확한 인쇄 텍스트에만 효과적이었지만, 최신 OCR 기술은 손글씨나 기울임꼴 같은 복잡한 텍스트 형태도 인식할 수 있다.

OCR은 또한 자동 번호판 인식(ANPR, Automatic Number-Plate Recognition), 자동 양식 입력, 전자 문서 관리 시스템과 같은 다양한 응용 프로그램에도 사용된다. 이 기술은 종이 문서를 디지털화하고, 정보를 빠르게 검색하며, 데이터 입력 과정을 자동화함으로써 업무의 효율성을 크게 개선한다.

이처럼 OCR은 정보 기술 분야에서 중요한 역할을 하는 혁신적인 기술로, 디지털화 시대의 정보 관리와 처리를 혁신적으로 변화시키고 있다.

음성 합성

음성 합성(TTS, Text-to-Speech) 기술은 텍스트 데이터를 인간의 말소리로 변환하는 기술이다. 이 기술은 기계가 자동으로 말소리의 음파를 생성하여, 텍스트를 읽어주는 인공 음성을 만들어낸다. 음성 합성의 핵심 과정은 모델로 선정된 한 사람의 말소리를 녹음하고, 이를 일정한 음성 단위로 분할하여 각 단위에 부호를 붙이는 것이다. 이렇게 저장된 음성 단위는 합성기에 입력되어, 필요한 음성 단위가 지시에 따라 선택되고 이들이 다시 조합되어 완성된 말소리를 생성한다.

TTS 기술은 여러 분야에서 활용되고 있다. 예를 들어, 스마트폰의 음성 비서, 전자책 읽기 도구, 내비게이션 시스템 등에서 이 기술을 찾아볼 수 있다. 또한, 시각 장애인을 위한 독서 보조 도구나 언어 장애가 있는 사람들을 위한 의사소통 보조 기기 등에서도 중요한 역할을 한다.

음성 합성 기술은 초기 단계에서는 단순한 디지털 신호 처리와 기본적인 음성 데이터의 조합에 기반하였다. 그러나 최근에는 인공 지능과 머신 러닝 기술의 발전으로 인해 훨씬 자연스럽고 다양한 억양, 톤, 감정을 표현할 수 있는 고품질의 음성 합성이 가능해졌다. 이렇게 생성된 음성은 실제 인간의 말소리와 구분하기 어려울 정도로 자연스럽다.

이처럼 TTS 기술은 디지털 시대의 커뮤니케이션 방식을 혁신하고 있으며, 더 편리하고 접근성 높은 정보 제공 방식을 가능하게 하고 있다.

음성 인식

음성 인식(Speech Recognition)은 사람의 음성 언어를 컴퓨터가 해석하여 이를 문자 데이터로 전환하는 과정을 말한다. 이 기술은 특히 STT(Speech-to-Text) 형태에서 널리 사용되며, 사용자의 말을 텍스트로 변환한다. 음성 인식 기술은 키보드를 사용하지 않고 문자를 입력하는 방식으로 점점 인기를 얻고 있다.

음성 인식 시스템은 음성 신호를 디지털 데이터로 변환한 후, 이를 분석하여 언어의 구조를 파악하고 단어를 인식한다. 이 과정에는 복잡한 알고리즘과 인공 지능 기술이 활용된다. 시스템은 음성의 특성을 분석하여 발음, 억양, 강세 등을 파악하고 이를 기반으로 텍스트를 생성한다.

음성 인식 기술의 활용 분야는 다양하다. 예를 들어, 음성으로 명령을 내리는 스마트폰의 음성 비서, 음성으로 검색하는 기능, 음성 메모 앱 등이 있다. 또한, 자동차 내비게이션 시스템, 음성으로 작동하는 스마트 홈 기기 등에서도 이 기술을 찾아볼 수 있다. 더 나아가, 회의록 작성, 강의 노트 작성 등에서도 음성 인식 기술이 활용되고 있다.

음성 인식 기술의 발전은 사용자와 기계 간의 상호 작용을 더 자연스럽고 효율적으로 만들었다. 이 기술은 또한 접근성을 향상시켜, 특히 시각 장애인이나 키보드 사용이 어려운 사람들에게 유용하다. 현대 기술 환경에서 음성 인식의 중요성은 계속 커지고 있으며, 이는 앞으로도 다양한 방식으로 우리 생활에 통합될 것이다.

3. 컴퓨터 하드웨어 분야의 최신 동향

가상화

가상화(Virtualization)는 컴퓨터 자원의 추상화를 일컫는 개념으로, 컴퓨터 시스템의 물리적 특성을 다양한 시스템, 응용 프로그램, 최종 사용자들이 상호 작용하는 방식으로부터 숨기는 기술이다. 가상화의 핵심은 물리적인 컴퓨터 리소스(하드웨어)를 가상적인 자원으로 전환하여, 하나의 물리적 시스템 위에서 여러 가상 시스템을 운영할 수 있게 하는 것이다.

가상화의 가장 일반적인 예는 하나의 컴퓨터에서 동시에 두 개 이상의 운영 체제(OS)를 가동하는 것이다. 이를 통해 각각의 운영 체제는 독립된 컴퓨터에 설치된 것처럼 작동하며, 이는 서버의 효율성과 유연성을 크게 향상시킨다. 이러한 방식은 서버 가상화(server virtualization)라고 불리며, 리소스의 낭비를 줄이고 비용 효율성을 높이는 데 기여한다.

가상화 기술은 다양한 형태로 구현된다. 하드웨어 가상화, 운영 체제 가상화, 네트워크 가상화, 스토리지 가상화 등이 대표적인 예이다. 하드웨어 가상화는 물리적 서버를 여러 가상 서버로 분할하고, 운영 체제 가상화는 하나의 서버에서 여러 운영 체제를 동시에 운영할 수 있도록 한다. 네트워크 가상화는 물리적 네트워크 자원을 가상의 네트워크로 분할하고, 스토리지 가상화는 여러 네트워크 저장 장치를 하나의 가상 저장 장치로 통합한다.

가상화의 주요 이점 중 하나는 자원의 효율적 사용이다. 물리적 자원을 최대한 활용하여 비용을 절감하고, 관리의 복잡성을 줄이며, 시스템의 유연성과 확장성을 증대시킨다. 또한, 가상화는 재해 복구와 데이터 백업, 시스템 마이그레이션(migration)과 같은 작업을 용이하게 만든다.

가상화 기술은 현대 컴퓨팅 환경에서 필수적인 역할을 하며, 클라우드 컴퓨팅, 빅 데이터, 사물 인터넷(IoT)과 같은 최신 기술 동향에도 중요한 기반이 되고 있다. 이 기술은 계속해서 발전하고 있으며, 향후 IT 인프라의 관리와 운영 방식에 지속적인 영향을 미칠 것이다.

가상 현실

가상 현실(VR, Virtual Reality)은 컴퓨터 기술을 사용하여 실제와 유사하면서도 실제가 아닌 환경이나 상황을 창조하는 기술이다. 이 인공적인 환경은 사용자에게 실제와 같은 경험을 제공하며, 사용자와의 상호 작용을 통해 더욱 실감나는 경험을 창출한다. 가상 현실은 단순히 시각적인 요소뿐만 아니라 청각, 촉각 등 다양한 감각을 포괄하여 몰입감을 제공한다.

가상 현실은 일방적으로 구현된 시뮬레이션과 구별되는데, 이는 사용자의 행동과 선택이 가상 환경에 영향을 미치고, 그 환경 또한 사용자에게 피드백을 제공하기 때문이다. 예를 들어, VR 기술을 활용한 비행 훈련 시뮬레이션에서는 훈련생이 조종하는 비행기의 반응과 환경 변화가 실시간으로 시뮬레이션 내에서 구현된다.

가상 현실 기술은 특수 제작된 VR 헤드셋, 글러브, 모션 센서 등을 통해 사용자에게 실감나는 경험을 제공한다. 이러한 장비들은 사용자의 움직임을 추적하고, 가상 환경에 맞춰 시각적, 청각적, 때로는 촉각적인 피드백을 제공한다. VR 헤드셋은 눈앞에 펼쳐지는 360도 환경을 통해 사용자가 가상 세계에 완전히 몰입할 수 있도록 한다.

가상 현실의 응용 분야는 매우 다양하다. 엔터테인먼트 산업에서는 게임, 영화, 가상 여행 등에서 VR을 활용하고 있다. 교육 및 훈련 분야에서는 의료, 군사, 항공 우주 등에서 실제와 같은 환경을 제공하여 리스크 없이 훈련할 수 있는 환경을 만든다. 또한, 건축, 부동산 분야에서는 건축물이나 인테리어 디자인을 사전에 가상으로 체험해볼 수 있게 한다.

가상 현실은 사용자에게 전례 없는 경험을 제공하며, 현실 세계에서는 불가능한 상황을 체험할 수 있는 기회를 제공한다. 이러한 기술의 발전은 계속해서 진행되고 있으며, 향후 더욱 혁신적인 방식으로 다양한 분야에 적용될 것으로 기대된다.

증강 현실

증강 현실(AR, Augmented Reality)은 실제로 존재하는 환경 위에 컴퓨터 생성 이미지나 정보를 오버레이하는 기술이다. 이 기술은 실제 환경에 가상의 사물이나 정보를 합성하여, 이들이 마치 실제 환경의 일부인 것처럼 사용자에게 보이게 한다. AR은 VR과는 달리 완전히 가상의 환경에 몰입하는 것이 아니라 실제 환경을 기반으로 가상의 요소를 추가하는 방식이다.

가상 현실(VR)	증강 현실(AR)
• 현실에 존재하지 않는 환경에 대한 정보를 디스플레이 장비를 통해 구현 • 이미 제작된 2D, 3D 기반을 사용하므로 사용자가 현실 감각을 느낄 수는 있지만 현실과 다른 공간 안에 몰입	• 사용자가 현재 보고 있는 환경에 가상 정보를 부가하는 형식 • 가상 현실이 현실과 접목되면서 변형된 형태 중 하나 • 사용자가 실제 환경을 볼 수 있으므로 가상의 정보 객체가 현실에 표출

증강 현실은 스마트폰, 태블릿, AR 전용 안경 등 다양한 기기를 통해 경험할 수 있다. 이 기술은 카메라와 센서를 활용하여 실제 환경을 캡처하고, 이 위에 가상의 이미지나 정보를 실시간으로 결합한다. 예를 들어, 스마트폰 카메라로 특정 장소를 비추면 화면에 관련 정보나 가상의 객체가 나타나는 방식이다.

증강 현실은 다양한 분야에서 활용되고 있다. 예를 들어, 소매업에서는 AR을 활용하여 고객이 옷이나 가구를 구매하기 전에 가상으로 체험해볼 수 있게 하고, 교육 분야에서는 학습 자료에 증강 현실을 적용하여 학습 경험을 풍부하게 한다. 또한, 게임 산업에서는 실제 환경을 배경으로 하는 새로운 형태의 게임을 제공하여 사용자의 몰입감을 높인다.

증강 현실 기술은 또한 건축, 의료, 여행, 역사 교육 등 다양한 분야에서 혁신적인 변화를 이끌고 있다. 예컨대, 건축가들은 AR을 활용하여 건축물의 3D 모델을 실제 환경에 가상으로 배치해볼 수 있으며, 의료 분야에서는 수술 시뮬레이션, 환자 교육 등에 AR을 활용한다.

증강 현실은 실제 환경을 더 풍부하고 상호 작용적으로 만들어, 사용자에게 새로운 시각적 경험을 제공한다. 이 기술은 앞으로도 계속 발전하여, 우리의 일상생활과 전문 분야 모두에서 더욱 중요한 역할을 할 것으로 예상된다.

혼합 현실과 확장 현실

혼합 현실(MR, Mixed Reality)과 확장 현실(XR, eXtended Reality)은 현실과 가상을 결합하는 최첨단 기술들을 포괄하는 개념이다. 이들 기술은 실제와 가상의 경계를 흐릿하게 하여 사용자에게 새로운 차원의 경험을 제공한다.

혼합 현실은 가상 현실(VR)과 증강 현실(AR)의 특징을 결합한 형태로, 실제 환경과 가상 환경 사이의 상호 작용을 가능하게 한다. 이 기술에서는 사용자가 실제 환경에서 가상 객체와 상호 작용할 수 있으며, 이러한 상호 작용은 실시간으로 실제 환경에 영향을 미친다. MR은 특히 헤드셋이나 스마트 안경과 같은 장치를 사용하여 실현되며, 이 장치들은 실시간으로 환경을 스캔하고 가상 객체를 실제 세계와 통합한다.

확장 현실은 가상 현실, 증강 현실, 혼합 현실을 모두 아우르는 개념으로, 기술적으로 가장 넓은 범위를 포함한다. XR은 현실과 가상의 경계를 허물고, 다양한 형태의 현실성을 확장하는 기술로 간주된다. 이 기술은 교육, 엔터테인먼트, 의료, 산업 디자인 등 다양한 분야에서 적용되며, 사용자 경험을 강화하고 새로운 차원의 상호 작용을 제공한다.

혼합 현실과 확장 현실은 사용자가 실제 환경과 가상 환경 사이를 자유롭게 넘나들 수 있게 하여, 더욱 풍부하고 몰입감 있는 경험을 제공한다. 이러한 기술들은 특히 협업, 훈련, 시뮬레이션, 창의적 표현 등의 분야에서 그 잠재력을 발휘한다. MR과 XR은 계속 발전하고 있으며, 앞으로 다양한 분야에서 더욱 폭넓게 활용될 것으로 기대된다.

그린 컴퓨팅

그린 컴퓨팅(Green Computing) 또는 그린 IT(Green IT)는 컴퓨팅 활동 및 기술에서 발생하는 환경적 영향을 줄이기 위한 기술적 캠페인과 노력을 말한다. 이 개념의 핵심은 작업에 소모되는 에너지를 줄이고, 탄소 배출을 최소화하여 환경을 보호하는 것이다. 이를 위해 컴퓨터 자체의 에너지 사용, 냉각 시스템,

구동 장치, 그리고 주변 기기들을 작동시키는 데 소모되는 전력을 줄이는 다양한 접근 방법이 모색된다.

그린 컴퓨팅의 주요 전략 중 하나는 프로세서 및 기타 컴퓨팅 구성 요소의 재설계를 통해 에너지 효율성을 높이는 것이다. 예를 들어, 저전력 프로세서, 에너지 효율적인 메모리 및 저장 장치의 개발이 포함된다. 또한, 데이터 센터 및 서버의 냉각 시스템을 최적화하여 에너지 사용을 줄이는 방안도 중요하다.

대체 에너지 소스의 사용도 그린 컴퓨팅의 중요한 부분이다. 태양광, 풍력 등의 재생 가능 에너지를 컴퓨팅 인프라의 전력 공급원으로 활용함으로써, 화석 연료 사용에 따른 환경적 영향을 줄일 수 있다. 또한, 재활용 가능한 재료의 사용, 전자 폐기물의 적절한 처리 및 재활용도 그린 컴퓨팅의 중요한 측면이다.

그린 컴퓨팅은 기업의 사회적 책임 및 지속 가능한 개발을 위한 중요한 전략으로 간주된다. 기업은 그린 IT 전략을 통해 운영 비용을 절감하고, 환경 보호에 기여함으로써 긍정적인 기업 이미지를 구축할 수 있다. 또한, 이러한 전략은 규제 준수, 에너지 비용 절감, 고객 및 투자자의 지속 가능성 요구에 대응하는 데에도 도움을 준다.

이처럼 그린 컴퓨팅은 환경 보호와 지속 가능성을 추구하는 동시에 비즈니스의 효율성과 경쟁력을 증진시키는 중요한 방향을 제시한다. 이 기술은 앞으로도 지속적인 발전과 혁신을 통해 IT 산업 및 사회 전반에 걸쳐 중요한 역할을 할 것으로 예상된다.

클라우드 서비스화

이는 클라우드 컴퓨팅의 한 유형인 IaaS(Infrastructure as a Service)로 설명할 수 있다. IaaS는 서버, 스토리지, 네트워킹과 같은 기본적인 컴퓨팅 인프라를 서비스 형태로 제공한다. 이 서비스는 사용자가 필요에 따라 인프라 자원을 유연하게 사용할 수 있게 하며, 클라우드 제공업체는 이러한 자원의 관리 및 유지 보수를 담당한다.

IaaS의 주요 장점 중 하나는 확장성이다. 사용자는 자신의 요구와 사용량에 따라 필요한 만큼의 컴퓨팅 리소스를 동적으로 할당하고 조정할 수 있다. 이는 기업이나 개인이 물리적 인프라에 투자하는 초기 비용을 대폭 줄일 수 있으며, 빠르게 변화하는 비즈니스 요구에 신속하게 대응할 수 있게 한다.

IaaS를 사용함으로써 클라이언트의 하드웨어 한계를 극복할 수 있다. 서버의 성능을 물리적 한계에 구애받지 않고 확장할 수 있으며, 이는 특히 대규모 데이터 처리, 복잡한 계산 작업, 고성능 컴퓨팅 작업에 유용하다. 또한, 클라우드 서비스 제공업체는 최신 기술을 적용하여 지속해서 인프라를 개선하고, 보안 및 데이터 백업과 같은 중요한 관리 작업을 처리한다.

IaaS는 클라우드 컴퓨팅의 핵심 요소로, 현대 기업 환경에서 중요한 역할을 하고 있다. 이 서비스는 비즈니스의 민첩성을 향상시키고, IT 리소스 관리의 복잡성을 줄이며, 전체 운영 비용을 최적화하는 데 기여한다. IaaS는 앞으로도 IT 인프라의 관리와 운영 방식을 혁신적으로 변화시킬 것으로 기대된다.

3 컴퓨터 소프트웨어와 최신 동향

1. 컴퓨터 소프트웨어

컴퓨터 소프트웨어

컴퓨터 소프트웨어(Computer Software)는 컴퓨터에게 특정 동작을 지시하는 명령어의 집합이다. 이 소프트웨어는 컴퓨터 시스템의 두 주요 구성 요소 중 하나로, 하드웨어와 상호 작용하여 컴퓨터의 기능을 구현한다. 소프트웨어 없이는 하드웨어는 단순한 전자 장비에 불과하며, 소프트웨어는 이 하드웨어를 유용하게 만든다.

프로그램 소프트웨어는 컴퓨터 하드웨어에 직접 명령을 주거나 다른 소프트웨어에 입력을 제공하여 작동한다. 이러한 소프트웨어는 다양한 형태와 용도로 존재하며, 운영 체제(OS), 응용 프로그램, 유틸리티 프로그램 등이 여기에 포함된다. 운영 체제는 컴퓨터 시스템의 기본적인 기능을 관리하고, 응용 프로그램은 사용자가 특정 작업을 수행할 수 있게 도와준다. 유틸리티 프로그램은 시스템의 성능을 최적화하고 관리하는 데 사용된다.

소프트웨어는 프로그래밍 언어를 사용하여 개발된다. 이 언어들은 고수준 언어부터 저수준 언어까지 다양하며, 소프트웨어 개발자는 이를 통해 복잡한 컴퓨팅 작업을 단순화하여 표현한다. 소프트웨어는 지속적인 업데이트와 유지보수를 필요로 하며, 이는 보안, 기능 개선, 버그 수정 등을 포함한다.

컴퓨터 소프트웨어는 정보 기술의 핵심 요소로서, 현대 사회에서 필수적인 역할을 수행한다. 이는 기업 운영, 교육, 연구, 엔터테인먼트 등 다양한 분야에서 중요한 기능을 제공하며, 컴퓨팅 기술의 발전과 함께 계속해서 혁신적인 변화를 겪고 있다.

컴퓨터 소프트웨어의 구분

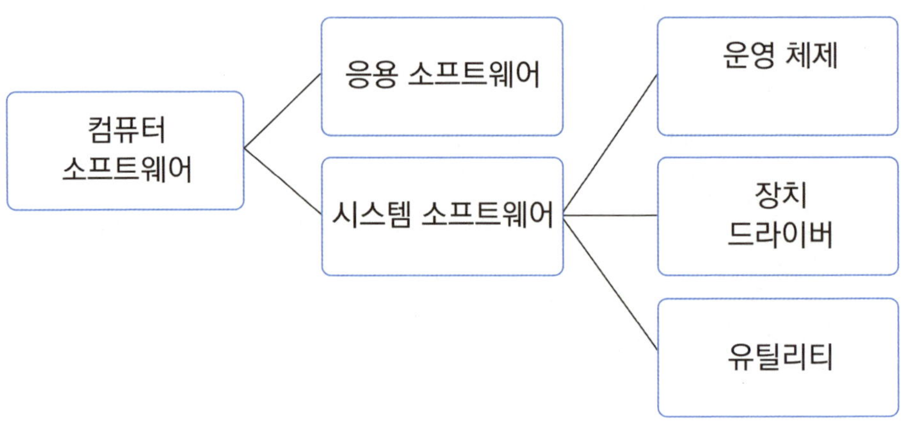

응용 소프트웨어

응용 소프트웨어(Application Software)는 운영 체제(OS)상에서 실행되며, 사용자가 특정 작업을 수행할 수 있도록 도와주는 모든 소프트웨어를 말한다. 이러한 소프트웨어는 워드 프로세서, 스프레드시트, 웹 브라우저는 물론, 컴파일러와 같은 프로그래밍 도구도 포함한다. 일반적으로 '애플리케이션' 또는 '앱'이라고도 한다.

응용 소프트웨어는 운영 체제와 대비되는 개념으로, 좁은 의미에서는 시스템 소프트웨어를 제외한, 사용자가 직접 사용하는 소프트웨어를 의미한다. 이는 일반적으로 문서 작성, 데이터 관리, 그래픽 디자인, 커뮤니케이션, 엔터테인먼트 등 다양한 목적으로 사용된다. 예를 들어, 마이크로소프트 오피스

(Microsoft Office)의 워드(Word), 엑셀(Excel)과 같은 프로그램은 응용 소프트웨어의 대표적인 예이다.

응용 소프트웨어의 주요 목적은 사용자가 효율적으로 작업을 수행하도록 돕는 것이다. 이 소프트웨어는 복잡한 작업을 간단하게 만들고, 사용자의 생산성을 향상시킨다. 또한, 이들은 사용자 인터페이스(UI)를 통해 사용자와 상호작용하며, 사용자의 입력에 따라 다양한 기능을 수행한다.

응용 소프트웨어는 개인 사용자뿐만 아니라 기업 환경에서도 중요한 역할을 한다. 기업에서는 업무 관리, 고객 관계 관리(CRM), 재무 관리, 프로젝트 관리 등 다양한 목적의 응용 소프트웨어를 활용한다. 최근에는 클라우드 기반 응용 소프트웨어의 사용이 증가하고 있으며, 이는 사용자가 언제 어디서나 접근할 수 있는 유연성을 제공한다.

응용 소프트웨어는 컴퓨팅 환경에서 사용자의 요구를 충족시키는 중요한 요소이며, 지속적인 기술 발전과 함께 더욱 다양하고 고급화된 형태로 발전하고 있다.

시스템 소프트웨어

시스템 소프트웨어(System Software)는 컴퓨터 하드웨어를 동작시키고, 응용 소프트웨어가 실행될 수 있는 플랫폼을 제공하는 컴퓨터 소프트웨어이다. 이는 컴퓨터 시스템의 기본적인 운영을 가능하게 하는 모든 소프트웨어를 포함하는 일반 용어로, 응용 소프트웨어와 대비되는 개념이다.

시스템 소프트웨어의 대표적인 예로는 운영 체제(OS)가 있다. 운영 체제는 컴퓨터 시스템의 핵심 구성 요소로, 하드웨어 자원을 관리하고, 응용 프로그램이 효율적으로 실행될 수 있도록 하는 역할을 한다. 또한, 사용자와 컴퓨터 하드웨어 간의 인터페이스 역할을 수행하며, 파일 시스템 관리, 메모리 관리, 프로세스 관리 등 다양한 중요한 기능을 제공한다.

시스템 소프트웨어에는 또한 디바이스 드라이버, 유틸리티 소프트웨어 등이 포함된다. 디바이스 드라이버는 특정 하드웨어 장치를 운영 체제와 통합하여 작동시키는 소프트웨어이며, 유틸리티 소프트웨어는 시스템 성능을 최적화하고 관리하는 데 사용된다.

시스템 소프트웨어는 컴퓨터 시스템의 안정성과 효율성을 결정하는 중요한 요소이다. 이 소프트웨어는 컴퓨터의 기본적인 기능을 수행하며, 사용자와 응용 프로그램이 하드웨어 자원을 효과적으로 사용할 수 있도록 한다. 시스템 소프트웨어는 컴퓨팅 환경의 근간을 이루며, 컴퓨터의 성능과 사용자 경험에 직접적인 영향을 미친다.

운영 체제

운영 체제(OS: Operating System)는 사용자의 하드웨어 및 시스템 리소스를 제어하고, 프로그램에 대한 일반적인 서비스를 지원하는 중요한 시스템 소프트웨어이다. 운영 체제의 주요 역할은 시스템 하드웨어 관리 및 응용 소프트웨어 실행을 위한 하드웨어 추상화 플랫폼과 공통 시스템 서비스를 제공하는 것이다.

운영 체제는 컴퓨터 시스템의 핵심 구성 요소로, 파일 시스템 관리, 메모리 관리, 프로세스 관리, 입출력 관리 등의 기본적인 시스템 작업을 담당한다. 사용자와 응용 프로그램이 하드웨어 자원을 효과적으로 사용할 수 있도록 중재하며, 보안과 네트워킹 기능도 제공한다.

주요 데스크톱 운영 체제로는 UNIX, LINUX, Windows, macOS(구 Mac OS X), ChromeOS 등이 있다. 이들 각각은 독특한 특성과 사용자 인터페이스를 가지며, 다양한 사용 환경과 요구 사항을 충족시킨다.

모바일 운영 체제로는 Android와 iOS(iPadOS 포함)가 대표적이다. 이들 운영 체제는 스마트폰과 태블릿 등 휴대용 기기에 최적화되어 있으며, 터치스크린 인터페이스, 모바일 애플리케이션 실행, 무선 통신 관리 등의 기능을 제공한다.

운영 체제는 기술의 발전과 함께 계속 진화하고 있으며, 최신 컴퓨팅 환경에서는 클라우드 컴퓨팅, 사물 인터넷, 인공 지능 등의 기술과의 통합을 추구하고 있다. 이러한 운영 체제의 발전은 향후 컴퓨터와 기기 사용의 효율성과 사용자 경험을 크게 향상시킬 것으로 기대된다.

2. 프로그래밍 언어

프로그래밍 언어(Programming Language)는 컴퓨터에 명령을 내리기 위해 사용되는 형식화된 언어로, 알고리즘을 표현하고 데이터를 처리하며 사용자 인터페이스를 구현하는 데 중요한 역할을 한다. 이 언어들은 시스템의 성능, 유지 보수의 용이성, 그리고 확장 가능성에 영향을 미친다. 특히 경영 환경에서는 이러한 프로그래밍 언어의 이해와 활용이 더욱 중요하다.

경영 환경에서 프로그래밍 언어에 대한 이해는 다음과 같은 이유로 필수적이다.

- 현업 사용자의 요구 사항 이해: 경영 환경에서 비전문 프로그래머인 현업 사용자들이 프로그래밍 언어의 기초를 이해함으로써, 그들은 자신의 요구 사항을 더 명확하게 전달할 수 있다. 이는 개발 과정에서의 오해를 줄이고, 더 효율적인 커뮤니케이션을 가능하게 한다.
- 최종 사용자 중심의 소프트웨어 개발: 프로그래밍 언어에 대한 기본적인 지식이 있는 최종 사용자는 소프트웨어 개발 과정에 더 적극적으로 참여할 수 있다. 이는 사용자 중심의 소프트웨어를 개발하는 데 도움이 되며, 최종 제품의 사용성과 만족도를 높일 수 있다.
- 문제 해결 능력 향상: 프로그래밍 언어의 기본 원리를 이해하는 것은 현업 사용자에게 문제 해결 능력을 향상시키는 데 도움이 된다. 이는 비즈니스 과정의 자동화, 데이터 분석, 효율적인 작업 흐름 설계에 중요하다.
- 기술 변화에 대한 적응력 강화: 기술이 빠르게 변화하는 현대 사회에서 프로그래밍 언어에 대한 기본적인 지식은 현업 사용자가 새로운 기술에 더 빠르고 효율적으로 적응하는 데 도움을 준다.

이처럼 프로그래밍 언어의 이해는 경영 환경에서 전문 프로그래머뿐만 아니라 비전문가인 현업 사용자에게도 중요한 역량이다. 이를 통해 기술적 변화에 능동적으로 대응하고, 비즈니스 목표 달성에 있어 효과적인 역할을 할 수 있다.

주요 프로그래밍 언어와 특징

자바(Java)

- 객체 지향적 프로그래밍 언어: 자바는 객체 지향 프로그래밍(Object-Oriented Programming)의 원칙에 기초하여 설계되었다. 이는 코드의 재사용성과 유지 보수성을 높여준다.
- WORA(Write Once, Run Anywhere)의 철학: 자바로 작성된 프로그램은 다양한 플랫폼에서 별도의 수정 없이 실행될 수 있다. 이는 자바 가상 머

신(JVM: Java Virtual Machine) 덕분에 가능하며, 이는 자바의 이식성과 범용성을 높여준다.

- 경영 환경에서 응용: 자바는 강력한 서버 사이드 애플리케이션, 안드로이드 모바일 애플리케이션 등 다양한 분야에서 활용된다. 기업의 대규모 시스템 구축에 있어 자바의 안정성과 확장성은 큰 장점이다.

파이썬(Python)

- 가독성과 사용 편의성: 파이썬은 간결하고 명확한 문법을 가지고 있어 배우기 쉽다. 이는 비전문가에게도 프로그래밍의 접근성을 높여준다.
- 다양한 응용 분야: 데이터 분석, 머신 러닝, 웹 개발 등 다양한 분야에서 파이썬이 활용된다. 이는 경영 환경에서 데이터 기반 의사 결정과 효율성 향상에 큰 도움이 된다.
- 습득 필요성 증가: 최근 데이터 과학과 인공 지능의 중요성이 증가함에 따라, 파이썬에 대한 수요도 증가하고 있다. 비즈니스 혁신과 경쟁력 강화를 위해 파이썬의 이해는 필수적이다.

R

- 통계 분석과 데이터 시각화: R은 복잡한 통계적 분석과 고급 데이터 시각화에 강점을 가진다. 이는 경영 데이터의 분석과 인사이트 도출에 필수적이다.
- 경영 환경에서의 중요성: 특히 마케팅, 재무, 운영 관리 등의 분야에서 데이터 기반의 의사 결정을 위해 R의 활용이 증가하고 있다. 경영 분야의 전문가들에게 해당 프로그램 능력은 경쟁 우위를 제공한다.

자바스크립트(JavaScript)

- 웹 애플리케이션 개발의 핵심: 자바스크립트는 웹 페이지를 동적이고 상호작용적으로 만드는 데 사용된다. 기본적으로 클라이언트 사이드 기반의 언어이지만 최근에는 서버 사이드 프로그래밍에도 활용되고 있다.
- 고급 애플리케이션 개발에 활용: 현업 사용자가 자바스크립트를 이해하면, 웹 기반 도구와 애플리케이션의 고급 활용이 가능해진다. 이는 비즈니스 프로세스의 디지털화와 효율화에 기여할 수 있다.

3. 오픈 소스와 오픈 소스 소프트웨어

오픈 소스

오픈 소스(Open Source)는 소스 코드, 디자인 문서, 제품 내용을 사용할 수 있는 권한을 포함하는 제품을 말한다. 이 개념은 대체로 오픈 소스 모델이라고 하며, 오픈 소스 소프트웨어와 기타 제품들이 오픈 소스 소프트웨어 운동의 일환으로 오픈 소스 사용권하에 출시된다.

오픈 소스의 핵심은 사용자가 소프트웨어의 소스 코드를 자유롭게 열람, 수정, 분배할 수 있도록 하는 것이다. 이는 사용자가 소프트웨어를 자신의 필요에 맞게 맞춤화하고, 커뮤니티와의 협업을 통해 소프트웨어를 개선할 수 있게 한다. 오픈 소스 소프트웨어는 라이선스에 따라 사용되며, 이들 라이선스는 사용자에게 소스 코드의 접근성과 자유를 보장한다.

오픈 소스 용어는 처음에는 소프트웨어에만 적용되어 지금도 오픈 소스라고 하면 오픈 소스 소프트웨어를 지칭하는 경우가 많지만, 현재는 소프트웨어를 넘어 다른 오픈 콘텐츠 및 개방형 협업의 형태로 확장되고 있다. 예를 들어, 오픈 소스 하드웨어, 오픈 데이터, 오픈 교육 자료 등 다양한 영역에서 오픈 소스 개념이 적용되고 있다.

오픈 소스는 혁신과 지식 공유의 중요한 수단으로 자리 잡았다. 이 모델은 개발자와 사용자가 협력하여 더 나은 제품을 만들어내는 환경을 조성하며, 이를 통해 기술의 발전을 가속화한다. 오픈 소스는 기술 분야뿐만 아니라, 교육, 연구, 비즈니스 등 다양한 분야에서 중요한 역할을 하고 있으며, 앞으로도 지속적인 발전과 혁신을 이끌 것으로 기대된다.

오픈 소스 소프트웨어

오픈 소스 소프트웨어(OSS: Open Source Software)는 그 소스 코드가 공개되어 있어 누구나 제한 없이 코드를 열람하고 사용할 수 있는 소프트웨어를 말한다. 이러한 소프트웨어는 오픈 소스 라이선스를 만족하며, 이 라이선스는 사용자에게 소스 코드의 접근, 수정, 재배포의 자유를 보장한다. 간단히 '오픈 소스'라고도 하는 이 소프트웨어는 사유 소프트웨어나 독점 소프트웨어와 대비된다.

오픈 소스 소프트웨어의 주요 장점은 유연성과 혁신성이다. 개발자들은 소스 코드를 자유롭게 열람하고 수정할 수 있어, 소프트웨어를 자신의 필요에 맞게 맞춤화하고 개선할 수 있다. 또한, 사용자 커뮤니티와의 협업을 통해 소프트웨어를 계속 발전시킬 수 있다. 이러한 특성은 소프트웨어의 품질 향상과 혁신적인 기능 개발을 촉진한다.

오픈 소스 소프트웨어는 다양한 분야에서 활용되고 있으며, 특히 웹 서버, 데이터베이스 관리 시스템, 프로그래밍 언어 등에서 널리 사용된다. 예를 들어, 리눅스(Linux), 아파치 웹 서버(Apache Web Server), MySQL 등은 오픈 소스 소프트웨어의 대표적인 예이다.

오픈 소스 소프트웨어는 지식 공유와 협업을 통한 기술 발전의 중요한 동력이 되고 있다. 이는 소프트웨어 산업의 비즈니스 모델과 개발 방식에 혁신적인 변화를 가져오며, 더 나은 기술 솔루션을 창출하는 데 기여하고 있다. 오픈 소스 소프트웨어는 앞으로도 다양한 분야에서 그 중요성을 지속해서 증대시킬 것으로 예상된다.

주요 오픈 소스 소프트웨어

- 운영 체제: 리눅스
- 생산성 도구: LibreOffice, Apache OpenOffice
- 이미지 편집기: GIMP
- 3D 그래픽: Blender
- 웹 브라우저: 크롬, 파이어폭스

4. 기업의 소프트웨어 활용 이슈

소프트웨어 사용권

소프트웨어 사용권은 특정 소프트웨어를 사용할 수 있는 권한을 부여하는 문서 또는 계약을 말한다. 이 권한은 소프트웨어 개발자나 소유자가 사용자에게 소프트웨어 사용을 허가하는 내용을 담고 있으며, 소프트웨어는 독립적인 프로그램일 수도 있고, 다른 소프트웨어의 일부 구성 요소일 수도 있다.

소프트웨어 사용권은 사용자가 소프트웨어를 합법적으로 사용할 수 있도록 하는 중요한 법적 기반을 제공한다. 사용권은 소프트웨어의 설치, 복사, 배포,

수정에 관한 규정과 조건을 명시하며, 이러한 조건을 준수하는 것이 사용자의 법적 책임이다. 소프트웨어 사용권은 일반적으로 소프트웨어를 구매하거나 다운로드할 때 제공되며, 사용자는 이를 수락함으로써 소프트웨어를 사용할 수 있다.

소프트웨어를 사용권 없이 사용하는 행위는 저작권법 또는 특허법에 의거하여 소프트웨어 소유자의 권리를 침해하는 것으로 간주된다. 이러한 무단 사용은 법적 책임을 불러오며, 소프트웨어 소유자로부터 소송을 당할 위험이 있다.

소프트웨어 사용권은 디지털 환경에서 소프트웨어 소유자의 권리를 보호하고, 사용자가 소프트웨어를 안전하고 합법적으로 사용할 수 있도록 하는 중요한 역할을 한다. 이는 소프트웨어 산업의 건전한 발전을 위한 필수적인 요소로, 소프트웨어의 합법적 사용과 산업의 지속 가능성을 보장한다.

프리웨어

프리웨어(Freeware)는 소프트웨어 개발자나 제공자가 대가를 바라지 않고 무료로 사용할 수 있도록 제작한 소프트웨어를 말한다. 이러한 소프트웨어는 사용자가 계속 사용하기 위해 추가적인 대가를 지불할 필요가 없으며, 많은 소프트웨어가 이 범주에 속한다.

프리웨어의 주요 특징은 사용자가 소프트웨어를 무료로 사용할 수 있다는 점이다. 이는 소프트웨어 개발자가 사용자에게 제공하는 일종의 혜택으로, 상업적인 이득을 목적으로 하지 않는 경우가 많다. 그러나 프리웨어가 반드시 오픈 소스는 아니며, 소스 코드가 공개되지 않는 경우도 많다.

프리웨어의 사용에 있어 주의해야 할 점은 특정한 사용자 집단에 따라 사용 조건이 달라질 수 있다는 것이다. 예를 들어, 개인 사용자에게는 무료일 수 있지만, 기업에서 사용할 경우 라이선스 비용을 지불해야 할 수도 있다. 따라서 특히 기업 사용자는 프리웨어 사용 전에 해당 소프트웨어의 사용 조건을 정확히 확인해야 한다.

프리웨어는 사용자에게 다양한 소프트웨어를 비용 부담 없이 접할 수 있는 기회를 제공한다. 그러나 프리웨어를 사용함에 있어서는 개인 정보 보호, 보안 등의 측면을 고려하여 신중하게 선택해야 한다. 프리웨어의 정의와 사용 조건은 각 소프트웨어에 따라 다를 수 있으므로, 사용 전에 항상 라이선스와 조건을 확인하는 것이 중요하다.

상용 소프트웨어

상용 소프트웨어(Commercial Software)는 상업적 목적이나 판매를 목적으로 개발된 컴퓨터 소프트웨어를 말한다. 이러한 소프트웨어는 주로 사유 소프트웨어의 형태로 존재하지만, 일부 자유 소프트웨어 패키지도 상용 소프트웨어로 분류될 수 있다. 상용 소프트웨어는 무료 소프트웨어와 달리 대가를 지불하고 사용하는 것이 일반적이며, 이로 인해 불법 복제의 위험에 더 노출될 수 있다.

상용 소프트웨어의 주요 특징은 고객에게 특정한 가치를 제공하고, 이에 대한 대가로 금전적인 보상을 받는 것이다. 이러한 소프트웨어는 일반적으로 광범위한 기능, 안정성, 기술 지원을 제공한다. 기업이나 전문가들이 특정 업무를 수행하기 위해 상용 소프트웨어를 선택하는 경우가 많으며, 이는 고품질의 서비스와 지속적인 업데이트를 필요로 하는 상황에서 특히 중요하다.

상용 소프트웨어를 사용함에 있어서는 소프트웨어 사용권에 관한 철저한 관리가 필요하다. 라이선스 위반은 법적 문제를 야기할 수 있으므로, 사용자는 소프트웨어 구매 시 제공되는 라이선스 계약을 정확히 숙지하고 준수해야 한다. 기업 환경에서는 소프트웨어 자산 관리(Software Asset Management, SAM)를 통해 라이선스 준수 상태를 철저히 관리하는 것이 중요하다.

상용 소프트웨어는 컴퓨터 소프트웨어 시장의 중요한 부분을 차지하며, 다양한 분야의 비즈니스와 일상생활에서 필수적인 역할을 한다. 이러한 소프트웨어는 기술 발전에 따라 계속 진화하고 있으며, 사용자의 요구와 기대에 부응하기 위해 끊임없이 혁신되고 있다.

SDx의 중요성

SDx(Software-Defined Everything 또는 Software-Defined Anything)는 기존의 하드웨어 중심적 인프라를 소프트웨어로 정의하고 제어하는 혁신적인 접근 방식이다. 이 개념은 소프트웨어 정의 저장소(Software-Defined Storage, SDS), 소프트웨어 정의 네트워크(Software-Defined Network 또는 Networking, SDN) 등을 포함하여, IT 인프라의 다양한 측면이 소프트웨어에 의해 관리되고 최적화되는 것을 의미한다.

- 소프트웨어 정의 저장소(SDS): SDS는 데이터 저장소를 소프트웨어를 통해 관리하고 최적화하는 방식이다. 전통적인 물리적 저장 장치 대신, SDS는 데이터를 더 유연하게 관리하고, 스토리지 자원을 가상화하여 효율성을 높인다. 이는 저장 공간을 동적으로 할당하고, 확장 가능하며, 비용 효율적인 방식으로 데이터를 관리할 수 있게 해준다. 예를 들어, 물리적으로 두 개인 하드 디스크를 마치 하나의 하드 디스크처럼 소프트웨어로 설정하여 사용할 수 있다.[3)]
- 소프트웨어 정의 네트워크(SDN): SDN은 네트워크 자원을 소프트웨어를 통해 중앙에서 제어하고 관리하는 기술이다. 전통적인 네트워크 하드웨어의 역할을 소프트웨어가 대체함으로써, 네트워크 관리자는 더 빠르고 유연하게 네트워크를 구성하고, 트래픽을 관리하며, 보안 정책을 적용할 수 있다. 이는 네트워크의 확장성과 효율성을 크게 향상시킨다. 예를 들어, 네트워크에서 "QoS(Quality of Service, 서비스 품질)" 규칙은 하드웨어를 변경하지 않고도 네트워크 내 특정 PC의 전송 속도를 조절하는 기능을 말한다. 이 기능을 사용하면 네트워크 관리자는 특정 PC의 최대나 최소 속도를 설정할 수 있다. 만약 최대 속도를 지정하면 네트워크 트래픽에 여유가 있어도 특정 PC 사용자는 그 이상의 속도로 네트워크를 사용할 수 없고, 최소 속도를 지정한다면 전체 네트워크가 붐벼도 특정 PC는 그 정도의 속도를 보장하게 된다.

SDx의 중요성은 다음과 같은 측면에서 나타난다.

- 유연성과 확장성: 소프트웨어를 통한 관리는 물리적 제약에서 벗어나 네트워크 및 스토리지 리소스의 유연한 확장과 조정을 가능하게 한다. 이는 빠르게 변화하는 비즈니스 요구 사항에 신속하게 대응할 수 있게 해준다.
- 비용 효율성: SDx는 하드웨어 의존도를 줄이고, 소프트웨어를 통한 자동화와 최적화를 통해 운영 비용을 절감한다. 또한, 더 효율적인 자원 활용으로 전체적인 IT 비용을 감소시킨다.

---

3) 이런 기능은 "디스크 스트라이핑(Disk Striping)"이라고 한다. 이 기술은 레이드(RAID, Redundant Array of Independent Disks) 구성의 일종으로, 데이터를 여러 디스크에 걸쳐 분할하여 저장한다.

- 보안과 안정성: 중앙 집중식 관리와 정책 기반 제어를 통해, SDx는 네트워크와 데이터 저장소의 보안을 강화한다. 또한, 장애 발생 시 빠른 복구와 재배치가 가능하여 시스템의 안정성을 향상시킨다.
- 자동화와 간소화: SDx는 복잡한 네트워크 및 스토리지 관리 작업을 자동화하고 간소화한다. 이는 IT 관리자가 중요한 작업에 집중할 수 있도록 해주며, 전체적인 운영 효율성을 높인다.

이러한 소프트웨어 중심의 관리 방식은 다양한 분야로 확대하고 있으며, 최근에는 SDV(Software-Defined Vehicle)와 같은 개념이 등장하여, 자동차의 기능을 원격에서 조정 및 업데이트하는 관리 기능뿐만 아니라 내장된 특정 기능을 선택적으로 켜고 끄는 과금 방식으로도 활용할 수 있도록 하고 있다.

클라우드 서비스화

하드웨어 분야에서 IaaS가 언급되었듯이 소프트웨어 분야에서는 SaaS(Software as a Service)로 클라우드 서비스화를 설명할 수 있다. SaaS는 소프트웨어와 관련 데이터가 중앙에 호스팅되는 형태의 소프트웨어 전달 모델이다. 이 모델에서 사용자는 웹 브라우저나 기타 클라이언트 응용 프로그램을 통해 소프트웨어에 접속한다. SaaS는 클라우드 컴퓨팅의 중요한 부분으로, 전통적인 소프트웨어 설치 및 관리 방식과는 크게 다르다.

SaaS 모델의 주요 장점은 클라이언트 관리의 부담을 줄이고, 사용자가 항상 최신 버전의 소프트웨어를 사용할 수 있다는 것이다. 사용자는 소프트웨어를 직접 설치하고 유지 관리할 필요 없이, 인터넷 연결을 통해 필요한 서비스에 접근할 수 있다. 이는 특히 소프트웨어 업데이트와 패치 관리를 간소화한다.

그러나 SaaS 모델은 주요 정보의 외부 저장과 관리로 인해 보안 위협이 존재한다. 데이터가 외부 서버에 저장되므로, 데이터 보안과 개인 정보 보호에 대한 철저한 관리와 보안 조치가 필요하다. 기업은 클라우드 서비스 제공업체와의 보안 협약, 데이터 암호화, 접근 제어 등의 방법을 통해 보안을 강화해야 한다.

또한, SaaS는 기업의 규모와 사용자 수에 적합한 라이선스 관리가 필요하다. 기업은 사용자 수와 사용량에 따라 다른 요금제를 선택할 수 있으며, 이를 통해 비용 효율성을 극대화할 수 있다. SaaS는 기업의 IT 비용을 절감하고, 업무 효율성을 높이는 동시에, 사용자에게 편리한 접근성과 유연성을 제공한다.

SaaS는 현대 기업 환경에서 소프트웨어 활용의 중요한 패러다임으로 자리잡았으며, 클라우드 기반의 소프트웨어 솔루션이 기업의 운영 방식을 혁신적으로 변화시키고 있다.

06

데이터 관리

1 데이터 관리의 기본 개념

2 데이터베이스 관리 시스템

3 데이터베이스 관리 시스템의 구성과 데이터 관계

CHAPTER

06

데이터 관리

1 데이터 관리의 기본 개념

1. 데이터 관련 용어 체계

- 비트
- 바이트
- 필드
- 레코드
- 파일
- 데이터베이스

2. 데이터 관련 용어

비트

비트(bit)는 'Binary Digit'의 줄임말로, 이진 숫자를 의미한다. 주로 0과 1로 표현되며, 이는 컴퓨터 및 디지털 시스템에서 데이터를 표현하는 기본 단위이다. 비트는 단순한 두 가지 상태를 나타내는데, 이는 '예' 또는 '아니오', '켜짐' 또는 '꺼짐'과 같은 이진 선택을 의미한다. 이러한 이진 체계는 컴퓨터 과

학과 정보 이론의 핵심 원리 중 하나로, 모든 종류의 데이터를 숫자, 문자, 이미지, 사운드 등으로 변환하는 데 사용된다.

비트의 개념은 1946년 통계학자 John Tukey에 의해 처음 도입되었다. Tukey는 비트라는 용어를 만들어 이진 숫자 체계의 중요성을 강조했다. 컴퓨터가 데이터를 처리하는 방식은 이 비트를 기반으로 한다. 컴퓨터 내부에서는 모든 명령어와 데이터가 0과 1의 시퀀스로 변환되어 처리된다. 예를 들어, 문자와 숫자는 ASCII(아스키) 코드라는 특정한 비트 패턴으로 변환되어 컴퓨터에 의해 인식되고 처리된다.

비트는 단독으로 사용될 때는 매우 제한된 정보만을 표현할 수 있지만, 여러 비트가 결합되면 훨씬 더 복잡한 데이터를 표현할 수 있다. 예를 들어, 8비트(1바이트)는 256가지의 다른 상태를 표현할 수 있으며, 이는 알파벳 문자, 숫자, 기타 기호 등을 나타내는 데 충분하다. 비트의 이러한 결합은 컴퓨터가 복잡한 작업을 수행할 수 있게 하는 기본적인 메커니즘이다.

데이터 저장과 전송에서도 비트는 중요한 역할을 한다. 예를 들어, 하드 드라이브, USB 메모리, 클라우드 스토리지 등에 저장되는 모든 파일과 데이터는 비트로 이루어진다. 네트워크를 통해 데이터를 전송할 때도 비트 단위로 정보가 전송된다.

이처럼 비트는 디지털 시대의 기본적인 구성 단위로서, 현대 컴퓨팅 및 통신 기술의 근간을 이룬다. 데이터의 가장 단순한 형태에서부터 복잡한 연산과 통신에 이르기까지, 비트는 모든 디지털 프로세스의 핵심적인 역할을 한다.

바이트

바이트(Byte)는 컴퓨터 및 디지털 기술에서 정보를 저장하고 표현하는 기본 단위 중 하나로, 8비트로 구성된다. 이 8비트는 함께 모여 하나의 문자나 기호를 나타내는 데 사용되며, 이를 통해 데이터의 표현 범위가 대폭 확장된다. 바이트의 개념은 디지털 데이터 처리 및 저장의 핵심이며, 컴퓨터 과학과 정보 기술 분야에서 중요한 역할을 한다.

ASCII(아스키) 문자표에 있는 영어 알파벳, 숫자, 특수 문자 등은 대개 한 글자를 표현하는 데 1바이트가 필요하다. 각 바이트는 256(2^8)가지의 다른 값을 나타낼 수 있기 때문에, 이러한 문자 집합을 효과적으로 표현할 수 있다.

그러나 한글이나 한자와 같은 문자는 더 많은 데이터를 필요로 하기 때문에 한 글자를 표현하는 데 2바이트 또는 그 이상이 소요될 수 있다. 이러한 다양한 문자 체계의 지원은 유니코드와 같은 더 복잡한 인코딩 시스템을 통해 이루어진다.

참고문헌

"[Excel] ⓐ, ⓑ, ⓒ, ..., ①, ②, ③, ... 등 특수 문자를 연속으로 쉽게 입력하기", 2013. 4. 14. https://cantips.com/2402

[Windows] 한글 자음과 한자 키로 입력할 수 있는 특수 문자(기호) 목록", 2021. 10. 20. https://cantips.com/3535

바이트의 약자로는 대개 영문 대문자 "B"를 사용한다. 이는 바이트와 비트를 구별하기 위한 것으로, 소문자 "b"는 대개 비트를 나타내는 데 사용된다. 예를 들어, "8b"는 8비트를, "8B"는 8바이트를 의미한다.

데이터의 저장과 처리에 있어서 바이트 단위는 매우 중요하다. 컴퓨터의 하드 드라이브, SSD, 메모리 카드 등의 저장 장치는 바이트 단위로 데이터의 크기를 나타내며, 용량을 계산할 때에도 이를 기준으로 한다. 예를 들어, 1 KB는 1024바이트, 1 MB는 약 100만 바이트를 의미한다.

반면에 데이터의 전송에 있어서는 '초당 비트 수'를 사용하여 속도를 측정한다. 예를 들어, 인터넷 속도가 '100Mbps'라고 할 때, 이는 '초당 100백만 비트'를 전송할 수 있다는 것을 의미한다. 이렇게 전송 속도를 비트 단위로 표현하는 것은 데이터가 연속적인 스트림으로 전송되기 때문이다.

이처럼 바이트는 디지털 세계에서 정보를 저장하고 표현하는 데 필수적인 단위이며, 컴퓨터 시스템의 기본적인 구성 요소로 작용한다. 데이터의 저장부터 처리, 전송에 이르기까지, 바이트는 디지털 정보의 측정 및 관리를 가능하게 하는 중심적인 역할을 수행한다.

미터법의 단위용 접두사

Kilo	10^3	천(千)
Mega	10^6	100만(萬)
Giga	10^9	10억(億)
Tera	10^{12}	조(兆)
Peta	10^{15}	천조
Exa	10^{18}	100경(京)
Zetta	10^{21}	10해(垓)
Yotta	10^{24}	자(秭)
Ronna	10^{27}	천자
Quetta	10^{30}	100양(壤)

필드

필드(Field)는 컴퓨터 과학 및 정보 기술에서 사용되는 중요한 개념으로, 데이터 구조 내에서 특정한 목적을 가진 고정된 위치를 의미한다. 필드는 레코드, 메시지 헤더, 컴퓨터 명령어와 같은 다양한 데이터 단위 내에서 각 항목의 속성을 정의하고 저장하는 데 사용된다. 이는 데이터를 체계적으로 조직화하고, 효율적으로 처리할 수 있도록 해준다.

레코드 내에서 필드는 개별 데이터 항목을 나타내는 역할을 한다. 예를 들어, 데이터베이스의 테이블에서 각 레코드는 여러 필드로 구성되며, 이들 필드는 이름, 주소, 전화번호와 같은 개별 정보를 저장한다. 각 필드는 일반적으로 특정한 데이터 유형(예: 문자열, 숫자, 날짜)과 크기를 가지며, 이는 데이터의 일관성과 정확성을 보장하는 데 중요한 역할을 한다.

필드(열)

레코드 (행, 튜플)

학번	이름	학과	주소
34528	강한이	경영	전북
34487	김명석	경영	충남
35398	박총명	경제	서울
43984	이해	사회	광주
43888	김갑돌	사회	경남
51298	박철우	역사	부산
59821	홍자료	경영	강원

메시지 헤더(message header)에서 필드는 전송되는 메시지의 다양한 속성을 나타낸다. 예를 들어, 이메일의 헤더에는 발신자, 수신자, 제목, 전송 시간 등의 정보가 필드로 저장되어 있다. 이러한 필드는 메시지를 올바르게 전달하고, 사용자에게 필요한 정보를 제공하는 데 필요하다.

컴퓨터 명령어에서 필드는 명령어의 구조적인 부분을 구성한다. 각 필드는 명령어의 특정한 기능을 정의하며, 이는 프로세서가 수행할 연산의 종류, 대상, 소스 등을 지정한다. 예를 들어, 어셈블리 언어에서 한 명령어는 연산 코드, 대상 레지스터, 소스 레지스터 등 여러 필드로 구성될 수 있다.

이처럼 필드는 데이터를 구조화하고, 정보를 명확하게 분류하며, 명령어의 정확한 실행을 위한 핵심 요소로 기능한다. 필드를 통해 데이터와 명령어는 더욱 효과적으로 처리되며, 이는 컴퓨터 시스템의 효율성과 정확성을 높이는 데 기여한다.

레코드

레코드(Record)는 컴퓨터 과학과 데이터 관리 분야에서 사용되는 핵심적인 데이터 구조로, 관련된 여러 필드들을 하나의 단위로 묶은 것을 의미한다. 레코드는 특정 대상에 대한 완전한 정보 집합을 제공하며, 이는 데이터의 조직화 및 접근성을 향상시키는 데 중요한 역할을 한다.

관계형 데이터베이스에서 레코드는 '튜플(tuple)'이라고도 불린다. 이러한 데이터베이스에서 레코드는 테이블의 한 행(row)을 구성하며, 각 행은 특정 대상에 대한 정보를 나타낸다. 예를 들어, 직원 데이터베이스의 한 레코드는 특정 직원에 대한 세부 정보를 포함하며, 이는 직원의 이름, 주소, 전화번호 등 다양한 필드로 구성될 수 있다. 각 필드는 레코드 내에서 특정한 속성을 나타내며, 레코드는 이들 필드를 하나의 논리적 단위로 묶는다.

레코드는 데이터를 체계적으로 저장하고 관리하는 데 중요하다. 각 레코드는 고유한 식별자를 가질 수 있으며, 이를 통해 데이터베이스 내에서 레코드를 쉽게 찾고 관리할 수 있다. 예를 들어, 기본 키(primary key)나 외래 키(foreign key) 같은 식별자는 레코드 간의 관계를 정의하고, 데이터의 무결성을 유지하는 데 사용된다.

데이터 처리와 분석에서 레코드는 중요한 단위로 작용한다. 각 레코드는 데이터베이스의 쿼리나 분석 과정에서 개별적으로 또는 그룹 단위로 처리될 수 있다. 이를 통해 사용자는 필요한 정보를 효과적으로 검색하고, 데이터를 분석하여 의미 있는 통찰력을 얻을 수 있다.

레코드는 다양한 형태의 데이터베이스와 정보 시스템에서 광범위하게 사용된다. 이러한 시스템에서 레코드는 정보의 기본적인 구축 블록으로, 데이터의 조직화, 접근성, 분석 가능성을 향상시키는 핵심 요소로 기능한다.

파일

파일(File)은 컴퓨터 및 정보 시스템에서 매우 중요한 구성 요소로, 관련된 레코드들의 집합을 의미한다. 파일은 특정한 종류의 데이터를 체계적으로 저장하고 관리하는 데 사용되며, 이는 데이터의 접근성과 활용도를 크게 향상시킨다.

예를 들어, '학생', '교수', '학과'와 같은 카테고리에 해당하는 각각의 파일이 존재할 수 있다. '학생' 파일에는 학생들의 개인 정보, 학업 성적, 수강 과목 등의 레코드가 포함될 수 있으며, '교수' 파일에는 교수 이름, 연락처, 강의 과목 등의 정보가 저장될 수 있다. '학과' 파일은 각 학과에 대한 정보, 학과장의 세부 사항, 학과에서 제공하는 과목 목록 등을 포함할 수 있다.

파일은 데이터를 논리적으로 그룹화하여 저장함으로써, 사용자가 필요한 정보를 쉽게 찾을 수 있도록 돕는다. 데이터베이스 관리 시스템(DBMS)에서 파일은 테이블의 형태로 존재하며, 사용자는 쿼리를 통해 이러한 파일에서 특정 레코드를 검색하거나 조작할 수 있다.

파일 시스템은 파일을 조직화하고 관리하는 데 사용되는 컴퓨터 시스템의 일부이다. 파일 시스템은 파일의 생성, 저장, 수정, 삭제 등을 관리하며, 사용자에게 파일의 내용을 효율적으로 접근하고 조작할 수 있는 인터페이스를 제공한다. 또한, 파일 시스템은 파일의 보안과 무결성을 유지하는 데 중요한 역할을 한다.

컴퓨터 시스템에서 파일은 정보의 저장 및 관리를 위한 필수적인 단위이다. 파일을 통해 데이터는 체계적이고 효율적인 방식으로 조직되며, 이는 정보의 검색, 처리, 분석을 용이하게 한다. 파일의 사용은 데이터 관리의 효율성을 높이고, 다양한 응용 프로그램과 시스템에서 데이터를 활용할 수 있는 기반을 마련한다.

데이터베이스

데이터베이스(Database)는 여러 파일을 일정한 규칙에 따라 연결하여 효율적으로 이용할 수 있도록 모아 놓은 데이터 집단을 말한다. 이는 정보를 체계적으로 저장, 관리, 검색, 수정 및 갱신할 수 있는 구조화된 형태의 데이터 모음이다. 데이터베이스는 기업, 교육 기관, 정부 기관 등 다양한 조직에서 중요한 정보를 효과적으로 관리하는 데 필수적인 도구이다.

데이터베이스 내의 데이터는 파일로 조직화되며, 이러한 파일들은 서로 연관된 정보를 포함한다. 예를 들어, 대학의 데이터베이스에는 '학생', '교수', '학과' 등과 같은 여러 파일이 포함될 수 있다. '학생' 파일은 학생들의 개인 정보와 학업 성적을, '교수' 파일은 교수진의 연락처 및 강의 정보를, '학과' 파일은 각 학과에 대한 상세 정보를 담는다. 이러한 파일들은 서로 연결되어 있어, 예를 들어 학생이 수강하는 과목이 어떤 학과에 속하는지 파악하는 것과 같은 복잡한 쿼리를 실행할 수 있다.

데이터베이스의 개념이 정착되기 이전에는 정보 저장과 관리를 위해 '캐비닛'이라는 표현도 썼다. 이러한 전통적인 방식은 정보의 양이 많아짐에 따라 비효율적이고 제한적이 되었고, 현대적인 데이터베이스의 필요성을 증가시켰다. 현대의 데이터베이스는 이러한 제한을 극복하고, 대량의 정보를 효과적으로 관리할 수 있는 디지털 솔루션을 제공한다.

데이터베이스 관리 시스템(DBMS)은 데이터베이스의 데이터를 관리하고 조작하는 데 사용되는 소프트웨어이다. DBMS는 데이터의 저장, 검색, 갱신 및 관리 기능을 제공하며, 데이터의 무결성과 보안을 유지하는 데 중요한 역할을 한다. DBMS를 사용함으로써 사용자는 복잡한 데이터 관리 작업을 손쉽게 수행할 수 있으며, 데이터베이스의 효율성과 신뢰성을 향상시킬 수 있다.

데이터베이스는 현대 사회에서 정보 기술의 핵심적인 구성 요소로 자리 잡았다. 조직의 운영, 의사 결정 과정, 고객 관리 등 다양한 분야에서 데이터베이스의 활용은 필수적이다. 데이터베이스를 통해 정보는 체계적이고 효율적인 방식으로 관리되며, 이는 조직의 효과적인 운영과 성장을 지원하는 데 중요한 기여를 한다.

3. 개체와 속성

개체

개체(Entity, 엔티티)는 데이터베이스에서 표현하고자 하는 구체적이거나 추상적인 객체를 의미한다. 이는 데이터베이스 내에서 정보를 구성하는 기본 단위로, 고객, 상품, 생산자와 같은 실체나 사건, 개념 등을 포함한다. 각각의 개체는 데이터베이스 내에서 하나의 고유한 항목으로 취급되며, 이를 통해 정보가 조직화되고 관리된다.

데이터베이스에서 하나의 레코드는 특정 개체를 표현한다. 예를 들어, 고객 데이터베이스의 한 레코드는 한 명의 고객에 대한 정보(예: 이름, 주소, 전화번호)를 포함하고, 이 레코드 전체가 고객이라는 개체를 나타낸다. 이러한 방식으로 각 레코드는 개별 개체의 속성과 값을 저장하고 표현한다.

개체는 물질적이고 유형적인 대상에 국한되지 않는다. 예를 들어, 회의, 수업, 계약, 프로젝트와 같은 추상적이거나 무형적인 사건이나 개념도 개체로 간주될 수 있다. 이러한 개체들은 데이터베이스 내에서 그들만의 고유한 속성과 관계를 가지며, 이를 통해 데이터베이스는 다양한 형태의 정보를 포괄적으로 다룰 수 있다.

개체는 데이터 모델링의 과정에서 중요한 역할을 한다. 데이터 모델링은 데이터베이스를 설계하고 구축하는 과정에서 개체 간의 관계와 속성을 정의하며, 이를 통해 데이터베이스의 구조를 결정한다. 각 개체는 데이터베이스 내에서 어떻게 관련되고 상호 작용하는지를 나타내는 요소로, 데이터베이스의 효율적인 설계와 구현을 위해 필수적이다.

이처럼 개체는 데이터베이스 내에서 정보를 구성하고 표현하는 데 핵심적인 역할을 수행한다. 개체의 정의와 관리는 데이터의 조직화, 검색 가능성, 그리고 데이터 간의 관계 설정에 중요한 영향을 미치며, 이는 데이터베이스의 효과적인 운영과 활용을 가능하게 한다.

속성

속성(Attribute, 애트리뷰트)은 데이터베이스 내의 특정 개체(엔티티)를 기술하는 데 사용되는 각각의 특징이나 성격을 말한다. 이는 개체의 구체적인 정보를 나타내며, 데이터 필드와 유사한 개념으로 이해될 수 있다. 속성은 개체의 여러 측면을 정의하고, 엔티티에 대한 세부적인 정보를 제공한다.

예를 들어, 고객 데이터베이스에서 '고객'이라는 엔티티에는 이름, 주소, 전화번호, 이메일 주소 등 다양한 속성이 있을 수 있다. 각 속성은 고객에 대한 특정한 정보를 나타내며, 이를 통해 데이터베이스는 고객에 대한 상세한 프로필을 구축한다. 이와 같이, 각 개체의 속성은 그 개체를 더 잘 이해하고 구별할 수 있게 해준다.

데이터베이스에서 속성은 개체의 레코드 내에서 구체적인 데이터 값을 가진다. 이러한 속성 값은 개체의 특정한 인스턴스에 대한 구체적인 정보를 제공하며, 데이터베이스의 쿼리와 분석 과정에서 사용된다. 예를 들어, 데이터베이스 사용자는 특정 속성 값을 기준으로 데이터를 검색하거나 분류할 수 있다.

속성은 데이터 모델링의 중요한 부분이다. 데이터 모델링 과정에서 속성은 개체의 성격을 명확히 하고, 개체 간의 관계를 정의하는 데 사용된다. 이를 통해 데이터베이스는 사용자가 필요로 하는 정보를 효율적으로 관리하고 검색할 수 있는 구조를 갖추게 된다.

이처럼 속성은 데이터베이스 내의 개체를 더욱 자세히 기술하고, 개체에 대한 포괄적인 이해를 가능하게 하는 중요한 요소이다. 각 속성의 정의와 관리는 데이터베이스의 정확성과 유용성을 크게 증진시키며, 데이터의 조직화 및 분석에 핵심적인 역할을 한다.

테이블

테이블(Table)은 데이터베이스에서 정보를 조직화하고 저장하는 주요 구조로, 필드(열)와 레코드(행)를 통해 데이터를 체계적으로 나타낸다. 테이블은 가로 방향으로 필드(또는 열, 속성)를, 세로 방향으로 레코드(또는 행, 튜플)를 배열하여 데이터를 표현한다. 이러한 구조는 데이터의 저장, 검색, 수정 및 관리를 효율적으로 수행할 수 있게 한다.

가로 방향인 필드는 테이블에서 특정 종류의 정보를 나타내며, 각 필드는 특정 개체의 속성을 표현한다. 예를 들어, 학생 정보를 관리하는 테이블에서 필드는 '학번', '이름', '학과', '연락처' 등이 될 수 있다. 각 필드는 데이터의 특정한 형식과 제약 조건을 가지며, 이를 통해 데이터의 일관성과 무결성을 유지한다.

세로 방향인 레코드는 테이블에서 개별 항목 또는 사건을 나타낸다. 각 레코드는 하나의 특정 개체에 대한 정보를 모두 담고 있으며, 이는 데이터베이스에서 하나의 행으로 표현된다. 예를 들어, 위에서 언급한 학생 정보 테이블의 한 레코드는 특정 학생의 학번, 이름, 학과, 연락처 정보를 포함한다.

데이터베이스에서 테이블의 개념은 파일과 유사하다. 파일이 정보를 체계적으로 저장하고 관리하는 단위라면, 테이블은 그 파일 내에서 데이터를 더욱 구체적이고 체계적으로 조직화하는 역할을 한다. 각 테이블은 특정 주제나 목적에 따라 데이터를 그룹화하고, 이를 통해 데이터베이스 사용자는 필요한 정보를 쉽고 빠르게 찾을 수 있다.

테이블은 데이터베이스의 핵심 구성 요소로, 데이터의 구조화, 관리 및 활용에 필수적인 역할을 한다. 이를 통해 데이터베이스는 다양한 형태의 데이터를 효율적으로 저장하고, 사용자의 쿼리에 대응하여 필요한 정보를 제공할 수 있다.

2 데이터베이스 관리 시스템

1. 전통적 파일 관리 방식

전통적 파일 관리 시스템의 개념

전통적 파일 관리 시스템은 각 응용 프로그램이 자체적으로 데이터 파일을 생성하고 관리하는 방식으로 운영된다. 이 시스템에서는 데이터가 텍스트 파일, 스프레드시트, 기타 단순한 파일 형태로 저장되며, 각 파일은 해당 응용 프로그램의 필요에 맞게 구조화된다. 이러한 시스템에서 데이터, 파일, 응용 프로그램, 사용자 간의 관계는 서로 상호 의존적이면서도 각자의 역할과 한계를 가진다.

데이터와 파일 간의 관계는 전통적 파일 관리 시스템의 핵심을 이룬다. 데이터는 파일 안에 저장되며, 이 파일은 특정 형식의 데이터를 담는 용기와 같은 역할을 한다. 예컨대, 직원 정보가 담긴 파일은 이름, 주소, 급여 등의 필드로 구성될 수 있다. 그러나 이 파일은 데이터의 구조화나 의미 부여에 있어서는 파일 자체보다 해당 파일을 사용하는 응용 프로그램에 의존한다.

응용 프로그램과 파일 간의 관계는 이 시스템의 중심을 이룬다. 응용 프로그램은 파일을 생성하고, 데이터를 입력, 수정, 삭제하는 기능을 담당한다. 이 과정에서 응용 프로그램은 파일의 구조를 정의하며, 데이터의 형식과 저장 방식을 결정한다. 하지만, 응용 프로그램마다 파일 구조가 다를 수 있어, 데이터의 통합적 관리와 재사용을 어렵게 만든다.

사용자와 파일 간의 관계는 주로 응용 프로그램을 통해 이루어진다. 사용자는 응용 프로그램의 인터페이스를 통해 데이터 작업을 수행하며, 이는 사용자가 데이터를 처리하는 방식을 특정 응용 프로그램에 의존하게 만든다. 이러한 방식은 사용자에게 데이터를 검색하거나 보고서를 생성하는 데 있어서 특정 응용 프로그램의 기능과 형식에 맞추어 작업을 수행하도록 한다.

응용 프로그램과 사용자 간의 관계는 사용자 경험을 결정하는 중요한 요소이다. 응용 프로그램은 사용자에게 데이터에 접근하고 조작할 수 있는 인터페이스를 제공하지만, 다양한 시스템과 인터페이스에 적응해야 하는 부담을 사용자에게 부과한다.

전통적 파일 관리 시스템에서의 이러한 관계는 데이터의 효율적 관리와 통합에 여러 제한을 가지고 있으며, 이는 현대적인 데이터베이스 관리 시스템으로의 전환을 촉진하는 주요 요인이 되었다. 데이터의 통합적 관리와 접근성 향상을 위해, 현대의 데이터베이스 시스템은 이러한 전통적 방식의 한계를 극복하고자 한다.

전통적 파일 관리 방식의 한계와 문제점

전통적 파일 관리 시스템은 다양한 한계와 문제점을 가지고 있다. 이러한 문제점들은 데이터의 효율적 관리와 활용을 어렵게 만들며, 이는 현대의 데이터베이스 관리 시스템으로의 전환을 촉진하는 중요한 요인이 되었다.

- 데이터 중복성: 전통적 파일 관리 시스템에서는 같은 데이터가 여러 파일에 중복하여 저장될 수 있다. 이는 저장 공간의 낭비를 초래할 뿐만 아니라, 데이터의 일관성 유지가 어렵게 만든다. 예를 들어, 같은 직원의 정보

가 여러 파일에 다르게 저장되어 있을 경우, 정보의 수정이 필요할 때 모든 파일을 일일이 찾아 수정해야 하는 번거로움이 있다.

- 프로그램과 데이터 간 종속성: 이 시스템에서는 프로그램과 데이터가 서로 종속적인 관계를 가진다. 즉, 특정 프로그램이 사용하는 데이터 파일은 그 프로그램에 특화된 구조로 되어 있어 다른 프로그램에서는 이를 사용하기 어렵다. 이는 데이터의 재사용성을 낮추고, 시스템의 유연성을 제한한다.
- 유연성 결여: 데이터 구조가 특정 응용 프로그램에 맞춰져 있기 때문에, 새로운 요구 사항이나 변경 사항에 대응하기 어렵다. 예를 들어, 새로운 데이터 필드를 추가하거나 기존 구조를 변경하기 위해서는 프로그램 자체를 수정해야 할 수도 있다.
- 보안 미흡: 각 파일이 독립적으로 관리되기 때문에, 전체 데이터에 대한 통합된 보안 정책을 적용하기 어렵다. 이는 데이터의 보안성을 취약하게 하며, 민감한 정보의 노출 위험을 증가시킨다.
- 데이터 공유 및 가용성 결여: 데이터가 여러 파일에 분산되어 있고, 파일 간 호환성이 떨어지기 때문에 데이터의 공유와 효율적인 활용이 어렵다. 이는 조직 내에서의 정보 공유 및 협업을 제한하며, 의사 결정 과정에서 필요한 정보를 신속하게 확보하는 데 장애가 될 수 있다.

이러한 한계와 문제점들은 전통적 파일 관리 방식이 현대의 복잡하고 다양한 데이터 관리 요구에 부응하기 어렵다는 것을 드러낸다. 따라서 데이터의 효과적인 관리, 보안, 공유를 위해 데이터베이스 관리 시스템의 필요성이 대두되었다. 이는 조직의 데이터 관리를 체계적이고 효율적으로 만들어, 정보 기술의 발전과 조직의 성장을 촉진하는 주요 요인이 되었다.

2. 데이터 처리 및 저장 방식

데이터 처리 방식

데이터 처리 방식은 데이터를 관리하고 처리하는 데 있어서 중요한 요소이며, 특히 데이터베이스 환경에서 일괄 처리 방식과 온라인 처리 방식의 두 가지 주요 방식으로 구분할 수 있다.

일괄 처리 방식(Batch Processing)

일괄 처리 방식은 데이터를 특정 시간 주기별로 모아서 한꺼번에 처리하는 방식이다. 이 방식은 대량의 데이터를 효율적으로 처리할 수 있으며, 처리 과정은 사용자의 개입 없이 자동으로 이루어진다. 예를 들어, 은행이나 회계 시스템에서 하루 동안 발생한 모든 거래를 밤중에 일괄적으로 처리하는 경우가 이에 해당한다. 일괄 처리는 자원의 효율적 사용과 시스템 부하의 최소화에 유리하지만, 실시간으로 데이터를 처리하거나 즉각적인 피드백을 제공하는 데는 한계가 있다.

온라인 처리 방식(Online Processing)

온라인 처리 방식은 각 장치가 실시간으로 작업을 처리하는 방식이다. 이 방식은 사용자의 요청이 발생하는 즉시 데이터를 처리하며, 빠른 응답 시간을 제공한다. 예를 들어, 항공사의 비행기 티켓 예약 시스템이나 은행의 ATM에서 고객의 요청에 즉시 반응하는 경우가 이 방식에 속한다. 온라인 처리는 사용자와의 상호 작용에 적합하며, 실시간 데이터 처리가 필요한 시나리오에서 유용하다. 그러나 대량의 데이터를 처리하는 데 있어서는 일괄 처리 방식보다 비효율적일 수 있다.

이 두 가지 데이터 처리 방식은 각각의 장단점을 가지며, 사용되는 환경과 요구 사항에 따라 적절히 선택되어야 한다. 일괄 처리는 대량의 데이터 처리에 적합하고 자원을 효율적으로 사용할 수 있지만, 실시간 반응이 필요한 상황에서는 제한적이다. 반면, 온라인 처리는 사용자와의 즉각적인 상호 작용에 유리하나, 대량 데이터 처리에는 비효율적일 수 있다. 따라서, 각 조직은 자신의 비즈니스 요구 사항과 시스템의 특성을 고려하여 적절한 데이터 처리 방식을 선택해야 한다.

데이터 저장 방식

데이터 저장 방식은 데이터베이스 시스템에서 중요한 부분으로, 데이터의 검색 효율성과 접근 속도에 영향을 미친다. 주로 사용되는 두 가지 데이터 저장 방식은 순차적 방식과 직접 방식이다.

순차적 방식(Sequential Access)

순차적 방식은 데이터를 저장된 순서대로 검색하는 방식이다. 이 방식에서 데이터는 보통 키 필드의 값에 따라 오름차순이나 내림차순으로 정렬되어 저장된다. 예를 들어, 고객 데이터가 고객 번호에 따라 순차적으로 저장될 수 있다. 순차적 방식은 테이프 장치와 같은 저장 매체에서 자주 사용된다. 이 방식의 장점은 구현이 간단하고, 대량의 데이터를 처리할 때 효율적이라는 점이다. 그러나 특정 레코드를 검색할 때 모든 데이터를 처음부터 끝까지 검색해야 하므로, 검색 시간이 많이 소요될 수 있다.

직접 방식(Direct Access)

직접 방식은 저장 매체의 물리적 순서와 관계없이 찾고자 하는 레코드에 직접 접근하는 방식이다. 이 방식은 특히 온라인 처리 시스템에서 주로 사용되며, 디스크 장치와 같은 저장 매체에서 효과적이다. 직접 방식은 특정 레코드를 빠르게 찾을 수 있는 장점이 있으며, 데이터의 삽입, 삭제, 수정이 순차적 방식보다 용이하다. 그러나 이 방식은 데이터를 저장할 때 레코드의 물리적 위치를 결정하는 복잡한 알고리즘을 필요로 하며, 저장 공간의 효율적인 관리가 중요하다.

이러한 데이터 저장 방식들은 각기 다른 특성과 장단점을 가지며, 사용 목적과 환경에 따라 적절히 선택되어야 한다. 순차적 방식은 대량의 데이터를 처리하고, 간단한 구조에서 효과적이지만, 검색 속도가 느릴 수 있다는 단점이 있다. 반면, 직접 방식은 레코드에 빠르게 접근할 수 있으나, 구현의 복잡성과 저장 공간 관리에 주의해야 한다. 따라서, 데이터베이스 시스템을 설계할 때는 이러한 특성을 고려하여 최적의 데이터 저장 방식을 선택하는 것이 중요하다.

3. 데이터베이스 관리 시스템

데이터베이스 관리 시스템(DBMS)

데이터베이스 관리 시스템(DBMS: Database Management System)은 전통적 파일 관리 방식의 한계와 문제점을 극복하고자 개발된 전용 소프트웨어 또는 하드웨어 시스템이다. DBMS의 주요 기능은 데이터베이스를 생성하고 유지하는 것이며, 비즈니스 애플리케이션에서 필요한 데이터를 효율적으로 추출할 수 있도록 지원한다.

DBMS는 데이터베이스의 구조를 정의하고, 데이터의 저장, 검색, 갱신 및 관리를 담당한다. 이 시스템은 데이터의 무결성과 일관성을 유지하며, 데이터 접근에 대한 보안과 권한 관리 기능을 제공한다. 또한, 다양한 사용자와 애플리케이션의 요구 사항을 수용할 수 있도록 설계되었다.

DBMS는 애플리케이션과 실제 데이터 파일 간의 중간자 역할을 수행한다. 이를 통해 애플리케이션은 데이터의 물리적 저장 위치나 구조를 몰라도 데이터에 접근하고 조작할 수 있다. DBMS는 이러한 요청을 받아서 데이터베이스의 데이터를 찾아 애플리케이션에 제공한다. 이 과정은 사용자에게 투명하게 이루어지며, 사용자는 복잡한 데이터베이스 구조를 신경 쓰지 않고 필요한 데이터에 접근할 수 있다.

DBMS는 데이터 중복성과 종속성 문제를 줄이고, 데이터 공유 및 가용성을 향상시키는 데 크게 기여한다. 데이터의 중복 저장을 줄이고, 중앙 집중식 데이터 관리를 통해 데이터의 일관성과 효율성을 높일 수 있다. 또한, 데이터베이스의 변경이나 확장이 필요할 때, DBMS는 이를 용이하게 만들어, 시스템의 유연성과 확장성을 제공한다.

이처럼, DBMS는 현대의 복잡한 데이터 관리 요구 사항에 대응하는 핵심 기술로, 데이터의 효율적인 저장, 관리, 검색 및 분석을 가능하게 하는 중요한 역할을 수행한다. 이는 조직의 정보 관리 능력을 강화하고, 의사 결정 과정을 지원하여 전반적인 업무 효율성과 성능을 향상시키는 데 기여한다.

관계형 데이터베이스

관계형 데이터베이스(RDB: Relational Database)는 데이터를 관리하는 방식 중 하나로, 데이터 관계형 모델에 기초하여 구축된다. 이 모델의 핵심은 데이터를 키(key)와 값(value)의 관계에 따라 테이블화하여 관리하는 것이다. 관계형 데이터베이스는 테이블 간의 관계를 통해 데이터를 조직화하고, 복잡한 데이터 집합 간의 상호 작용을 가능하게 한다.

관계형 데이터베이스의 각 테이블은 열(column)과 행(row)으로 구성된다. 열은 특정 종류의 데이터를 나타내며, 각 열에는 고유한 이름이 주어진다. 행은 개별 레코드를 나타내며, 각 행은 테이블에 저장된 하나의 데이터 항목이다. 키는 테이블 내에서 각 행을 고유하게 식별하는 데 사용되며, 이를 통해 데이터의 무결성을 유지한다.

관계형 데이터베이스에서는 테이블 간의 관계를 정의하는 것이 중요하다. 이러한 관계는 주로 외래 키(foreign key)를 통해 설정되며, 한 테이블의 행이 다른 테이블의 행과 어떻게 연결되는지를 나타낸다. 예를 들어, '고객' 테이블의 각 행은 '주문' 테이블의 여러 행과 연결될 수 있으며, 이러한 관계는 고객과 주문 사이의 관계를 표현한다.

관계형 데이터베이스는 데이터를 체계적으로 관리할 수 있게 하며, 복잡한 쿼리와 분석을 용이하게 한다. SQL(Structured Query Language)과 같은 질의 언어를 사용하여, 사용자는 다양한 조건에 맞는 데이터를 검색하고 조작할 수 있다. 이는 데이터 관리의 효율성과 유연성을 크게 향상시킨다.

관계형 데이터베이스는 데이터의 구조화, 검색, 유지 관리에 있어서 강력한 도구이며, 현대의 많은 비즈니스와 응용 프로그램에서 필수적인 요소로 사용된다. 데이터의 무결성, 보안, 쉬운 접근성을 제공함으로써, 조직은 효과적으로 데이터를 활용하여 의사 결정 과정을 지원하고 업무 효율성을 증진할 수 있다.

키와 관계

데이터베이스 시스템에서 "키(key)"는 데이터를 구별하고 관계를 정의하는 데 중요한 역할을 하는 요소이다. 주로 두 가지 유형의 키, 즉 기본 키(Primary Key, PK)와 외래 키(Foreign Key, FK)가 있다.

기본 키(PK, Primary Key, 주 키, 주요 키)

기본 키는 각 레코드를 고유하게 식별하는 데 사용되는 키이다. 한 테이블 내에서 모든 레코드는 서로 다른 기본 키를 가져야 하며, 중복되면 안 된다. 기본 키는 데이터의 무결성을 보장하는 데 핵심적인 역할을 하며, 각 레코드를 식별하는 데 사용된다. 예를 들어, 학생 정보를 저장하는 테이블에서 학생의 학번은 모든 학생에 대해 고유하므로, 이를 기본 키로 사용할 수 있다.

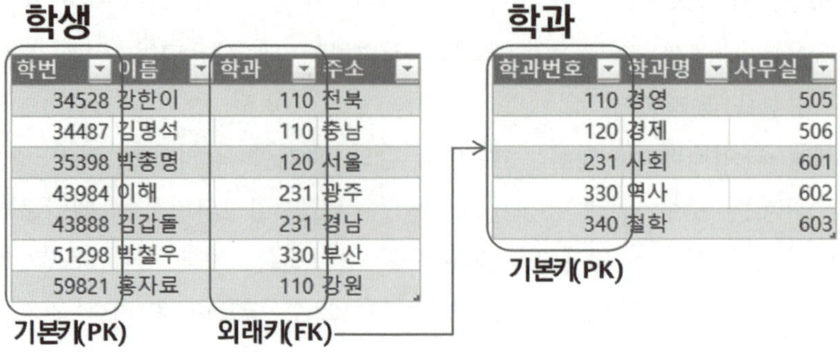

학번	이름	학과	주소
34528	강한이	110	전북
34487	김명석	110	충남
35398	박종명	120	서울
43984	이해	231	광주
43888	김갑돌	231	경남
51298	박철우	330	부산
59821	홍자료	110	강원

학과번호	학과명	사무실
110	경영	505
120	경제	506
231	사회	601
330	역사	602
340	철학	603

외래 키(FK, Foreign Key, 외부 키)

외래 키는 다른 테이블의 레코드를 참조하는 키로, 한 테이블의 필드가 다른 테이블의 기본 키를 참조한다. 외래 키는 데이터베이스 내의 다양한 테이블 간의 관계를 정의하는 데 사용된다. 예를 들어, 학생 테이블에 있는 '학과' 필드가 학과 테이블의 '학과번호' 필드(기본 키)를 참조하면, 이 '학과' 필드는 외래 키가 된다. 외래 키는 레코드 간의 관계를 나타내며, 데이터 간의 일관성과 무결성을 유지하는 데 중요한 역할을 한다.

기본 키와 외래 키는 관계형 데이터베이스의 핵심 구성 요소로, 데이터 간의 관계를 정의하고 데이터 무결성을 보장하는 데 필수적이다. 이러한 키를 통해 데이터베이스는 복잡한 데이터 집합 간의 관계를 체계적으로 관리하고, 효율적인 데이터 검색 및 조작을 가능하게 한다. 데이터의 정확성과 일관성을 유지하며, 사용자가 데이터를 쉽게 이해하고 활용할 수 있는 구조를 제공한다.

비관계형 데이터베이스 모델

관계형 데이터베이스는 데이터를 키와 값의 관계에 따라 테이블화하여 관리하는 모델이다. 이는 데이터를 체계적으로 관리하고 SQL과 같은 언어를 통해 조회, 추가, 갱신, 삭제를 수행할 수 있게 하지만, 스키마 고정이나 수평 확장성의 한계를 보이기도 한다. 이러한 한계를 보완하거나 특정 목적에 최적화된 다양한 데이터베이스 모델들이 존재한다. 여기에서는 관계형 데이터베이스 모델 이외의 주요 유형을 살펴본다.

전통적 비관계형 데이터 모델

관계형 모델 이전이나 동시대에 등장하여 데이터 모델의 진화 과정을 설명할 때 언급되는 고전적인 모델들이다.

구분	구조	특징 및 용도
계층형 데이터베이스 (Hierarchical DB)	트리 구조 (부모-자식 1:N 관계)	경로가 고정된 탐색에는 빠르지만, 복잡한 다대다 관계 표현이 어렵고 스키마 변경 불편
네트워크 데이터베이스 (Network DB)	그래프 구조(레코드 간 여러 부모-여러 자식 관계 허용)	계층형보다 유연하지만, 구조와 탐색이 복잡하여 설계와 유지 보수 복잡
객체 지향 데이터베이스 (OODBMS)	객체지향 언어의 클래스/객체 개념을 그대로 저장	상속, 다형성 등 복잡한 객체 구조 저장에 유리하지만, 표준 SQL 생태계와의 괴리와 도입 비용 때문에 대중화는 제한적
객체 관계형 데이터베이스 (ORDBMS)	관계형 데이터 모델과 객체지향 개념을 혼합	전통적인 RDBMS에 사용자 정의 타입, 테이블 상속 등 객체적 기능 결합

NoSQL 데이터베이스

NoSQL 데이터베이스는 관계형 데이터베이스의 스키마 고정 및 수평 확장 한계를 보완하기 위해 등장한 비관계형 데이터베이스 계열이다. NoSQL은 "Not Only SQL"의 의미로 사용된다.

구분	구조	특징 및 용도
키-값 데이터베이스 (Key-Value Store)	Key와 value 단순 매핑 구조	매우 단순하고 빠르며 수평 확장 용이. 세션 정보, 캐시, 쇼핑 카트와 같은 단순 데이터 저장에 적합
문서 지향 데이터베이스 (Document Store)	JSON, XML 등의 문서 단위로 데이터 저장	각 문서 구조가 달라도 허용하는 스키마 유연성이 특징이며, 반정형 데이터 저장에 강점
열 지향/컬럼 패밀리 데이터베이스 (Column-Family Store)	행보다 열 단위로 데이터를 저장 및 관리	대규모 분석, 로그 및 이벤트 데이터 처리에 적합
그래프 데이터베이스 (Graph DB)	노드(node)와 에지(edge)를 사용해 엔티티와 관계를 직접 표현	소셜 네트워크, 추천 시스템, 경로 탐색 등 연결 관계 중심 데이터에 최적화

특수 목적의 최신 데이터베이스

디지털 전환, 빅 데이터, 인공 지능 시대의 새로운 요구 사항을 충족시키기 위해 등장하고 있는 유형이다.

구분	구조	특징 및 용도
타임 시리즈 데이터베이스 (Time-Series DB)	시간 축을 기준으로 연속적으로 발생하는 데이터에 특화	센서 데이터, 로그, 금융 시계열 등 시간 기반 데이터의 인덱싱, 압축, 집계 성능에 최적화
벡터 데이터베이스 (Vector DB)	텍스트, 이미지 등을 벡터(임베딩)로 저장	생성형 AI, 추천 시스템 등 유사도 검색에 활용되며, 대규모 고차원 벡터에 대한 근사 최근접 이웃(ANN) 검색 알고리즘에 최적화
클라우드/분산 데이터베이스 (Cloud/Distributed DB)	물리적으로 분산된 여러 노드에 데이터 저장	고가용성, 수평 확장, 지리적 분산을 지원하며, 대부분 DBaaS(Database as a Service) 형태의 클라우드 서비스로 제공
인메모리 데이터베이스 (In-Memory DB)	디스크 대신 RAM에 데이터 저장	매우 빠른 응답 속도를 제공하며, 실시간 분석 및 트랜잭션 처리에 적합.

NewSQL과 분산 SQL 데이터베이스

NoSQL의 장점인 수평 확장성과 관계형 데이터베이스의 장점인 SQL 및 ACID 트랜잭션 보장을 결합하려는 현대적 RDBMS이다.

완전한 ACID 트랜잭션을 보장하고, 클라우드 및 분산 환경에서 수평 확장과 고가용성을 제공한다. OLTP(온라인 거래 처리)와 빅 데이터 실시간 처리 수요를 동시에 만족시키는 장점이 있다.

2 데이터베이스 관리 시스템의 구성과 데이터 관계

1. 데이터베이스 관리 시스템의 구성 요소

데이터베이스 관리 시스템(DBMS)은 데이터의 효율적인 관리와 활용을 위해 여러 중요한 구성 요소들로 이루어져 있다. 이러한 구성 요소들은 데이터베이스의 구축, 유지, 조작을 가능하게 하며, 사용자가 데이터베이스를 효과적으로 활용할 수 있도록 지원한다.

데이터 정의(Data Definition)

데이터 정의는 데이터베이스 내의 데이터 요소들을 정의하는 과정을 말한다. 이는 테이블, 필드, 데이터 유형, 제약 조건 등 데이터베이스를 구성하는 요소들의 구조와 특성을 설정하는 것을 포함한다. 데이터 정의는 DBMS의 데이터 정의 언어(DDL: Data Definition Language)를 통해 수행된다. 이 과정에서 생성되는 데이터 구조는 데이터베이스의 효율적인 사용과 데이터 무결성 유지에 필수적이다.

예를 들어, 대표적인 데스크톱 관계형 데이터베이스인 Microsoft Access의 경우 테이블 디자인 항목에서 데이터 정의를 확인할 수 있다.

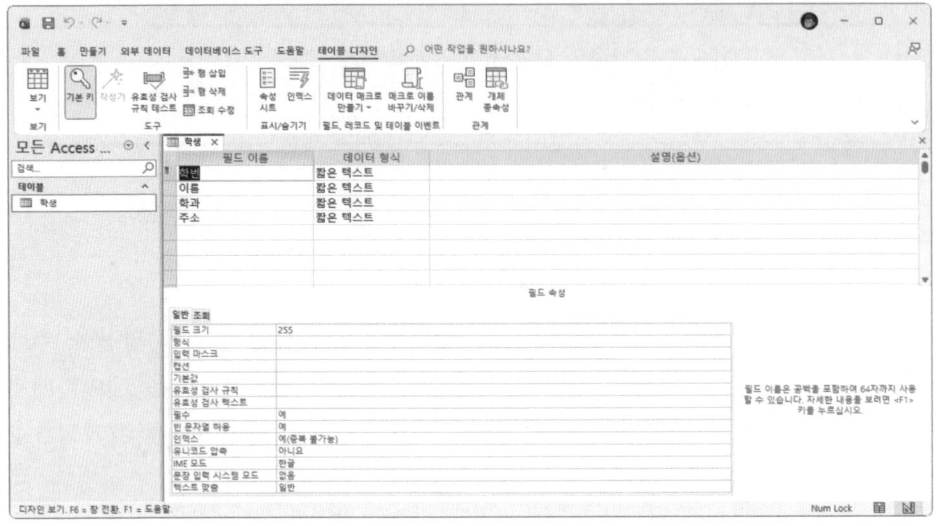

데이터 사전(Data Dictionary)

데이터 사전은 데이터베이스 내의 모든 변수에 대한 공식적인 정의와 설명을 포함하는 중요한 구성 요소이다. 데이터 사전은 데이터베이스의 메타데이터(metadata)를 저장하며, 각 데이터 항목의 유형, 사용 방법, 제약 사항 등에 대한 상세한 정보를 제공한다. 데이터 사전은 데이터베이스 관리자, 개발자 및 최종 사용자가 데이터베이스의 구조와 운영을 이해하는 데 도움을 준다.

데이터 조작 언어(DML: Data Manipulation Language)

데이터 조작 언어는 데이터베이스 내의 데이터를 검색, 삽입, 수정, 삭제하는 데 사용되는 언어이다.

이러한 구성 요소들은 DBMS가 데이터의 정의, 저장, 조작 및 관리를 체계적이고 효율적으로 수행할 수 있도록 지원한다. 데이터 정의는 데이터베이스의 기본 구조를 설정하고, 데이터 사전은 데이터베이스의 내용과 구조에 대한 상세 정보를 제공한다. 데이터 조작 언어는 사용자가 데이터베이스 내의 데이터와 상호 작용할 수 있게 해주는 도구로, 이 모든 요소들이 조화롭게 작동하여 데이터베이스 시스템의 전반적인 기능과 성능을 보장한다.

데이터 조작 언어

데이터 조작 언어(Data Manipulation Language, DML)는 데이터베이스 사용자나 응용 프로그램 소프트웨어가 데이터를 조회, 추가, 삭제, 갱신하기 위해 사용하는 데이터베이스 언어 또는 데이터베이스 언어 요소를 말한다. DML은 데이터의 실질적인 핸들링을 가능하게 하는 주요 도구로, 특정 데이터를 검색하거나 수정하거나 삭제하는데 사용된다.

현재 가장 대중적인 데이터 조작 언어는 SQL(Structured Query Language)이다. SQL은 관계형 데이터베이스 관리 시스템(RDBMS)에서 데이터를 조작하고 질의하는 데 사용되는 표준 언어다. 이는 사용자가 단순한 질의에서 복잡한 데이터베이스 트랜잭션까지 모두 처리할 수 있게 해주며, 동시에 데이터의 무결성을 유지해준다.

따라서, 데이터 조작 언어인 DML와 그 중 가장 대표적인 SQL은 데이터베이스 환경에서 정보를 효과적으로 처리하고 관리하는 데 필요한 핵심 요소이며, 이들은 데이터 관리의 기본적인 기능을 수행하게 해준다.

데이터 조작의 종류에는 크게 추가, 갱신, 삭제, 조회가 있다.

- 추가(add): 데이터베이스에 새로운 데이터를 입력하는 작업을 말한다. 사용자는 데이터 항목을 정의하고, 해당 값들로 새 데이터를 구성하여, 데이터베이스에 추가할 수 있다. 이는 새로운 정보가 생성되었을 때, 그 정보를 데이터베이스에 반영하기 위한 주요한 작업이다.
- 갱신(change): 기존 데이터베이스에 저장된 데이터의 값을 변경하는 작업을 말한다. 이미 저장된 데이터의 정보가 변경되었을 때 이를 반영하기 위해 사용된다. 데이터베이스에서 갱신(또는 수정)은 특정 데이터 항목의 값을 원하는 값으로 변경하는 연산을 포함한다.
- 삭제(delete): 데이터베이스에서 더 이상 필요하지 않은 데이터를 제거하는 작업을 의미한다. 데이터의 유효 기간이 지나거나, 데이터가 더 이상 정확하지 않거나, 더 이상 필요 없는 경우에 데이터베이스에서 해당 데이터를 삭제한다.
- 조회(retrieve): 데이터베이스에 저장된 데이터 중 원하는 정보를 추출하는 작업을 말한다. 데이터베이스에는 수많은 데이터가 저장되어 있지만, 특

정 정보가 필요한 경우에 그에 해당하는 데이터만을 선택, 추출이 필요할 때 사용한다.

이처럼, 데이터 조작은 데이터베이스에 저장된 정보를 효율적으로 활용하는 데 필수적인 작업들로 구성되어 있다. 추가, 갱신, 삭제, 조회와 같은 데이터 조작 작업을 잘 이해하고 활용하는 것이 중요하다.

2. SQL

개념

Structured Query Language(구조적 질의 언어), 일반적으로 SQL(에스큐엘 또는 시퀄로 발음)이라고 부른다. 이는 관계형 데이터베이스 관리 시스템(RDBMS)의 데이터를 관리하기 위해 설계된 특수 목적의 프로그래밍 언어다.

SQL은 데이터베이스에서 정보를 검색, 추가, 갱신, 삭제하는 데 필요한 다양한 명령을 제공한다. 이 명령들은 SELECT, INSERT, UPDATE, 'DELETE 등으로 대표되며, 이를 통해 사용자는 원하는 바에 따라 데이터베이스의 데이터를 다룰 수 있다.

SQL의 주목적은 사용자가 복잡한 질의를 간결하고 이해하기 쉬운 언어로 표현할 수 있게 하는 것이다. 사용자는 SQL 질의를 이용해 데이터베이스로부터 원하는 정보를 쉽게 검색하거나, 데이터의 추가, 수정, 삭제를 진행할 수 있다.

또한, SQL은 많은 데이터베이스 애플리케이션에서 표준으로 채택되어 있다. 데이터베이스 관리 시스템인 오라클, MySQL, PostgreSQL, SQLite 등 대다수의 시스템에서 SQL을 지원하며, 이는 SQL이 데이터 관리 분야에서 그 유연성과 범용성을 인정받고 있음을 잘 보여준다.

따라서, SQL은 데이터베이스에서 데이터를 효율적으로 관리하고 조회하는 데 있어 핵심적인 역할을 수행하는 언어로, 데이터 관리와 분석에 종사하는 전문가들은 물론 여러 분야의 IT 전문가 및 사용자들에게도 꼭 필요한 기술이다.

데이터 조작

앞서 데이터베이스에서 데이터를 다루는 작업, 즉 데이터 조작의 핵심은 추가, 갱신, 삭제, 조회로 분류하였다. 이러한 각 데이터 조작은 SQL의 명령어들과 직접적으로 연결되어 있다.

- INSERT: 새로운 데이터를 데이터베이스에 '추가'하는 역할을 하여. INSERT는 지정된 테이블에 새로운 행을 삽입하는 데 사용된다. 이 명령어를 사용하면 사용자는 데이터 항목을 정의하고 해당 값들로 새 데이터를 구성, 데이터베이스에 추가할 수 있다.
- UPDATE: 기존 데이터베이스에 저장된 데이터를 '갱신'하는 역할을 한다. UPDATE는 기존 데이터 행의 값을 변경하는데 사용된다. 데이터베이스에 이미 저장된 데이터의 정보가 변경되었을 때 해당 값을 반영한다.
- DELETE: 데이터베이스에서 더 이상 필요하지 않은 데이터를 '삭제'하는 역할을 한다. 데이터의 유효 기간이 지나거나, 더 이상 정확하지 않거나, 더 이상 필요 없는 경우 해당 데이터를 삭제한다.
- SELECT: 데이터베이스에 저장된 데이터 중 원하는 정보를 '조회'하는 역할을 한다. SELECT는 데이터베이스에서 원하는 데이터를 조회하거나 검색하는 데 사용된다. 사용자는 이 명령어를 이용해 특정 정보가 필요한 경우, 그에 해당하는 데이터만 선택하여 추출한다.

SQL 구문(SQL문) 사용 예

"학생 테이블에서 경영학과 학생들의 이름과 주소만 추출하시오."

학생

학번	이름	학과	주소
34528	강한이	110	전북
34487	김명석	110	충남
35398	박총명	120	서울
43984	이해	231	광주
43888	김갑돌	231	경남
51298	박철우	330	부산
59821	홍자료	110	강원

```
SELECT 학생.이름, 학생.주소
FROM 학생
WHERE 학생.학과="110"
```

MS Access에서는 위와 같이 SQL을 직접 입력하는 방식뿐만 아니라 쿼리 디자인 기능을 통해 시각적 인터페이스와 간단한 마우스 조작으로 쿼리문을 생성할 수 있다. 이런 기능을 QBE(Query By Example)라고 한다.

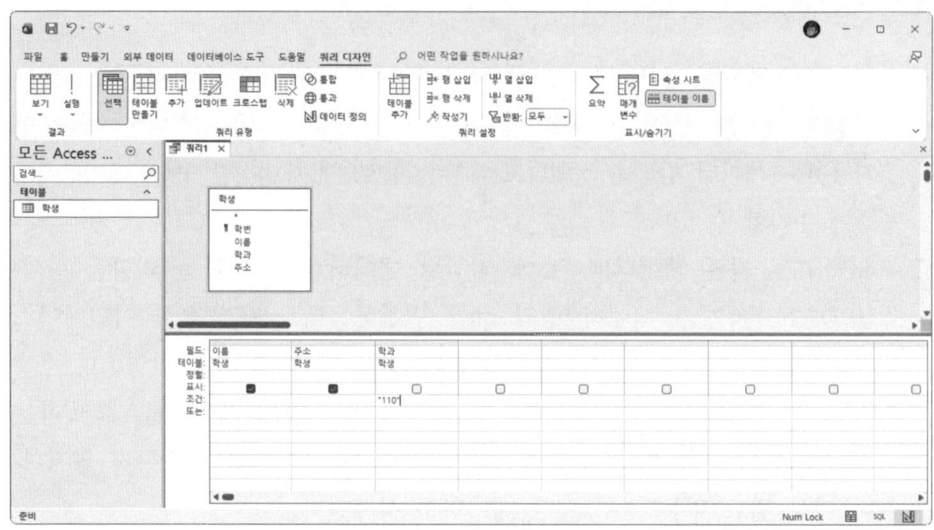

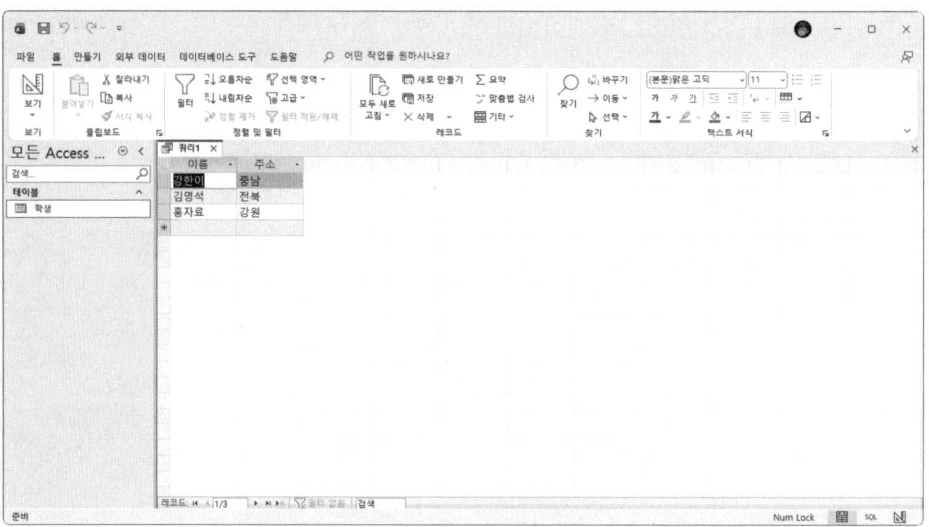

참고문헌

"[Excel] 파워 쿼리를 이용하여 데이터 조회하기", 2018. 4. 26.
https://youtu.be/C8-wyfxMNFI

3. 트랜잭션과 ACID 원칙

트랜잭션(transaction)은 데이터베이스에서 수행되는 하나의 작업 단위를 구성하는 논리적 묶음을 말한다. 여러 개의 SQL 문장이 하나의 트랜잭션을 이루며, 이 묶음은 모두 성공적으로 처리되거나 전혀 처리되지 않은 것처럼 보이도록 관리된다. 트랜잭션은 데이터베이스의 일관성과 안전성, 신뢰성을 유지하는 데 핵심적인 개념이다.

트랜잭션은 일반적으로 ACID라고 부르는 네 가지 기본 특성을 만족하도록 설계된다. ACID는 다음과 같은 네 가지 특성을 뜻하는 단어의 머리글자로, 트랜잭션이 가져야 할 품질 특성을 요약한 것이다.

- 원자성(Atomicity): 트랜잭션을 구성하는 여러 작업이 모두 수행되거나(All) 전혀 수행되지 않아야(None) 하는 성질을 의미한다. 트랜잭션 도중 하나의 작업이라도 실패하면, 그 시점까지 이루어진 모든 변경 내용은 롤백(rollback)되어 트랜잭션 시작 이전의 상태로 되돌아간다. 이를 통해 데이터베이스는 "부분적으로만 수행된 결과"가 남지 않도록 보호된다.
- 일관성(Consistency): 트랜잭션 수행 전후에 데이터베이스가 항상 정의된 규칙과 제약 조건을 만족하는 유효한 상태를 유지해야 함을 의미한다. 기본키, 참조 무결성, 도메인 제약, 비즈니스 규칙 등 설계 단계에서 정의한 제약 조건을 위배하는 트랜잭션은 완료(commit)될 수 없다. 따라서 설계, 정규화, 무결성 제약으로 정의된 논리적 구조가, 트랜잭션 실행 과정에서도 깨지지 않도록 보장하는 역할을 한다.
- 격리성(Isolation): 동시에 실행되는 여러 트랜잭션이 서로 간섭하지 않고 독립적으로 실행되는 것처럼 보이도록 하는 성질이다. 다수의 사용자가 동시에 데이터를 읽고 쓰는 환경에서 한 트랜잭션의 중간 결과가 다른

트랜잭션에 노출되면, 잘못된 조회 결과나 모순된 갱신이 발생할 수 있다. DBMS는 잠금(lock)과 트랜잭션 격리 수준(isolation level) 등의 메커니즘을 통해 트랜잭션 간 간섭을 제어하고, 가능한 한 일관된 보기(consistency view)를 제공한다.

- 지속성(Durability): 성공적으로 완료된 트랜잭션의 결과가 시스템 장애 이후에도 보존되어야 하는 성질을 의미한다. 전원 장애나 시스템 오류가 발생하더라도, 완결된 변경 내용은 로그(log), 재실행, 복구 메커니즘 등을 통해 영구적으로 저장되어야 한다. 이를 통해 사용자는 "완료된 데이터는 안전하다"는 가정을 신뢰할 수 있다.

이처럼 ACID 원칙은 데이터베이스 트랜잭션이 정확하고 예측 가능하게 동작하도록 보장하는 최소한의 기준이다. 데이터베이스 관리 시스템은 트랜잭션 처리 시 ACID 특성을 지원함으로써, 기업 환경에서 요구되는 높은 수준의 데이터 무결성과 안정성을 제공하게 된다.

07

데이터베이스의 설계와 응용

1 데이터베이스 설계

2 데이터 웨어하우스와 데이터 마이닝

3 데이터 분석과 관리

CHAPTER

07

데이터베이스의 설계와 응용

1 데이터베이스 설계

1. 데이터베이스 설계

개념

데이터베이스 설계는 데이터베이스의 효율적인 운영과 관리를 위한 핵심 과정이다. 이 과정은 데이터베이스의 상세한 자료 모형을 만드는 작업을 포함한다.

관계형 데이터베이스에서 데이터베이스 설계는 기본적으로 기저 관계(관계 및 테이블)의 집합과 도출 관계(뷰)의 집합을 의미한다. 기저 관계는 데이터베이스를 구성하는 기본 테이블들을, 도출 관계는 이러한 기본 테이블로부터 유도된 뷰들을 의미한다.

하지만 데이터베이스 설계라는 용어는 설계 공정 전체에 대해 적용되므로, 기본 데이터 구조뿐만 아니라 데이터베이스와 상호 작용하는 애플리케이션 전체의 일부분을 포함한다. 이는 사용자 인터페이스로부터 데이터 요청에 이르기까지의 모든 과정을 포함한다.

특히, 데이터베이스 설계 과정에서는 데이터 조작, 즉 데이터 질의에 관한 부분도 크게 감안된다. 어떠한 데이터 요청이 들어올 때, 그 요청에 대응할 수 있는 적합한 데이터 구조를 설계하는 것은 물론, 해당 요청을 효과적으로 처리할 수 있는 데이터 질의 방식을 설계하는 것이 중요하다.

따라서, 효율적인 데이터베이스 설계를 위해서는 데이터의 구조와 데이터베이스의 운영 방식, 데이터베이스와 상호 작용하는 애플리케이션의 요구 사항 등을 종합적으로 고려하여 설계 과정을 진행하는 것이 필요하다.

단계 및 고려 사항

데이터베이스 설계는 여러 단계와 고려 사항을 통해 이루어진다. 다음은 데이터베이스 설계의 주요 단계와 각 단계에서 고려해야 하는 사항이다.

첫 번째 단계는 **데이터베이스의 목적 설정**이다. 이 단계에서는 데이터베이스가 어떤 목적을 가지고, 어떤 데이터를 관리하며, 어떤 사용자 요구를 충족시킬 것인지를 정의한다. 이는 데이터베이스 설계의 전반적인 방향을 결정하며, 모든 설계 과정의 기준이 된다.

다음 단계는 **필요한 정보의 도출 및 정리**이다. 이 단계에서는 데이터베이스가 다루게 될 정보를 충분히 이해하고, 그 정보를 체계적으로 구분 및 정리한다. 이를 통해 데이터베이스의 핵심 데이터 항목들을 도출하게 된다.

세 번째 단계는 **정보를 테이블로 재구성**하는 것이다. 이는 도출된 정보를 구체적인 테이블과 그 구조로 변환하는 작업이다. 이 과정에서는 테이블 간의 관계를 고려하면서, 목적에 적합한 테이블 구조를 설계한다.

다음은 **정보 항목을 필드(열, 속성)로 변환**하는 단계이다. 이 단계에서는 테이블을 이루는 각 항목을 필드로 변환하며, 각 필드의 속성을 명확히 정의한다.

또한, **기본 키 지정** 단계에서는 각 테이블에서 독립적으로 행을 식별할 수 있는 기본 키를 지정한다. 기본 키는 각 행을 유일하게 식별하며, 테이블 간의 관계를 형성하는 데 중요한 역할을 담당한다.

그다음, **테이블 관계 규정** 단계에서는 테이블 간의 관계를 정의한다. 테이블 간의 관계는 데이터베이스에서 데이터를 조작하거나 질의하는 데 필수적인 정보를 제공한다.

마지막으로, **설계 정교화(오류 점검) 및 정규화 과정**을 진행한다. 이는 데이터베이스 설계의 완정성을 확보하고, 데이터의 중복을 제거하며, 데이터의 일관성과 무결성을 유지하기 위한 과정이다.

이러한 다양한 단계와 고려 사항을 통해 데이터베이스 설계는 효율적이고 목적에 부합하는 방식으로 수행될 수 있다. 이 과정은 단순히 정보를 저장하는 것이 아니라, 정보를 효과적으로 관리하고 활용할 수 있는 구조를 만드는 일이다.

2. 정규화와 참조 무결성

정규화의 개념

데이터베이스 설계에서 "정규화(Normalization)"는 핵심적인 개념이다. 정규화는 관계형 데이터베이스 설계에서 중복을 최소화하게 데이터를 구조화하는 프로세스를 말한다. 이는 데이터베이스의 효율성과 신뢰성을 높이는 데 중요한 역할을 한다.

정규화 과정은 크고 잘 조직되지 않은 테이블들과 관계들(비정규형)을 작고 잘 조직된 테이블과 관계들(정규형, Normal Form)로 나누는 과정이다. 이 과정을 통해 중복된 데이터를 제거하며, 데이터 공간을 효율적으로 활용할 수 있다.

또한, 정규화는 데이터의 일관성과 무결성을 보장하는 데 중요한 요소이다. 정규화를 통해, 하나의 테이블에서 데이터의 삽입, 삭제, 변경이 정의된 관계들로 인해 데이터베이스의 나머지 부분으로 전파되게 한다. 이는 데이터의 일관성을 유지하며, 데이터가 갱신될 때 발생할 수 있는 논리적 모순을 방지하는 데 도움을 준다.

정규화 과정은 데이터베이스의 구조를 분석하고, 각 테이블과 필드가 가지는 결합성과 의존성을 고려하면서 몇 가지 정규형에 따라 수행된다. 이는 데이터베이스의 구조를 개선하고, 데이터의 중복을 제거하며, 관리 효율을 높이는 데 기여한다.

따라서, 데이터베이스 설계에 있어 정규화는 데이터를 효율적이고 목적에 부합하는 방식으로 구조화하기 위한 충분히 중요한 과정이다. 이를 통해 데이터 관리와 조작, 사용자의 정보 요구 등에 대한 전반적인 효율성을 향상할 수 있다.

정규화의 예

| 비정규화 테이블(정규화 작업이 필요한 테이블) |

제목	저자	저자 연락처	가격	주제	페이지	출판사	분야 번호	분야
경영정보 시스템	박철우	010-123-4567	30,000	-경영 -정보기술 -정보시스템	500	ABC	1	대학 교재

| 기본 키 지정(ISBN#) |

ISBN \#	제목	저자	저자 연락처	가격	주제	페이지	출판사	분야 번호	분야
1234	경영정보 시스템	박철우	010-123-4567	30,000	-경영 -정보기술 -정보시스템	500	ABC	1	대학 교재

도서

ISBN \#	제목	저자	저자 연락처	가격	페이지	출판사	분야 번호	분야
1234	경영정보 시스템	박철우	010-123-4567	30,000	500	ABC	1	대학 교재

주제

ISBN#	주제명
1234	경영
1234	정보 기술
1234	정보 시스템

하나의 필드에는 하나의 값만 표시하도록 조정(도서 테이블에서 주제 필드의 값이 여러 개여서 이를 주제 테이블 추가로 조정)

도서

ISBN#	제목	저자	가격	페이지	출판사	분야 번호
1234	경영정보시스템	박철우	30,000	500	ABC	1

주제

ISBN#	주제명
1234	경영
1234	정보 기술
1234	정보 시스템

저자

저자명	저자 연락처
박철우	010-123-4567

분야번호	분야명
1	대학 교재

외래 키로 관계를 유지하면서 추가 테이블 생성하여 정규화 완료

참조 무결성의 원칙

데이터베이스 설계에서 "참조 무결성(Referential Integrity)의 원칙"은 데이터베이스의 일관성과 신뢰성을 보장하는 핵심 원칙이다. 이 원칙은 관계 데이터베이스 관계 모델에서 두 개의 연관된 관계 변수(테이블) 간의 일관성을 의미한다.

참조 무결성의 원칙을 통해 다른 테이블의 외래 키에 의해 참조되는 행을 삭제하는 경우를 방지한다. 다시 말해, 한 테이블의 특정 행이 다른 테이블의 외래 키로 참조되고 있다면, 이 행은 삭제되거나 변경될 수 없다. 이는 무결성을 유지하고 데이터의 일관성을 보장하기 위함이다.

예를 들어, 보고서 테이블에서 특정 보고서를 확인하고 이를 작성한 직원의 내선 번호를 확인하려고 한다. 그렇다면 보고서 테이블의 '작성자 사번' 필드가 외래 키가 되고, 이를 기본 키로 하고 있는 직원 테이블로 가서 필요한 사번의 레코드를 뽑아 이름이나 내선 번호 등 필요한 데이터를 확인하게 된다. 이때 보고서 테이블에는 작성자 사번이 기재된 직원의 레코드가 직원 테이블에서 어떤 이유로든 사라져 버렸다고 한다면 이는 참조 무결성이 깨진 것이고, 참조 무결성의 원칙에 위배되었다고 한다.

보고서

보고서 번호	제목	작성자 사번	작성 일자
1234	부산 시장 조사 보고서	4578	2010/05/08
1235	광주 지점 직원 현황	4563	2012/10/23
1340	고객 센터 이용 만족도	4633	2015/12/20
…			
2623	유럽 시장 진출 계획	4591	2060/09/02

직원

사번	이름	내선 번호	소속 부서 번호
4631	강감찬	8902	101
4632	홍길동	8906	101
4633	이순신	8911	102
…			

이러한 원칙은 DBMS에서 일반적으로 삭제 방지 절차를 마련함으로써 이를 유지하도록 한다. 즉, 참조 무결성 원칙에 위배되는 삭제나 변경을 시도하면, DBMS는 이를 방지하고 오류 메시지를 통해 사용자에게 알린다.

이렇게 참조 무결성의 원칙은 데이터베이스의 일관성과 무결성을 보장하는데, 이는 데이터베이스의 특성상 중요한 이슈이다. 이 원칙을 지키지 않을 경우, 데이터의 중복, 애매성, 잘못된 정보 등을 나타날 수 있으므로, 데이터베이스 설계와 운영 과정에서 반드시 핵심 원칙으로 유지되어야 한다.

3. 개체 관계도(ERD)

개념

데이터베이스 설계에서 "개체 관계도(Entity-Relationship Diagram, ERD)"는 개체 관계 모델을 도식화하여 표현한 결과물이다. 개체 관계 모델이란, 복잡한 시스템을 개체와 그 개체 간의 관계로 모델링하는 방법을 말한다. 이는 데이터베이스 설계의 초기 단계에서 사용되며, 사용자의 정보 요구를 분석하고 시스템의 데이터 구조를 시각화하는 데 유용하다.

ERD의 주요 구성 요소는 개체, 속성, 관계이다. 개체는 독립적으로 존재하며, 식별 가능한 정보의 단위이다. 속성은 개체의 특징을 나타내는 정보이다. 관계는 개체 간의 연결을 나타내며, 개체와 개체 사이에서 발생하는 상호 작용을 표현한다.

데이터 관계(Relation)는 데이터베이스에서 매우 중요한 개념으로, 특히 관계형 데이터베이스에서 주요한 역할을 한다. 근본적으로, 데이터 관계는 여러 데이터 간의 연결을 표현한다. 이는 테이블 간의 관계뿐 아니라 테이블 내부의 행들 간의 관계에도 적용된다. 이는 동일한 구조로 이루어진 튜플(레코드 또는 행)의 집합을 의미한다. 이는 객체 간의 관계를 나타내거나 상호 작용을 표현하는 데 사용된다.

데이터 관계에는 대표적으로 '일대일'(one-to-one), '일대다'(one-to-many), '다대다'(many-to-many)의 세 가지 유형이 있다.

일대일 관계는 한 개체가 다른 개체 하나만 연관될 수 있는 경우를 말한다. 이는 예를 들어 한 학생과 학번과 같은 유일한 속성 간의 관계를 나타낸다.

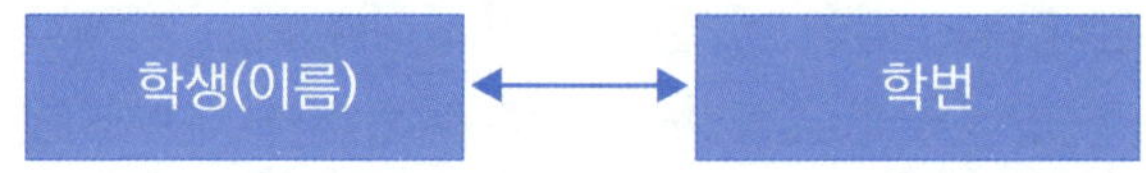

일대다 관계는 한 개체가 여러 개체와 연관될 수 있는 경우를 말한다. 이는 예를 들어 한 개의 교과목과 이를 수강하는 여러 학생과 같은 관계를 나타낼 수 있다.

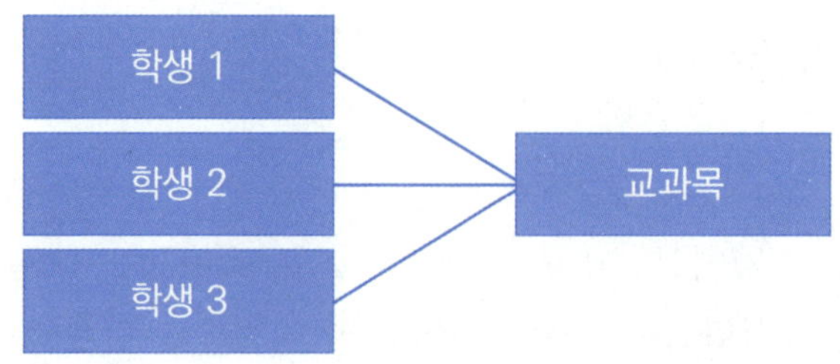

다대다 관계는 여러 개체가 여러 개체와 연관될 수 있는 경우를 말한다. 이는 예를 들어 여러 학생들과 이들이 수강하는 여러 교과목과의 관계를 나타낼 수 있다.

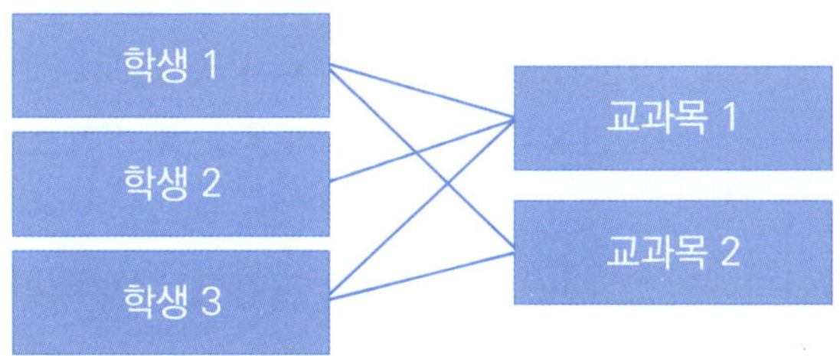

이러한 관계 유형은 동일한 개체 간에도 업무 방식이나 필요에 따라 다르게 적용될 수 있다. 또한 이러한 관계 유형은 데이터베이스 설계뿐 아니라, 질의 작성과 데이터 분석 시에도 중요한 참고가 된다.

ERD를 구성할 때 사용하는 방법으로 다양한 모델들이 있다. 각 모델마다 도형과 심볼을 사용하는 방식이 다르지만, 그 핵심은 개체와 관계를 명확하게 표현하는 것으로 대략적으로 이해하는 것은 크게 어렵지 않다.

ERD 예

저자와 도서 두 개의 개체가 일대다의 관계로 연결되어 있다. 한 명의 저자는 자신의 도서가 한 권도 없거나 여러 권이 있을 수 있으며, 한 권의 도서는 자신과 연결된 저자 한 명이 반드시 존재한다.

한 명의 저자는 자신의 도서가 적어도 한 권 이상 있으며, 특정 도서는 자신과 연결된 저자 한 명이 반드시 존재한다.

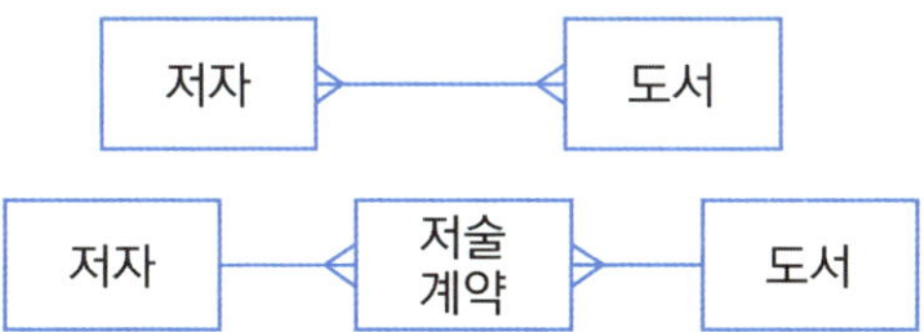

저자와 도서가 다대다 관계로 연결되어 있을 때는 실제 설계 시 일대다, 다대일 관계로 분리해야 하며, 이를 위해 저술 계약과 같은 임의의 개체를 생성해야 한다.

개체 관계도의 중요성

ERD의 중요성은 데이터베이스 시스템의 요구 사항 분석과 구축을 위한 가장 핵심적인 도구로의 역할에서 나온다. 단순히 시스템의 데이터 구조를 시각적으로 표현하는 도구를 넘어, ERD는 설계 및 구축 담당자(IT 부서)와 운영 및 사용 담당자(현업 부서) 간의 커뮤니케이션의 과정을 체계적으로 기록하는 중요한 역할을 수행한다.

이를 통해 데이터베이스 시스템의 요구 사항이 분명해지며, 향후 발생할 수 있는 이슈에 대해 책임 소재를 명확하게 할 수 있다. 이는 시스템의 효율성을 높이고, 문제 발생 시 빠른 해결을 돕는다.

또한, 간단한 ERD는 실제 업무에서 데이터의 패턴이나 관계를 파악하는 데 도움을 준다. 현업 부서에서는 이런 ERD를 직접 작성하여 요구 사항을 IT 부서에 더욱 명확하게 전달하는 데 활용할 수 있다. 이는 IT 부서와 현업 부서 간의 커뮤니케이션 효율을 높이고, 요구 사항을 정확하게 반영한 데이터베이스 시스템의 구축을 도울 수 있다.

2 데이터 웨어하우스와 데이터 마이닝

1. 데이터 웨어하우스

개념

데이터 웨어하우스(Data Warehouse, DW)[1]는 사용자의 의사 결정에 도움을 주는 특수 목적의 데이터베이스이다. 일반적인 데이터베이스 시스템이 현재의 트랜잭션 데이터를 실시간으로 관리하는 데 비해, 데이터 웨어하우스는 기간 시스템의 데이터베이스에 축적된 데이터를 공통의 형식으로 변환하여 관리한다.

1) Dataware House로 쓰지 않도록 주의한다.

데이터 웨어하우스는 기업 내외부 곳곳에 산재해 있는 각종 유형의 데이터를 기업 수준(enterprise level)에서 통합 관리하는 대규모 데이터베이스(large-scale database)다. 이에 따라 조직의 의사 결정 과정이 단순화되고, 데이터에 대한 접근성이 향상된다. 다양한 데이터 원천으로부터 추출되어 변환, 통합, 저장되는 데이터 웨어하우스의 데이터는 일관성이 있고, 대규모의 사실 기반 정보를 제공하여 조직 내의 다양한 사용자가 정보를 원하는 방식으로 이용할 수 있다.

또한, 방대한 조직 내에서 분산 운영되는 각각의 데이터베이스 관리 시스템을 효율적으로 통합하여 조정·관리하는 역할을 한다. 따라서, 데이터 웨어하우스는 기업의 정보를 한곳에 모아 분석을 촉진하고, 사용자가 한 번에 집계, 비교하고, 역사적 데이터를 분석하는 데 도움을 준다.

그러므로 데이터 웨어하우스는 조직의 데이터를 한눈에 볼 수 있게 하는 중요한 역할을 담당하며, 이는 의사 결정 과정에서 중요한 분석 도구가 될 수 있다. 효과적인 데이터 웨어하우스 시스템은 비즈니스 인텔리전스를 구현하고, 목표 달성에 도움을 주는 데 있어 필수적인 요소이다.

특징

데이터 웨어하우스의 핵심적인 특징은 다음과 같이 네 가지로 요약할 수 있다.

주제 지향성(Subject-oriented)

데이터 웨어하우스가 특정 주제나 영역에 초점을 맞춘 특성을 말한다. 이는 데이터 웨어하우스가 특정 주제에 관한 의사 결정에 필요한 데이터를 제공하며, 그런 방식으로 정보가 필요한 사용자의 요구에 응답한다는 것을 의미한다.

통합성(Integrated)

데이터 웨어하우스가 조직 내외부의 다양한 소스에서 온 데이터를 하나의 곳에서 통합적으로 관리한다는 특성을 말한다. 이는 데이터의 일관성과 통합성을 보장하며, 그로 인해 데이터의 질이 향상되고 정보의 누락이나 중복이 줄어든다.

시계열성(Time-variant)

데이터 웨어하우스가 시간에 따른 데이터의 변화를 추적하고 저장한다는 특성을 말한다. 이는 과거의 패턴을 분석하여 미래의 경향을 예측하는 데 도움이 된다.

비휘발성(Nonvolatile)

데이터 웨어하우스에 저장된 데이터가 휘발되지 않으며, 한번 저장되면 그 데이터가 변경되거나 삭제되지 않는 특성을 말한다. 이는 데이터베이스의 안정성과 신뢰성을 보장하는 특성이다.

이렇게 데이터 웨어하우스의 특징을 이해하는 것은 조직의 의사 결정 과정을 지원하고, 데이터에 대한 통찰력을 높이는데 중요하다. 이 특징들을 바탕으로 조직은 데이터를 효율적으로 활용하고, 경쟁력을 갖춘 의사 결정을 하는 데 도움을 받을 수 있다.

구조

데이터 웨어하우스의 구조는 조직 내외부의 다양한 데이터 원천에서 출발해, ETL(Extract, Transform, Load) 과정을 통해 데이터 웨어하우스로 통합하고 이를 바탕으로 데이터 마트를 구성하며 최종적으로 현업 사용자 및 현업 부서가 활용하는 흐름으로 이루어진다.

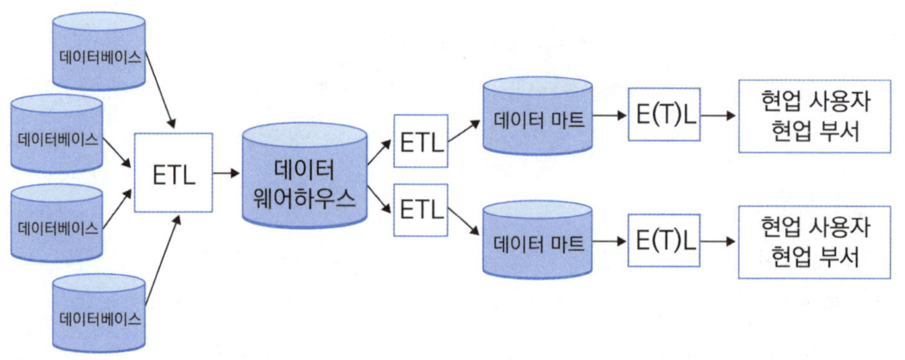

첫 번째 단계는 다양한 데이터 원천에서 데이터를 추출하는 것이다. 데이터 원천은 일반적으로 조직 내외부에 산재한 분산된 시스템 또는 데이터베이스로, 이러한 곳에서 필요한 데이터를 얻기 위해 추출 과정이 필요하다.

다음 단계는 추출된 데이터를 데이터 웨어하우스가 요구하는 형식과 구조로 변환하는 과정이다. 이 변환 과정에서 데이터의 일관성 및 품질을 보장하기 위해 필요한 데이터 정제 및 통합 작업이 이루어진다.

이렇게 변환된 데이터는 마지막으로 데이터 웨어하우스에 로드(탑재, 적재)된다. 이 과정을 통해 데이터 웨어하우스는 다양한 데이터 원천으로부터 추출된 데이터를 통합적으로 관리하며, 이는 데이터에 대한 접근성을 향상시키고 조직의 의사 결정을 지원한다.

데이터 웨어하우스에서는 통합된 데이터를 바탕으로 특정 목적에 맞게 구성된 데이터 마트(data mart)를 구성하기도 한다. 데이터 마트는 특정 주제나 사업 영역 등을 중심으로 한 작은 규모의 데이터 웨어하우스로서, 이를 통해 현업 사용자나 특정 부서는 필요한 데이터를 빠르고 효율적으로 활용할 수 있다.

따라서, 데이터 웨어하우스의 구조는 다양한 데이터 원천으로부터 데이터를 추출, 변환, 로드하는 ETL 과정, 그리고 이를 바탕으로 데이터 마트를 구성하여 현업 사용자나 부서가 활용하는 흐름으로 이루어진다. 이를 통해 조직은 산재한 데이터를 효율적으로 통합, 활용하며 더 나은 의사 결정을 지원할 수 있다.

ETL 과정

ETL 과정은 데이터 웨어하우스 구축에서 핵심적인 역할을 하는 데이터 처리 절차이다. ETL은 다음 세 단계를 추려 지칭하는 용어이다

Extract(추출)

추출 과정에서는 다양한 데이터 소스로부터 필요한 데이터를 수집한다. 이 데이터 소스는 동일 기종 또는 이질 기종일 수 있다. 예를 들어, 기업 내부의 ERP 시스템, 외부의 소셜 미디어 플랫폼, 공개 데이터 집합 등이 이에 해당한다. 이 과정에서 중요한 점은 데이터의 정확성과 완전성을 보장하는 것이다. 잘못된 데이터 추출은 전체 ETL 프로세스의 효율성을 저하시킬 수 있으므로, 추출 단계에서의 데이터 검증 및 클렌징(Data Cleansing) 작업이 필수적이다.

Transform(변환)

변환 단계에서는 추출된 데이터를 목적에 맞게 적절한 포맷이나 구조로 변환한다. 이 과정에서 데이터는 정제(Cleansing), 표준화(Standardization), 결합(Merging), 분할(Splitting) 등 다양한 처리를 거친다. 예를 들어, 다양한 소스로부터 온 데이터의 날짜 포맷이 다를 수 있는데, 이를 통일된 포맷으로 변환하는 것이다. 또한, 불필요한 데이터를 제거하고, 중요한 정보를 추출하여 효율적인 데이터 구조로 재구성하는 작업도 이루어진다. 변환 과정은 데이터의 품질과 데이터 웨어하우스의 성능에 직접적인 영향을 미치므로 매우 중요하다.

Load(적재[2])

적재 과정에서는 변환된 데이터를 최종 대상인 데이터 웨어하우스에 저장한다. 이 단계에서는 데이터의 일관성과 무결성을 유지하는 것이 핵심이다. 데이터는 일반적으로 배치(Batch) 처리를 통해 주기적으로 적재되지만, 실시간이나 실시간에 준하여 적재되는 경우도 있다. 적재된 데이터는 분석, 보고서 작성, 의사 결정 지원 등 다양한 비즈니스 인텔리전스 활동에 사용된다.

ETL 과정은 데이터의 질과 가용성을 보장하며, 기업의 데이터 기반 의사결정에 필수적인 기여를 한다. 이 과정은 데이터의 신뢰성과 정확성을 확보하는 동시에, 다양한 데이터 소스로부터 통합된 정보를 제공함으로써 비즈니스 통찰력(Business Insight)을 증진시키는 데 중요한 역할을 한다.

데이터 마트

데이터 마트(Data Mart, DM)는 데이터 웨어하우스 환경에서 중요한 구성요소로, 특정 부서나 팀의 요구에 맞춰 설계된 데이터의 접근 계층이다. 이는 데이터 웨어하우스의 한 부분으로, 데이터를 효율적으로 꺼내 사용자에게 제공하는 역할을 수행한다.

데이터 웨어하우스와의 관계

데이터 마트는 데이터 웨어하우스에서 파생된 개념으로, 데이터 웨어하우스가 조직 전체의 광범위한 데이터를 저장하고 관리하는 반면, 데이터 마트는 이

2) Excel과 같은 애플리케이션에서는 '로드'로 번역해 사용한다.

중 특정 부문이나 팀의 요구에 특화된 데이터 집합을 제공한다. 예를 들어, 마케팅 부서는 마케팅 관련 데이터에, 인사 부서는 인력 관리 데이터에 쉽게 접근할 수 있도록 설계된 데이터 마트를 사용할 수 있다.

특징 및 이점

데이터 마트는 데이터 웨어하우스에 비해 상대적으로 규모가 작고, 구축 및 관리가 간편하다. 이는 특정 부서의 요구에 맞춰 최적화되어 있어, 관련 부서의 데이터 분석 및 의사 결정 과정을 신속하고 효과적으로 지원한다. 또한, 데이터 마트를 사용함으로써 데이터 웨어하우스의 성능 저하를 방지하고, 필요한 데이터에 대한 접근 속도를 향상시킬 수 있다.

구축 목적

데이터 마트는 특정한 조직이나 팀의 특정한 요구에 초점을 맞추어 구축된다. 이는 해당 부서의 고유한 비즈니스 프로세스와 목표에 맞춰진 데이터를 제공함으로써, 맞춤화된 데이터 분석과 보고서 작성을 가능하게 한다. 또한, 데이터 마트를 통해 특정 부문의 데이터 관리와 분석이 용이해지며, 이는 전체적인 조직 효율성의 증대로 이어진다.

구분	데이터 웨어하우스	데이터 마트
데이터 범위	전사적(전사) 수준	부서(업무) 수준
주제 영역의 개수	다중	단일
구축 난이도	상	하
구축 기간	장기	단기
메모리 크기	대규모	제한적

데이터 마트는 데이터 웨어하우스의 일부로서, 조직 내 특정 부문의 데이터 접근과 분석 요구를 충족시키는 중요한 역할을 한다. 이는 데이터 웨어하우스의 대규모 데이터 집합 중 필요한 부분만을 분리하여 제공함으로써, 특정 부서의 효율적인 데이터 관리 및 활용을 지원한다.

OLAP(온라인 분석 처리)

OLAP(Online Analytical Processing, 올랩)은 비즈니스 인텔리전스의 핵심 기술 중 하나로, 다차원 데이터 분석을 통해 의사 결정을 지원하는 애플리케이션 또는 기능을 말한다. OLAP은 OLTP(온라인 거래 처리, Online Transaction Processing)와 대비되는 개념으로, 주로 데이터 분석과 의사 결정 지원에 초점을 맞춘다. OLTP는 주로 일상적인 거래 데이터를 처리하고 관리하는 데 사용되며, 빠른 응답 시간과 트랜잭션 무결성에 중점을 둔다. 반면, OLAP은 대규모의 데이터 집합을 다양한 관점에서 분석하는 것에 초점을 맞추며, 복잡한 쿼리와 대규모 데이터 집합의 빠른 처리가 중요하다.

OLAP의 핵심은 다차원 데이터 분석이다. 이를 통해 사용자는 시간, 지역, 상품 등 다양한 기준에 따라 데이터를 분석할 수 있다. 예를 들어, 사용자는 특정 상품의 지역별 판매량, 시간별 추이, 고객 유형별 선호도 등 다양한 측면에서 데이터를 분석할 수 있다. 이러한 다차원적 접근은 데이터의 숨겨진 패턴과 트렌드를 발견하고, 효과적인 비즈니스 전략을 수립하는 데 도움을 준다.

OLAP은 최종 사용자가 직접 다차원 정보에 접근하여 대화식으로 정보를 분석하고 의사 결정에 활용하는 과정을 지원한다. 사용자는 OLAP 도구를 통해 복잡한 쿼리를 손쉽게 구성하고, 다양한 분석 결과를 신속하게 얻을 수 있다. 이는 사용자가 더 깊이 있는 데이터 탐색을 할 수 있게 하며, 더 정확하고 신속한 비즈니스 결정을 내릴 수 있도록 지원한다.

OLAP은 데이터의 다차원적 분석을 통해 복잡한 비즈니스 질문에 답을 제공하며, 기업의 전략적 의사 결정 과정에서 필수적인 도구로 자리 잡고 있다. 이 기술은 데이터를 깊이 있게 이해하고, 그 안에서 의미 있는 시사점을 발견하는 데 중요한 역할을 한다.

OLAP의 특징

OLAP는 데이터 분석 및 의사 결정 과정에서 주요한 역할을 하는 기술로, 그 특징은 다음과 같다.

다차원 정보 제공

OLAP는 데이터를 다차원적으로 분석하는 능력을 가지고 있다. 이는 사용자가 시간, 지역, 상품, 고객 등 다양한 차원에서 데이터를 분석할 수 있게 함으로써, 데이터의 다양한 측면을 이해하고 깊이 있는 이해를 얻을 수 있게 한다. 예를 들어, 매출 데이터를 시간별, 지역별, 제품별로 분석하여 특정 시기나 지역에서의 판매 추세를 파악할 수 있다.

데이터 직접 접근

OLAP는 사용자가 데이터 웨어하우스 내의 데이터에 직접 접근할 수 있도록 지원한다. 이는 사용자가 데이터를 직접 조작하고 분석할 수 있게 함으로써, 데이터에 대한 통제력과 유연성을 제공한다. 사용자는 복잡한 데이터베이스 쿼리나 프로그래밍 기술 없이도 데이터를 탐색하고 분석할 수 있다.

대화형 정보 분석

OLAP 도구는 대화형 분석 기능을 제공한다. 사용자는 쿼리를 만들고, 결과를 즉시 확인하며, 필요에 따라 쿼리를 수정하고 다시 실행할 수 있다. 이 과정은 사용자가 데이터와 상호 작용하며, 즉각적인 피드백을 통해 더 깊이 있는 분석을 할 수 있게 해준다.

의사 결정 지원

OLAP의 궁극적인 목적은 의사 결정을 지원하는 것이다. 복잡한 데이터를 다양한 방식으로 빠르게 분석함으로써, 사용자는 데이터 기반의 결정을 내리는 데 필요한 정확하고 신뢰할 수 있는 정보를 얻을 수 있다. 이는 비즈니스 전략의 수립, 시장 동향의 파악, 예산 계획 등 다양한 의사 결정 과정에 중요한 역할을 한다.

OLAP는 다차원 정보 제공, 데이터의 직접 접근, 대화형 정보 분석, 의사 결정 지원이라는 특징을 통해 기업의 데이터 분석 및 의사 결정 과정에서 중요한 역할을 한다. 이러한 특성은 사용자가 데이터를 더 깊이 이해하고, 의미 있는 결론을 도출하는 데 중요하다.

2. 빅 데이터와 데이터 레이크

빅 데이터

ICBM(ICBA) 설명 참조

데이터 레이크

데이터 레이크(Data Lake, 데이터 호수)는 다양한 형태와 출처의 데이터를 원시 형태나 초기 가공 상태로 저장하는 시스템 또는 저장소를 말한다. 이 시스템은 대량의 데이터를 유연하고 비용 효율적으로 수집, 저장, 관리할 수 있게 해준다. 데이터 레이크는 기업이나 조직이 직면하는 데이터 관리 및 분석의 복잡성을 해결하는 데 중요한 역할을 한다.

이 저장소의 주요 특징은 다양한 형식과 출처의 데이터를 원본 상태로 보관한다는 것이다. 이는 데이터의 원래 형태와 구조를 변경하지 않으면서도, 필요에 따라 다양한 방식으로 데이터를 조회하고 분석할 수 있는 유연성을 제공한다. 예를 들어, 소스 시스템의 데이터, 센서에서 수집된 데이터, 소셜 미디어 데이터 등이 이에 해당한다.

데이터 레이크는 기업이나 조직에서 다양한 목적으로 활용된다. 기본적으로 데이터 레이크는 데이터의 원시 사본을 보관하는 역할을 한다. 이를 통해 데이터의 무결성과 품질을 유지하면서, 필요한 시점에 적절한 데이터 변환 및 처리 작업을 진행할 수 있다. 또한, 보고, 시각화, 고급 분석, 기계 학습과 같은 다양한 데이터 기반 작업에 활용된다.

특히, 빅 데이터 환경에서 데이터 레이크의 역할은 더욱 중요해진다. 대용량의 데이터를 효율적으로 관리하고, 필요에 따라 신속하게 접근하여 분석할 수 있는 기반을 마련해준다. 이러한 데이터 레이크의 유연성과 확장성은 비즈니스 인사이트를 얻고, 경쟁 우위를 확보하는 데 핵심적인 자산이 된다.

단일 데이터 저장소로서의 데이터 레이크는 조직 내 다양한 부서와 시스템 간의 데이터 통합을 용이하게 한다. 이는 데이터의 중복 저장을 방지하고, 데이터 관리의 효율성을 높이는 데 기여한다. 또한, 데이터 레이크는 향후 데이터 기반 의사 결정이나 데이터 과학 프로젝트에 활용될 수 있는 귀중한 데이터 자원을 제공한다.

데이터 레이크의 구축과 관리는 IT 인프라와 데이터 거버넌스(Data Governance) 전략의 일환으로 이루어진다. 올바른 데이터 레이크 구축은 데이터의 접근성, 보안, 품질 관리 및 비용 효율성을 보장하는 동시에, 조직의 데이터 활용 능력을 극대화할 수 있다. 따라서 데이터 레이크는 현대 조직이 데이터 중심의 경영을 실현하는 데 필수적인 요소로 자리 잡고 있다.

데이터 레이크의 저장 대상

데이터 레이크는 다양한 유형의 데이터를 저장하는 데 사용되며, 그 범위는 매우 넓다. 이러한 데이터는 크게 구조화 데이터, 반구조화 데이터, 비구조화 데이터, 이진 데이터로 분류할 수 있다.

구조화 데이터(Structured Data)

관계형 데이터베이스에서 유래한 구조화 데이터는 필드와 레코드로 구성되어 있다. 이 데이터는 엄격한 데이터 모델을 따르며, SQL과 같은 질의 언어를 사용하여 쉽게 접근하고 조작할 수 있다. 예를 들어, 고객 정보, 판매 기록, 재고 데이터 등이 이에 속한다.

반구조화 데이터(Semi-Structured Data)

CSV[3], 로그 데이터[4], XML[5], JSON[6]과 같은 형식의 데이터가 여기에 해

---

3) CSV(Comma-Separated Values)는 데이터를 쉼표로 구분하여 저장하는 간단한 파일 형식으로, 주로 스프레드시트 데이터나 데이터베이스 정보의 교환 및 저장에 사용된다. 각 줄은 하나의 레코드를 나타내며, 쉼표로 구분된 각 필드는 데이터의 다른 요소를 표현한다. 이 형식은 널리 호환되며 데이터를 쉽게 읽고 쓸 수 있어, 다양한 애플리케이션과 시스템에서 폭넓게 채택되고 있다.

```
이름,학번,학과,주소
34528,강한이,110,전북
34487,김명석,110,충남
43984,이해,231,광주
```

쉼표 이외에 다양한 기호를 임의로 사용할 수 있으며, 특히 탭을 사용하면, TSV(Tab-Separated Values)라고도 한다. 그렇지만 이 모두를 포함해 넓은 의미로 CSV로 지칭하는 것이 일반적이다.

4) 로그(log) 데이터는 컴퓨터 시스템, 네트워크, 소프트웨어 애플리케이션의 활동을 기록한 것으로, 사용자의 활동, 시스템 오류, 기타 중요 이벤트 등을 시간 순으로 기록한다. 이 데이터는 시스템 모니터링, 문제 해결, 보안 감사 등에 중요한 역할을

당한다. 이 데이터는 구조화 데이터보다는 덜 엄격하지만, 특정 구조를 가지고 있어 필요한 정보를 추출하기 용이하다. 반구조화 데이터는 종종 데이터 레이크에서 중요한 역할을 하며, 웹 데이터, 시스템 로그, IoT 기기에서 발생하는 데이터 등이 여기에 포함된다.

비구조화 데이터(Unstructured Data)

이메일, 각종 문서 파일, PDF 등과 같은 데이터가 비구조화 데이터에 속한다. 이 데이터는 고정된 형식이나 구조를 가지지 않아 처리가 복잡할 수 있지만, 중요한 정보와 통찰력을 포함하고 있다. 비구조화 데이터는 일반적으로 텍스트 분석, 자연어 처리(Natural Language Processing, NLP) 등의 고급 분석 기법을 사용하여 가치를 추출한다.

이진 데이터(Binary Data)

이미지, 오디오, 비디오와 같은 이진 데이터도 데이터 레이크에 저장될 수

하며, 시스템의 성능과 안정성을 유지하는 데 필수적인 정보를 제공한다.

5) 제10장의 XML 항목 참조.

6) JSON(JavaScript Object Notation)은 데이터 교환을 위해 개발된 경량의 텍스트 기반 형식이다. JavaScript 객체 표기법을 바탕으로 하여, 데이터를 쉽게 파싱하고 생성할 수 있는 구조를 갖추고 있다. JSON은 웹 애플리케이션 간의 데이터 교환, 구성 파일 작성, 경량 데이터 저장 등에 널리 사용되며, 간결성과 효율성으로 많은 개발자들에게 선호된다.

```
[
    {
        “이름”: “강한이”,
        “학번”: “34528”,
        “학과”: “110”,
        “주소”: “전북”
    },
    {
        “이름”:“이해”,
        “학번”: “43984”,
        “학과”: “231”,
        “주소”: “광주”
    }
]
```

있다. 이 유형의 데이터는 막대한 저장 공간을 필요로 하며, 특별한 처리 및 분석 기술을 요구한다. 이진 데이터는 미디어 콘텐츠 분석, 컴퓨터 비전(Computer Vision), 음성 인식 등의 분야에서 중요한 역할을 한다.

데이터 레이크는 이러한 다양한 유형의 데이터를 통합적으로 저장하고 관리할 수 있는 플랫폼을 제공한다. 이를 통해 조직은 데이터의 다양성을 인정하고, 각 유형의 데이터에서 가치를 발굴할 수 있는 기회를 갖게 된다. 데이터 레이크의 유연성과 확장성은 조직이 데이터 중심의 비즈니스 전략을 수립하고 실행하는 데 필수적인 요소로 작용한다.

3. 데이터 마이닝

개념

데이터 마이닝(Data Mining)은 금광 채굴(Gold Mining)에서 영감을 받은 용어로, 금광 채굴이 금을 추출하는 것을 목적으로 하는 것처럼, 데이터 마이닝은 대규모 데이터 저장소에서 가치 있는 지식을 발굴하는 과정을 의미한다. 하지만, 중요한 차이점은 데이터 마이닝에서 데이터 자체가 최종 목표가 아니라는 점이다. 이 과정의 진정한 목적은 데이터 분석을 통해 지식, 즉 관계(Relation), 패턴(Pattern), 추세(Trend)와 같은 중요한 통찰을 얻는 데 있다.

그래서 데이터 마이닝은 KDD(Knowledge Discovery in Databases, KDD)의 핵심 단계로 간주되며 흔히 데이터 마이닝과 KDD는 같은 개념으로 이해되기도 한다. 이 과정은 대규모 데이터 집합에서 숨겨진, 예측하지 못한, 그리고 전략적으로 중요한 정보를 찾아내는 것에 초점을 맞춘다. 이를 위해 다양한 통계적, 수학적, 인공 지능 기법을 사용하여 데이터 안에 내재된 패턴이나 규칙을 식별한다.

데이터 마이닝의 접근 방식은 체계적이고 자동적이며, 데이터의 초기 형태와는 상관없이 적용될 수 있다. 이 과정은 데이터의 복잡성과 대규모를 다루는 데 특히 유용하며, 숨겨진 패턴과 관계를 발견함으로써 새로운 지식을 생성한다. 예를 들어, 소비자 구매 패턴의 분석, 금융 시장의 동향 예측, 의료 데이터의 질병 패턴 분석 등 다양한 분야에서 데이터 마이닝은 중요한 역할을 한다.

데이터 마이닝은 비즈니스 인텔리전스, 시장 분석, 과학 연구 등 여러 분야에서 중요한 의사 결정 도구로 사용된다. 이는 기업이나 조직이 보유한 데이터로부터 숨겨진 가치를 발굴하고, 그 결과를 전략적인 통찰로 전환하는 데 기여한다. 따라서 데이터 마이닝은 데이터 중심 시대에서 조직의 경쟁력을 강화하고 혁신을 추진하는 데 중추적인 역할을 수행한다.

데이터 마이닝의 주요 기법

데이터 마이닝은 다양한 기법을 통해 의미 있는 정보를 추출하고 분석하는 데 사용되는 과정이다. 주요 데이터 마이닝 기법에는 연관 분석, 순차 분석, 분류, 클러스터링, 예측 등이 포함된다.

연관 분석(Association)

이 기법은 데이터 내에서 아이템 간의 연관성 또는 규칙을 찾는 데 사용된다. 대표적인 예로는 장바구니 분석이 있으며, 이는 소비자들이 어떤 상품을 함께 구매하는지를 파악하여 마케팅 전략에 활용하는 데 적용된다. 연관 분석은 교차 판매(cross-selling)[7], 상품 배치, 프로모션 계획 수립 등에 유용하다.

참고문헌

"[Excel과 Orange] 시장바구니 분석: 연관 관계 규칙", 2020. 4. 26.
https://cantips.com/3241

순차 분석(Sequence)

순차 분석은 데이터 안에서 시간적 순서를 갖는 패턴이나 연속적인 이벤트를 찾는 데 중점을 둔다. 예를 들어, 특정 제품 구매 후 고객의 이후 구매 패턴을 분석하거나, 특정 사건이 발생한 후의 연속적인 사건을 추적할 수 있다. 이 기법

7) 교차 판매는 고객이 이미 구매하려는 제품과 관련된 추가 제품을 제안하는 판매 전략이다. 예를 들어, 고객이 스마트폰을 구매할 때, 보호 케이스나 화면 보호 필름 같은 관련 액세서리를 제안하는 것이 교차 판매에 해당한다. 이 전략의 목적은 고객의 현재 구매와 관련된 추가적인 필요를 충족시켜, 고객 만족도를 높이고 매출을 증가시키는 것이다.

은 상향 판매(up–selling)[8], 고객 행동 분석, 이벤트 연속 분석 등에 활용된다.

분류(Classification)

분류는 데이터를 사전에 정의된 클래스나 카테고리로 구분하는 과정이다. 이 기법은 의사 결정 트리, 인공 신경망 등 다양한 알고리즘을 사용하여 데이터를 분석한다. 분류는 이메일 스팸 탐지, 고객 세분화, 질병 진단 등 다양한 응용 분야에서 사용된다.

클러스터링(Clustering)

클러스터링은 유사한 특성을 가진 데이터 포인트들을 그룹화하는 기법이다. 이는 사전에 정의된 클래스 없이 데이터 자체의 속성을 기반으로 그룹을 형성한다. 시장 세분화, 사회적 네트워크 분석, 유전학 연구 등에서 클러스터링은 유용하게 활용된다.

참고문헌

"[Orange] 이미지 분석: 클러스터링(Clustering)과 분류(Classification)", 2021. 12. 6. https://cantips.com/3585

참고문헌

"[Excel] 간단한 클러스터 분석(클러스터링)", 2018. 2. 3. https://cantips.com/2949

예측(Forecasting)

예측 기법은 과거 및 현재 데이터를 분석하여 미래의 이벤트나 결과를 예

8) 상향 판매는 고객이 고려하고 있는 제품보다 더 고급이거나 비싼 버전의 제품을 제안하는 전략을 말한다. 예를 들어, 고객이 특정 모델의 스마트폰을 구매하는 경우, 더 큰 저장 공간, 더 나은 카메라 기능 등을 갖춘 상위 모델을 제안하는 것이다. 상향 판매의 목적은 고객에게 더 나은 품질 또는 성능의 제품을 제공함으로써 고객 만족을 증가시키고, 동시에 더 높은 매출을 달성하는 것이다.

측한다. 시계열 분석, 회귀 분석 등이 이에 속한다. 예측은 재고 관리, 수요 예측, 금융 시장 분석 등에서 중요한 역할을 한다.

참고문헌

"[Excel] 예측 시트 기능을 이용해 시계열 데이터에서 미래 추세 예측하기", 2020. 9. 16. https://cantips.com/3282

이러한 다양한 데이터 마이닝 기법들은 각각의 독특한 접근 방식과 알고리즘을 사용하여, 데이터에서 가치 있는 통찰을 얻고 의사 결정 과정을 개선하는 데 기여한다. 데이터 마이닝은 이렇게 다양한 기법을 통합적으로 활용함으로써, 조직이 효과적으로 데이터를 분석하고 활용할 수 있게 한다.

텍스트 마이닝과 감성 분석

텍스트 마이닝(Text Mining)은 대규모의 비정형 텍스트 데이터에서 가치 있는 정보를 추출하고 지식을 발굴하는 과정이다. 이 분야는 데이터 마이닝의 일종으로, 자연어 처리(Natural Language Processing, NLP), 컴퓨터 언어학, 통계학 등 다양한 학문의 기법을 활용한다. 텍스트 마이닝의 주요 목적은 대량의 텍스트 데이터 속에서 패턴, 트렌드, 관계를 파악하는 것이다. 이를 통해 비즈니스 인텔리전스, 시장 연구, 의학 연구, 감성 분석 등에 활용될 수 있다.

감성 분석(Sentiment Analysis 또는 감정 분석)은 텍스트 마이닝의 한 분야로, 텍스트 데이터 속에 포함된 주관적 정보, 특히 감정을 분석하는 기술이다. 감성 분석은 텍스트 내의 감정, 의견, 태도를 자동으로 탐지하고 분류하는 과정을 포함한다. 이 기술은 소셜 미디어, 제품 리뷰, 설문 조사, 뉴스 기사 등 다양한 텍스트 소스에서 이루어지며, 긍정적, 부정적, 중립적과 같은 감정의 극성을 식별한다.

감성 분석의 핵심은 자연어 처리, 텍스트 분석, 계산 언어학 등의 기술을 통해 언어의 미묘한 특징을 파악하고, 이를 통해 텍스트의 감정적 측면을 해석하는 것이다. 예를 들어, 특정 제품에 대한 소비자의 리뷰를 분석하여 그 제품에 대한 전반적인 공중의 감정을 이해할 수 있다. 이러한 분석은 기업이 소비자의 반응을 이해하고, 제품 개발, 마케팅 전략, 고객 서비스 개선 등에 활용할 수 있게 한다.

이처럼 텍스트 마이닝과 감성 분석은 정보 기술과 언어학의 교차점에 위치하여, 데이터로부터 깊은 통찰력을 얻고 의사 결정 과정에 중요한 역할을 하는 현대적 기술 분야이다. 이들은 계속해서 발전하고 있으며, 앞으로도 인공 지능과 머신 러닝의 발전에 따라 그 가능성과 영향력은 더욱 커질 것으로 예상된다.

4. 블록체인

개념

블록체인(Blockchain)은 혁신적인 분산 컴퓨팅 기술을 기반으로 한 원장 관리 방식이다. 이 기술은 관리 대상 데이터를 '블록(block)'이라고 하는 소규모 데이터 단위로 나누어 관리한다. 각각의 블록은 P_2P(Peer–to–Peer) 방식을 기반으로 생성되며, 이들이 서로 체인 형태로 연결되어 전체적인 데이터의 구조를 형성한다.

블록체인의 가장 큰 특징은 그 분산된 구조에 있다. 전통적인 데이터베이스 시스템과 달리, 블록체인은 중앙 집중형 서버에 의존하지 않는다. 대신, 네트워크상의 여러 노드(참여 컴퓨터)에 걸쳐 데이터가 저장되고 관리된다. 이러한 분산 구조는 블록체인이 가진 여러 가지 이점을 제공한다.

첫째, 데이터의 무결성과 투명성을 강화한다. 블록체인에 기록된 데이터는 네트워크상의 모든 참여자에 의해 검증되며, 일단 블록에 추가되면 임의로 수정하기 어렵다. 이는 블록체인 기술이 제공하는 강력한 보안 특성 중 하나이다. 또한, 블록체인의 모든 거래 기록은 네트워크 참여자에게 공개되어 있어, 누구나 해당 기록을 확인하고 검증할 수 있다. 이는 블록체인의 투명성을 보장한다.

둘째, 높은 보안성을 제공한다. 블록체인은 데이터를 분산하여 저장하기 때문에, 중앙 집중식 시스템과 비교할 때 사이버 공격에 더 강한 저항력을 가진다. 한 노드가 공격받거나 손상을 입더라도, 다른 노드들이 데이터의 정확성을 보장해 준다.

블록체인은 이러한 특성 덕분에 다양한 분야에서 주목받고 있다. 암호 화폐에서부터 공급망 관리, 디지털 계약, 투표 시스템에 이르기까지, 블록체인 기술은 많은 산업에서 혁신적인 해결책을 제공하고 있다. 또한, 이 기술은 인터넷 기반의 새로운 데이터베이스로 간주할 수 있으며, 이는 기존 데이터 관리 방식을 넘어서는 새로운 가능성을 제시한다.

결국, 블록체인은 데이터 관리 및 보안의 패러다임을 변화시키고 있으며, 앞으로도 이 기술의 발전과 응용은 앞으로도 확대될 것으로 예상된다.

거래 안정성 보장을 위한 특징

블록체인 기술은 거래의 안정성과 신뢰성을 보장하기 위해 여러 특징을 갖추고 있다. 이러한 특징들은 블록체인이 다양한 분야에서 안전하고 투명한 거래 시스템으로 활용될 수 있는 기반을 제공한다.

거래 기록의 안정성

블록체인은 거래 기록을 안정적으로 저장하는 데이터베이스로 기능한다. 모든 거래 기록은 블록에 순차적으로 추가되며, 이전 블록의 정보를 포함하는 방식으로 연결된다. 이러한 연결 구조는 데이터의 무결성을 보장하며, 기록된 거래가 변경되거나 삭제되는 것을 방지한다. 각 블록에는 타임스탬프와 거래 데이터가 포함되어 있어, 모든 거래가 명확하게 기록되고 검증될 수 있다.

사용자와 거래 검증을 위한 암호화

블록체인 네트워크는 거래의 안정성을 보장하기 위해 암호화 기술을 사용한다. 거래가 발생할 때마다, 이는 암호화되어 블록체인에 기록된다. 사용자의 신원은 공개 키(Public Key)와 개인 키(Private Key)를 통해 보호되며, 이 키들을 사용하여 거래의 진위를 검증한다. 이러한 암호화 과정은 무단 접근 및 거래 조작을 방지하여 거래의 안전성을 강화한다.

분산화(탈중앙)

블록체인은 중앙 집중식 데이터베이스와 달리 분산된 네트워크 구조를 가지고 있다. 네트워크의 모든 참여자가 거래 기록의 사본을 보유하고 있기 때문에, 하나의 노드가 손상되거나 공격을 받아도 전체 네트워크에 영향을 미치지 않는다. 이러한 분산 구조는 네트워크의 안정성을 크게 향상시키며, 데이터의 무결성과 접근성을 높인다.

기록 수정 불가

블록체인에 기록된 데이터는 수정이 불가능하다. 일단 거래가 블록에 추가되면, 이를 변경하거나 삭제하는 것은 매우 어렵다. 각 블록은 암호학적으로 이전 블록과 연결되어 있으며, 하나의 블록을 변경하려면 네트워크상의 모든 복사본을 동시에 변경해야 한다. 이는 실질적으로 불가능에 가까워, 블록체인의 데이터는 높은 수준의 영구성을 가진다.

이러한 특징들은 블록체인을 통한 거래의 안정성과 신뢰성을 보장한다. 암호화, 분산화, 불변성은 블록체인이 기존의 중앙 집중식 시스템을 능가하는 새로운 거래 방식을 제공하는 핵심 요소이다. 이를 통해 블록체인은 다양한 산업 분야에서 신뢰할 수 있는 거래 환경을 조성하고, 투명하고 안전한 데이터 관리를 가능하게 한다.

블록체인과 가상 자산의 관계

블록체인 기술은 최초로 비트코인(Bitcoin)을 통해 구현되었으며, 이로 인해 블록체인과 가상 자산(암호 화폐, 가상 화폐)은 밀접하게 연결되어 있다. 비트코인과 같은 가상 자산은 블록체인 기술을 기반으로 하며, 이 기술은 거래의 기록과 검증, 보안 등을 제공한다. 이러한 관계 때문에 일반적으로 많은 사람들은 블록체인을 단순히 가상 자산과 동일시하는 경향이 있다.

그러나 블록체인 기술의 적용 가능성은 가상 자산에 국한되지 않는다. 블록체인은 그 자체로 강력한 분산형 데이터베이스 시스템이며, 이 시스템은 다양한 형태의 디지털 자산과 거래를 관리할 수 있다. 가상 자산은 블록체인 기술을 활용한 첫 번째 주요 사례에 불과하며, 이 기술은 금융, 의료, 공급망 관리, 지식 재산권 관리, 스마트 계약 등 다양한 영역에서 응용될 수 있다.

블록체인 기술의 핵심 특징인 데이터의 불변성, 투명성, 분산화는 가상 자산 이외의 여러 분야에서도 중요한 가치를 제공한다. 예를 들어, 공급망 관리에서 블록체인은 제품의 원산지와 이동 경로를 추적하는 데 사용될 수 있으며, 의료 분야에서는 환자의 의료 기록을 안전하고 효율적으로 관리하는 데 활용될 수 있다. 또한, 스마트 계약을 통해 다양한 종류의 자동화된 디지털 계약을 구현할 수 있으며, 이는 법률, 부동산, 금융 서비스 등 다양한 분야에서의 응용 가능성을 열어준다.

블록체인 기술은 가상 자산을 넘어서서 현대 사회의 다양한 분야에서 중요한 역할을 할 수 있는 기술이다. 이 기술은 투명하고 안전한 디지털 거래를 가능하게 하며, 여러 산업에서의 혁신과 효율성 증대를 촉진할 수 있다. 그러므로 블록체인을 단순히 가상 자산과 관련된 기술로만 인식하는 것은 그 잠재력을 과소평가하는 것이며, 이 기술의 다양한 응용 가능성을 인식하는 것이 중요하다.

블록체인과 경영 활동

블록체인 기술은 비트코인으로 처음 구현되면서 세상에 알려졌다. 그러나 그 이후로 이 기술은 여러 면에서 성능 개선을 거쳤으며, 익명성 추가, 저장 기능 확장, 그리고 스마트 계약 기능의 개발을 통해 사용 영역을 확대해 나갔다. 이러한 발전은 블록체인 기술이 단순한 암호 화폐를 넘어 다양한 경영 활동에 적용될 수 있음을 보여준다.

스마트 계약(Smart Contract)은 블록체인 기술을 활용한 가장 주목받는 혁신 중 하나이다. 스마트 계약은 블록체인상에 기록되는 자동 실행 가능한 계약으로, 특정 조건이 충족되면 계약이 자동으로 이행되는 구조를 가지고 있다. 이러한 특성은 금융 거래, 부동산 계약, 공증과 같은 다양한 형태의 계약 체결 및 이행에 혁신을 가져왔다.

경영 활동에서 스마트 계약의 적용은 다음과 같은 이점을 제공한다.

- 투명성과 신뢰성 증대: 블록체인 기반의 스마트 계약은 모든 조건과 실행 과정이 네트워크 참여자에게 공개되므로, 계약의 투명성과 신뢰성이 높아진다. 이는 거래 당사자 간의 신뢰 구축에 기여한다.
- 중개자 제거: 스마트 계약은 계약 이행을 자동화함으로써 중개자의 필요성을 줄인다. 이는 거래 비용을 절감하고, 프로세스를 간소화하는데 도움을 준다.
- 오류 감소: 자동화된 계약 이행은 인간의 개입을 최소화함으로써 오류의 가능성을 줄인다. 이는 거래의 정확성과 효율성을 높인다.

- 보안 강화: 블록체인의 분산 구조와 암호화 기술은 계약 데이터의 보안을 강화한다. 이는 사이버 공격과 데이터 유출의 위험을 줄인다.

블록체인 기술의 발전과 스마트 계약의 도입은 경영 활동에서의 거래 방식을 근본적으로 변화시키고 있다. 이는 비즈니스 프로세스의 효율성과 투명성을 높이고, 거래 비용을 줄이며, 보안을 강화하는 새로운 기회를 제공한다. 따라서 기업과 조직은 블록체인 기술과 스마트 계약을 적극적으로 활용하여 경영 전략을 혁신하고, 경쟁력을 강화할 수 있다.

3 데이터 분석과 관리

1. 데이터 관리와 데이터 자원 관리

데이터 관리 단계

데이터 관리는 조직이 데이터를 효과적으로 활용하여 가치를 창출하고, 전략적인 자산으로 활용하기 위한 체계적인 프로세스를 의미한다. 이 프로세스는 데이터의 생애 주기 전반에 걸쳐 이루어지며, 주요 단계는 다음과 같다.

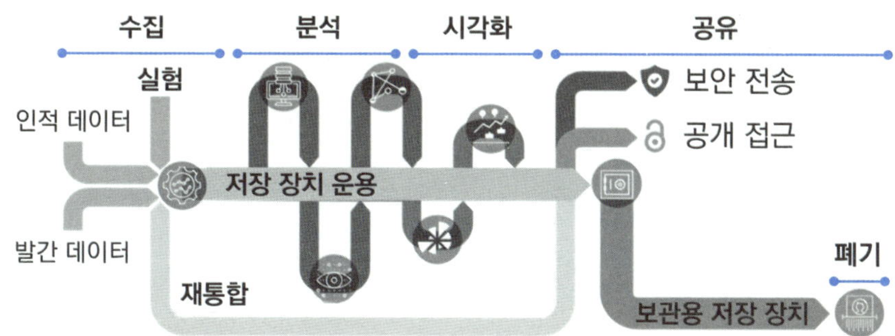

수집 단계에서는 사람, 장치, 시스템, 문서 등 다양한 소스로부터 데이터를 수집한다. 이후 분석 단계에서는 수집된 데이터를 통계적, 계산적 기법을 사용해 의미 있는 정보로 전환한다. 시각화 과정을 통해 데이터는 더욱 이해하기 쉽게 변환되며, 차트나 그래프 등을 통해 이해를 제공한다.

데이터의 공유는 조직 내외부의 이해관계자들과 중요한 정보를 나누는 단계이다. 데이터를 사용한 실험은 새로운 아이디어를 검증하고, 제품 및 서비스 개발을 촉진한다. 보안 전송 과정에서 데이터는 암호화와 같은 방법을 통해 안전하게 이동된다.

인적 데이터는 민감한 정보를 포함하고 있어 특별한 보호와 개인 정보 보호 및 데이터 보안 조치가 요구된다. 공개 접근 데이터는 일반 대중이 사용할 수 있도록 제공되며, 이는 투명성과 공유 가치를 증진시킨다. 저장 장치 운용에서는 데이터를 안전하고 접근 가능한 방식으로 저장하며, 클라우드 서비스나 로컬 저장소를 활용한다.

발간된 데이터는 공개적으로 배포되어 널리 사용될 수 있도록 한다. 마지막으로, 폐기 과정에서는 더 이상 필요하지 않거나 유효하지 않은 데이터를 안전하게 제거한다.

이렇게 데이터 관리는 데이터의 생성부터 폐기에 이르기까지, 데이터의 가치를 극대화하고 리스크를 관리하는 데 중요한 역할을 수행한다. 조직은 이러한 과정을 통해 데이터를 기반으로 한 의사 결정을 강화하고, 전략적인 비즈니스 목표를 지원하는 효과적인 데이터 생태계를 구축한다.

데이터 관리 분야

데이터 관리 분야는 조직에서 데이터의 효율적인 활용을 가능하게 하는 다양한 전략, 도구, 프로세스를 포함한다. 이 분야의 주요 요소로는 데이터 거버넌스, 데이터 구조, 데이터 모델링 및 설계, 데이터베이스 및 저장 장치 관리, 데이터 보안, 참조 및 마스터 데이터, 데이터 통합 및 호환성 관리, 문서 및 콘텐츠 관리, 데이터 웨어하우스 및 비즈니스 인텔리전스, 메타데이터, 데이터 품질 등이 있다.

데이터 거버넌스는 데이터에 대한 정책과 프로세스를 설정하여 조직 내 데이터 관리의 표준과 지침을 제공한다. 데이터 구조는 데이터의 물리적인 형식을 정의하고, 데이터 모델링 및 설계는 데이터와 관련된 엔티티 간의 관계를 형성하며, 이를 통해 데이터베이스의 체계적인 구축이 이루어진다.

데이터베이스 및 저장 장치 관리는 데이터의 저장, 검색, 백업을 담당하며, 데이터 보안은 데이터의 무결성과 기밀성을 보장한다. 참조 및 마스터 데이터는 조직 전반에서 일관된 데이터 사용을 보장하며, 데이터 통합 및 호환성 관리는 서로 다른 시스템 간의 데이터를 통합하여 관리한다.

문서 및 콘텐츠 관리는 비구조화된 데이터를 체계적으로 관리하고, 데이터 웨어하우스 및 비즈니스 인텔리전스는 조직의 의사 결정을 지원하는 분석 데이터를 제공한다. 메타데이터(metadata)는 데이터에 대한 데이터로, 데이터 관리와 데이터의 이해를 돕는다. 마지막으로 데이터 품질은 데이터가 정확하고, 신뢰할 수 있으며, 목적에 부합하는지를 보장하는데 중요한 역할을 한다.

이러한 데이터 관리 분야의 각 요소는 서로 연결되어 조직의 데이터 관리 전략을 구성하며, 데이터의 가치를 극대화하고, 데이터 기반의 의사 결정을 강화하는 데 기여한다. 조직은 이러한 분야들을 통합적으로 관리함으로써 데이터 자산으로부터 최대한의 이익을 얻을 수 있다.

데이터 자원 관리

데이터 자원 관리(Data Resource Management)는 데이터 관리(Data Management)와는 별개의 개념으로, 데이터를 조직의 중요한 자산으로써 체계적으로 관리하는 일련의 활동을 포함한다. 이는 "Data Administration"이라고도 하는데, 데이터의 전략적 관리를 강조한다.

데이터 자원 관리의 핵심은 조직의 정보 정책을 설정하고, 데이터에 대한 장기적인 계획을 수립하는 것이다. 이 계획에는 데이터의 생성, 유지, 보관, 사용 방법에 대한 전략적 지침이 포함된다. 또한, 데이터 자원 관리는 데이터 사전(Data Dictionary)의 개발을 통해, 데이터의 정의와 구조, 사용법 등을 명확히 규정함으로써 데이터의 통일성과 일관성을 보장하는 데 중요한 역할을 한다.

정보 시스템 전문가들과 최종 사용자 그룹의 데이터 사용을 모니터링하는 것도 중요한 부분이다. 이를 통해 데이터가 올바르게 사용되고 있는지, 사용자의 요구를 만족시키는지, 그리고 데이터의 품질이 유지되고 있는지를 지속해서 감독한다.

데이터 관리와 비교할 때, 데이터 자원 관리는 더 넓은 범위의 관점을 취한다. 데이터 관리가 기술적인 실행과 관련된 작업에 중점을 두는 반면, 데이터 자원 관리는 데이터를 관리하는 정책과 절차, 그리고 조직 내에서 데이터가 지니는 전략적 가치에 중점을 둔다. 이는 데이터가 단순한 정보의 집합이 아니라, 조직의 성장과 발전에 필수적인 자원으로 인식되어야 함을 의미한다.

조직 내에서 데이터 자원 관리의 효과적인 실행은 데이터의 가치를 극대화하고, 데이터 기반의 의사 결정과 전략을 개선하는 데 필수적이다. 따라서 데이터 자원 관리는 조직의 데이터 관련 활동을 지원하고 지휘하는 전략적인 기능으로 중요하게 여겨진다.

데이터베이스 관리자

데이터베이스 관리자(DBA: Database Administrator)는 조직의 데이터베이스 시스템이 원활하게 운영되도록 하는 중추적인 역할을 한다. DBA는 데이터베이스의 설치부터 구성, 업그레이드, 일상적인 관리와 감시에 이르기까지 전반적인 데이터베이스 활동을 담당하는 전문 인력이다.

DBA의 주요 역할에는 데이터의 안전한 백업과 신속한 복구가 포함된다. 이는 예상치 못한 상황이나 장애로부터 데이터를 보호하고, 비즈니스 연속성을 확보하는 데 필수적이다. 또한, 데이터 보전에 주력하여 데이터의 정확성과 일관성을 유지함으로써 데이터의 신뢰성을 높인다.

보안 측면에서 DBA는 무단 접근으로부터 데이터를 보호하는 접근 제어 메커니즘을 구현하고 관리한다. 이는 데이터베이스의 가용성 관리와도 밀접하게 연관되어 있으며, DBA는 데이터베이스가 항상 접근 가능하고, 성능이 최적화되도록 관리한다.

성능 관리는 시스템의 효율적인 운영을 위해 필수적이며, DBA는 데이터베이스의 응답 시간을 개선하고, 처리량을 최대화하기 위한 조치를 취한다. 또한, 개발자와 테스터가 데이터베이스를 사용하여 새로운 애플리케이션을 개발하고 테스트할 수 있도록 지원한다.

이처럼 DBA는 조직의 데이터베이스 인프라의 핵심적인 관리자로서, 데이터의 안정성, 보안성, 최적의 성능을 유지하는 다양한 책임을 진다. 이들은 기술적 전문성과 함께 조직의 데이터 관리 전략에 대한 이해를 바탕으로, 비즈니스의 데이터 자산이 가치를 발휘할 수 있도록 한다.

2. 정보 정책과 데이터 품질 관리

정보 정책

정보 정책(Information Policy)은 조직에서 정보와 데이터의 관리를 규율하는 공식 문서로서, 정보의 공유, 전파, 획득, 표준화, 분류 및 목록화 방법을 체계적으로 규정한다. 이 정책은 조직 내외부의 사용자들이 정보를 어떻게 활용하고 공유해야 하는지, 정보를 어떻게 분배하고 업데이트해야 하는지에 대한 구체적인 절차와 행동 지침을 제시한다.

정보 정책은 데이터의 적절한 사용을 보장하고, 정보의 품질과 무결성을 유지하는 데 중요한 역할을 한다. 이는 또한 정보의 접근성과 관련된 법적 및 윤리적 표준을 준수하는 데 기여하며, 정보 보안과 관련된 프로토콜을 포함하여, 데이터와 관련된 리스크를 최소화한다.

조직의 정보 공유 및 분배 절차에 대한 명확한 지침을 제공함으로써, 정보 정책은 사용자가 정보를 효율적이고 책임감 있게 활용할 수 있도록 돕는다. 또한, 정보의 신속한 업데이트와 유지를 통해 조직이 끊임없이 변화하는 비즈니스 환경에 적응하고, 경쟁력을 유지할 수 있도록 지원한다.

정보 정책의 명확한 지침은 조직이 정보를 전략적 자산으로 관리하고, 이를 기반으로 한 의사 결정을 강화하는 데 필수적이다. 따라서 정보 정책은 조직의 정보 관리 전략에서 중요한 위치를 차지하며, 조직의 전반적인 성공에 기여한다.

데이터 품질

데이터 품질(Data Quality)은 정보의 질적, 양적 상태를 말하며, 이는 경영 활동, 의사 결정, 계획 수립 등에 적절하게 사용될 수 있는 정보의 상태를 나타낸다. 높은 데이터 품질은 정보가 정확하고, 신뢰할 수 있으며, 관련성이 높고, 사용하기 쉬움을 의미한다. 이를 고품질로 평가받기 위해서는 데이터의 정의와 표준을 명확하게 정형화한 양식으로 구축하고 관리하는 것이 필요하다.

데이터 품질을 확보하는 활동에는 데이터 정리가 포함된다. 데이터 정리는 불완전하거나 오류가 있는 데이터를 수정하고, 중복을 제거하며, 데이터의 일관성을 보장하는 과정이다. 이 과정을 통해 데이터는 사용자가 신뢰할 수 있는 통찰력과 결정을 내릴 수 있는 탄탄한 기반을 제공하게 된다.

효과적인 데이터 품질 관리는 조직이 데이터를 기반으로 한 전략적 결정을 내리는 데 있어 필수적이다. 데이터가 정확하고 시기 적절하며 관련성이 높을 때, 조직은 더욱 효과적인 운영과 성장을 경험할 수 있다. 따라서 데이터 품질은 정보의 가치를 최대화하고 조직의 전반적인 성공을 지원하는 중요한 요소이다.

데이터 품질의 원칙

데이터 품질의 원칙은 타당성, 정확성, 완전성, 일관성, 통일성의 다섯 가지 주요 요소를 포함한다. 이 원칙들은 데이터가 신뢰할 수 있고 사용하기에 적합한지를 평가하는 기준을 제공한다.

- 타당성(Validity)은 데이터가 정해진 형식, 범위, 규칙에 부합하는지를 나타낸다. 예를 들어, 특정 필드에 숫자만 입력되어야 한다면, 문자가 포함되어 있지 않은지를 검증하는 것이다. 타당성을 확보함으로써 데이터 입력의 기본적인 올바름을 보장한다.
- 정확성(Accuracy)은 데이터가 현실을 정확하게 반영하는지에 대한 척도이다. 데이터가 사실과 얼마나 잘 일치하는지, 실제 세계의 값을 정확히 나타내는지를 측정한다. 정확한 데이터는 신뢰할 수 있는 의사 결정과 분석의 기반이 된다.
- 완전성(Completeness)은 필요한 데이터가 모두 수집되었는지를 다룬다. 데이터 세트가 누락 없이 전체적인 정보를 포함하고 있는지를 확인하는 것이다. 완전한 데이터는 분석의 깊이와 범위를 향상시키며, 더 정교한 통찰력을 제공한다.
- 일관성(Consistency)은 시간이 지나도 데이터가 동일한 방식으로 유지되고, 상호 모순되지 않는지를 평가한다. 데이터 세트 간의 불일치가 없어야 하며, 모든 시스템에서 데이터가 일관된 방식으로 나타나야 한다.
- 통일성(Uniformity)은 데이터가 전체 조직에서 동일한 형식과 단위를 사용하여 표현되고 있는지를 확인한다. 데이터의 통일성은 다른 시스템이나 부서 간의 데이터 호환성을 높여, 데이터의 통합과 분석을 용이하게 한다.

이 다섯 가지 원칙은 데이터 품질을 평가하고 향상시키는 데 필수적이며, 조직이 데이터에 기반한 정확하고 신뢰할 수 있는 결정을 내리는 데 중요한 역할을 한다. 데이터 품질의 이러한 원칙들은 조직이 데이터를 가장 효과적으로 활용할 수 있도록 하는 기반을 마련한다.

데이터 정리

데이터 정리(Data Cleansing, Data Scrubbing, Data Cleaning)는 데이터베이스 내에서 오류가 있는 데이터를 찾아내고 이를 정정하거나 제거하는 과정을 말한다. 이 활동의 주된 목적은 불완전하거나 부정확하고, 무관하거나 오해의 소지가 있는 데이터를 감지하여 조직의 데이터 품질을 향상시키는 것이다.

데이터 정리 과정에서는 오염된 데이터, 즉 잘못 입력되었거나 시간이 지나면서 부적절해진 데이터를 대체, 수정, 삭제한다. 이 과정은 데이터의 유효성, 정확성, 완전성, 일관성, 신뢰도를 높이기 위해 수행된다. 데이터 정리는 수동적으로 혹은 다양한 데이터 정리 도구를 사용하여 자동화하여 수행할 수 있다.

데이터 정리는 데이터 마이닝, 데이터 분석, 데이터 마케팅 등 데이터가 중요한 역할을 하는 모든 영역에서 중요하다. 깨끗하고 정확한 데이터는 신뢰할 수 있는 분석 결과를 도출하고, 의사 결정 과정에서 신뢰도를 높이며, 전반적인 데이터 관리 비용을 절감하는 데 기여한다. 따라서 데이터 정리는 데이터의 가치를 최대화하고 조직의 전략적 의사 결정을 지원하는 핵심적인 과정이다.

데이터 정리의 한계

데이터 정리는 데이터의 품질을 향상시키는 중요한 과정이지만, 몇 가지 한계점을 가지고 있다.

첫 번째는 과도한 비용이다. 데이터 정리 과정은 많은 시간과 자원을 소모할 수 있으며, 특히 대규모 데이터베이스를 다룰 때 비용이 상당히 증가할 수 있다. 이러한 비용은 인력, 기술 도구의 도입, 데이터 정리 프로세스의 유지관리에 필요한 비용을 포함한다.

두 번째 한계는 시간 낭비의 가능성이다. 데이터 정리는 시간이 많이 소요되는 작업일 수 있으며, 특히 데이터 집합이 방대하고 복잡할수록 더 많은 시간이 필요하다. 이로 인해 데이터 분석이나 의사 결정 과정이 지연될 수 있으며, 실시간 데이터 처리에 어려움을 겪을 수도 있다.

마지막으로 보안 문제도 데이터 정리의 한계 중 하나이다. 데이터 정리 과정에서 민감한 데이터가 노출될 위험이 있으며, 특히 외부 서비스나 도구를 사용할 때 데이터 유출이나 오용의 위험이 증가한다. 또한, 데이터 정리 과정 중 데이터의 손상이나 오류가 발생할 수도 있어, 데이터의 무결성과 보안을 지키는 것이 중요하다.

이러한 한계점에도, 데이터 정리는 데이터의 품질과 가치를 보장하는 데 필수적인 과정이다. 따라서 조직은 데이터 정리의 효율성을 높이고, 비용과 시간을 최적화하며, 데이터의 보안을 강화하는 방법을 모색해야 한다.

GIGO

GIGO(Garbage In, Garbage Out, 기고, 가이고로 읽는다), 즉 "쓰레기가 들어가면 쓰레기가 나온다"라는 컴퓨터 과학과 데이터 관리에서 중요한 원칙을 나타낸다. 이 원칙은 데이터의 품질이 시스템의 출력물의 품질을 결정한다는 개념을 의미한다. 데이터가 처음 입력되는 단계에서 잘못되거나 부정확한 데이터가 입력되면, 이후 모든 분석, 처리, 의사 결정 과정에서 오류가 발생할 수 있다.

이러한 문제를 해결하기 위해, 데이터 입력 단계에서 정확하고 신뢰할 수 있는 데이터가 입력되도록 하는 조치가 필요하다. 하나의 방법으로는 데이터 입력 과정을 자동화하는 것이 있다. 예를 들어, 스캐너와 같은 기술을 사용하여 데이터의 자동 입력을 도와, 수동 입력에서 발생할 수 있는 오류를 줄일 수 있다.

또한, 데이터 입력 형식의 점검은 또 다른 중요한 조치이다. 이는 입력되는 데이터가 특정한 기준이나 형식을 준수하는지를 확인하는 과정으로, 예를 들어 글자 수 확인, 날짜 형식의 검증 등이 포함된다. 이러한 점검은 데이터의 정확성을 보장하는 데 도움을 준다.

GIGO 원칙을 인식하고 이에 대응하는 것은 데이터 기반의 의사 결정과 프로세스의 신뢰성을 높이는 데 중요하다. 데이터의 품질이 높아질수록 조직이 얻는 정보의 가치도 증가하기 때문에, 데이터 입력 단계에서의 정확성과 신뢰성 확보는 매우 중요하다. 따라서 조직은 데이터 입력 과정을 철저히 관리하고, 정확한 데이터 수집을 위한 최선의 노력을 기울여야 한다.

3. 데이터 거버넌스

데이터 거버넌스(Data Governance)는 조직 내에서 데이터의 품질, 관리, 정책, 표준을 책임지는 과정 및 시스템을 의미한다. 이는 데이터의 가용성, 유용성, 일관성, 데이터 보안 및 데이터 관리 방법을 포함한 광범위한 분야를 다룬다.

데이터 거버넌스의 주요 목표는 조직 내에서 생성 및 사용되는 데이터의 품질과 무결성을 보장하는 것이다. 이를 위해, 조직은 데이터 정책, 절차, 표준, 규정을 개발하고 이행한다. 이러한 정책과 절차는 데이터의 생성, 저장, 사용, 관리 및 삭제에 이르는 전체 수명 주기를 포괄한다.

데이터 거버넌스는 또한 데이터의 보안을 강화하고, 데이터 침해 및 손실의 위험을 감소시키는 데 중요한 역할을 한다. 데이터 보안 정책, 접근 제어, 데이터 분류 및 데이터 암호화 방법이 이에 포함된다. 이를 통해 조직은 민감한 정보를 보호하고, 데이터 관련 규제 준수 요구를 충족할 수 있다.

데이터 거버넌스는 데이터의 표준화 및 일관성을 보장하는 데도 중요하다. 데이터 표준화는 조직 전반의 데이터 형식, 터미놀로지(terminology, 전문 용어), 구조를 일관되게 유지하는 것을 목표로 한다. 이는 데이터 통합, 데이터 품질 관리, 데이터 분석과 보고의 효율성을 향상시킨다.

이러한 관리 과정은 데이터 스튜어드(Data Steward)[9]나 데이터 거버넌스 팀에 의해 수행되며, 데이터의 책임과 권한을 명확히 정의한다. 데이터 스튜어드는 데이터의 품질, 액세스, 사용 및 분포에 대한 책임을 지며, 이를 통해 데이터 기반의 의사 결정이 신뢰할 수 있고 일관된 정보에 기반하도록 한다.

결국, 데이터 거버넌스는 조직의 데이터 자산을 효과적으로 관리하고 활용하는 데 필수적인 요소이며, 비즈니스 목표 달성, 운영 효율성 향상, 규제 준수를 보장하는 데 중요한 역할을 한다.

---

9) 특정한 데이터 자원 집합을 관리하는 책임을 부여받은 사람이나 조직을 부르는 용어로 문맥상 오해의 여지가 없다면 '데이터 관리자'로 번역해 사용하기도 하지만, 'data manager'나 'data administrator'와 혼동을 피하려고 데이터 스튜어드로도 자주 사용한다. 유사한 용어로 'content steward(콘텐츠 관리자, 콘텐츠 스튜어드)'가 있다.

08

통신 네트워크

1 통신 네트워크 개요

2 컴퓨터 네트워크의 유형과 관리

3 주요 디지털 네트워크 기술

CHAPTER

08

통신 네트워크

1 통신 네트워크 개요

1. 통신 네트워크

개념

통신 네트워크(Telecommunications Network)는 단말 사용자들 간의 통신을 가능하게 하는 단말, 링크, 노드의 집합체이다. 이 네트워크는 사용자들이 서로 정보를 주고받을 수 있도록 연결하는 중요한 인프라로 작용한다.

통신 네트워크의 기본 구성 요소로는 단말 장치가 있으며, 이는 개인 사용자 또는 조직의 통신 장비를 의미한다. 이 장비들은 서로 정보를 교환하기 위해 링크를 통해 연결된다. 링크는 물리적 또는 무선 연결로 구성되며, 데이터 전송 경로를 제공한다.

또한, 네트워크에는 여러 노드가 존재한다. 노드는 네트워크의 다른 지점과 연결되어 통신 데이터를 처리하고, 전달하는 역할을 한다. 노드는 라우터, 스위치, 허브 등 다양한 형태로 존재할 수 있으며, 네트워크의 효율성과 신뢰성을 높이는 데 중요한 역할을 한다.

통신 네트워크의 발전은 기술의 진보와 더불어 지속해서 이루어지고 있으며, 이는 정보 사회의 중심적인 기반 시설로서 그 중요성이 점점 더 커지고 있다. 네트워크의 효율성, 속도, 보안성 향상은 통신 기술 발전의 핵심 목표 중 하나이며, 이를 통해 더욱 신속하고 안전한 커뮤니케이션 환경이 조성된다.

통신 네트워크의 유형

통신 네트워크는 주로 전화 네트워크와 컴퓨터 네트워크라는 두 가지 주요 유형으로 구분될 수 있으며, 각각은 고유한 특성과 기술을 바탕으로 한다. 이 네트워크 유형들은 스마트폰과 같은 현대적인 기기에서도 찾아볼 수 있다.

전화 네트워크, 또는 음성망은 전통적인 통신 네트워크로 아날로그 기술을 사용한다. 이 네트워크는 음성 통신을 목적으로 설계되었으며, 전화망을 통해 음성 통화 기능을 제공한다. 스마트폰에서는 셀룰러 연결 방식(LTE, 5G 등)을 통해 전화 네트워크에 접속한다.

반면, 컴퓨터 네트워크 또는 데이터망은 현대적인 디지털 기술을 기반으로 하며, 데이터 전송과 정보 교환을 목적으로 한다. 이 네트워크는 인터넷의 대표적인 형태로, 데이터 전송과 웹 서비스 접근을 가능하게 한다. 스마트폰에서 Wi-Fi 연결은 이러한 컴퓨터 네트워크의 활용 예로 볼 수 있다.

전화 네트워크와 컴퓨터 네트워크는 각기 다른 특성과 용도를 가지며, 현대 사회에서 서로 보완적인 역할을 수행한다. 전화 네트워크는 전통적인 음성 통신에 초점을 맞추고, 컴퓨터 네트워크는 현대적인 디지털 통신의 다양한 요구를 충족시킨다. 스마트폰은 이 두 네트워크 유형을 결합하여 다양한 통신 기능을 제공하는 대표적인 예이며, 이 두 네트워크의 상호 작용과 통합은 통신 기술 발전의 핵심 요소로 작용한다.

네트워크의 정의

네트워크(Network)는 두 대 이상의 컴퓨팅 장치가 다양한 유형의 전송 매체로 서로 연결되어 사전에 정의된 약속에 따라 신호나 데이터를 주고받는 체계를 말한다.

주요 구성 요소로는 물리적 연결 매체(Physical Connection Media)와 논리적 연결 프로토콜(Logical Connection Protocols)이 있다. 물리적 연결 매체는 실제 정보가 전달되는 경로로, 유선(예: 구리 케이블, 광섬유)과 무선(예: Wi-Fi, 셀룰러 네트워크) 방식으로 나뉜다. 반면, 논리적 연결 프로토콜은 정보가 어떻게, 어떤 형식으로 전달될지를 정하는 규칙들의 집합이다. 이는 TCP/IP(Transmission Control Protocol/Internet Protocol) 같은 표준화된 프로토콜을 포함한다.

통신 네트워크는 전송 속도, 신뢰성, 보안 등 여러 기준에 따라 평가될 수 있다. 전송 속도는 데이터가 얼마나 빠르게 전달되는지를 나타내며, 신뢰성은 데이터의 정확성과 전송 과정 중의 오류 감지 및 수정 능력을 의미한다. 보안은 전송되는 데이터가 외부의 불법 접근이나 해킹으로부터 얼마나 잘 보호되는지를 말한다.

네트워크는 일상생활과 산업 전반에 걸쳐 광범위하게 적용되며, 인터넷, 모바일 통신, 기업 네트워크 등 다양한 형태로 발전해 왔다. 이러한 네트워크들은 정보의 효율적인 교환을 가능하게 하여 현대 사회의 필수적인 기술 구조로 자리 잡았다.

일반적으로 통신(communication, telecommunication), 네트워크(network), 통신 네트워크(communication network, telecommunication network)라는 용어가 호환되어 사용된다. 네트워크는 통신을 위한 기반 구조로, 통신은 네트워크를 활용하는 서비스로 이해하고 이를 통칭하여 통신 네트워크라고 한다고 생각하면 된다.

2. 네트워크의 구성

단순 네트워크 구성도

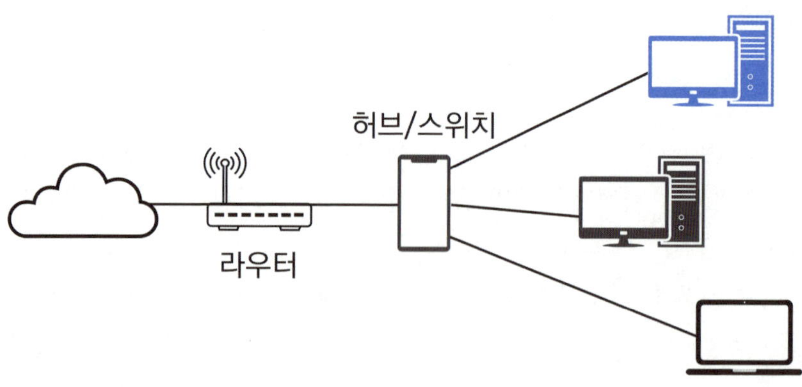

라우터

라우터(Router)는 컴퓨터 네트워크 간에 데이터 패킷을 전송하는 중요한 네트워크 장치다. 주된 기능은 네트워크상의 데이터 패킷의 위치를 추출하고, 해당 위치로 가기 위한 최적의 경로를 결정하여 데이터 패킷을 다음 네트워크 장치로 전달하는 것이다. 말 그대로 길(route)을 찾아주는 장비이다.

라우터의 작동 원리는 다음과 같다. 먼저, 라우터는 네트워크상에서 전송되는 데이터 패킷을 수신한다. 이 패킷은 보통 송신자와 수신자의 주소 정보를 포함하고 있다. 라우터는 이 정보를 분석하여 패킷이 전달될 최종 목적지를 파악한다. 이후 라우터는 자체적으로 보유한 라우팅 테이블(Routing Table) 또는 동적 라우팅 프로토콜(Dynamic Routing Protocols)을 사용하여 패킷이 목적지까지 도달할 수 있는 최적의 경로를 결정한다.

경로 결정 후, 라우터는 패킷을 그 경로에 따라 다음 네트워크 장치로 전달한다. 이 과정에서 라우터는 네트워크의 효율성을 높이고, 네트워크 혼잡을 줄이며, 필요한 경우 데이터 패킷의 재전송을 관리한다. 또한, 라우터는 네트워크의 보안을 강화하는 역할도 한다. 예를 들어, 불필요하거나 해로운 트래픽을 차단하고, 네트워크 간의 데이터 전송을 제어하여 외부의 위협으로부터 내부 네트워크를 보호한다.

라우터는 인터넷과 같은 광범위한 네트워크 환경뿐만 아니라 기업이나 가정 내부의 소규모 네트워크에서도 중요한 역할을 한다. 이는 네트워크상의 데이터가 효율적이고 안전하게 전송될 수 있도록 하는 데 중요한 기술적 수단을 제공한다.

공유기

공유기(Home Router, Personal Router)는 가정이나 소규모 업무 공간에서 사용되는 라우터의 한 종류다. 영어로 쓸 때 주의한다. 그냥 'Router'라고도 한다. 이 장치는 사용자가 인터넷에 연결되는 것을 돕고, 여러 장치 간의 네트워크 통신을 가능하게 한다. 공유기는 일반적으로 인터넷 서비스 제공업체(ISP)로부터 오는 네트워크 연결을 받아, 이를 여러 컴퓨터, 스마트폰, 태블릿 등과 같은 장치들이 사용할 수 있게 변환한다.

공유기의 주요 기능은 다음과 같다:

- 인터넷 연결 공유: 공유기는 하나의 인터넷 연결을 여러 장치와 공유할 수 있도록 해준다. 이는 각 장치가 인터넷에 개별적으로 연결되는 것보다 경제적이고 효율적이다.
- 무선 네트워크 제공: 대부분의 최근 공유기는 Wi-Fi 기능을 내장하고 있어, 무선으로 인터넷에 접속할 수 있게 해준다. 이를 통해 사용자는 유선 연결의 제한 없이 자유롭게 인터넷을 사용할 수 있다.
- 네트워크 보안: 공유기는 보안 기능을 제공하여 네트워크를 보호한다. 이는 방화벽, 암호화, 접근 제어 등을 포함할 수 있다.
- 내부 네트워크 관리: 공유기는 내부 네트워크의 여러 장치에 IP 주소를 할당하고, 장치 간의 데이터 전송을 관리한다. 이는 네트워크상의 장치들이 서로 통신할 수 있도록 함으로써, 파일 공유, 프린터 공유 등 다양한 네트워크 기반 서비스를 가능하게 한다.

가정이나 소규모 사무실에서의 사용을 고려하여 설계된 공유기는 일반적으로 사용이 간편하고, 설치 및 관리가 용이하다. 이는 소비자가 네트워크 기술에 대한 전문 지식이 없어도 쉽게 사용할 수 있도록 한다. 공유기는 현대 가정과 작은 사무실에서의 인터넷 사용을 효율적이고 안전하게 만드는 중요한 기기다.

(네트워크) 허브

허브(Network Hub, Ethernet Hub, Active Hub, Repeater Hub, Multiport Repeater)는 여러 대의 컴퓨터나 네트워크 장비들을 연결하는 네트워크 장치다. 기본적인 기능은 연결된 모든 장치 간에 데이터를 전달하는 것이며, 이는 네트워크상의 모든 장치가 서로 통신할 수 있도록 한다.

허브의 작동 원리는 다음과 같다. 허브에 연결된 한 컴퓨터가 데이터를 전송하면, 허브는 이 데이터를 다른 모든 연결된 장치에 브로드캐스트(broadcast)한다. 이는 각 장치가 전송된 데이터를 수신하여 필요한 정보인지 판단할 수 있도록 한다. 그러나 이러한 작동 방식은 효율성의 문제를 야기한다. 한 장치로부터 전송된 데이터가 네트워크상의 모든 장치에 전달되기 때문에, 연결된 장치의 수가 많아질수록 네트워크의 혼잡도 증가하고, 데이터 패킷의 충돌 가능성이 높아진다. 결과적으로, 이는 전체 네트워크의 속도를 늦추는 원인이 된다.

이러한 문제를 해결하기 위해, 허브와는 다른 방식으로 작동하는 이더넷 스위치(Ethernet Switch) 장비가 사용된다. 허브는 단순하고 비용 효율적인 네트워크 연결 방식을 제공하지만, 그 기능의 한계로 인해 현대 네트워크 환경에서는 이더넷 스위치가 널리 사용된다. 허브는 소규모 또는 제한된 네트워크 환경에서 여전히 유용할 수 있으나, 대규모 또는 고성능을 요구하는 네트워크 환경에서는 스위치가 더 적합한 해결책으로 간주된다.

(네트워크) 스위치

스위치(Network Switch, Switching Hub, Bridging Hub)는 네트워크상의 데이터 전송 속도를 개선하기 위해 설계된 네트워크 장치다. 허브와 비교했을 때, 스위치는 효율적인 데이터 전송 방식을 통해 네트워크 성능을 크게 향상시킨다. 그래서 스위치를 스마트 허브라고 부르기도 한다.

스위치의 주요 기능은 네트워크상의 각 장치 간 통신을 개별적으로 처리하는 것이다. 이를 위해 스위치는 네트워크상의 각 장치의 MAC 주소(Media Access Control Address)[1]를 학습하고, 이 정보를 기반으로 패킷을 해당 장치에만 전송한다. 이러한 방식을 사용함으로써, 스위치는 네트워크상의 불필요한 데이터 트래픽을 줄이고, 패킷 충돌의 가능성을 낮추며, 전체적인 네트워크 성능을 개선한다.

스위치는 데이터 패킷을 수신할 때 목적지 장치의 MAC 주소를 확인하고, 이를 라우팅 테이블에 기록한다. 이후 동일한 목적지로 데이터를 전송할 때, 스위치는 이 라우팅 테이블을 참조하여 데이터 패킷을 직접 해당 장치로 전달한다. 이 과정은 네트워크상의 각 연결이 독립적인 데이터 채널로 작동하도록 함으로써, 네트워크의 대역폭을 최대한 활용하게 한다.

또한, 스위치는 네트워크의 보안을 강화하는 역할도 한다. 스위치는 각 연결을 개별적으로 관리함으로써, 네트워크상의 특정 부분에 문제가 발생하더라도 이를 다른 부분으로 확산하는 것을 방지한다. 이는 네트워크 내에서의 보안 문제나 오류를 효과적으로 격리하는 데 도움이 된다.

---

1) MAC 주소는 네트워크상의 장치들을 구별하기 위해 사용되는 고유한 식별자다. 각 네트워크 어댑터에 할당되며, 이를 통해 장치들이 로컬 네트워크 내에서 서로를 식별할 수 있다.

스위치는 소규모 통신 환경뿐만 아니라 대규모 기업 환경에서도 널리 사용된다. 그 이유는 스위치가 제공하는 고성능 네트워킹 기능과 효율적인 데이터 관리 능력 때문이다. 따라서 스위치는 현대 네트워크에서 중심적인 역할을 수행하며, 다양한 규모의 네트워크 환경에서 필수적인 장치로 자리 잡고 있다.

네트워크 어댑터

네트워크 어댑터(Network Interface Controller, NIC, Network Adapter, LAN Adapter, Ethernet Adapter, 랜 카드, 랜 어댑터)는 컴퓨터와 컴퓨터 네트워크를 연결하는 데 사용되는 컴퓨터 부품이다. 이 장치는 컴퓨터가 네트워크상의 다른 장치들과 데이터를 주고받을 수 있도록 해준다. 네트워크 어댑터는 다양한 형태(예: 내장형, 외장형, USB 어댑터 등)로 존재하며, 네트워크의 종류(예: 유선 LAN, 무선 Wi-Fi)에 따라 다양한 기술을 사용한다.

네트워크 어댑터의 주요 기능은 다음과 같다.

- 데이터 변환: 컴퓨터에서 생성된 디지털 데이터를 네트워크에서 사용할 수 있는 형태로 변환하고, 네트워크에서 수신한 데이터를 컴퓨터가 이해할 수 있는 형태로 변환한다.
- 데이터 전송 및 수신: 네트워크 어댑터는 네트워크상의 다른 장치들과 데이터를 주고받는다. 이를 위해 네트워크 프로토콜을 사용하여 데이터 패킷을 전송하고 수신한다.
- 주소 할당: 각 네트워크 어댑터에는 고유한 MAC 주소가 할당되어 있다. 이 주소는 네트워크상에서 장치를 식별하는 데 사용된다.
- 에러 처리 및 흐름 제어: 네트워크 어댑터는 데이터 전송 과정 중에 발생할 수 있는 오류를 감지하고, 네트워크의 흐름을 효율적으로 관리한다.

네트워크 어댑터는 컴퓨터 네트워킹의 핵심적인 부분으로, 네트워크의 성능과 효율성에 큰 영향을 미친다. 이 장치는 컴퓨터가 네트워크에 접근하고, 인터넷과 같은 다양한 네트워크 서비스를 사용할 수 있게 해주는 필수적인 요소다. 현대 컴퓨팅 환경에서 네트워크 어댑터는 유선 LAN 연결을 위한 이더넷 어댑터, 무선 연결을 위한 Wi-Fi 어댑터 등 다양한 형태로 존재하며, 사용자의 요구에 맞춰 다양한 기능과 성능을 제공한다.

3. 네트워크 서비스 제공자

개념

네트워크 서비스 제공자(Network Service Provider)는 개인 및 기업 사용자가 통신 네트워크에 연결할 수 있도록 다양한 서비스를 제공하는 기업이다. 이들은 인터넷 서비스 제공업체(ISP), 휴대 전화 네트워크 운영업체, 클라우드 서비스 제공업체 등을 포함한 광범위한 업체들을 말한다. 네트워크 서비스 제공자의 주요 역할은 사용자에게 안정적이고, 신뢰할 수 있는 네트워크 접속을 제공하는 것이다.

네트워크 서비스 제공자는 현대 사회에서 중요한 역할을 수행한다. 이들은 기술의 발전에 따라 더욱 다양하고 진화하는 서비스를 제공하며, 개인과 기업이 디지털 세계에 연결될 수 있도록 지원한다. 또한, 경제적, 사회적 발전에 필수적인 인프라로서의 역할을 하며, 디지털 시대의 발전을 촉진하는 중심축으로 자리 잡고 있다.

유형

네트워크 서비스 제공자는 다양한 형태로 존재하며, 각각은 특정한 종류의 네트워크 서비스를 제공한다. 주요 유형은 다음과 같다.

통신 사업자

전통적인 유선 전화 서비스를 제공하는 사업자로, 공중 전화망(PSTN, Public Switched Telephone Network)을 통해 음성 통신 서비스를 제공한다. 이들은 전화 서비스뿐만 아니라, 데이터 전송과 인터넷 접속 서비스를 포함한 다양한 통신 서비스를 제공하기도 한다.

무선 통신 사업자

셀룰러 네트워크를 통해 무선 전화 및 데이터 서비스를 제공하는 사업자다. 이들은 모바일 통신 서비스를 통해 사용자가 언제 어디서나 네트워크에 접속할 수 있도록 한다. 3G, 4G, 5G와 같은 다양한 무선 통신 기술을 사용하여, 음성, 데이터, 문자 메시지 등의 서비스를 제공한다.

인터넷 서비스 제공자(ISP, Internet Service Provider)

인터넷 접속 서비스를 제공하는 사업자로, 사용자가 인터넷을 통해 정보를 검색하고, 이메일을 주고받으며, 웹 서핑을 할 수 있도록 네트워크 연결을 제공한다. ISP는 다양한 방식으로 인터넷 접속 서비스를 제공하는데, DSL, 광섬유, 위성 연결 등이 여기에 포함된다.

유선 방송(케이블 TV) 사업자

원래는 케이블 TV 서비스를 제공하는 사업자지만, 많은 케이블 TV 사업자들은 케이블 네트워크를 활용하여 인터넷 서비스도 제공한다. 이들은 케이블 모뎀을 통해 고속 인터넷 접속 서비스를 제공하며, 이는 특히 인터넷과 TV 서비스를 함께 제공하는 번들 서비스로 의미가 있다.

2 | 컴퓨터 네트워크의 유형과 관리

1. 컴퓨터 네트워크의 유형: LAN과 WAN

LAN

LAN(Local Area Network, 근거리 통신망 또는 로컬 영역 네트워크)은 일반적으로 가정, 사무실, 학교 등의 제한된 지역 내에서 컴퓨터와 다른 디지털 장치들을 서로 연결하는 네트워크다. LAN은 지리적으로 가까운 영역 내에서 데이터와 리소스를 공유할 수 있게 하는 네트워크 구조로, 주로 소규모의 네트워킹 요구를 충족시키는 데 사용된다.

LAN의 주요 적용 기술로 이더넷(Ethernet)과 와이파이(Wi-Fi)를 들 수 있다.

- 이더넷(Ethernet): 이더넷은 LAN에서 가장 널리 사용되는 유선 네트워크 기술이다. 이더넷은 일반적으로 구리 케이블을 사용하여 장치들을 연결하며, 데이터를 전송하는 데에는 네트워크 어댑터, 케이블, 스위치 등의 하

드웨어가 필요하다. 이더넷 네트워크는 안정적인 연결과 높은 데이터 전송 속도를 제공한다.

- 와이파이(Wi-Fi): 와이파이는 무선 LAN 기술(WLAN, Wireless LAN)로, 사용자가 케이블 없이도 네트워크에 접속할 수 있도록 한다. 와이파이는 설치가 간편하고 이동성을 제공하는 장점이 있지만, 유선 연결에 비해 상대적으로 더 많은 외부 간섭에 취약할 수 있다.

LAN은 장치들 사이의 빠른 데이터 전송을 가능하게 하고, 자원과 파일을 공유할 수 있는 환경을 제공한다. 이는 특히 사무실이나 학교와 같은 환경에서 효율적인 작업 수행과 협업을 가능하게 하는 중요한 인프라다. LAN의 설치 및 관리는 상대적으로 단순하며, 네트워크의 규모와 요구에 따라 유연하게 구성될 수 있다. 이러한 LAN의 특징들은 소규모에서 중간 규모의 네트워크 환경을 위한 이상적인 해결책을 제공한다.

WAN

WAN(Wide Area Network, 원거리 통신망 또는 광역 통신망)은 넓은 지리적 거리와 장소를 넘나드는 컴퓨터 또는 통신 네트워크를 말한다. WAN은 여러 LAN이나 다른 네트워크를 연결하는 데 사용되며, 종종 전용선을 포함하여 구성된다. WAN은 국가 간, 대륙 간 또는 도시 간 같은 넓은 지역을 아우르는 통신을 가능하게 한다.

WAN의 주요 특징은 다음과 같다.

- 지리적 범위: WAN은 광범위한 지역에 걸쳐 확장되며, 이는 국가, 대륙, 심지어 전 세계를 포괄할 수 있다.
- 데이터 통신 지원: WAN은 LAN 사용자 간의 데이터 통신을 지원한다. 이를 통해 다른 지역, 도시, 국가에 위치한 사용자들이 서로 통신하고 데이터를 공유할 수 있다.
- 인터넷 접속: 인터넷은 가장 큰 WAN의 예로, 전 세계의 다양한 네트워크와 시스템들을 연결한다. 인터넷은 정보의 공유, 데이터 통신, 온라인 서비스 접근 등을 가능하게 하는 광역 통신망의 대표적인 형태다.
- 전용선과 공용선의 사용: WAN은 전용선을 사용하여 안정적이고 안전한 연

결을 제공할 수 있으며, 공용선을 통해 비용 효율적인 네트워크 솔루션을 제공하기도 한다.

WAN은 다양한 기술과 프로토콜을 사용하여 네트워크를 구성하고 운영한다. 이는 DSL(Digital Subscriber Line, 디지털 가입자 회선)[2], 광섬유, 위성 연결 등 다양한 전송 매체를 포함하며, 각기 다른 데이터 전송 속도와 서비스 품질을 제공한다. WAN은 기업, 정부 기관, 교육 기관 등 다양한 조직에서 중요한 역할을 수행하며, 전 세계적으로 분산된 장소들 간의 통신을 가능하게 하는 필수적인 네트워크 인프라다.

LAN과 WAN의 실무적 구분

실무적인 관점에서 LAN과 WAN의 구분은 주로 네트워크의 구성과 범위를 기반으로 한다. 이 구분은 특히 네트워크 장비 중 하나인 라우터를 기준으로 한다. 라우터는 WAN과 LAN을 연결하는 중요한 역할을 하며, 이를 통해 LAN 내부의 장치들이 WAN을 통해 외부 네트워크와 통신할 수 있게 된다.

이와 같이 라우터를 기준으로 내부 네트워크를 LAN으로, 외부 네트워크를 WAN으로 구분한다. 이러한 구분은 네트워크의 설계, 관리, 보안 등 다양한 측면에서 중요한 역할을 하며, 네트워크의 효율적인 운영과 관리를 위해 필수적인 개념이다. 또한, 네트워크의 설계와 구축, 유지 관리에 있어서 기본적인 지침을 제공한다.

---

2) DSL은 기존의 전화선을 사용하여 고속 인터넷 서비스를 제공하는 기술이다. DSL은 전화 서비스와 동시에 인터넷 접속을 가능하게 하며, 아날로그 신호를 디지털 신호로 변환하는 모뎀을 사용한다. 이 기술은 ADSL(Asymmetric Digital Subscriber Line, 비대칭 디지털 가입자 회선)과 VDSL(Very-high-bitrate Digital Subscriber Line, 고속 디지털 가입자 회선) 등 다양한 형태로 존재한다. DSL은 널리 사용되는 광대역 인터넷 접속 방식 중 하나로, 전화선을 통해 안정적이고 지속적인 인터넷 연결을 제공한다.

다양한 컴퓨터 네트워크

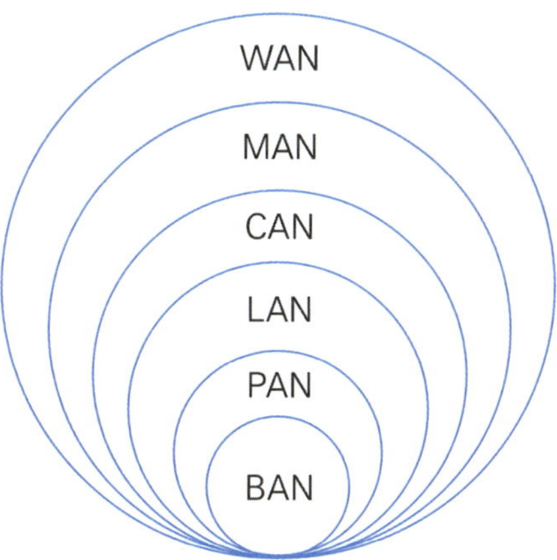

컴퓨터 네트워크는 그 범위에 따라 서로 다른 몇 가지 유형으로 분류할 수 있다. 여기서는 LAN과 WAN 이외의 몇 가지 유형을 알아본다.

- MAN(Metropolitan Area Network)은 도시나 대규모 지역을 커버하며, 대체로 LAN과 WAN 사이의 범위를 가진다. 학교나 기업, 정부 기관 등 각기 다른 LAN 네트워크를 연결해주는 역할을 한다. 일반적으로 세부적인 구분에서는 WAN의 범위에 포함되는 경우가 많다.
- CAN(Campus Area Network)은 특정 지역, 예를 들어 대학 캠퍼스나 기업 사옥 내에서 구축되는 네트워크를 말한다. 다양한 건물이나 시설들을 연결하며, LAN보다는 넓은 범위를 커버하지만 MAN이나 WAN보다는 제한적인 범위를 가진다. 하나의 CAN은 여러 LAN을 포함할 수 있으므로, 세부적인 구분에서는 LAN에 포함된다.
- PAN(Personal Area Network)은 개인이 사용하는 장치들을 연결하는 네트워크를 말한다. 기본적으로 블루투스 기반의 PAN은 단거리 통신에 적합하며, 대개 한 사람이 소유하거나 사용하는 장치들을 서로 연결하는 경우에 활용된다. 예를 들어, 노트북과 무선 헤드셋을 연결하여 오디오를 스트리밍할 수 있고, 스마트폰과 스마트워치를 연결하여 데이터를 동기화할 수 있다.

- BAN(Body Area Network)은 웨어러블 컴퓨터 등 인체 주변에 설치된 장치들을 연결하는 네트워크를 지칭한다. 보통 의료 기기나 피트니스 기기 등 신체 상태를 모니터링하는 장치들이 이에 속한다.

2. 전송 매체의 유형

 연선

개념

연선(撚線, Twisted Pair)은 두 줄의 구리 선을 꼬아 하나의 도선에 피복한 방식의 케이블을 말한다. 이는 전기 신호를 전송하는데 사용되는 가장 기본적인 형태의 케이블로, 전화선이나 LAN 케이블에 주로 사용된다.

연선의 주요 특징 중 하나는 각 선이 꼬여 있다는 것이다. 이런 방식은 다른 전자기장에 의해 발생하는 잡음의 영향을 감소시키는 역할을 한다. 즉, 두 선이 서로 꼬여 있음으로써 한 선이 받는 잡음은 다른 선도 같은 양으로 받게 되며, 이 두 신호를 서로 빼서 잡음을 제거하는 원리를 사용한다.

또한, 연선은 구리 선을 사용한다는 특징이 있다. 구리는 전성을 잘 전달하는 물질로 알려져 있어 전기 케이블로 널리 사용된다. 그 결과, 연선은 전화 통신부터 데이터 네트워크까지 다양한 용도로 활용되며, 전자기장에 의한 간섭을 효과적으로 줄일 수 있다. 따라서, 연선은 꼬인 케이블 구조와 구리 선의 특성을 통해 잡음 감소와 효율적인 전기 신호 전송을 가능케 한다.

종류

연선의 종류에는 STP(Shielded Twisted Pair)와 UTP(Unshielded Twisted Pair)가 있다.

STP는 일명 '차폐 연선'으로, 각 선 쌍이 고유의 실드(보호막)로 둘러싸여 있다. 이 보호막은 외부로부터 올 수 있는 전자기 간섭을 막아주며, 이는 특히 신호 간섭이 많은 공장이나 야외 환경에서 중요하다. 또한, 빠른 통신 속도가 필요한 곳에서도 널리 사용된다. 비록 설치 비용과 난이도가 다소 높을 수 있지만, 그만큼 효과적인 전파 차폐 성능으로 결제한다. 주로 유럽에서 많이 사용되는 편이다.

반면 UTP는 '비차폐 연선'으로, 별도의 보호막이 없는 연선이다. 이는 STP

에 비해 신호 간섭에 약간 취약하나, 취급이 간단하고 가격이 저렴하여 일반적으로 가장 널리 사용된다. 주로 전화선이나 이더넷 등에 사용되며, 비교적 쉽게 설치하고 관리할 수 있다는 장점이 있다.

한편, 연선에는 다양한 규격(표준)이 존재하는데, 특히 LAN 케이블을 선택할 때는 CAT(Category, 카테고리) 등급 확인이 중요한다. CAT은 데이터 전송 속도와 주파수 등을 결정하기 위해서 적용된 표준을 분류하는 방식이다.

CAT 등급은 1부터 8까지 있으며, 숫자가 높을수록 전송 속도와 주파수가 더 높아진다. 예를 들어, CAT1 케이블은 전화선에 사용되는 케이블이다. CAT3는 T1 전송을 지원하며 업무용 전화 라인에 주로 사용된다. CAT5와 CAT5e 이상은 이더넷 연결에 널리 사용된다. CAT6은 최대 10기가비트 이더넷, CAT6a와 CAT7은 100미터까지 10기가비트 이더넷을 지원한다. CAT8은 데이터 센터용으로 설계되어 최대 40기가비트 이더넷을 지원한다.

또한, CAT에 따라 최대 채널 길이 즉, 신호를 전송할 수 있는 최대 거리 역시 달라진다. 이는 케이블의 구조, 소재, 차폐 유무 등에 따라 달라지는데, 예를 들어 Cat5e는 100미터까지 1기가비트를 지원하며, Cat6는 37~55미터에서 10기가비트 이더넷을 지원한다. Cat6a는 100미터까지 10기가비트 이더넷을 지원한다.

따라서 케이블을 선택할 때는 전송 속도를 결정지을 수 있는 CAT 등급을 확인하여, 자신이 필요로 하는 데이터 전송 용량과 거리를 충족시키는 적절한 선택을 해야 한다. 이를 통해 신뢰성 있는 네트워크 환경을 구축하고, 효율적인 데이터 전송을 수행할 수 있다.

동축 케이블

동축 케이블(Coaxial Cable)은 데이터와 신호를 전송하는 데 널리 사용되는 특수한 형태의 케이블이다. 상대적으로 간섭에 강하며 넓은 주파수 대역에서 안정적인 성능을 보인다는 특징이 있다.

동축 케이블의 구조는 중앙에 위치한 절연된 구리 선이 관 모양의 전도체로 둘러싸여 있으며, 바깥 쪽은 종종 전기적 간섭을 차단하는 차폐층과 보호층으로 둘러싸여 있다. 이 구조에 의해 내부 전도체를 통한 신호 전송 시 외부로부터 간섭 받을 가능성이 줄어든다.

이런 특성을 이용해 동축 케이블은 다양한 분야에서 활용된다. 전신 중계 회선은 물론, 광대역 인터넷 네트워크 케이블, 케이블 TV 신호용 케이블 등에 주로 사용된다. 더욱이, 무선 전송기 및 수신기와 안테나를 연결하는 데도 동축 케이블이 사용되며, 이는 특히 무선 통신 시스템에서 중요한 역할을 수행한다.

이처럼 동축 케이블은 안정적인 신호 전송 능력과 간섭에 대한 저항력으로 다양한 통신 환경에서 널리 이용된다. 특히 넓은 주파수 대역에서 데이터를 안정적으로 전송할 수 있어 다양한 필요성과 환경에서 그 중요성을 증명하고 있다.

광섬유

광섬유(Optical Fiber)는 빛 신호를 전달하는 가느다란 유리 또는 플라스틱 섬유로, 그 성질을 활용하여 매우 큰 양의 데이터를 멀리까지 전달할 수 있는 장점이 있다. 이는 구리 선보다 더 빠른 전송 속도를 가능케 하며, 그 본질적 특성으로 인해 다양한 장점을 가진다.

먼저, 대용량의 데이터를 빠른 속도로 전송 가능하다는 점은 광섬유가 기가인터넷 서비스에 제대로 대응할 수 있게 한다. 즉, 고해상도 동영상 스트리밍이나 대용량 파일 전송 등 대용량 데이터를 손쉽게 다룰 수 있다. 또한, 비교적 좁은 공간에서 많은 선을 설치할 수 있어 공간 활용이 효율적이다.

또한, 광섬유는 구리 선보다 수명이 더 길고, 시간이 지나도 성능이 저하되지 않는다. 특히 신호의 간섭을 받지 않고, 빛으로 전달되기 때문에 신호의 잡음이 적다. 이는 전송 신호의 정확성과 안정성을 높여주며, 혼선 및 도청 위험도 감소시킨다.

그러나 이런 장점들에도 광섬유는 몇 가지 한계점이 있다. 신호를 빛으로 변환하는 변조 장치를 반드시 사용해야 하고, 광섬유를 통한 광신호를 전자 신호로 다시 변환하는 단계가 필요하다. 이런 변환 과정이 필요한 것은 전송 과정에서 복잡성을 높이는 원인이 된다. 또한, 광섬유의 제조 물성(物性)이 한정적이다. 공정 다양성이 상대적으로 적고 제조 과정이 까다로워 비용적인 부담이 실제 적용에 어려움을 줄 수 있다.

그런데도 높은 전송량, 높은 안정성, 긴 수명, 저렴한 가격 등 광섬유의 많은 장점은 그 활용 범위를 넓게 하고 있으며, 빠른 데이터 전송이 요구되는 다양한 분야에서 중요한 역할을 담당하고 있다.

마이크로파

마이크로파(Microwave)는 전자기파의 한 종류로, 그 파장과 주파수는 라디오파와 적외선 사이에 위치한다. 이는 대략 1mm에서 1m 사이의 파장을 가지며, 그 주파수 범위는 대략 300MHz에서 300GHz에 이른다.

마이크로파의 이러한 천연 특성이 다양한 응용 분야에서 널리 활용되는 것을 가능하게 한다. 무선 네트워크는 그 대표적인 예로, 와이파이와 같은 기술은 마이크로파의 주파수 범위를 활용한다. 또한, 레이다에서 마이크로파는 항공기나 선박 등의 위치, 속도, 방향을 파악하는 데 사용된다.

또한, 마이크로파는 위성 및 우주선 통신에도 이용된다. 마이크로파의 단거리 전송 특성은 위성 통신에서 이상적인 선택이다. 거기에 의료 분야에서는 마이크로파 치료법으로 체내 조직을 가열하여 암 세포 등을 제거하는 데 쓰인다.

원격 센싱과 전파 천문학 분야에서는 마이크로파가 흔히 사용된다. 농업, 지질학, 기상학 등 다양한 분야에서 마이크로파 원격 센싱 기술은 중요한 도구로 작용한다. 아울러 충돌 방지 시스템, 입자 가속기, 분광학 등의 기술적 응용 분야에서도 마이크로파는 중요한 역할을 한다.

산업적인 응용 분야에서는 마이크로파 가열 설비가 있다. 비닐 등의 처치, 식수 처리 등에 활용되며, 가열, 건조, 플라즈마 생성 등에 이용된다. 고속 차고문 개폐기와 자동차 원격 시동기 역시 마이크로파를 활용하며, 일상생활에서 가장 잘 알려진 응용은 아마도 전자 레인지가 될 것이다.

이처럼, 마이크로파는 그 특성과 성능 덕분에 통신부터 의료, 과학, 산업, 생활 등 다양한 분야에서 핵심적인 역할을 수행한다. 이는 마이크로파의 중요성과 그 효용성을 잘 보여주는 사례들이다.

3. 네트워크 관리

개념

네트워크 관리(Network Management)는 컴퓨터 네트워크의 효율적 운영과 운영 상태를 유지하기 위한 복합적인 프로세스이다. 이 프로세스는 컴퓨터 네트워크의 성능을 최적화하고, 네트워크 문제를 신속하게 해결하는 데 초점을 맞춘다. 이를 위해 네트워크 관리자는 여러 가지 구체적인 활동을 수행한다.

중요한 활동 중 하나는 결함 분석이다. 네트워크 관리자는 네트워크의 문제를 식별하고, 그 원인을 찾아내고, 해당 문제를 해결하는 일련의 절차를 수행한다. 이는 네트워크 중단을 최소화하고, 사용자의 서비스 수준을 유지하는 데 필수적이다.

또한, 네트워크 관리자는 성능 관리 작업을 수행한다. 이는 네트워크의 운영 효율성을 분석하고 모니터링하고 개선하는 활동을 포함한다. 이를 통해 네트워크 관리자는 네트워크 트래픽을 평가하고, 접속 상황을 판단하며, 장애를 해결하기 위한 기술적인 조치를 결정한다.

다음으로, 네트워크 프로비저닝(Provisioning)은 사용자의 요구에 맞게 시스템 자원을 할당, 배치, 배포해 두었다가 필요시 시스템을 즉시 사용할 수 있는 상태로 미리 준비해 두는 활동을 의미한다. 이 과정은 네트워크의 확장성을 보장하고 사용자의 요구에 맞게 서비스를 제공하는 데 중요하다.

마지막으로, 서비스 품질(QoS, Quality of Service) 유지는 네트워크 관리의 중요한 요소이다. 이는 특정 네트워크 트래픽에 대한 성능 수준을 보장하기 위해 사용되며, 이것은 데이터 전송의 지연시간, 오류율, 통신량 등 다양한 측면을 포함한다.

이로써, 네트워크 관리는 상호 연관된 여러 활동을 통해 네트워크의 안정성을 유지하고 성능을 최적화하는 핵심 과정이라 할 수 있다. 이것은 사용자의 요구에 맞게 신속하고 효과적으로 응답하도록 네트워크를 관리하는 데 필수적인 역할을 한다.

네트워크 관리 시스템(NMS)

네트워크 관리 시스템(Network Management System, NMS)은 기업이나 조직의 컴퓨터 네트워크를 효율적으로 운영하고 관리하는 데 필수적인 도구이다. 이 시스템은 네트워크의 상태를 모니터링하고, 문제가 발생할 경우 신속하게 해결하며, 네트워크 성능을 최적화하는 데 중점을 둔다.

- 프로비저닝(Provisioning): 네트워크 관리 시스템의 핵심 기능 중 하나로, 새로운 사용자나 장치를 네트워크에 추가하거나, 기존 사용자나 장치의

설정을 변경하는 과정을 포함한다. 이를 통해 네트워크 관리자는 네트워크 접근성을 효과적으로 관리할 수 있다.

- 발견 및 점검(Discovery and Monitoring): 네트워크에 연결된 모든 장치를 식별하고, 각 장치의 상태 및 성능을 지속적으로 점검한다. 이 기능은 네트워크의 건강 상태를 파악하고 잠재적인 문제를 조기에 발견하는 데 중요하다.
- 모니터링(Monitoring): 네트워크의 성능과 트래픽을 실시간으로 관찰하고 분석한다. 이를 통해 관리자는 네트워크 용량 계획, 성능 향상, 문제 해결에 필요한 데이터를 얻을 수 있다.
- 구성 관리(Configuration Management): 네트워크의 구성을 설정하고, 변경 사항을 추적 및 문서화하는 과정을 담당한다. 이 기능은 네트워크의 변경을 체계적으로 관리하고, 변화가 네트워크에 미치는 영향을 평가하는 데 도움이 된다.
- 규제 준수(Regulatory Compliance): 네트워크 사용 및 관리가 다양한 법적 규정과 준수 요구 사항을 충족하는지 확인한다. 이는 조직이 법적 문제에 직면하지 않도록 보장한다.
- 변화 통제(Change Control): 네트워크의 구성 변경을 계획, 승인, 실행 및 문서화하는 과정을 관리한다. 이 기능은 네트워크 변경 사항이 안전하고 효과적으로 적용되도록 보장한다.
- 소프트웨어 자산 관리(Software Asset Management): 네트워크 내의 소프트웨어 자산을 관리하고 최적화한다. 이를 통해 소프트웨어 라이선스 준수를 보장하고, 비용을 절감할 수 있다.
- 컴퓨터 보안(Computer Security): 네트워크 보안을 강화하고, 보안 위협으로부터 네트워크를 보호한다. 이는 네트워크의 안전성과 신뢰성을 유지하는 데 핵심적인 요소이다.

이러한 기능들을 통해 NMS는 조직의 네트워크를 효율적으로 관리하고, 성능을 최적화하며, 장애를 신속하게 해결하는 데 핵심적인 역할을 한다. 네트워크의 효율성과 안정성을 유지하고 개선하는 이러한 기능들은 오늘날 디지털 기업 환경에서 더욱 중요한 가치를 지닌다.

3 | 주요 디지털 네트워크 기술

1. 인터넷을 가능하게 한 3대 핵심 기술

- 클라이언트/서버 구조
- 패킷 교환 방식
- TCP/IP

2. 클라이언트/서버 구조

개념

IT 인프라스트럭처의 진화에서 클라이언트/서버 시대 참조

C/S의 중요성

C/S 구조의 중요한 특징 중 하나는 클라이언트의 명확한 요청에만 서버가 응답하고, 이후 연결을 종료함으로써 네트워크 트래픽과 서버 부하를 최소화하는 것이다. 이 과정은 비연결성을 비롯한 중요한 특성을 보이게 된다.

- 연결의 비연결성(Non-connection-oriented Nature): 웹 브라우징의 예를 들면, 사용자가 특정 홈페이지를 보고 있을 때, 서버와 클라이언트 간의 연결은 지속적이지 않다. 사용자가 특정 링크를 클릭하는 순간에만 서버에 요청이 전송되고, 서버는 해당 요청에 응답한 후 연결을 종료한다. 이러한 일시적 연결은 필요한 정보만을 전송하고 즉시 연결을 끊기 때문에, 트래픽과 서버 부하를 크게 줄인다.
- 트래픽 관리(Traffic Management): 이 방식은 네트워크 내의 트래픽을 효율적으로 관리한다. 서버는 클라이언트의 요청에 따라 데이터를 전송하고, 전송이 완료되면 바로 연결을 해제한다. 이는 지속적인 연결 유지에 필요한 자원을 줄이고, 서버가 더 많은 클라이언트의 요청을 동시에 처리할 수 있도록 한다.

- 서버 부하 최소화(Server Load Minimization): 연결을 요청과 응답의 순간에만 제한함으로써 서버는 불필요한 연결로 인한 부하를 겪지 않는다. 이는 서버의 성능과 안정성을 향상시키고, 여러 클라이언트에 대한 서비스의 질을 보장한다.
- 디지털 네트워크의 특성(Digital Network Characteristics): 이러한 비연결성은 디지털 네트워킹의 핵심 특성 중 하나로, 연속적인 아날로그 신호가 아닌, 필요할 때만 전송되는 디지털 신호로 작동한다. 이는 네트워크의 효율성을 극대화하고, 빠르고 안정적인 데이터 전송을 가능하게 한다.

이러한 특성들은 C/S 구조를 인터넷과 같은 대규모 네트워크에서 필수적인 요소로 만든다. 이 구조는 웹 서비스, 이메일, 온라인 게임, 데이터베이스 관리 시스템 등 다양한 애플리케이션에서 효율적인 상호 작용을 가능하게 하며, 높은 트래픽과 다수의 클라이언트 요청을 효과적으로 처리한다.

3. 패킷 교환 방식

교환 방식의 유형

- 회선 교환 방식(Circuit Switching)
- 패킷 교환 방식(Packet Switching)

회선 교환 방식

회선 교환 방식(Circuit Switching)은 통신 네트워크에서 발신자와 수신자 간에 독립적이며 동시에 폐쇄적인 통신 연결을 구성하는 전통적인 방식이다. 이 방식에서는 통신을 시작하기 전에 미리 전용 연결(회선 또는 채널)을 설정해야 하며, 이는 초기 전화 시스템에서 주로 사용된 연결 방식이다.

회선 교환 방식의 주요 특징은 다음과 같다.

- 독점적 연결 사용: 통신하는 동안 해당 연결은 발신자 및 수신자에 의해 독점적으로 사용된다. 이는 전송 중인 데이터가 다른 통신과 혼선 없이 안전하게 전달될 수 있음을 의미한다.

- 전용 회선 설정: 통신을 시작하기 전에는 발신자와 수신자 간에 전용 회선이 설정되어야 한다. 이 회선은 통신이 종료될 때까지 유지되며, 다른 어떠한 통신에도 사용되지 않는다.
- 연결 해제 절차: 통신이 종료되면, 설정된 연결을 해제하는 절차가 필요하다. 이는 회선 교환 방식에서 중요한 단계로, 회선을 다른 통신을 위해 다시 사용 가능하게 만든다.

그러나 이 방식은 다수가 동시에 서비스를 이용해야 하는 인터넷과 같은 현대 네트워크 환경에는 부적합하다. 이는 회선 교환 방식이 연결을 위한 고정된 경로를 필요로 하고, 이 경로가 통신 동안 계속 점유되어야 하기 때문이다. 현대의 인터넷 환경에서는 다양한 사용자가 동시에 다수의 서비스에 접근할 수 있어야 하며, 이를 위해 유연하고 효율적인 네트워킹 방식이 요구된다. 따라서 회선 교환 방식은 오늘날 대규모 네트워크에는 적합하지 않으며, 주로 기존의 전화 시스템과 같은 특정 환경에서 사용되는 방식으로 남아있다.

패킷 교환 방식

패킷 교환 방식(Packet Switching)은 데이터를 작은 블록, 즉 패킷으로 분할하여 전송하는 네트워크 통신 방식이다. 이 방식에서는 데이터를 전송하는 동안만 네트워크 자원을 사용하며, 각 패킷은 데이터 연결상의 모든 노드들 사이에서 개별적으로 경로가 제어된다. 이는 통신 중 독점적인 사용을 위한 회선 교환 방식과는 대조적으로, 디지털 기반의 인터넷 환경에 특히 적합하다.

패킷 교환 방식의 구조는 다음과 같다.

- 메시지 분할: 발신자(source)로부터 수신자(destination)까지의 메시지는 여러 개의 패킷으로 구분되어 전송된다. 각 패킷은 메시지의 일부분을 포함하고 있으며, 독립적으로 네트워크를 통해 전송된다.
- 동적 경로 지정: 패킷은 전송 과정에서 다양한 경로를 통해 목적지까지 도달한다. 각 패킷은 네트워크 상태, 트래픽, 경로의 효율성 등에 따라 독립적으로 최적의 경로를 선택할 수 있다.
- 네트워크 자원의 효율적 사용: 패킷 교환 방식은 네트워크 자원을 효율적으로 사용한다. 데이터 전송이 필요할 때만 네트워크 자원을 점유하고, 전송

이 완료되면 즉시 자원을 해제하여 다른 통신에 사용할 수 있도록 한다.

이 방식은 인터넷과 같은 대규모 네트워크 환경에서 효율적인 데이터 전송을 가능하게 한다. 패킷 교환 방식은 다양한 데이터 전송과 실시간 통신에 있어서 높은 유연성과 효율성을 제공하며, 인터넷의 발전과 함께 가장 널리 사용되는 네트워크 통신 방식 중 하나로 자리 잡았다. 이를 통해 사용자는 높은 데이터 전송 속도와 신뢰성을 경험할 수 있으며, 네트워크는 복잡한 트래픽 상황에서도 안정적인 서비스 제공이 가능하다.

4. TCP/IP

TCP/IP는 인터넷에서 컴퓨터들이 서로 정보를 주고받는 데 사용되는 통신 규약(프로토콜)의 모음으로, 인터넷 프로토콜 집합(Internet Protocol Suite)이라고도 한다. 이 프로토콜 집합은 네 개의 계층으로 구성되어 있으며, 이를 4계층 구조라고 부른다. 이 구조는 이전의 7계층 OSI 모델[3]보다 간단한 구조로, 인터넷의 보급에 크게 기여했다.

| TCP/IP 참조 모델(Reference Model) |

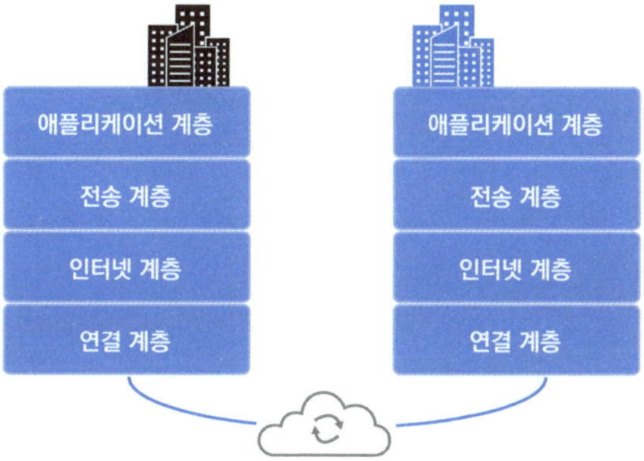

3) OSI 모델(Open Systems Interconnection Reference Model)은 국제표준화기구(ISO)에서 개발한 모델로, 컴퓨터 네트워크 프로토콜 디자인과 통신을 계층으로 나누어 설명한 것이다. 일반적으로 OSI 7 계층이라고 한다. 응용 계층(application layer), 표현 계층(presentation layer), 세션 계층(session layer), 전송 계층(transport layer), 네트워크 계층(network layer), 데이터 링크 계층(data link layer), 물리 계층(physical layer)으로 구성된다.

각 계층의 역할과 포함된 프로토콜은 다음과 같다.

- 애플리케이션 계층(Application Layer): 사용자 인터페이스와 가까운 최상위 계층으로, HTTP(Hypertext Transfer Protocol), FTP(File Transfer Protocol), DNS(Domain Name System), SMTP(Simple Mail Transfer Protocol), POP3(Post Office Proto version 3), IMAP(Internet Message Access Protocol)과 같은 프로토콜이 포함된다. 이 계층은 사용자가 인터넷을 통해 데이터를 송수신하는 데 필요한 프로토콜과 서비스를 제공한다.
- 전송 계층(Transport Layer): TCP(Transmission Control Protocol)와 UDP(User Datagram Protocol)가 포함되어 있으며, 데이터의 전송을 관리한다. TCP는 신뢰성 있는 데이터 전송을 보장하는 반면, UDP는 빠른 전송을 위해 신뢰성을 다소 포기한다. TCP는 통신 시작 전에 연결을 설정하고 통신이 끝난 후 연결을 종료하는 방식으로 작동한다. 이 프로토콜은 전송된 데이터의 순서를 보장하고, 데이터가 정확하게 도착했는지 확인한다. 반면, UDP는 연결 설정 없이 데이터를 전송하는 프로토콜로, TCP보다 더 빠른 데이터 전송이 가능하다. 하지만 UDP는 데이터가 정확하게 도착했는지 확인하지 않으며, 순서 보장이나 재전송 메커니즘도 없다. 따라서 실시간 비디오 스트리밍이나 온라인 게임과 같이 신속한 전송이 중요한 상황에서 주로 사용된다.
- 인터넷 계층(Internet Layer): IP(Internet Protocol)가 이 계층의 핵심으로, 데이터 패킷의 라우팅과 주소 지정을 담당한다. IP 주소를 통해 데이터가 올바른 목적지로 전송되도록 한다.
- 연결 계층(Link Layer): 네트워크의 물리적 연결을 담당하는 계층으로, 데이터 링크 및 물리적 네트워크 하드웨어와 관련된 프로토콜을 포함한다. 예전에는 네트워크 인터페이스 계층(Network Interface Layer)으로 불리기도 했다.

TCP/IP 프로토콜 집합은 다양한 프로토콜의 집합체로, 그 중 대표적인 TCP와 IP를 따서 이름이 붙여졌다. 이 프로토콜 집합은 인터넷의 기반이 되는 표준으로 자리 잡았으며, 전 세계적으로 광범위하게 사용되고 있다. TCP/IP의 간단하고 효율적인 구조는 인터넷의 발전과 확산에 큰 역할을 했으며, 오늘날의 디지털 커뮤니케이션 환경을 구축하는 데 중요한 기반을 제공했다.

09

인터넷

1 인터넷의 출현과 역사

2 인터넷 주소 체계와 구성

3 주요 인터넷 서비스

CHAPTER

인터넷

1 | 인터넷의 출현과 역사

1. 인터넷의 출현

개념

인터넷(Internet)은 컴퓨터들이 서로 연결되어 TCP/IP 통신 프로토콜 집합을 이용하여 정보를 주고받는 거대한 컴퓨터 네트워크이다. 이 네트워크는 전 세계적으로 분산되어 있는 수많은 개별 네트워크들이 상호 연결되어 형성된 것으로, 디지털 커뮤니케이션과 정보 교환의 핵심적인 수단이다.

인터넷의 출현 배경은 여러 요소에서 찾아볼 수 있다.

첫째, LAN과 WAN과 같은 네트워크의 급속한 확산이 인터넷의 기반을 마련했다. 이러한 네트워크들은 처음에는 독립적으로 운영되었으나, 시간이 지나면서 이들 네트워크 간의 상호 연결의 필요성이 증가하게 되었다.

둘째, 네트워크 간의 호환성 결여 문제가 있었다. 각기 다른 네트워크 간에 정보를 주고받기 위해서는 통일된 통신 규약이 필요했는데, 이것이 바로 TCP/IP의 역할이었다. TCP/IP 프로토콜 집합의 등장은 서로 다른 네트워크 기술을 사용하는 컴퓨터들 사이의 통신을 가능하게 하여, 인터넷의 발전에 결정적인 역할을 했다.

인터넷은 이제 전 세계적으로 정보의 교환, 커뮤니케이션, 상업, 엔터테인먼트 등 다양한 분야에서 필수적인 역할을 하고 있다. 단순히 컴퓨터 네트워크를 넘어서, 글로벌 커뮤니케이션과 정보의 중심축으로 자리 잡았다. 이러한 인터넷의 발전은 디지털 시대의 혁신과 진보를 이끌고 있으며, 우리 일상생활에 깊숙이 통합되어 있다.

인터넷의 역사: 1969년

1969년은 인터넷의 역사에서 매우 중요한 해로 기록되고 있다. 이 해에 미국 국방부 산하의 고등 연구국(Advanced Research Projects Agency, ARPA)은 연구용 네트워크를 구축했다. 이 네트워크는 UCLA, Stanford Research Institute(SRI), University of California, Santa Barbara(UCSB), Utah의 네 개 주요 대학을 연결하는 것을 목표로 했다. 이 네트워크는 '아파넷(ARPAnet)'으로 알려지며, 현대 인터넷의 시초가 되었다.

| 1971년 아파넷 구성도 |

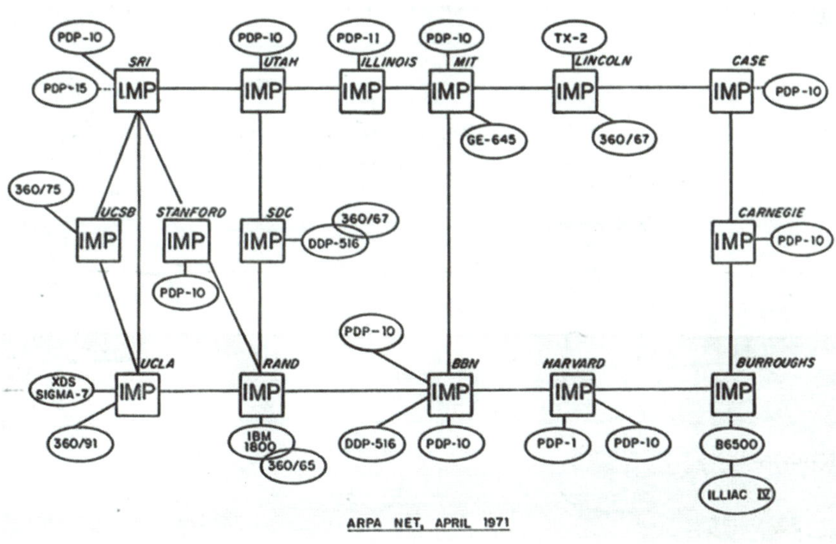

아파넷은 처음에는 연구, 교육, 정부 기관을 위해 설계되었다. 그러나 이 네트워크의 더 큰 목적 중 하나는 전통적인 통신 시스템이 파괴될 가능성이 있는 군사적 공격이 발생했을 때 국가 연계망을 제공하는 것이었다. 이를 위해 아파넷은 여러 노드 간에 데이터를 분산시켜 전송할 수 있는 방식을 채택했으며, 이는 나중에 인터넷의 핵심 기술 중 하나로 자리 잡게 되었다

| 1982년 아파넷 구성도 |

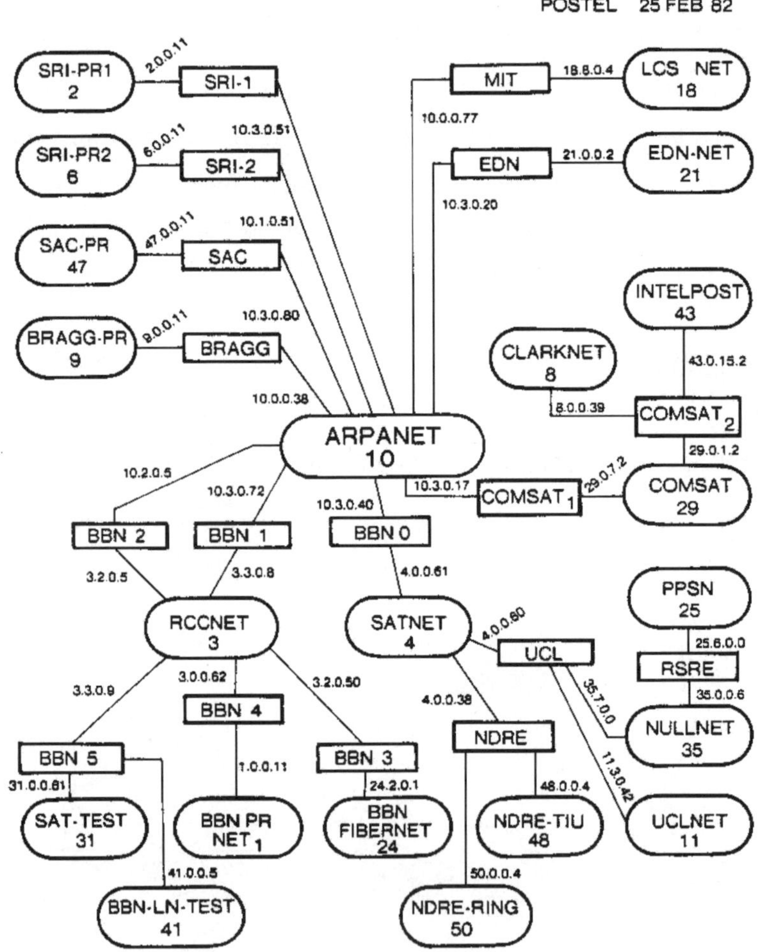

이러한 아파넷의 구축은 향후 전 세계적으로 정보의 교환 방식을 혁신적으로 변화시켰다. 당시에는 상상조차 하기 어려웠던 방식으로 전 세계의 컴퓨터들이 상호 연결되고 정보를 공유할 수 있는 기반을 마련했다. 이는 오늘날 우리가 알고 있는 인터넷의 기반이 되었으며, 디지털 커뮤니케이션, 정보의 접근성, 그리고 지식 공유의 방식에 지대한 영향을 미쳤다. 아파넷을 통해 시작된 이러한 기술적 발전은 이후 수십 년에 걸쳐 지속해서 이루어지며, 현대 사회의 핵심 인프라로 자리 잡게 되었다.

인터넷의 역사: 1972년

1972년은 인터넷 역사에 있어 또 다른 중요한 이정표가 되는 해이다. 이 해에 가장 주목할 만한 사건 중 하나는 이메일(email)의 등장이었다. 이메일은 사람들이 디지털 네트워크를 통해 메시지를 보내고 받을 수 있는 혁신적인 수단으로, 인터넷의 초기 발전에 중요한 역할을 했다.

이메일의 중요성은 곧바로 인식되었으며, 이는 1976년 영국 엘리자베스 여왕이 자신의 첫 번째 이메일을 발송한 사건에서도 분명하게 드러났다. 여왕의 이메일 발송은 단순히 기술적인 이벤트를 넘어서, 인터넷과 디지털 커뮤니케이션이 전 세계적으로 어떻게 확산되고 있는지를 상징적으로 보여주는 사건이었다.

이메일의 등장은 사람들이 정보를 교환하는 방식을 근본적으로 바꿨다. 전통적인 우편 서비스에 비해 빠르고 효율적이며, 거의 즉시적인 커뮤니케이션이 가능하게 됨으로써, 비즈니스, 교육, 개인적인 커뮤니케이션 등 다양한 분야에 혁신을 가져왔다. 이메일의 발명과 보급은 인터넷이 어떻게 전 세계적인 커뮤니케이션 네트워크로 발전할 수 있었는지를 잘 보여주는 예이며, 디지털 시대의 정보 교환과 커뮤니케이션 방식의 근본적인 변화를 이끌었다.

인터넷의 역사: 1973년

1973년에 TCP/IP(Transmission Control Protocol/Internet Protocol) 집합의 설계가 시작되었다. TCP/IP는 인터넷의 핵심 통신 규약으로, 서로 다른 네트워크 시스템들 간의 통신을 가능하게 하는 기술적 기반이 되었다. 이 프로토콜 집합의 설계는 인터넷이 글로벌 네트워크로 발전하는 데 필수적인 요소였다.

이러한 TCP/IP 프로토콜의 설계는 후에 1982년에 표준화되어, 인터넷 통신의 국제적인 표준으로 자리 잡았다. 이 표준화는 서로 다른 네트워크 환경에서도 호환성을 가지고 통신할 수 있게 함으로써, 인터넷의 보편화와 확산에 중대한 역할을 했다. TCP/IP의 등장과 표준화는 인터넷 기술의 발전에 있어 결정적인 단계였으며, 이를 통해 인터넷은 전 세계적인 정보 공유와 커뮤니케이션의 중심축으로 성장할 수 있는 기반을 마련했다. 이는 디지털 커뮤니케이션과 정보의 접근성을 극적으로 변화시켜, 현대 사회의 디지털 통신 인프라를 구축하는 데 핵심적인 역할을 했다.

인터넷의 역사: 1982년

1982년 5월 15일, 서울대학교와 한국전자기술연구소(현재의 ETRI, Electronics and Telecommunications Research Institute) 사이에 구축된 네트워크 시스템은 우리나라 최초의 인터넷 연결을 실현했다. 이 사건은 한국이 미국에 이어 세계에서 두 번째로 인터넷에 연결된 나라가 되었음을 의미하며, 국제적인 디지털 커뮤니케이션 분야에서 한국의 입지를 강화하는 중요한 순간이었다.

이 최초의 인터넷 연결은 한국 내에서 디지털 기술과 네트워크의 발전을 촉진하는 데 중요한 역할을 했다. 이를 통해 학술적, 연구적 협력이 강화되었으며, 나아가 비즈니스와 일반 대중 사이에서도 인터넷의 활용도가 점차 확대되었다. 또한, 이 초기 인터넷 연결은 한국이 글로벌 네트워크와의 연결을 통해 세계적인 기술 혁신의 한 축으로 성장하는 기반을 마련했다.

인터넷의 역사: 1989년

1989년 스위스에 위치한 유럽 입자 물리 연구소(CERN)에서 팀 버너스리(Tim Berners-Lee)에 의해 World Wide Web(월드 와이드 웹)이 등장했다. 이 발명은 인터넷의 사용과 접근성을 크게 변화시키는 중요한 전환점이었다.

참고문헌

"[Google Logo] World Wide Web(월드 와이드 웹) 탄생 30주년", 2019. 3. 12.
https://cantips.com/3069

팀 버너스리는 정보 공유를 용이하게 하고자 하이퍼텍스트 시스템을 기반으로 한 웹을 개발했다. 이 웹 시스템은 문서 간의 연결, 즉 링크를 통해 서로 다른 정보에 쉽게 접근할 수 있도록 설계되었다. 초기에는 주로 학술적 목적으로 사용되었지만, 점차 대중화되며 전 세계적으로 정보를 공유하고 소통하는 주요 수단이 되었다.

월드 와이드 웹의 출현은 인터넷의 사용 방식에 혁명을 일으켰다. 이전에는 전문가나 기술에 정통한 사람들만 인터넷을 활용할 수 있었지만, 웹의 등장으로 일반 대중도 쉽게 인터넷을 이용할 수 있게 되었다. 웹 브라우저의 발달과 함께 웹은 정보 검색, 전자 상거래, 온라인 커뮤니케이션 등 다양한 분야에서 중심적인 역할을 하게 되었다.

1989년의 이러한 사건은 디지털 시대의 정보 공유와 전 세계적인 커뮤니케이션의 패러다임을 근본적으로 바꾸어 놓았다. 월드 와이드 웹의 등장은 인터넷을 단순한 네트워크 기술을 넘어서, 일상생활에 깊숙이 통합된 글로벌 정보 플랫폼으로 변모시켰다. 이는 오늘날 우리가 경험하는 디지털 세계의 기초를 형성하는 중요한 역사적 사건이었다.

인터넷의 역사: 1993년

1993년 일반 대중을 위한 최초의 웹 브라우저인 Mosaic의 개발이 이루어졌다. Mosaic의 출현은 인터넷의 사용성과 접근성을 대중화하는 데 중요한 역할을 했다.

Mosaic는 사용자 친화적인 인터페이스와 그래픽을 지원하는 웹 브라우저로, 월드 와이드 웹의 복잡한 기술을 일반 사용자들도 쉽게 이해하고 사용할 수 있게 만들었다. 이전까지 웹의 사용은 주로 기술적 지식을 가진 사람들에게 한정되어 있었지만, Mosaic의 등장으로 웹 브라우징이 대중적인 활동으로 변모하기 시작했다.

Mosaic의 개발은 웹의 대중화를 촉진하는 데 중요한 기여를 했다. 간단하고 직관적인 사용 방법 덕분에 인터넷 사용자 수가 급격히 증가했으며, 이는 인터넷의 사회적, 경제적 영향력을 크게 확대했다. 또한, Mosaic는 이후 등장하는 다양한 웹 브라우저들에 영감을 주었으며, 오늘날 우리가 사용하는 현대적인 웹 브라우저의 발전에 밑거름이 되었다.

인터넷의 역사: 1994년

1994년은 인터넷 역사에서 정부 기관의 디지털화가 본격화된 해로 기록된다. 이 해에 미국 백악관과 대한민국 청와대는 각각 자체 홈페이지 서비스를 시작했다. 이는 정부 기관이 인터넷을 활용하여 대중과 소통하는 새로운 방식을 채택한 사례로, 인터넷의 사회적, 정치적 중요성을 나타내는 중요한 사건이었다.

| 백악관 홈페이지, 1997. 10. 23. |

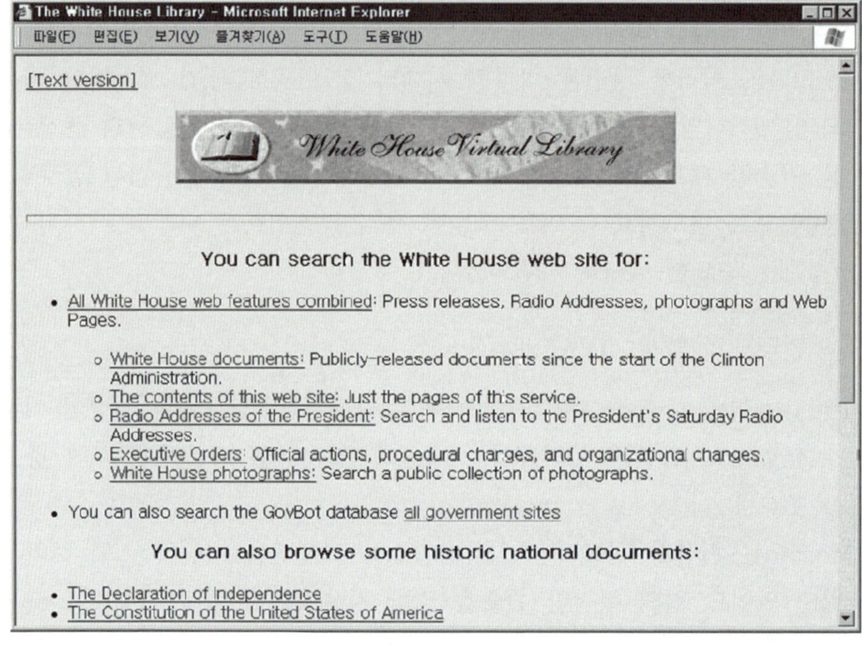

| 청와대 홈페이지, 1996. 10. 19. |

백악관과 청와대의 홈페이지 개설은 당시로서는 혁신적인 행보였다. 이를 통해 정부는 인터넷이라는 디지털 플랫폼을 활용하여 국민들과의 직접적인 커뮤니케이션을 강화하고, 투명성을 높이며, 더 많은 정보를 제공하는 새로운 방법을 모색했다. 이는 또한 정부 기관이 디지털 시대의 변화를 수용하고 적응하는 과정을 보여주는 사례로, 공공 서비스의 디지털 전환에 중요한 역할을 했다.

이러한 움직임은 인터넷이 단순한 정보 교환의 수단을 넘어서, 사회적, 정치적 상호 작용의 중요한 매체로 자리매김하고 있음을 보여준다. 백악관과 청와대의 홈페이지 서비스 시작은 전 세계적으로 다른 정부 기관들에도 영향을 미쳐, 인터넷을 통한 정부의 온라인 존재와 활동이 점점 더 일반화되는 계기가 되었다. 이로써 인터넷은 전 세계적으로 공공 정보의 접근성을 높이고, 정부와 국민 간의 상호 작용을 강화하는 중요한 역할을 하게 되었다.

1994년 10월 25일 Hotwired.com에 실린 AT&T 배너 광고. 세계 최초의 웹 배너 광고로 알려져 있으며 이를 전자 상거래의 시작으로 보기도 한다.

인터넷의 역사: 1999년

1999년은 인터넷 역사에서 전자 상거래(E-commerce, EC)의 개념이 등장하고 급속히 확산된 해로 인식된다. 이 시기에 전자 상거래는 인터넷을 활용한 비즈니스 모델로서 크게 성장하며, 소비자와 기업 간의 거래 방식에 혁명적인 변화를 가져왔다.

전자 상거래의 등장은 인터넷 기술의 발전과 함께 온라인 쇼핑, 디지털 결제 시스템, 온라인 마케팅과 같은 새로운 비즈니스 영역을 창출했다. 이는 전통적인 오프라인 상점에서만 이루어지던 거래 방식을 넘어서, 인터넷을 통해 언제 어디서나 상품을 검색하고 구매할 수 있는 새로운 편리함을 제공했다.

특히, 1999년은 전자 상거래가 단순한 신기술이 아닌, 전 세계적으로 수용되는 주요 상업 활동으로 자리 잡기 시작한 시기였다. 소비자들은 인터넷을 통해 다양한 상품과 서비스에 접근할 수 있게 되었고, 기업들은 온라인 마켓플레이스에서 새로운 시장과 고객층을 발굴할 수 있었다. 이러한 변화는 소매업, 제조업, 서비스업 등 거의 모든 산업 분야에 영향을 미쳤으며, 경제 활동의 디지털화를 가속화하는 중요한 역할을 했다.

이후 전자 상거래 확산은 현대 소비자들의 쇼핑 습관과 기업들의 비즈니스 전략에 지대한 영향을 미쳤다. 이는 디지털 경제의 성장을 촉진시키는 한편, 인터넷을 경제 활동의 핵심적인 플랫폼으로 만드는 데 기여했다.

인터넷의 역사: 2000년 이후

2000년대 이후 인터넷의 발전은 몇몇 혁신적인 서비스와 플랫폼의 등장을 중심으로 전개되었다. 이 시기에는 정보의 생성과 소비 방식이 일방향적 제공에서 참여와 공유 중심 구조로 전환되었으며, 이용자가 곧 콘텐츠 생산자가 되는 참여형 문화가 형성되었다. 특히 온라인 백과사전, 디지털 콘텐츠 유통 플랫폼, 소셜 네트워크, 동영상 공유 서비스의 출현은 인터넷을 단순한 정보 검색 도구에서 복합적인 디지털 생태계로 변화시키는 데 핵심적인 역할을 했다.

2001년 등장한 위키피디아(Wikipedia)는 누구나 항목을 생성·편집할 수 있는 자유 백과사전으로, 집단 지성(collective intelligence)을 기반으로 하는 새로운 지식 생산 방식을 제시했다.

2003년 iTunes Store는 음악을 합법적으로 온라인에서 구매하고 다운로드할 수 있는 환경을 제공함으로써 디지털 음악 시장의 전환점을 마련했다. 이 서비스는 개별 곡 단위 구매 모델을 확산시키며, 음반 중심이던 음악 산업 구조를 파일 다운로드와 이후의 스트리밍 중심 구조로 이동시키는 계기를 제공했다.

2004년에는 소셜 네트워킹 서비스 Facebook과 사진 공유 서비스 Flickr가 등장하였다. Facebook은 실제 인간관계를 온라인으로 확장해 친구 관계, 프로필, 뉴스피드 등을 중심으로 사용자의 사회적 활동을 디지털 공간에 재구성하였다. Flickr는 디지털 사진을 업로드, 태그, 공유하는 기능을 제공함으로써 사진 커뮤니티 문화를 형성하고, 이미지 기반 소셜 서비스의 가능성을 보여주었다.

2005년에는 유튜브(YouTube), 레딧(Reddit), 구글 어스(Google Earth)가 나란히 등장해 인터넷 활용 영역을 크게 확장하였다. 유튜브는 이용자가 직접 동영상을 제작·업로드·시청할 수 있는 동영상 공유 플랫폼으로, 방송사가 아닌 개인이 전 세계를 대상으로 '방송'을 수행할 수 있는 환경을 조성했다. 레딧은 링크·텍스트 게시물에 대한 추천과 토론이 결합한 커뮤니티 서비스로, 집단 토론과 사용자 생성 콘텐츠의 중요성을 부각시켰다. 구글 어스는 위성사진과 3차원 지도 데이터를 통합해 지구를 가상 탐색할 수 있게 함으로써, 지리 정보의 시각화와 활용 방식을 혁신했다.

이후 소셜 미디어와 모바일·클라우드, 디지털 화폐 영역에서 중요한 전환점이 이어졌다. 2006년 출범한 트위터(Twitter)는 140자(이후 글자 수 확장) 내외의 짧은 메시지를 실시간으로 공유하는 마이크로블로깅(microblogging) 서비스로, 뉴스 속보 전달, 사회운동, 여론 형성에 널리 사용되었다. 2007년 애플의 아이폰(iPhone)은 터치스크린 기반 스마트폰을 대중화하며, 이동 중 인터넷 접속과 모바일 애플리케이션 생태계의 기반을 마련했다. 2008년 등장한 드롭박스(Dropbox)는 클라우드 기반 파일 동기화·공유 서비스를 통해, 여러 기기에서 동일한 파일을 손쉽게 사용하는 사용 경험을 제공함으로써 클라우드 스토리지의 대표적 활용 모델을 제시했다.

2009년에는 비트코인(Bitcoin)이 최초의 분산형 디지털 화폐(decentralized digital currency)로 제안되었다. 비트코인은 중앙은행이나 금융 기관 없이 참여자들이 분산 네트워크와 블록체인을 통해 거래를 검증, 기록하는 구조를 특징으로 한다.

2010년 출시된 인스타그램(Instagram)은 사진과 짧은 동영상을 중심으로 한 소셜 네트워크 서비스로, 개인의 일상 기록뿐 아니라, 인플루언서 마케팅, 브랜드 홍보, 크리에이터 경제의 주요 플랫폼으로 자리 잡으며, "이미지 중심 소셜 네트워크"라는 새로운 유형의 서비스 모델을 대표하게 되었다.

이러한 서비스들은 정보 검색, 엔터테인먼트, 사회적 상호 작용, 경제 활동, 지리·공간 정보 활용에 이르기까지 인터넷의 사용 방식을 다차원적으로 변화시켰으며, 오늘날의 디지털 문화와 비즈니스 환경의 토대를 형성하였다.

인터넷 역사: 2010년 이후

2010년대 초반의 인터넷은 스마트폰과 모바일 애플리케이션(모바일 앱) 생태계의 확산을 바탕으로 모바일 중심 구조로 재편되었다. 사용자는 애플리케이션 마켓을 통해 다양한 앱을 설치하고, 클라우드 컴퓨팅을 기반으로 언제 어디서나 동일한 계정과 데이터를 이용하게 되었다. 이 과정에서 웹 브라우저를 통한 접속보다 특정 서비스의 앱을 통한 접속이 일상적인 사용 방식으로 자리 잡았다.

동시에 동영상 스트리밍 서비스가 전체 인터넷 트래픽에서 차지하는 비중이 급격히 증가하였다. 이에 따라 통신 사업자와 콘텐츠 제공자는 대용량 스트리밍을 전제로 한 네트워크 설계와 데이터 센터 확충에 투자하게 되었고, 사용자는 방송·케이블 TV 대신 인터넷 스트리밍을 주요 미디어 소비 채널로 인식하게 되었다.

2010년대 중반에는 Uber, Airbnb 등으로 대표되는 공유 경제(sharing economy)와 플랫폼 경제(platform economy)가 본격적으로 성장하였다. 이들 서비스는 인터넷 플랫폼을 통해 운송 수단, 숙소, 사무 공간과 같은 기존 자원을 중개함으로써, 자산을 직접 보유하지 않고도 시장을 조직하는 새로운 비즈니스 모델을 제시했다. 위치 기반 서비스, 모바일 결제, 평판 시스템 등이 결합하면서, 이용자는 스마트폰만으로 호출, 예약, 결제, 평가까지 한 번에 처리하는 경험을 누리게 되었고, 전통적인 운송·숙박 산업과 규제 체계는 구조적 변화를 요구받게 되었다.

같은 시기 인공 지능 기술의 상용화는 인터넷 서비스의 개인화 수준을 크게 높였다. 대규모 이용자 데이터를 분석하는 추천 시스템은 동영상, 음악, 쇼핑 플랫폼에서 개인화된 콘텐츠와 상품을 제안하는 핵심 엔진으로 사용되었다. 음성 비서와 챗봇(chatbot)은 자연어 처리(natural language processing, NLP)를 바탕으로 스마트폰과 스마트 스피커에서 보편적인 기능으로 자리 잡았으며, 인터넷은 단순한 정보 검색 채널을 넘어 개별 사용자의 맥락에 맞춘 경험을 설계하는 환경으로 진화하였다.

2019년에는 5G 이동 통신이 상용화되면서 모바일 인터넷 환경이 한 단계 도약하였다. 5G는 기존 4G 대비 훨씬 높은 전송 속도와 짧은 지연 시간을 제공하여, 고해상도 스트리밍, 클라우드 게임, 증강 현실·가상 현실, 사물 인터넷 서비스의 확산을 뒷받침하는 기반 인프라로 기능하였다.

인터넷 역사: 2020년 이후

2020년 이후 인터넷의 전개에서 가장 큰 전환점 가운데 하나는 코로나19 팬데믹에 따른 비대면 전환이다. 각국의 봉쇄와 사회적 거리 두기 정책으로 인해 원격 근무, 원격 수업, 온라인 회의가 단기간에 표준 업무 수행 방식으로 자리 잡았다. 이 과정에서 Zoom과 같은 화상 회의(video conferencing) 플랫폼은 기업, 교육 기관, 개인을 연결하는 핵심 인프라로 부상하였다. 인터넷은 정보 검색과 오락을 위한 매체를 넘어서 일, 학습, 회의, 행사, 사교 활동까지 수행하는 포괄적 가상 공간으로 기능하게 되었다.

2021년에는 Facebook이 Meta로 이름이 변경되면서 메타버스(metaverse)에 대한 관심이 급증하였다. Meta는 소셜 네트워크 서비스, 가상 현실, 증강현실 기술을 결합한 몰입형 가상 공간을 미래 전략으로 제시하였고, 이는 플랫폼 기업과 게임·콘텐츠 산업 전반에서 메타버스 서비스 개발 경쟁을 촉발하였다. 메타버스는 아직 통일된 정의나 지배적 비즈니스 모델이 정착된 단계는 아니지만, 인터넷이 물리적 공간을 보완하는 3차원 상호 작용 환경으로 확장될 수 있다는 가능성을 제시한다는 점에서 의미가 크다.

한편 Web3는 블록체인을 기반으로 한 분산형 웹 구조를 지향한다. Web3 논의에서는 대형 플랫폼 기업에 집중된 데이터와 권한을 분산시키고, 이용자가 디지털 자산의 소유권을 직접 보유할 수 있도록 하는 구조가 강조된다. 분산형 애플리케이션(decentralized application, dApp), 탈중앙화 금융(decentralized finance, DeFi), 대체 불가능 토큰(non-fungible token, NFT)과 같은 서비스는 Web3의 대표 사례로 자주 언급된다. 이러한 흐름은 인터넷을 단순 정보 전달 네트워크가 아니라, 소유권·거버넌스 구조까지 포함한 새로운 경제·사회 시스템으로 재구성하려는 시도로 이해할 수 있다.

2022년 이후에는 생성형 인공 지능(generative AI)이 인터넷 환경에 또 다른 변화를 불러왔다. 2022년 11월 공개된 ChatGPT는 대규모 언어 모델(large language model, LLM)을 기반으로 사용자의 자연어 입력에 관해 대화, 요약, 번역, 코딩, 콘텐츠 생성 등 다양한 작업을 수행할 수 있는 서비스이다. ChatGPT를 포함한 생성형 AI 서비스는 출시 후 단기간에 수억 명의 이용자를 확보하며, 정보 검색, 학습, 업무 자동화, 창작 활동 등 인터넷 활용 전반에서 새로운 사용 패턴을 형성하고 있다.

최근에는 텍스트, 이미지, 음성, 동영상 등 다양한 데이터 유형을 동시에 다루는 멀티모달(multimodal) 생성형 AI가 등장하고 있다. 이들 모델은 텍스트 설명을 바탕으로 이미지나 동영상을 생성하거나, 이미지 속 내용을 분석해 설명하는 기능을 제공한다. 이러한 기술 발전은 검색, 광고, 게임, 교육, 엔터테인먼트 등 다양한 인터넷 서비스 영역에서 새로운 인터페이스와 비즈니스 모델을 실험하게 하는 기반이 되고 있다.

2 인터넷 주소 체계와 구성

1. 인터넷 주소 체계

IP 주소의 정의

IP 주소(Internet Protocol Address)는 컴퓨터 네트워크 내에서 장치들이 서로를 인식하고 통신하기 위해 사용되는 특수한 번호다. 이 주소는 네트워크 상의 각 장치를 구별하는 데 필수적인 역할을 하며, 인터넷이나 다른 네트워크에서 데이터를 올바른 목적지로 전송하는 데 중요한 기능을 수행한다.

전통적으로 IP 주소는 32비트의 크기로 구성되며, 8비트씩 네 부분으로 나누어진다. 각 부분은 0부터 255까지의 숫자로 표현되며, 세 개의 점(.)으로 구분된다. 예를 들어, 192.168.1.1과 같은 형태로 표현된다. 이러한 구조는 네트워크 상의 각 장치에 고유한 식별자를 제공하며, 장치 간의 통신을 가능하게 한다.

IP 주소는 네트워크상에서 데이터 패킷이 올바른 목적지로 전송되도록 하는 데 중요한 역할을 한다. 라우터와 같은 네트워크 장비는 IP 주소를 사용하여 데이터 패킷을 적절한 장치로 전달한다. 따라서, IP 주소는 인터넷과 같은 디지털 네트워크에서 커뮤니케이션을 가능하게 하는 핵심적인 요소이다.

IP 주소의 구성

00000000.00000000.00000000.00000000 → 0.0.0.0
00000000.00000000.00000000.00000001 → 0.0.0.1
00000000.00000000.00000000.00000010 → 0.0.0.2
00000000.00000000.00000000.00000011 → 0.0.0.3
⇩
11111111.11111111.11111111.11111111 → 255.255.255.255

IP 주소가 8비트씩 네 부분으로 나뉘어 구성되는데, 한 곳에 들어갈 수 있는 숫자의 범위는 0에서 255까지이다. 즉, 각 부분에는 256(2^8)개의 가능한 숫자가 있으며, 전체 IP 주소에서는 이를 네 번 곱한 값, 즉 256의 네 제곱, 총 4,294,967,296(약 43억)개의 가능한 주소가 존재한다.

IP 주소 체계의 진화

IP 주소는 인터넷에서 컴퓨터나 기타 장치를 식별하기 위한 고유한 번호이다. 그러나 이 IP 주소에는 한계가 있다. 기존 IP 주소 체계인 IPv4(IP 버전 4)는 약 43억 개의 고유한 주소를 가질 수 있는 32비트 체계였다. 그러나 인터넷의 폭발적인 성장과 스마트폰이나 IoT 기기 등 인터넷에 연결된 장치들의 증가로 인해, 이 주소들은 급속하게 고갈되어 왔다. 2011년 2월 4일에는 전 세계적인 IPv4 주소가 모두 소진되어 새로운 IPv4 주소의 할당이 중지되었다. 이러한 과도기적 상황을 해결하기 위해, 새로운 IP 주소 체계인 IPv6(IP 버전 6)가 도입되었다.

IPv6의 정의

IPv6는 인터넷 프로토콜의 새로운 버전이다. 인터넷 프로토콜은 컴퓨터와 기타 디지털 장치가 인터넷을 통해 서로 통신하기 위해 사용하는 주요 규약이다. IPv6는 기존의 IPv4보다 훨씬 많은 고유 주소를 제공하는 새로운 체계인데, 이는 128비트 주소 공간을 제공하여 가능했다. 이는 인터넷의 엄청난 확장을 가능하게 하는 충분한 주소 공간을 마련하게 됨을 의미한다.

IPv6 주소는 16비트 단위로 구성되고 16진수로 표기된다. 각 16비트는 콜론(:)으로 구분되며, 총 8개의 16비트 묶음으로 표현 가능하다. 이를 통해 더욱 더 많은 장치를 일관되게 식별하고 연결하게 해준다.

2001:0db8:85a3:08d3:1319:8a2e:0370:7334

이렇게 IPv6를 통해 우리는 인터넷의 계속적인 성장을 지원하고, 다양한 디지털 장치를 더욱 효과적으로 연결하며, 디지털 세계의 통신 효율성을 높일 수 있게 된다. 이는 우리가 거주하는 새로운 디지털 세상에서 매우 중요한 요소이다.

IPv6 주소 표기 원칙

IPv6 주소를 표기할 때에는 특정한 원칙을 따르는 것이 일반적이다. 이 원칙이 적용되면 IPv6 주소의 표현을 간단하게 줄일 수 있다.

하나의 원칙은, 0만으로 이루어진 부분에 대해서다.

2001:0DB8:0000:0000:0000:0000:1428:57AB

위와 같은 주소는 0으로만 이루어진 16비트 묶음을 한 개의 0으로 줄이거나, 완전히 생략하여 "::"으로 대체할 수 있다. 그렇게 하면, 이 주소는 아래와 같이 표현할 수 있다.

2001:0DB8:0000:0000:0000::1428:57AB
2001:0DB8:0:0:0:0:1428:57AB
2001:0DB8:0::0:1428:57AB
2001:0DB8::1428:57AB

또 다른 원칙은, 각 16비트 묶음 내에서 선행 0을 생략하는 것이다.

2001:0DB8:02DE::0E13

예를 들어, 위 주소는 선행 0을 생략하여 아래와 같이 표현할 수 있다.

2001:DB8:2DE::E13

이러한 원칙은 IPv6 주소를 훨씬 간결하고 읽기 쉽게 만든다. 이는 IPv6 주소를 기억하고, 장치를 신속하게 식별하는 데 큰 도움이 된다.

IPv6의 의의

IPv6는 기존의 IPv4 주소 체계에서 상당히 발전되었다. IPv4 주소 체계는 대략 43억 개의 고유 주소를 생성할 수 있는 32비트 체계였다. 그러나 인터넷 기기의 폭발적인 증가로 IPv4 주소 공간이 고갈되자, 새로운 체계가 필요로 하게 되었다. 그래서 등장한 것이 바로 IPv6이다.

IPv6는 128비트 길이를 가진 주소 체계로, 대략 340간, 즉 약 3.4×10^{38} 개의 주소를 생성할 수 있다. 정확한 개수는 아래와 같다.

340,282,366,920,938,463,463,374,607,431,768,211,456개
(340간 2,823구 6,692양 938자 4,634해 6,337경 4,607조 4,317억 6,821만 1,456개)[1]

이는 말 그대로 거의 무한한 수의 고유 주소 생성을 가능하게 하여, 많은 수의 네트워크 연결을 가능하게 한다. 따라서 다양한 디지털 장치를 더욱더 효과적으로 연결하고 관리할 수 있게 된다.

특히, IPv6는 사물 인터넷의 핵심 기술로 간주한다. IoT는 수십억 개의 기기가 인터넷에 연결되는 사물 인터넷 상황을 나타내며, 그러한 어마어마한 수의 기기에 고유한 인터넷 주소를 제공해야 한다. 이는 오직 IPv6의 대단위 주소 공간만이 가능하게 하는 일이다.

따라서, IPv6의 효용성은 단순히 대양의 네트워크 연결 가능성만을 초월한다. 이는 온라인 세상에 새로운 가능성을 열어주며, 급속하게 발전하는 디지털 시대의 핵심 요소로 자리 잡고 있다.

2. 도메인 네임 시스템

도메인 네임

도메인 네임(Domain Name)은 네트워크상에서 컴퓨터를 식별하는 데 사용되는 중요한 요소이다. 도메인 네임은 기본적으로 호스트의 이름을 가리키는데, 이는 넓은 의미에서 네트워크상의 컴퓨터를 식별하는 이름이다. 좁은 의미에서는 도메인 레지스트리에 등록된 이름을 지칭한다.

도메인 네임의 장점 중 하나는, 이는 숫자로 구성된 IP 주소보다 외우기 쉽다는 것이다. 사람들은 일반적으로 숫자보다는 문자를 훨씬 낫게 기억한다. 따라서 문자로 구성된 도메인 네임은 사용자들이 특정 웹사이트를 쉽게 찾을 수 있게 해준다.

또한, 도메인 네임 체계의 유연성은 여러 가지 배치를 가능하게 한다. 예를 들어, 여러 개의 IP 주소가 한 도메인에 대응되는 것은 서브 도메인의 설정을 가능하게 한다. 이는 한 회사나 조직 내에서 다양한 서비스를 제공하거나, 특정 부분의 트래픽을 관리하는 데 유용하다. 반대로, 여러 도메인이 하나의 IP

1) 간(澗), 구(溝), 양(穰), 자(秭), 해(垓), 경(京), 조(兆), 억(億), 만(萬)

주소로 대응되는 것도 가능하다. 이를 가상 호스트라고 하며, 이는 서버의 효율적인 관리를 가능케 한다.

이런 방식으로 도메인 네임은 네트워크상의 컴퓨터를 인간이 이해하기 쉬운 방식으로 식별하고, 그들의 연결성을 강화하는 데 있어 중요한 역할을 한다. 이는 정보를 빠르고 효율적으로 전달하는 인터넷의 핵심 기능을 순조롭게 수행하는 데 필수적인 도구이다.

도메인 네임의 계층 구조

도메인 네임(domain name)은 점(.)으로 구분된 여러 개의 레이블(label)이 계층적으로 배열된 문자열이다. 이 계층 구조는 루트(root)에서 시작하여 오른쪽에서 왼쪽으로 갈수록 점점 더 구체적인 대상을 가리키며, DNS(Domain Name System)의 기본 원리를 이룬다. 실제 표기에서는 맨 끝의 점, 즉 루트 도메인을 생략하는 경우가 대부분이지만, 논리적으로는 모든 도메인 이름이 루트 도메인에 연결된다. 예를 들어 www.cantips.com은 루트 도메인, 최상위 도메인, 두 번째 레벨 도메인, 서브도메인으로 이어지는 대표적인 구조를 보여 준다.

이 예에서 com은 최상위 도메인(Top-Level Domain, TLD)으로, 일반 목적의 도메인 확장자 중 하나이다. 오늘날 TLD에는 .com, .org와 같은 일반 최상위 도메인(generic TLD, gTLD)뿐 아니라 .kr, .jp와 같은 국가 코드 최상위 도메인(country-code TLD, ccTLD), .app, .shop과 같은 다양한 신규 gTLD가 포함된다. cantips는 두 번째 레벨 도메인(Second-Level Domain, SLD)으로, 실제 웹사이트나 메일 서버 등을 등록할 때 선택하는 고유한 이름이다. 마지막의 www는 서브도메인(subdomain)으로, 웹 서버를 구분하거나 서비스 종류(웹, API, 모바일 등)를 나누기 위해 사용되는 선택적 레이블이다.

www.google.co.kr과 같은 다단계 도메인 이름에서도 계층 구조는 동일하게 적용된다. 여기에서 kr은 대한민국을 나타내는 국가 코드 최상위 도메인이고, co는 기업용으로 예약된 두 번째 레벨 도메인으로서 co.kr 전체가 하나의 하위 이름 공간을 형성한다. google은 이 co.kr 아래에 등록된 도메인으로, 구조상 세 번째 레벨 도메인이지만 실제 서비스 관점에서는 SLD와 유사한 역할을 수행한다. www는 이 등록 도메인 아래의 서브도메인으로, 특정 서버나 서비스를 가리키는 호스트 이름으로 사용된다.

이처럼 도메인 이름은 루트부터 최상위 도메인, 그 아래의 두 번째·세 번째 레벨 도메인에 서브도메인으로 이어지는 트리(tree) 구조를 이룬다. 오른쪽에서 왼쪽으로 이동할수록 범위가 좁아지고 구체적인 자원에 가까워지므로, 도메인 이름만으로도 인터넷상의 웹사이트와 다양한 서비스를 체계적이고 유연하게 식별·관리할 수 있다.

도메인 네임 시스템

DNS(Domain Name System)는 호스트의 도메인 이름과 네트워크 주소 간의 연결을 관리하는 시스템이다. 이 시스템은 도메인 이름을 해당하는 네트워크 주소로 변환하거나, 그 반대 작업을 수행한다. 이러한 작업은 네트워크상의 컴퓨터가 서로 통신하고, 사용자가 웹사이트를 탐색할 수 있도록 하는 데 필요하다. 네트워크 주소는 사람이 기억하기 어려운 숫자의 모음이기 때문에, DNS 시스템은 이를 사람이 읽고 이해하기 쉬운 도메인 이름으로 변환한다.

DNS 서버는 이러한 변환 작업을 수행하는 기계로, 컴퓨터가 특정 도메인 이름에 연결하려 할 때, 해당 도메인 이름과 연관된 IP 주소를 제공한다. DNS 서버는 네트워크상의 기록을 관리하며, 특정 도메인 이름이 요청되면 해당하는 IP 주소를 반환한다. 그리고 DNS 서버 자체도 IP 주소로 지정되어 있어, 네트워크상에서 쉽게 찾아낼 수 있다.

따라서, DNS는 인터넷이 작동하는 핵심 요소 중 하나다. 이 시스템은 사람이 이해하기 쉬운 도메인 이름을 기계가 이해하고 처리하기 쉬운 IP 주소로 변환함으로써, 사용자가 특정 웹사이트를 쉽게 찾을 수 있고, 네트워크 통신이 순조롭게 이루어질 수 있도록 한다.

3. URL

정의

URL(Uniform Resource Locator)은 네트워크상에서 자원의 위치를 가리키는 데 사용되는 고유한 식별자이다. 일반적으로 '웹 주소'로 불린다.

URL은 웹 브라우저에서 특정 페이지를 요청할 때 해당 페이지의 정확한 위치를 찾아주는 역할을 한다. 이런 식으로 URL은 웹상의 자원들이 어디에 있는지를 명시적으로 나타낸다.

웹상의 모든 파일, 이미지, 데이터베이스 등, 모든 자원은 고유한 URL을 가지게 된다. URL의 구조는 프로토콜(예: http, https), 도메인 이름, 경로 등으로 구성되며, 이는 웹 브라우저가 인터넷상의 특정 자원을 찾아내도록 도와준다.

이와 같이 URL은 웹 페이지나 어떤 인터넷 자원도 쉽게 접근하게끔 하는 데 결정적인 역할을 하는 도구이다. 이러한 URL의 역할은 네트워크상의 자원들을 찾아 실행할 수 있게 함으로써 디지털 정보의 빠른 탐색과 공유를 가능하게 한다.

표현 방법

URL(Uniform Resource Locator) 표현 방법은 일정한 패턴을 따르며, 다음과 같이 구성된다.

http://<host>:<port>/<path>?<searchpart>

우선, "http://"는 사용하는 프로토콜(서비스의 유형)을 나타낸다. 웹에서는 주로 HTTP(Hyper Text Transfer Protocol) 또는 HTTPS(HTTP Secure) 프로토콜이 사용된다. 프로토콜은 클라이언트와 서버 간의 통신 메커니즘을 정의한다.

다음 "〈host〉" 부분은 웹 서버의 도메인 이름 또는 IP 주소를 가리킨다. 이는 사용자가 자원을 요청하는 서버의 위치를 나타낸다.

"〈port〉"는 선택 사항으로, 특정 네트워크 서비스가 동작하는 서버의 포트 번호를 지정한다. 〈host〉와 콜론(:)으로 연결하며 일반적으로 HTTP는 80포트, HTTPS는 443포트를 사용하지만 다르게 지정할 수도 있다. 기본 포트 번호를 사용한다면 접속할 때 입력하지 않아도 된다.

"〈path〉"는 서버상에서 요청하는 자원의 경로를 나타낸다. 해당 파일이나 페이지, 기타 자원이 서버상에서 어디에 위치하는지를 가리킨다. 접속 시 입력하지 않는다면 웹 서버에서 지정한 기본 문서가 자동으로 할당된다.

마지막으로 물음표 뒤의 "〈searchpart〉"는 쿼리 문자열(query string)로, 서버에 전송되는 추가적인 정보를 포함한다. 주로 검색어나 페이지 번호, 필터 옵션 등의 데이터를 담는다. 반드시 필요한 구성 요소는 아니라 조회가 필요할 때 붙는다.

예를 들어, 아래와 같은 URL이 있다고 하자.

https://www.google.co.kr/search?q=자동차&source=hp&ei=97qQYpnCMeuHr7wPkqem2A8&iflsig=AJiK0e8AAAAAYpDJB1tAnJEUlzLF1pOTOHjzkQVOVN8h&ved=0ahUKEwjZmZ_Hzv_3AhXrw4sBHZKTCfsQ4dUDCAk&uact=5&oq=%EC%9E%90%EB%8F%99%EC%B0%A8&gs_lcp=Cgdnd3Mtd2l6EAMyCAgAEIAEELEDMgsIABCABBCxAxCDATILCAAQgAQQsQMQgwEyCwgAEIAEELEDEIMBMgUIABCABDIICAAQgAQQsQMyEQguEIAEELEDEIMBEMcBEKMCMgsIABCABBCxAxCDATIFCAAQgAQyBAgAEAM6EQguEIAEELEDEIMBEMcBENEDOg4ILhCABBCxAxCDARDUAjoLCC4QgAQQsQMQgwFQ-wlYlxRg2BZoAnAAeACAAW-IAdMFkgEDMi41mAEAoAEBsAEA&sclient=gws-wiz

이 URL은 HTTPS 프로토콜로, “www.google.co.kr” 도메인의 “/search” 경로에 ‘자동차’라는 쿼리를 검색하는 요청을 나타낸다. 이 URL에서 첫 번째 ‘?’ 문자는 쿼리 문자열의 시작을 나타낸다. 이 문자 이후에 오는 ‘q=자동차’는 클라이언트가 서버로 전송한 파라미터로, 검색어인 ‘자동차’를 나타낸다.

중간에 있는 여러 개의 ‘&’ 문자는 쿼리 문자열 내의 여러 개의 파라미터를 구분하는 구분자다. 이러한 각 파라미터는 서버로 전송되어 특정 작업을 수행하거나 특정 정보를 제공하는 데 사용된다.

따라서, URL의 ‘?’와 ‘&’ 문자는 웹 브라우저가 서버로 요청을 보낼 때 추가적인 데이터를 전송하는 방법을 제공한다. 이렇게 제공된 정보를 바탕으로 웹 서버는 사용자의 요청에 맞는 적절한 응답을 제공할 수 있다.

이처럼, URL은 사용자가 접근하고자 하는 인터넷 자원의 정확한 위치와 원하는 동작을 가리키는 방법을 제공한다. 이는 웹 브라우저나 다른 클라이언트가 웹 서버의 특정 자원으로 정확히 연결되도록 돕는 매우 중요한 역할을 한다.

3 주요 인터넷 서비스

1. 인터넷의 주요 서비스

- 이메일
- 채팅, 인스턴트 메신저(IM)
- 파일 전송
- 융합(컨버전스) 서비스
- 가상 사설망
- 월드 와이드 웹[2)]

이메일

이메일(Email)은 온라인상에서 정보를 교환하는 가장 강력하고 중요한 협업 도구 중 하나이다.

이메일은 아이디와 메일 서버 이름의 조합으로 형성된다. 형식은 '아이디@메일 서버 이름'으로, 이를 통해 정보가 원활하게 전달된다. 이메일을 통해 사람들은 사진, 문서, 링크 등 다양한 형태의 정보를 빠르게 전달하고, 검색, 보관, 관리할 수 있다. 반면 이메일은 스팸 메일 등 부작용으로 조직의 업무 능률에 방해가 될 수도 있다.

따라서 이메일 사용 시 주의해야 할 사항들이 있다. 보내는 이메일은 상대방의 메일함에 어떻게 표시되는지 확인해 봐야 한다. 보내는 이메일의 제목은 내용을 제대로 대변하고 있는지 검토하고, 내용과 관련 없는 제목은 혼동을 일으킬 수 있다. 상대방이 쉽게 내용을 이해할 수 있도록 내용을 명확하고 구체적으로 작성해야 한다.

메일을 답장할 때는 원본 메시지를 그대로 두는 것이 좋은가, 아니면 지우는 게 좋은가에 대해 고민해 볼 수 있다. 본문 내용과 관계없는 정보는 삭제하는 것이 명료한 소통을 돕는다. 또, 답장 제목을 다시 쓰는 것이 좋은지, 아

2) 월드 와이드 웹은 제10장에서 별도로 다룬다.

니면 앞에 'RE:'만 붙일지 결정해야 한다. 일반적으로 답장은 대부분 'RE:'를 붙이지만, 메일의 내용이 달라졌다면 적절한 제목으로 변경하는 것이 효과적이다.

보낸 메일이 제삼자에게 전달되는 경우를 대비하여, 이때도 적절하게 전달될 수 있도록 작성하는 것이 중요하다. 또한, 받는 사람과 참조(CC 또는 BCC[3])를 구분하는 이유를 이해하는 것이 중요하다. '받는 사람'은 이메일의 주된 대상이며, '참조'는 이메일 내용을 알고 있어야 하지만 반드시 답장해야 할 필요는 없는 사람을 대상으로 한다.

아울러, 첨부 파일은 형식과 이름을 알아보기 쉬워야 한다. 필요한 경우에는 파일에 대한 설명을 본문에 첨가하여 수신자가 첨부 파일을 이해하는 데 도움을 줄 수 있다. 이렇게 이메일 작성 시 주의할 점을 고려하면 더 효과적인 소통이 가능해진다.

인스턴트 메신저(IM)

인스턴트 메신저(Instant Messenger, IM)는 두 명 이상의 사용자가 인터넷과 같은 네트워크를 이용하여 실시간으로 텍스트 통신을 수행하는 클라이언트 소프트웨어이다.

이러한 플랫폼은 실시간으로 메시지를 주고받는 것이 주 기능이지만, 최근에는 추가적으로 음성 통화, 화상 회의, 파일 전송, 화면 공유 등 다양한 기능을 제공하고 있다. 또한 이러한 기능은 사용자들이 직접 메시지를 주고받는 것 외에도 다양한 창의적인 방법으로 소통하게 해주며 협업 또는 가상 회의를 효율적으로 진행할 수 있도록 돕는다.

---

3) 'CC(Carbon Copy, 참조)'와 'BCC(Blind Carbon Copy, 숨은 참조, 비밀 참조, 은닉 참조)'는 이메일을 여러 수신자에게 보낼 때 사용되는 기능이다. 이 두 기능은 비슷해 보이지만, 사용 목적과 수신자의 정보 공개 범위에서 차이가 있다. CC는 원본 이메일을 받는 주요 수신자 외 다른 사람에게도 정보를 공유하고자 할 때 사용하며, 이메일을 CC로 추가한 수신자는 메일의 모든 주요 수신자와 마찬가지로 메일 내용을 볼 수 있다. 이는 프로젝트 관련 정보 공유와 같이 여러 사람과 투명하게 정보를 나누고자 할 때 유용하다. 반면, BCC는 이메일의 내용은 공유하되 당사자 말고 다른 수신자가 누구인지를 숨기고자 할 때 사용한다. BCC로 추가된 수신자는 이메일의 내용은 볼 수 있지만, 다른 BCC 수신자가 누구인지는 확인할 수 없어 수신자의 프라이버시를 보호한다. 대규모 수신자에게 뉴스레터를 보낼 때와같이 개인 정보의 노출을 방지하고자 할 때 특히 유용하다.

최근에는 많은 화상 회의, 음성 인터넷 프로토콜뿐만 아니라 화상 회의와 인스턴트 메신저 서비스를 결합한 웹 회의 서비스를 지원하면서 이들 기술 간의 경계가 점차 불분명해지고 있다. 이로 인해 인스턴트 메신저는 단순히 텍스트 메시지를 주고받는 도구를 넘어, 다양한 형태의 소통과 공유, 협업을 가능하게 해주는 통합 플랫폼으로 발전하고 있다. 따라서 사용자들은 이를 통해 쉽고 빠르게 다른 사람들과 정보를 공유하고 의견을 교환할 수 있게 된다.

파일 전송

파일 전송(File Transfer)이란 통신 채널을 거쳐 한 컴퓨터 시스템에서 다른 컴퓨터 시스템으로 컴퓨터 파일을 주고받는 활동을 지칭한다. 대부분의 네트워크 시스템에서 지원하는 기본적인 기능 중 하나이며, 문서, 음악, 이미지, 동영상 등 다양한 형태의 데이터를 전송한다.

파일 전송을 위해 과거에는 FTP(File Transfer Protocol)와 같은 전용 프로토콜을 주로 사용했다. FTP는 인터넷상에서 파일을 주고받을 수 있도록 설계된 표준 프로토콜로, 안전하고 효율적으로 대량의 파일을 전송하는 데 사용되었다.

하지만 최근에는 웹 브라우저, 이메일 첨부, 인스턴트 메신저(IM) 등을 통한 파일 전송 빈도가 증가하고 있다. 이들 도구들은 사용자 친화적인 인터페이스와 간편한 조작 방법을 제공하면서, 파일 전송을 더욱 쉽고 편리하게 만들어주고 있다. 또한, 이메일 첨부나 IM을 통한 파일 전송은 추가적인 복잡한 설정 없이도 파일을 전송할 수 있어 편리하다.

이처럼 파일 전송은 컴퓨터 시스템 간에 정보를 공유하고 데이터를 교환하는 데 있어 필수적인 과정이다. 따라서 사용자가 원활하게 파일을 전송하고 공유할 수 있도록 다양한 도구와 방법을 이해하고 활용하는 것이 중요하다.

2. 융합 서비스

인터넷 전화

인터넷 전화(VoIP, Voice over IP, Voice on IP, IP telephony, 음성 인터넷 프로토콜)는 인터넷과 같은 디지털 네트워크를 통해 음성 통신과 멀티미디어 세션을 전달하는 기술들의 집합이다. 이 기술은 공중 교환 전화망(Public Switched Telephone

Network, PSTN)에서 제공되는 기능을 인터넷 환경에서도 가능하게 함으로써, 음성 통신의 범위를 넓혀준다.

인터넷 전화는 PSTN과 호환되는 발신자 ID를 지원해줌으로써, 사용자가 인터넷을 통해 전화를 걸거나 받을 때 해당 인터넷 전화번호를 보여주는 기능을 수행한다. 이로 인해 상대방이 누가 전화를 걸었는지 쉽게 확인할 수 있다. 이처럼 인터넷 전화는 디지털 네트워크를 통해 음성 전송이 가능하게 하므로 전화 사용에 있어서 편리성과 저비용을 제공한다.

IPTV

IPTV(Internet Protocol Television)는 광대역 연결을 통해 인터넷 프로토콜을 사용하여 소비자에게 디지털 텔레비전 서비스를 제공하는 시스템이다. 기존의 아날로그 방식 또는 케이블, 위성 등을 이용한 방식과 달리 IPTV는 인터넷 프로토콜을 통해 실시간 방송이나 다시 보기, 주문형 비디오(Video On Demand, VOD) 서비스를 제공한다.

조금 더 구체적으로 설명하면, IPTV는 디지털 방송 콘텐츠를 패킷 형태로 인터넷을 통해 전송하고, 이를 수신하는 셋톱 박스(Set-Top Box)를 통해 사용자들이 텔레비전 형태로 콘텐츠를 감상할 수 있도록 해준다.

또한, IPTV는 기존 웹에서 이루어지던 정보 검색, 쇼핑, VoIP와 같은 인터넷 전화 서비스 등의 상호 작용형 인터넷 서비스를 추가적으로 제공 가능하다. 이런 점에서 IPTV는 단순 텔레비전 방송 서비스를 넘어 다양한 멀티미디어 서비스를 통합적으로 제공하는 플랫폼으로 볼 수 있다. 이로 인해 시청자들은 자신에게 맞는 방송을 선택적으로 시청할 수 있는 주문형 서비스를 이용하거나, 다양한 이용자 부가 서비스를 편하게 이용할 수 있다.

인터넷 팩스

인터넷 팩스는 인터넷을 활용하여 팩스 메시지를 송수신하는 서비스를 말한다. 인터넷 팩스가 점차 활용도를 높이는 이유는 그 편리함과 효율성 때문이다.

분명한 장점 중 하나는 별도의 전화선이 필요 없다는 점이다. 이로써 기존 전화선을 이용한 팩스 서비스와 달리 따로 팩스 전용 전화선을 설치할 필요가 없어 관리 비용을 줄일 수 있다. 또한, 종이가 불필요하므로 환경 보호에 기여하며 자료 관리가 쉬워진다. 전자 문서 형태로 이메일을 통해 송수신되기 때문에 이메일 관리 시스템에 통합되어 팩스 메시지를 손쉽게 저장, 검색, 관리할 수 있다.

그뿐만 아니라 여러 개의 팩스 메시지를 동시에 보내고 받을 수 있어 대량의 문서를 효율적으로 관리할 수 있다. 인터넷 팩스는 데이터 패킷을 업로드하고 다운로드하므로, 팩스 메시지의 전송과 수신은 훨씬 빠르게 이루어진다. 통신 비용이 절감되는 장점도 있다. 일반 팩스와 다르게 국제 팩스를 보낸다 하더라도 추가 비용이 없거나 매우 적게 들기 때문이다.

기업들은 이러한 인터넷 팩스를 그룹웨어(groupware)와 통합해 직원들에게 서비스를 제공하기도 한다. 사내 커뮤니케이션과 업무 공유, 자료 관리 등을 효율적으로 할 수 있게 돕는 그룹웨어에 인터넷 팩스가 결합되면 더욱 강력한 도구가 된다. 이는 콜센터 시스템과 연동되어 고객에게 팩스 데이터를 휴대폰으로 전송하거나, 스마트폰을 통한 팩스 접근이 가능해져 고객의 편의성도 높일 수 있다.

3. 가상 사설망

개념 및 기본 원리

가상 사설망(VPN, Virtual Private Network)은 공중 네트워크를 통해 특정 조직의 구성원들이 내용을 바깥으로 드러내지 않고 안전하게 통신할 목적으로 사용되는 사설 통신망이다. VPN은 지리적으로 떨어진 사이트 간에 사설망을 가능하게 하거나 원격 사용자가 기업 네트워크에 안전하게 접속할 수 있도록 해준다.

비공개 통신을 위한 이러한 가상 네트워크의 기본 원리를 쉽게 이해하기 위해서는 '터널링'이라는 개념을 알아야 한다. 터널링이란 비유적으로 말하면 서로 다른 두 지점 사이에 지하 통로를 만들어 통신하는 것과 같다. 예를 들어, 두 채의 집이 있다고 할 때 지상으로 정보를 주고받는 것이 아니라 지하로 터널을 만들어 정보를 교류하는 것이다. 이 터널은 두 집 간의 직접적인 연결로 외부에서는 접근하거나 본다는 것이 불가능하므로 보안이 강화된다.

이런 방식으로 VPN은 각 사이트의 네트워크를 연결하거나 네트워크와 개

개인을 연결하는 다리 역할을 하여 공중 네트워크를 통해 사설 통신을 가능하게 한다. 이는 네트워크의 안전성을 확보하면서도 비용을 최소화하는 데 기여한다. 특히 원격 근무나 원격 교육, 글로벌 네트워크 환경 등에서 VPN은 매우 중요한 도구로 활용된다.

특징

가상 사설망의 특징은 크게 네 가지로 나눌 수 있다.

먼저, 인터넷을 기반으로 한 기업 업무 환경의 변화를 반영하고 있다. 원격지에서도 사무실에서와 같이 업무를 처리할 수 있도록 하는 등의 유연성을 통해 근무환경의 변화에 대응이 가능하다. 이를 통해 기업들은 국경을 넘나들며 업무를 수행하거나 원격에서도 사내 네트워크를 안전하게 이용할 수 있다.

두 번째로, 독자적인 전용선을 구축하는 기업의 부담을 경감시킨다. 전용선을 구축하고 유지하는 것은 많은 비용이 필요하다. 그러나 VPN을 이용하면 이러한 비용을 크게 줄일 수 있다. 기존의 인터넷을 이용하면서도 사설 네트워크를 구축함으로써 효율적인 네트워크 운영이 가능하다.

하지만 세 번째로는 VPN을 사용한다고 해서 완벽한 사설망 보장이 어렵다는 점이다. VPN은 원래 네트워크를 보안하기 위한 수단이지만, 그 자체로 완벽한 보안을 보장해주지는 않는다. 따라서 추가적인 보안 조치가 필요하며, 사용자들은 보안에 주의를 기울여야 한다.

마지막으로, 자체 구축한 VPN 서버가 아니라 외부 서비스를 이용하는 경우에는 보안상의 위협이 존재할 수 있다. 외부 서비스 제공자가 관리하는 데이터 센터를 통한 통신이 이루어지기 때문에, 그 과정에서 정보 유출 등의 보안 문제가 발생할 수 있다. 따라서 외부 서비스 제공자를 신중히 선택하거나, 자체 VPN 서버를 구축해 운영하는 방안을 고려해야 한다.

10

월드 와이드 웹과 무선 통신 기술

1 월드 와이드 웹

2 웹의 현재와 미래

3 무선 통신 기술

4 무선 센서 네트워크

CHAPTER

10 월드 와이드 웹과 무선 통신 기술

1 월드 와이드 웹

1. 월드 와이드 웹

개념과 탄생

월드 와이드 웹(World Wide Web, Web)은 인터넷에 연결된 컴퓨터를 통해 전 세계적으로 정보를 공유할 수 있는 광범위한 정보 공간이다. 이는 현대 사회에서 정보 접근과 교류의 핵심적인 수단으로 자리 잡았으며, 때로는 인터넷 자체와 동일시되는 경우도 있다. 그러나 엄밀히 말해 웹은 인터넷이 제공하는 다양한 서비스 중 하나이며, 인터넷이라는 더 큰 네트워크의 일부분에 불과하다.

웹의 기원은 1980년대 후반 스위스의 유럽 입자 물리 연구소(CERN)에서 찾을 수 있다. 이곳에서 팀 버너스리(Tim Berners-Lee)라는 연구원이 웹의 기초를 마련했다. 목표는 전 세계 과학자들이 효율적으로 정보를 공유할 수 있는 시스템을 구축하는 것이었다. 버너스리는 텍스트 문서에 하이퍼링크를 삽입하여 서로 연결되는 방식을 고안하였다. 이 하이퍼텍스트 시스템은 정보를 서로 연결하고 쉽게 탐색할 수 있게 해주는 혁신적인 발명이었다.

웹의 핵심 요소로는 URL(Uniform Resource Locator), HTML(HyperText Markup

Language), HTTP(HyperText Transfer Protocol)가 있다. URL은 웹상의 자원을 식별하는 고유한 주소이며, HTML은 웹 페이지를 구성하는 마크업 언어이다. HTTP는 웹 서버와 클라이언트 간의 통신을 위한 프로토콜로, 웹의 작동 원리를 규정한다.

웹의 등장은 전 세계적인 정보의 대중화를 가능하게 했다. 이전에는 정보 접근성이 제한적이었지만, 웹 덕분에 누구나 쉽게 정보를 얻고 공유할 수 있게 되었다. 이러한 변화는 교육, 비즈니스, 커뮤니케이션 등 사회의 다양한 영역에 광범위한 영향을 끼쳤다.

구성 기능

웹의 기본 구성 기능은 URL(Uniform Resource Locator), HTTP(HyperText Transfer Protocol), HTML(HyperText Markup Language) 세 가지 주요 요소에 의해 정의된다. 이들은 웹의 기능을 가능하게 하고, 웹 페이지의 생성, 접근, 전달 방식을 결정한다.

URL은 인터넷상의 리소스를 찾기 위한 주소 체계다. 이는 웹상의 각 문서와 리소스를 고유하게 식별하고 위치를 지정하는 역할을 한다.

HTTP는 웹 브라우저와 웹 서버 간의 통신을 위한 프로토콜이다. 이는 웹 페이지와 웹 서버 간의 데이터 전송 방식을 규정하며, 요청/응답 모델을 사용한다. 사용자가 웹 브라우저를 통해 URL을 요청하면, HTTP는 해당 요청을 웹 서버에 전달하고, 서버는 요청된 웹 페이지나 리소스를 HTTP를 통해 사용자에게 전송한다.

HTML은 웹 페이지를 구성하는 마크업 언어다. 이 언어는 웹 페이지의 구조와 콘텐츠를 정의하는 데 사용되며, 텍스트, 이미지, 링크, 폼 등 다양한 웹 요소를 포함할 수 있다. HTML은 태그(tag)라는 특수한 코드를 사용하여 웹 페이지의 다양한 부분을 표시하고, 웹 브라우저는 이 HTML 문서를 해석하여 사용자에게 시각적으로 표현된 웹 페이지로 보여준다.

이처럼 URL, HTTP, HTML은 웹의 기본적인 구조와 기능을 형성한다. 이들은 서로 긴밀하게 연결되어 있으며, 웹이 정보를 구조화하고, 접근하고, 전달하는 방식을 결정한다. 이러한 웹의 구성 기능 덕분에 사용자는 웹을 통해 쉽고 효율적으로 정보를 탐색하고 활용할 수 있다.

기본 요소

웹은 그 구조와 기능을 이루는 핵심 요소들로 구성된다. 이 중 가장 중요한 세 가지 기본 요소는 웹 문서 및 콘텐츠, 웹 서버, 웹 브라우저이다.

첫 번째 기본 요소인 웹 문서와 웹 콘텐츠는 웹의 기본적인 구성 단위이다. 웹 문서는 대개 HTML로 작성되며, 텍스트, 이미지, 동영상, 링크 등 다양한 형태의 콘텐츠를 포함할 수 있다. 이러한 웹 문서들은 서로 하이퍼링크로 연결되어, 사용자가 한 문서에서 다른 문서로 쉽게 이동할 수 있도록 한다. 웹 콘텐츠는 정보의 전달 및 공유를 위한 주요 수단으로, 교육적, 오락적, 정보적 목적 등 다양한 형태로 제공될 수 있다.

웹 서버는 웹 문서와 콘텐츠를 저장하고 관리하는 컴퓨터 시스템이다. 웹 서버는 인터넷을 통해 사용자의 요청을 받아 웹 페이지와 기타 필요한 리소스를 제공한다. HTTP 프로토콜을 이용하여 사용자와 통신하며, 웹 브라우저로부터의 요청에 응답하여 적절한 웹 페이지나 데이터를 전송한다. 웹 서버의 효율적인 운영은 웹의 신속한 정보 접근과 안정적인 정보 제공에 핵심적인 역할을 한다.

마지막으로, 웹 브라우저는 웹 문서를 사용자에게 시각적으로 표시하고, 사용자가 웹을 탐색할 수 있게 해주는 소프트웨어 프로그램이다. 웹 브라우저는 사용자가 URL을 통해 웹 서버에 접근하도록 하며, 서버로부터 전송된 웹 페이지를 해석하여 화면에 표시한다. 또한, 사용자가 웹 페이지 내의 링크를 클릭하거나 새로운 주소를 입력할 때마다 새로운 웹 페이지를 요청하고 표시하는 기능을 수행한다.

이렇게 웹 문서 및 콘텐츠, 웹 서버, 웹 브라우저는 웹의 기본 구조를 이루며, 사용자가 웹상의 정보를 손쉽게 검색하고 접근할 수 있게 하는 데 필수적인 역할을 한다. 이들 요소의 상호 작용을 통해 웹은 정보의 대규모 네트워크를 형성하고, 전 세계적인 정보 공유와 접근의 플랫폼으로 기능한다.

HTML

HTML(HyperText Markup Language)은 웹 페이지를 만들기 위한 주된 마크업 언어[1]이다. HTML은 웹의 기본 구조적 요소로, 웹 페이지의 콘텐츠와 레이아웃을 정의하는 데 사용된다. HTML 문서는 태그(tag)라고 불리는 특정한 텍스트 기반의 코드를 사용하여 구성되며, 이 태그들은 브라우저에게 웹 페이지의 다양한 요소를 어떻게 표시해야 하는지 지시한다.

HTML의 주요 기능은 웹 페이지에 구조적 의미를 제공하는 것이다. 이를 통해 제목, 단락, 목록 등과 같은 본문 요소가 명확하게 정의되고, 웹 페이지의 내용이 체계적으로 구성된다.

또한, HTML은 웹 페이지에 하이퍼링크를 삽입하는 기능을 제공한다. '〈a〉' 태그를 사용하여 다른 웹 페이지, 이미지, 파일, 이메일 주소 등으로 연결되는 링크를 생성할 수 있다. 이러한 링크 기능은 웹의 상호 연결된 구조를 가능하게 하며, 사용자가 웹을 탐색하는 데 중요한 역할을 한다.

```
<a href="https://cantips.com">여기를 클릭합니다</a>
```

또한, HTML은 웹 양식을 생성하는 데 사용되며, 이를 통해 사용자가 데이터를 입력하고 서버로 전송할 수 있다. 〈form〉 태그와 함께 〈input〉, 〈textarea〉, 〈button〉 등 다양한 양식 요소를 사용하여 사용자와의 상호 작용을 구현한다.

HTML의 이러한 다양한 기능은 웹 페이지를 더 동적이고 상호 작용적으로 만들며, 사용자에게 풍부하고 다채로운 웹 경험을 제공한다. HTML은 웹 페이지의 기본 구조를 형성하고, 웹상에서 정보를 표현하고 교환하는 기본적인 수단으로, 웹의 발전과 함께 계속 진화하고 있다.

---

1) 마크업 언어(Markup Language)는 전통적인 출판 과정에서 유래된 개념이다. 과거에 출판업자들은 원고에 주석을 달아 인쇄 방법을 지시했는데, 이것이 '마크업(표식)'의 기원이다. 이러한 마크업은 글꼴, 스타일, 크기 등 텍스트의 서식을 지정하는 데 사용되었다. 현대의 마크업 언어는 이 개념을 디지털 문서에 적용한 것으로, 텍스트에 태그나 기타 지시어를 추가하여 문서의 구조, 형식, 스타일을 정의한다. 마크업 언어를 통해 작성된 문서는 명확한 구조를 가지며, 컴퓨터 프로그램이나 브라우저에 의해 쉽게 이해되고 올바르게 표시될 수 있다.

HTML5

HTML5는 HTML의 다섯 번째 주요 버전으로, 웹 페이지의 구조와 프레젠테이션을 정의하는 데 사용되는 표준 마크업 언어의 최신 버전이다. 이 버전은 기존 HTML의 기능을 확장하여 멀티미디어 실행 기능을 강화하고, 다양한 웹 애플리케이션과 그래픽 효과를 지원한다.

HTML5는 문서 작성에 중점을 둔 기존 HTML의 기능을 넘어서, 비디오와 오디오 콘텐츠를 직접 웹 페이지에 내장할 수 있는 기능을 추가했다. 이를 통해 사용자는 별도의 플러그인이나 ActiveX 컨트롤[2]을 설치하지 않고도 웹 브라우저에서 직접 멀티미디어 콘텐츠를 재생할 수 있게 되었다. 〈video〉와 〈audio〉 태그는 이러한 멀티미디어 콘텐츠를 웹 페이지에 삽입하고 제어하는 데 사용된다.

HTML5는 또한 웹 브라우저에서 화려하고 상호 작용적인 그래픽 효과를 구현할 수 있도록 하는 다양한 API(Application Programming Interface)를 제공한다. 이를 통해 개발자들은 복잡한 애니메이션, 그래픽, 게임 등을 웹 페이지 내에서 직접 구현할 수 있게 되었다. 예를 들어, 〈canvas〉 태그는 2D 그래픽을 그리기 위한 공간을 제공하며, 이를 통해 다양한 그래픽 효과와 인터랙티브한 사용자 경험을 웹 페이지에 통합할 수 있다.

HTML5의 또 다른 중요한 특징은 다양한 장치에서의 호환성이다. 이 버전은 다양한 화면 크기와 해상도를 가진 장치에서 웹 페이지가 일관되게 보이고 작동하도록 설계되었다. 반응형 웹 디자인을 지원하므로, 사용자가 데스크톱, 태블릿, 스마트폰 등 어떤 장치를 사용하더라도 최적의 사용자 경험을 제공한다.

HTML5는 이처럼 기존 HTML의 기능을 대폭 확장하고 현대적인 웹 요구

---

2) ActiveX 컨트롤(ActiveX Control)은 마이크로소프트가 개발한 소프트웨어 프레임워크의 일부로, 웹 페이지나 Windows 애플리케이션 내에서 사용되는 객체 지향형 프로그래밍 요소이다. 주로 인터넷 익스플로러(Internet Explorer)와 같은 웹 브라우저에서 동적인 웹 페이지를 만들기 위해 사용되었다. 주로 비디오 스트리밍, 문서 편집, 인터랙티브 게임 등과 같은 기능을 웹 페이지에 통합하는 역할을 한다. 그러나 이는 보안 취약점으로 인해 비판을 받기도 했다. 사용자의 시스템에서 직접 실행되기 때문에, 악성 코드를 포함할 수 있으며, 사용자의 컴퓨터에 해를 끼칠 수 있다. 따라서 현대의 웹 브라우저와 웹 표준은 HTML5, CSS, JavaScript 등과 같은 다른 기술로 이와 유사한 기능을 제공하면서 ActiveX 컨트롤의 사용을 점차 줄이거나 없애고 있다.

사항에 맞추어 발전시켰다. 멀티미디어 지원, 향상된 그래픽 기능, 다양한 장치의 호환성을 통해 웹 개발자들은 사용자에게 더 풍부하고 다이내믹한 웹 경험을 제공할 수 있게 되었다.

XML

XML(eXtensible Markup Language)은 데이터를 저장하고 전달하기 위해 설계된 유연한 마크업 언어이다. 이 언어의 핵심 특징은 태그(tag)를 활용하여 데이터의 구조를 명확하게 정의하는 것이다. 각 태그는 데이터의 한 조각을 나타내며, 이를 통해 데이터는 자기 기술적(self-descriptive) 방식으로 표현된다. 즉, 데이터의 의미와 구조가 태그에 의해 명확히 설명되므로, 인간과 기계 모두에게 데이터의 의도와 내용이 분명해진다.

예를 들어, 책에 대한 정보를 XML 형식으로 표현한다고 가정해 보면, 책의 제목, 저자, 출판 연도 등의 정보가 각각 별도의 태그로 표현될 수 있습니다.

```
<book>
    <title>경영 정보 시스템</title>
    <author>박철우</author>
    <year>2026</year>
</book>
```

위 예시에서 〈book〉 태그는 책에 대한 전체 정보를 감싸는 루트 요소이다. 그 안에는 〈title〉, 〈author〉, 〈year〉 태그가 들어가 각각 책의 제목, 저자, 출판 연도를 나타낸다. 이러한 구조는 XML이 자기 기술적이라 불리는 이유를 보여준다. 즉, 태그 자체가 데이터의 의미를 명확히 설명해 주기 때문에 데이터의 구조와 내용이 명확하게 전달된다. 이처럼 XML은 데이터를 명확하고 구조화된 방식으로 표현하여, 다양한 시스템 간에 정보를 효율적으로 교환할 수 있게 한다. 이러한 특성 덕분에 XML은 웹 개발, 소프트웨어 구성 관리, 데이터베이스 관리 등 다양한 분야에서 활용된다.

XML의 가독성과 확장성은 그것을 다양한 프로그래밍 환경에서 인기 있는 선택지로 만들었다. 웹 서비스에서 설정 파일에 이르기까지, 복잡한 데이터 구조를 표현하는 데 있어 XML은 중요한 역할을 한다. XML은 데이터를 구조화하고 의미를 부여하는 방법으로, 데이터 교환의 표준으로 널리 사용된다.

특히, XML의 활용 사례 중 하나로는 DOCX, XLSX, PPTX, HWPX 등의 파일 형식이 있다. 이러한 파일 형식에서 'X'는 XML 기반의 형식임을 나타낸다. 이는 XML이 얼마나 광범위하게 문서 형식에 통합되어 있는지를 보여준다. RSS(Really Simple Syndication)3) 또한 XML 형식을 사용한다.

참고문헌

"파워포인트, 워드, 엑셀에 포함된 모든 그림을 한 번에 추출하기", 2012. 10. 28.
https://cantips.com/2288

참고문헌

"[한/글] 문서의 기본 저장 형식을 HWPX로 바꾸기", 2021. 4. 16.
https://cantips.com/3380

경영 환경에서도 XML은 중요한 문서 교환 형식으로 자리 잡았다. 전자 데이터 교환(EDI, Electronic Data Interchange), 금융 거래 정보의 전송, 의료 정보 시스템 등에서 XML은 중요한 역할을 수행한다. 이는 XML이 제공하는 구조화된 데이터 표현 방식이 기업 및 기관 간의 통신에서 데이터의 일관성과 정확

---

3) RSS는 웹 콘텐츠의 업데이트를 자동으로 추적하고, 사용자에게 최신 정보를 제공하는 방식을 말한다. 주로 뉴스 사이트, 블로그, 오디오 콘텐츠(팟캐스트) 등에서 활용된다. XML 기반의 포맷을 사용하여 정보를 구조화한다. 이는 콘텐츠의 제목, 요약, 발행 날짜, 링크 등을 포함한다. 사용자는 RSS 피드를 구독하고 RSS 리더(reader, feeder, aggregator)를 통해 다양한 웹사이트의 업데이트를 한 곳에서 확인할 수 있다. 이를 통해 사용자는 자신의 관심 주제나 웹사이트의 최신 콘텐츠를 빠르고 편리하게 접근할 수 있다. RSS는 정보의 과부하를 줄이고, 웹 콘텐츠의 접근성을 높이는 데 기여한다. 사용자는 개별 웹사이트를 직접 방문하지 않고도 원하는 정보를 얻을 수 있으며, 콘텐츠 제공자는 RSS를 통해 효과적으로 자신의 콘텐츠를 홍보할 수 있다.

성을 보장하기 때문이다.

XML은 그 자체로 프로그래밍 언어는 아니지만, 데이터를 구조화하고 의미를 표현하는 강력한 도구로서, 다양한 애플리케이션과 시스템에서 중요한 역할을 담당한다. XML의 이러한 특성은 현대 컴퓨팅 환경에서 데이터의 중요성이 계속해서 증가함에 따라 더욱 중요해지고 있다.

웹 서버

웹 서버(Web Server)는 웹 브라우저와 같은 클라이언트로부터의 HTTP나 HTTPS(HyperText Transfer Protocol Secure) 요청을 받아들이고, HTML 문서와 같은 웹 페이지를 반환하는 컴퓨터 프로그램이거나 이 프로그램을 실행하는 컴퓨터 시스템을 말한다. 웹 서버의 주요 기능은 웹 페이지와 관련된 콘텐츠를 클라이언트로 전달하는 것이다.

웹 서버는 인터넷을 통해 사용자의 요청을 수신하고, 요청된 리소스(예: 웹 페이지, 이미지, 파일 등)를 찾아 사용자에게 전송한다. 이 과정은 사용자가 웹 브라우저를 통해 특정 URL을 요청할 때 발생한다. 웹 서버는 해당 요청을 분석하여 요청된 웹 페이지나 파일을 찾고, HTTP 또는 HTTPS를 통해 이를 사용자의 브라우저로 전송한다.

웹 서버 소프트웨어는 다양한 종류가 있으며, 각각의 소프트웨어는 웹 페이지의 호스팅, 데이터베이스와의 통합, 애플리케이션 서버 기능, 보안 관리 등 다양한 기능을 제공한다. 가장 널리 알려진 웹 서버 소프트웨어에는 Apache, Nginx('엔진 엑스'로 읽는다.), Microsoft IIS(Internet Information Service) 등이 있다.

웹 서버의 효율적인 운영은 웹사이트의 성능과 사용자 경험에 직접적인 영향을 미친다. 빠른 응답 시간, 높은 가용성, 보안성은 웹 서버가 제공해야 하는 중요한 요소이다. 또한, 웹 서버는 동적인 웹 페이지를 생성하기 위해 서버 사이드 스크립트(예: PHP, Python, Ruby 등)를 처리할 수 있는 능력도 갖추고 있다.

이처럼 웹 서버는 웹 페이지와 관련된 콘텐츠를 안정적이고 효율적으로 사용자에게 제공하는 데 필수적인 역할을 수행한다. 웹 서버의 기능과 성능은 웹사이트의 전반적인 품질과 사용자 경험을 결정하는 데 중요한 요소로 작용한다.

웹 애플리케이션 서버

웹 애플리케이션 서버(Web Application Server, WAS)는 웹 기반 애플리케이션의 실행과 관리를 위한 소프트웨어 프레임워크를 제공한다. WAS는 복잡한 웹 애플리케이션과 서비스를 효율적으로 동작시키기 위한 환경을 구축하며, 사용자의 요청에 따라 애플리케이션의 비즈니스 로직을 처리한다.

WAS의 주요 기능 중 하나는 프로그램 실행 환경을 제공하는 것이다. 이는 서버 사이드 언어로 작성된 애플리케이션(예: Java, Python, Ruby 등)을 실행시키고, 이를 통해 동적인 웹 페이지나 웹 서비스를 생성한다. WAS는 사용자의 요청에 따라 애플리케이션 코드를 실행하고, 그 결과를 사용자에게 전달하는 중개자 역할을 한다.

또한, WAS는 데이터베이스 접속 기능을 제공한다. 웹 애플리케이션은 종종 사용자 데이터를 처리하거나 저장해야 하는데, WAS는 이러한 데이터베이스와의 연결을 관리하고, 애플리케이션으로부터의 요청을 데이터베이스로 전달한다. 이를 통해 웹 애플리케이션은 데이터를 효율적으로 저장, 검색, 수정할 수 있다.

WAS의 또 다른 핵심 기능은 업무를 처리하는 비즈니스 로직의 수행이다. 웹 애플리케이션은 사용자의 입력에 따라 다양한 처리를 수행해야 하며, 이러한 처리 과정은 비즈니스 로직에 의해 정의된다. WAS는 이러한 비즈니스 로직을 실행하고, 그 결과를 사용자에게 전달하여 웹 애플리케이션의 기능을 구현한다.

웹 애플리케이션 서버는 이처럼 웹 애플리케이션의 실행, 데이터베이스 관리, 비즈니스 로직의 처리와 같은 중요한 기능을 제공한다. 이를 통해 웹 애플리케이션은 복잡한 기능과 높은 수준의 사용자 상호 작용을 제공할 수 있으며, 웹 기술의 발전과 더불어 중요한 역할을 수행하고 있다.

웹 브라우저

웹 브라우저(Web Browser)는 웹 서버와 쌍방향으로 통신하며 HTML 문서나 파일을 사용자에게 출력하는 그래픽 사용자 인터페이스(GUI) 기반의 응용 소프트웨어이다. 웹 브라우저의 주요 기능은 웹 서버로부터 정보를 요청하고, 받아온 정보를 사용자가 이해할 수 있는 형태로 가공하여 표시하는 것이다.

참고문헌

"웹을 만든 사람들이 사용했던 최초 웹 브라우저 WorldWideWeb 써보기", 2019. 2. 20. https://cantips.com/3059

웹 브라우저는 사용자가 URL을 통해 원하는 웹 페이지에 접근할 수 있게 해준다. 사용자가 URL을 입력하거나 링크를 클릭하면, 웹 브라우저는 해당 주소의 웹 서버에 접속하여 페이지 데이터를 요청한다. 이 데이터는 주로 HTML, CSS(Cascading Style Sheets), JavaScript 등의 형태로 제공된다. 웹 브라우저는 이러한 데이터를 해석하여 사용자의 화면에 웹 페이지를 구성하고 표시한다.

웹 브라우저는 HTML 문서를 읽고 해석하여 텍스트, 이미지, 비디오 등의 웹 콘텐츠를 사용자의 디스플레이에 시각적으로 표현한다. 이 과정에서 CSS를 이용하여 문서의 스타일을 적용하고, JavaScript를 실행하여 동적인 상호 작용과 기능을 제공한다. 이러한 기능을 통해 웹 브라우저는 단순한 텍스트 정보뿐만 아니라 복잡한 멀티미디어 콘텐츠와 인터랙티브한 웹 애플리케이션을 사용자에게 제공한다.

웹 브라우저는 사용자의 웹 탐색 경험을 편리하고 효율적으로 만들기 위한 다양한 기능을 갖추고 있다. 북마크 관리, 탭 기반 브라우징, 개인 정보 보호 모드, 플러그인과 확장 프로그램 지원 등은 사용자가 웹을 더욱 쉽고 안전하게 탐색할 수 있게 돕는다.

이처럼 웹 브라우저는 웹 서버와의 통신을 통해 웹 페이지를 사용자에게 제공하는 중요한 도구이다. 사용자는 웹 브라우저를 통해 인터넷상의 방대한 정보에 접근하고, 다양한 웹 기반 서비스와 애플리케이션을 활용할 수 있다.

웹 브라우저의 발전은 웹의 진화와 밀접하게 연결되어 있으며, 디지털 정보 시대의 핵심적인 요소로 자리 잡고 있다.

2. 검색 엔진

검색 엔진의 개념

검색 엔진(Search Engine)은 컴퓨터 시스템이나 소프트웨어 프로그램으로, 사용자가 원하는 정보를 찾아주는 기능을 수행한다. 이러한 검색 엔진은 다양한 데이터 소스를 바탕으로, 사용자의 질의에 대응하는 결과를 찾아내고 제공한다. 검색 엔진의 주요 목적은 대규모 정보 속에서 특정 데이터를 신속하고 정확하게 찾아내는 것이며, 이는 정보 검색에 소요되는 시간과 노력을 최소화하는 데 기여한다.

검색 엔진은 여러 형태와 용도로 존재한다. 예를 들어, 데이터베이스 검색 엔진은 특정 데이터베이스 내의 정보를 검색하고, 기업 내부 네트워크나 문서 관리 시스템에서 정보를 찾는 엔터프라이즈 검색 엔진도 있다. 또한, 아카이브나 특정 주제에 집중된 정보를 찾는 전문화된 검색 엔진도 존재한다. 이러한 다양한 종류의 검색 엔진 중 가장 대표적인 형태는 웹 검색 엔진이다.

검색 엔진은 정보를 효과적으로 찾고 접근하는 데 중요한 역할을 하며, 다양한 형태의 검색 엔진은 각각의 사용 환경과 필요에 맞춰 최적화되어 있다. 이러한 검색 엔진의 발전은 정보의 접근성을 높이고, 사용자가 필요한 정보를 신속하고 정확하게 찾을 수 있게 하는 데 기여하고 있다.

웹 검색 엔진

웹 검색 엔진은 인터넷상의 웹사이트를 검색하기 위해 설계된 특별한 프로그램이다. 일반적으로 우리가 '검색 엔진(Search Engine)'이라고 하면, 이는 대부분 '웹 검색 엔진'을 지칭한다. 웹 검색 엔진은 웹 서비스 형태로 제공되며, 사용자는 웹 브라우저를 통해 이러한 검색 서비스에 접근할 수 있다.

웹 검색 엔진의 기능은 크게 크롤링(crawling)과 색인 생성, 검색 결과 제공 등 세 부분으로 나뉜다.

첫 번째 단계에서는 '로봇(robot)' 또는 '봇(검색 봇)'이라고 하는 특별한 프로그램이 인터넷을 돌아다니며 웹사이트들의 정보를 자동으로 수집한다. 이 크롤러들은 웹 페이지를 방문하여 텍스트, 이미지, 링크 등의 정보를 수집하고, 이를 검색 엔진의 데이터베이스에 저장한다.

이렇게 수집된 정보는 색인화되어 검색 엔진의 데이터베이스에 저장된다. 이 과정에서 웹 페이지의 내용이 분석되고, 중요한 키워드와 메타데이터가 추출되어 검색 가능한 형태로 정리된다.

검색 결과 제공 단계에서는 사용자가 검색 엔진 사이트에서 특정 검색어를 입력할 때, 검색 엔진은 미리 수집하고 색인화한 정보 중에서 해당 검색어와 관련된 결과를 찾아낸다. 검색 엔진은 복잡한 알고리즘을 사용하여 검색 결과의 관련성과 정확성을 평가하고, 이를 기반으로 사용자에게 결과를 제공한다.

웹 검색 엔진은 인터넷 사용자에게 필수적인 도구로, 정보의 바다에서 필요한 정보를 신속하고 정확하게 찾을 수 있게 해준다. 또한, 이러한 검색 엔진의 발전은 정보 접근성의 향상뿐만 아니라, 데이터의 조직화와 인터넷 사용자 경험의 향상에 중요한 역할을 하고 있다.

3. 검색 엔진 최적화

개념

SEO(Search Engine Optimization, 검색 엔진 최적화)는 검색 엔진을 통해 웹사이트나 웹 페이지로 유입되는 트래픽의 품질과 양을 개선하는 과정과 기법을 의미한다. 이는 웹사이트가 검색 엔진의 검색 결과에서 더 높은 순위에 노출되도록 하는 전략을 포함한다. SEO의 목적은 웹사이트의 가시성을 향상시키고, 더 많은 방문자를 유치하는 것이며, 이는 효과적인 인터넷 마케팅 방법 중 하나로 간주된다.

검색 엔진 최적화는 검색 엔진이 웹 페이지를 크롤링하고 색인화하는 방식, 웹 페이지에 순위를 매기는 알고리즘에 맞추어 웹 페이지를 구성하는 것을 포함한다. 이 과정에서 중요한 요소는 키워드 최적화, 웹사이트의 구조 및 내비게이션 최적화, 콘텐츠의 질과 관련성, 메타 태그와 메타 설명의 효과적인 사용,

인바운드 링크(다른 웹사이트에서 자신의 웹사이트로 연결되는 링크)의 구축 등이다.

키워드 최적화는 웹 페이지의 콘텐츠가 타깃으로 하는 키워드를 적절하게 포함하고 있어야 한다는 것을 의미한다. 이는 사용자가 검색 엔진에 입력할 가능성이 높은 키워드를 연구하고, 이를 콘텐츠에 자연스럽게 통합하는 것을 포함한다.

웹사이트의 구조 및 내비게이션 최적화는 검색 엔진이 웹사이트의 내용을 쉽게 이해하고 색인화할 수 있도록 웹사이트의 구조를 최적화하는 것을 의미한다. 이는 사용자와 검색 엔진 모두에게 친화적인 웹사이트 구조를 만드는 것을 목표로 한다.

콘텐츠의 질과 관련성은 검색 엔진 최적화의 핵심 요소로, 고유하고 유용한 콘텐츠를 제공하는 것이 중요하다. 이는 사용자의 관심을 끌고, 검색 엔진에 의해 높은 순위를 부여받을 가능성을 높인다.

SEO는 지속적인 프로세스로, 검색 엔진의 알고리즘 변화에 맞추어 지속해서 웹사이트를 최적화해야 한다. 이러한 SEO 기법의 적용은 웹사이트의 가시성을 높이고, 효과적인 온라인 마케팅을 구현하는 데 필수적인 요소로 작용한다.

특징

검색 엔진 최적화는 웹 페이지의 내용과 구조를 검색 엔진의 기준에 맞게 조정하는 과정이며, 여러 특징을 가진다.

첫째, SEO는 특정한 검색어를 웹 페이지에 적절하게 배치하는 것에 중점을 둔다. 이는 타깃 키워드를 웹 페이지의 제목, 본문, 메타 태그 등에 자연스럽게 통합함으로써 검색 엔진이 해당 키워드와 관련된 콘텐츠로 인식하도록 하는 전략이다.

둘째, SEO는 웹 페이지가 다른 사이트에 의해 인용되는 횟수, 즉 백링크(backlink)의 수를 늘리는 것을 목표로 한다. 백링크는 다른 웹사이트에서 특정 웹 페이지로 연결되는 링크를 의미하며, 검색 엔진은 이를 웹 페이지의 인기와 관련성의 지표로 사용한다. 따라서, 타 사이트로부터의 링크가 많을수록 해당 웹 페이지는 검색 엔진 결과에서 더 높은 순위를 차지할 가능성이 높아진다.

셋째, SEO의 효과적인 적용은 신중함을 요한다. 보편적이거나 과도한 SEO 기법의 적용은 검색 엔진에 의해 스팸으로 분류될 위험이 있다. 예를 들어, 키워드를 지나치게 많이 삽입하는 '키워드 스터핑(keyword stuffing)'이나 인위적인 백링크 구축은 검색 엔진에 의해 부정적인 방법으로 간주될 수 있다. 이는 오히려 웹 페이지의 검색 엔진 순위를 하락시키는 역효과를 낳을 수 있다.

따라서, SEO는 웹 페이지의 자연스러운 콘텐츠와 사용자 경험을 향상시키는 방향으로 진행되어야 하며, 검색 엔진의 지침과 기준을 준수하는 것이 중요하다. 이러한 접근은 웹 페이지가 검색 엔진 결과에서 높은 순위를 유지하고, 동시에 사용자에게 가치 있는 콘텐츠를 제공할 수 있는 지속 가능한 SEO 전략을 구축하는 데 기여한다.

검색 엔진 최적화 방법의 예

SEO를 위한 방법은 웹 페이지의 구조와 콘텐츠를 검색 엔진에 최적화하는 다양한 전략을 포함한다.

첫째, 웹 페이지의 제목을 명확하고 특정하게 설정하는 것이 중요하다. 제목은 해당 페이지의 주제와 내용을 정확하게 반영해야 하며, 검색 엔진과 사용자 모두에게 페이지의 내용을 명확히 전달할 수 있어야 한다.

둘째, 중요한 단어를 웹 페이지의 상단에 배치하는 것이 효과적이다. 검색 엔진은 페이지의 상단에 위치한 콘텐츠를 더 중요하게 평가하는 경향이 있으며, 이는 페이지의 관련성을 높이는 데 기여한다. 따라서, 핵심 키워드와 중요한 정보는 페이지의 상단 부분에 위치시키는 것이 좋다.

셋째, 삽입하는 이미지의 파일 이름을 사이트의 성격이나 이미지 설명에 적합하게 구성하는 것도 중요하다. 이미지 파일 이름과 〈img〉 태그의 alt 옵션[4)]을 효과적으로 사용하면, 검색 엔진이 이미지의 내용을 이해하는 데 도움

4) 특정 이미지를 HTML 문서에 삽입할 때, 〈img src="new product.jpg"〉와 같이 태그를 사용하면 된다. 하지만 〈img src="new product.jpg" alt="2026년 상반기 출시 신제품"〉과 같이 alt 옵션을 사용하면, 이미지가 로드되지 않거나 시각 장애가 있는 사용자가 스크린 리더를 사용하는 경우, 이미지 대신 이 설명이 표시된다. 일반 사용자들도 이미지 위에 커서를 대면 해당 설명이 나타난다. 이러한 alt 옵션의 사용은 웹 접근성을 향상시키고, 검색 엔진에 이미지의 내용을 설명하여 SEO에도 도움을 준다. 최근에는 PowerPoint나 Excel 같은 애플리케이션에서도 이미지를 다룰 때 같은 맥락으로 "대체 텍스트 자동 생성" 기능이 추가되었다. alt가 바로 대체 텍스트라는 의미이다.

이 되며, 이미지 검색 결과에서도 더 좋은 성과를 얻을 수 있다.

넷째, 다양한 외부 링크를 삽입하는 것도 SEO에 도움이 된다. 이때 중요한 것은 링크가 신뢰할 수 있는 고품질의 콘텐츠로 연결되어야 한다는 점이다. 관련성 높은 외부 링크는 페이지의 신뢰도를 높이고, 검색 엔진에 의해 긍정적으로 평가될 가능성이 크다.

이러한 SEO 방법들은 웹 페이지의 검색 엔진 순위를 향상시키고, 더 많은 사용자가 페이지를 방문하도록 유도하는 데 기여한다. SEO는 웹사이트의 가시성을 높이고, 인터넷 마케팅 전략의 효과를 극대화하는 데 중요한 역할을 한다.

생성형 엔진 최적화의 등장

최근에는 전통적인 검색 엔진 최적화를 넘어, ChatGPT, Gemini, Perplexity와 같은 생성형 인공 지능 기반 서비스 안에서의 노출을 높이려는 새로운 시도가 등장하고 있다. 이를 **생성형 엔진 최적화**(GEO, Generative Engine Optimization)라고 한다.

SEO가 사용자가 검색창에 키워드를 입력했을 때 검색 결과 목록에서 내 웹사이트 링크를 위쪽에 노출되도록 하는 것을 목표로 한다면, GEO는 사용자가 생성형 AI에게 질문했을 때 그 AI가 만들어 내는 답변 속에 내 콘텐츠, 브랜드, 사이트가 "출처"나 "예시"로 얼마나 자주 인용되는지를 높이는 데 초점을 둔다.

생성형 엔진은 단순히 키워드를 매칭하는 것이 아니라 여러 문서를 읽고 내용을 종합, 요약하는 방식으로 답변을 만든다. 그래서 GEO에서는 키워드 반복보다, 정확하고 명료한 정의, 잘 구분된 소제목, 목록·표·FAQ처럼 구조화된 정보, 신뢰할 수 있는 출처 표기가 특히 중요해진다. 이러한 형식의 콘텐츠는 생성형 AI가 답변을 작성할 때 가져다 쓰기 쉬운 학습 자료가 되기 때문이다.

결국 GEO는 기존 SEO를 대체하는 새로운 유행이라기보다, "검색 결과 페이지에서의 노출을 높이는 SEO"에, "생성형 AI가 다시 쓰기 좋은 지식으로 만드는 GEO"를 더하는 확장된 최적화 전략이라고 이해할 수 있다. 향후 검색 엔진과 생성형 엔진이라는 두 환경을 모두 고려하여 콘텐츠를 설계하는 것이 점점 더 중요해질 것으로 전망된다.

2 웹의 현재와 미래

1. 웹 2.0

웹 2.0의 개념

웹 2.0(Web 2.0)은 웹 기술의 발전과 함께 등장한 개념으로, 웹을 개방, 참여, 공유의 정신을 바탕으로 한 쌍방향 소통의 플랫폼으로 인식하는 사상을 의미한다. 이는 기존의 웹 1.0, 즉 단순히 정보를 제공하는 웹사이트의 집합체에서 더 나아가, 사용자가 직접 정보를 생산하고 소통할 수 있는 활동적인 웹 애플리케이션을 제공하는 웹의 새로운 단계를 나타낸다.

웹 2.0의 핵심은 사용자 참여와 상호 작용에 있다. 이는 블로그, 소셜 네트워킹 사이트, 위키, 사용자 생성 콘텐츠(UGC, User-Generated Content) 등을 통해 구현된다. 사용자들은 이러한 플랫폼을 통해 자신의 의견을 공유하고, 다른 이용자들과 의견을 교환하며, 공동으로 콘텐츠를 생성하고 편집할 수 있다. 이러한 상호 작용은 웹의 역동성을 증대시키고, 정보의 확산과 공유를 가속화한다.

또한, 웹 2.0은 웹 애플리케이션의 발전을 통해 정보의 접근성과 사용성을 크게 향상시켰다. 클라우드 컴퓨팅, HTML5와 같은 기술의 발전은 웹 페이지가 더욱 반응성 있고 사용자 친화적인 인터페이스를 제공하도록 만들었다. 이는 사용자가 웹을 더욱 쉽고 효과적으로 활용할 수 있게 해주며, 웹 기반 서비스의 품질을 향상시켰다.

웹 2.0은 웹의 발전과 사용자 경험의 변화를 대표하는 중요한 개념으로, 웹을 단순한 정보의 저장소에서 상호 작용적이고 참여적인 공간으로 변화시켰다. 이는 정보 기술과 인터넷 문화의 발전에 중요한 역할을 하고 있으며, 현대 사회에서 디지털 커뮤니케이션과 정보 공유의 방식을 혁신적으로 변화시켰다.

웹 2.0의 핵심 요소

웹 2.0은 인터넷의 사용과 상호 작용 방식에 혁신적인 변화를 불러왔으며, 이러한 변화의 핵심은 참여(Participation), 공유(Sharing), 협업(Collaboration) 세 가지 요소에 집중된다.

첫 번째 핵심 요소인 참여는 웹 2.0의 중요한 특징 중 하나이다. 웹 2.0 환경에서 사용자는 단순한 정보의 수용자에서 벗어나, 콘텐츠의 창조자와 기여자로 변모한다. 이는 블로그, 소셜 미디어, 사용자가 직접 콘텐츠를 생성하고 편집하는 위키 등 다양한 플랫폼을 통해 나타난다. 사용자는 자신의 경험, 지식, 의견을 웹에 기록하고 공유하며, 이를 통해 정보의 풍부함과 다양성을 증대시킨다.

두 번째 핵심 요소인 공유는 웹 2.0의 또 다른 중요한 특성이다. 사용자들은 소셜 네트워킹 서비스, 비디오 공유 사이트, 블로그 등을 통해 자기 생각과 정보를 타인과 공유한다. 이러한 공유 문화는 지식의 확산을 촉진하며, 사용자 간의 상호 작용과 커뮤니티 형성을 강화한다.

마지막으로, 협업은 웹 2.0을 통한 새로운 형태의 집단적 작업과 혁신을 의미한다. 온라인 협업 도구, 클라우드 기반 애플리케이션, 오픈 소스 프로젝트 등은 사용자들이 공동으로 프로젝트를 수행하고 아이디어를 공유할 수 있는 플랫폼을 제공한다. 이를 통해 지리적 제약 없이 다양한 전문가와 사용자들이 협력하며 새로운 아이디어와 솔루션을 창출할 수 있다.

이처럼 참여, 공유, 협업은 웹 2.0의 핵심 요소로서, 웹의 활용 방식을 개인적이고 정적인 차원에서 사회적이고 동적인 차원으로 전환했다. 이러한 요소들은 인터넷을 더 개방적이고 창의적인 공간으로 만들며, 사용자들이 지식과 경험을 자유롭게 교류하고 협력할 수 있는 기반을 마련한다.

웹 2.0의 핵심 기술

웹 2.0 시대의 발전과 함께, 핵심적인 기술들이 웹의 진화를 이끌고 있다. 초기 웹 2.0의 논의에서는 주로 두 가지 기술, 즉 블로그와 위키가 2대 핵심 기술로 간주되었다. 이들은 사용자 참여와 콘텐츠 공유, 협업의 정신을 구현하는 데 중요한 역할을 했다.

블로그는 개인이나 단체가 자유롭게 의견을 표현하고 정보를 공유할 수 있는 플랫폼으로, 웹 2.0 시대의 개인적 표현과 정보 교류의 중심지로 자리 잡았다. 위키는 사용자들이 공동으로 콘텐츠를 생성하고 편집할 수 있는 협업 기술로, 대표적인 적용 사례로 위키피디아가 있다. 이러한 기술들은 지식의 민주화와 공유 문화를 촉진하는 데 큰 기여를 했다.

시간이 지나면서, 웹 2.0의 핵심 기술로 소셜 미디어가 추가되었다. 소셜 미디어는 사용자들이 상호 작용하고, 콘텐츠를 공유하며, 커뮤니티를 형성하는 데 중요한 역할을 하게 되었다. 이로 인해 웹 2.0의 3대 기술로는 블로그, 위키, 소셜 미디어가 자리 잡게 되었다. 이들 기술은 웹을 사용자 참여와 상호 작용의 공간으로 변모시켰으며, 현대 사회에서 디지털 커뮤니케이션의 핵심 요소로 작용하고 있다.

이처럼 웹 2.0의 핵심 기술들은 시간이 지남에 따라 변화와 발전을 거듭해 왔으며, 이는 웹의 진화와 사용자 경험의 변화를 이끄는 주요한 동력이 되었다.

웹의 발전 방향: 웹3

웹 3.0(Web 3.0)이라고도 하는 웹3(Web3)는 월드 와이드 웹의 차세대 단계로, 중앙 집중적 플랫폼에 의존하던 웹 2.0과 달리 탈중앙화(decentralization), 블록체인(blockchain), 사용자 데이터 소유권 강화, 의미 기반 처리(시맨틱 웹, semantic web) 등을 핵심 특징으로 한다. 이 단계에서 웹은 단순히 정보를 읽고 쓰는 공간을 넘어, 사용자가 디지털 자산과 정체성을 직접 소유하고 관리하며, 애플리케이션이 더 지능적으로 맥락을 이해하는 분산형 생태계로 진화한다.

첫째, 웹 검색과 정보 탐색은 의미 기반 검색과 인공 지능을 중심으로 재구성된다. 웹3의 검색 엔진은 키워드 일치에 머무르지 않고, 시맨틱 웹 기술과 머신 러닝을 활용하여 데이터 간의 관계와 의미를 해석함으로써 더 정교한 맞춤형 검색 결과를 제공한다. 이러한 지능형 검색은 사용자의 의도와 맥락을 고려하여, 필요한 정보를 더 빠르고 정확하게 연결하는 것을 목표로 한다.

둘째, 웹3는 탈중앙화와 프로토콜 기반 거버넌스를 통해 데이터 소유와 통제를 재편한다. 기존 웹 2.0 환경에서 데이터는 플랫폼 기업의 서버에 집중되었지만, 웹3에서는 블록체인과 분산 원장 기술을 활용해 애플리케이션과 서비스가 중앙 서버 대신 분산 네트워크 위에서 동작한다. 이를 통해 사용자는 지갑 주소와 토큰을 통해 자신의 데이터와 디지털 자산을 직접 관리하고, 토큰 이코노미(tokenomics)를 기반으로 서비스 운영과 의사 결정 과정에 참여할 수 있다.

셋째, 편재 웹(pervasive web)은 웹3 환경에서 사물 인터넷(Internet of Things, IoT), 유비쿼터스 컴퓨팅(ubiquitous computing)과 결합하여 일상 공간 전반으로

확장된다. 유비쿼터스 컴퓨팅은 "언제 어디서나 존재하는 컴퓨팅"을 지향하며, 센서와 마이크로프로세서를 탑재한 다양한 사물이 네트워크에 연결되어 정보를 주고받는다. 스마트 홈, 웨어러블, 스마트 시티는 이러한 편재적 연결성을 바탕으로, 물리적 환경과 디지털 서비스를 긴밀하게 통합하는 대표적 사례이다.

넷째, 웹 3에서 클라우드 컴퓨팅은 에지 컴퓨팅(edge computing)과 결합하여 분산형 인프라를 구성한다. 대규모 데이터 저장과 처리는 여전히 클라우드에서 수행되지만, 지연 시간을 줄이고 실시간성을 확보하기 위해 데이터의 일부를 단말이나 에지 노드에서 처리하는 구조가 확대된다. 이러한 인프라는 분산 애플리케이션(dApp), IoT 서비스, 실시간 데이터 분석 등의 운용을 지원하며, 중앙 데이터 센터에 대한 의존도를 줄이는 방향으로 진화한다.

다섯째, 모바일 네트워크와 고속 무선 통신의 발전은 웹3서비스의 접속성과 몰입감을 높인다. 고성능 스마트폰, 태블릿, 웨어러블 기기와 5G 이상의 이동 통신 인프라는 실시간 스트리밍, 클라우드 게임, 증강·가상 현실 서비스, 메타버스 플랫폼을 안정적으로 제공하는 기반이 된다. 이로써 사용자는 특정 장소나 단말에 얽매이지 않고, 항상 연결된 상태에서 다양한 웹3 서비스를 경험하게 된다.

여섯째, 웹의 원활한 통합과 상호 운용성(interoperability)은 웹3 생태계에서 특히 중요한 요소이다. 전통적인 API와 마이크로서비스 아키텍처(microservices architecture)에 더해, 블록체인 간 브리지(bridge), 크로스체인 프로토콜, 개방형 표준 인터페이스는 서로 다른 서비스와 네트워크를 연결하는 역할을 한다. 이러한 상호 운용성은 개별 서비스가 고립된 섬처럼 존재하는 것이 아니라, 조합 가능성(composability)을 바탕으로 새로운 서비스와 비즈니스 모델이 빠르게 등장하는 환경을 조성한다.

이와 같은 웹3의 발전 방향은 웹이 단순한 정보 제공 채널을 넘어, 탈중앙화된 인프라 위에서 지능형 서비스, 디지털 자산, 실세계 객체와 상호 작용하는 거대한 분산 플랫폼으로 재구성되고 있음을 보여준다. 웹3는 검색의 정교화, 편재적 연결, IoT와 클라우드·에지 인프라, 모바일·메타버스 환경, 상호 운용성 강화를 통해 사회, 경제, 문화 전반에서 새로운 서비스와 비즈니스 모델을 촉발하는 핵심 동력으로 작용한다.

2. 블로그

블로그의 개념

블로그(Blog)는 웹상에서 정보를 공유하거나 의견을 교환하기 위해 글을 모아 게시하는 웹 페이지 구현 기술 중 하나이다. 이 용어는 원래 'Weblog'에서 유래했으며, 이는 'Web'과 'Log'의 결합어로, 인터넷상에서 일기를 쓰듯이 정보를 기록하는 행위를 의미한다. 시간이 흘러 'Weblog'는 'We Blog'를 거쳐 최종적으로 'Blog'로 줄여졌다.

블로그는 주로 개인의 느낌, 생각, 견해, 주장 등을 일기 형식으로 차곡차곡 적어 올리는 플랫폼으로 활용된다. 이는 개인의 경험과 지식을 공유하고, 독자와 소통을 통해 커뮤니티를 형성하는 데 효과적인 수단이다. 블로그의 내용은 다양하며, 여행, 음식, 기술, 취미, 교육 등 거의 모든 주제에 대한 글을 포함할 수 있다.

블로그는 시간의 역순으로 게시되는 것이 일반적이다. 이는 가장 최신의 글이 블로그의 상단에 위치하도록 함으로써, 방문자들이 최근에 작성된 내용을 쉽게 접할 수 있게 한다. 이러한 특징은 블로그를 신속한 정보 전달과 업데이트에 적합한 매체로 만든다.

블로그는 개인적인 온라인 일기에서 시작하여, 현재는 교육, 마케팅, 뉴스 전달 등 다양한 목적으로 활용되고 있다. 또한, 블로그는 웹 2.0 시대의 대표적인 현상으로서, 인터넷 사용자들이 콘텐츠의 생산자이자 소비자로서 활동할 수 있는 플랫폼으로 자리 잡았다. 이는 정보의 공유와 소통의 방식을 변화시키며, 디지털 커뮤니케이션의 중요한 부분으로 자리 매김하고 있다.

종류

블로그는 크게 가입형 블로그와 설치형 블로그 두 가지 유형으로 나뉜다. 각각의 블로그 유형은 사용자의 요구와 목적에 따라 선택될 수 있다.

가입형 블로그는 사용자가 특정 웹사이트에 가입하여 블로그를 운영하는 형태이다. 이 유형의 대표적인 예로는 블로그 호스팅 서비스를 제공하는 웹사이트들이 있다. 가입형 블로그의 장점은 사용이 간편하고, 기술적인 관리가 필요 없다는 것이다. 사용자는 웹사이트에 가입만 하면 바로 블로그를 시작할 수 있으며, 호스팅 서비스 제공업체가 서버 관리 및 기술 지원을 담당한다. 또한, 이러한 플랫폼들은 사용자가 쉽게 블로그의 디자인과 레이아웃을 조정할 수 있는 다양한 템플릿과 도구를 제공한다.

반면에, 설치형 블로그는 사용자가 자신의 웹 서버에 블로그 소프트웨어를 직접 설치하고 운영하는 형태이다. 이 방식은 자신의 도메인과 서버에서 완전한 제어권을 가질 수 있다는 장점이 있다. 사용자는 블로그의 모든 측면을 맞춤 설정할 수 있으며, 필요에 따라 추가적인 기능을 설치하거나 개발할 수 있다. 설치형 블로그는 기술적인 지식이 필요하지만, 블로그의 유연성과 독립성을 높이고자 하는 사용자에게 적합하다.

예를 들어, 네이버 블로그, 구글 블로거, 카카오 티스토리는 대표적인 가입형 블로그이며, 설치형 블로그는 WordPress가 대표적이다. WordPress의 경우 WordPress.com이라는 가입형 서비스도 제공한다.

각각의 블로그 유형은 사용자의 필요와 기술적 능력, 블로그의 목적에 따라 선택될 수 있으며, 사용자는 자신의 상황에 맞는 블로그 유형을 선택하여 효과적으로 블로그를 운영할 수 있다. 가입형 블로그는 간편한 사용과 유지 관리의 이점을, 설치형 블로그는 높은 맞춤화와 제어 능력의 이점을 제공한다.

블로그를 통한 개인 수준의 수익 창출

블로그를 통한 개인 수준의 수익 창출은 다양한 방식으로 이루어질 수 있다.

가장 대표적인 방법 하나는 제품을 제공받아 해당 제품에 대한 리뷰나 경험담을 포스팅하고, 이를 통해 원고료를 받는 것이다. 블로거가 제품을 사용해 본 후 솔직한 평가를 작성하면, 이는 제품의 마케팅에 도움을 주고, 동시에 블로거에게는 수익이 발생한다.

또한, 블로그에 배너 광고나 구글 애드센스와 같은 광고 플러그인을 삽입하는 것도 일반적인 수익 창출 방법이다. 이러한 광고는 블로그 방문자의 클릭이나 노출에 따라 수익을 생성한다. 광고 플러그인은 설치가 쉽고, 자동으로 관련 광고를 보여주기 때문에 많은 블로거들이 선호한다.

광고 대행사를 통한 광고도 효과적인 수익 창출 방법이다. 이 경우, 광고 대행사가 블로그와 연관성이 높은 광고를 선별하여 블로그에 배치한다. 이는 타깃 광고가 가능하며, 블로거와 광고주 모두에게 유리한 결과를 가져올 수 있다.

기업 광고는 특정 기업과 제휴하여 그들의 제품이나 서비스를 홍보하는 방식이다. 이를 통해 블로거는 고정된 광고 수익을 얻을 수 있다.

관련 주제와 연관된 쇼핑몰을 운영하는 것도 하나의 방법이다. 블로그를 통해 특정 제품이나 서비스에 대한 관심을 유도한 후, 자신의 쇼핑몰로 유입시켜 판매를 촉진하는 방식이다.

마지막으로, 기업이나 개인 블로그 운영 대행 서비스도 수익 창출의 하나로 볼 수 있다. 블로거가 자신의 경험과 전문성을 바탕으로 타인의 블로그를 대신 운영하고 관리해 주는 방식이다.

이러한 다양한 방법들을 통해 블로거는 개인의 취미나 전문 지식을 수익화할 수 있으며, 블로그를 통한 수익 창출은 지속해서 발전하고 있는 온라인 비즈니스 모델 중 하나로 자리 잡고 있다.

블로그 마케팅과 세일즈 전략이 필요한 이유

블로그 마케팅과 세일즈 전략은 현대 디지털 마케팅의 핵심 요소로, 여러 중요한 이유로 필요하다.

첫 번째로, 블로그는 풍부한 사용자 기반을 갖고 있다. 전 세계적으로 다양한 연령대와 관심사를 가진 사용자들이 블로그를 방문하고, 이는 마케팅과 세일즈 전략에 있어서 넓은 타깃 오디언스에 도달할 수 있는 기회를 제공한다.

두 번째로, 블로그는 충분한 정보를 제공하는 원천으로 사용될 수 있다. 제품 리뷰, 사용 방법, 관련 정보 등을 포괄적으로 다룸으로써, 소비자들에게 유용한 정보를 제공하고, 제품이나 서비스에 대한 신뢰성과 전문성을 구축할 수 있다. 이는 사용자들의 구매 결정 과정에 긍정적인 영향을 미칠 수 있다.

마지막으로, 블로그 운영은 상대적으로 저렴한 비용으로 이루어질 수 있다. 기업이나 개인이 블로그를 통해 자신의 제품이나 서비스를 직접 홍보할 수 있으며, 대규모 광고 캠페인에 비해 비용 효율적인 방식으로 마케팅과 세일즈 전략을 수행할 수 있다.

이러한 이유로, 블로그 마케팅과 세일즈 전략은 다양한 비즈니스에 있어 중요한 역할을 하며, 제품이나 서비스의 인지도를 높이고, 고객과의 관계를 강화하며, 장기적인 비즈니스 성장을 지원하는 효과적인 수단으로 활용될 수 있다.

경쟁력 있는 블로그의 5요소

경쟁력 있는 블로그를 운영하기 위해서는 몇 가지 중요한 요소들을 고려해야 한다.

첫 번째로, **양보다는 질**이 중요하다. 블로그 콘텐츠의 질은 독자들의 관심을 끌고 유지하는 데 중요한 역할을 한다. 품질 높은 콘텐츠는 사용자들에게 가치를 제공하고, 블로그의 신뢰성과 전문성을 구축하는 데 기여한다.

두 번째 요소는 **여론을 선도하는 능력**이다. 블로그가 주제에 대한 신선하고 혁신적인 관점을 제공하거나, 새로운 트렌드를 선도하는 내용을 다룬다면, 독자들에게 영향력 있는 정보원으로 인식될 수 있다.

세 번째로, **뚜렷한 목표** 설정이 필수적이다. 블로그가 추구하는 목표와 메시지가 명확해야 독자들이 블로그의 콘텐츠에 더 깊이 관여하고, 브랜드에 대한 충성도를 높일 수 있다.

네 번째는 **시각적 요소**의 활용이다. 매력적이고 전문적인 시각적 디자인은 블로그의 전반적인 매력을 증대시키며, 독자의 관심을 끌고 정보 전달을 강화하는 데 도움을 준다.

마지막으로, **검색이 잘되는 제목(SEO의 중요성)의 사용**이 중요하다. 검색엔진에 최적화된 제목은 검색 엔진에서 블로그의 가시성을 높이고, 더 많은 트래픽을 유도한다. 이는 제목이 검색 엔진 결과에서 눈에 띄어야 하며, 관련 키워드를 효과적으로 포함해야 함을 의미한다. 최근에는 챗봇 형태의 생성형 인공지능 서비스가 검색 엔진 대신 사용되는 경우가 많아 SEO에 더해 생성형 엔진 최적화(Generative Engine Optimization, GEO)도 더욱 중요해지고 있다.

이러한 다섯 가지 요소는 블로그가 경쟁력을 갖추고 독자들에게 끊임없이 가치를 제공하는 데 필수적이다. 양질의 콘텐츠, 영향력 있는 정보 제공, 명확한 목표, 시각적 매력, 검색 엔진 최적화는 블로그가 성공적으로 운영되고 독자 기반을 확장하는 데 중요한 역할을 한다.

3. 위키

개념

위키(Wiki)는 하와이어로 '빨리'를 뜻하는 단어로, 이는 웹 페이지의 내용을 빠르게 수정하고 업데이트할 수 있다는 특징을 나타낸다. 위키는 불특정 다수가 협업을 통해 직접 웹 페이지의 내용과 구조를 수정할 수 있는 웹 기술을 가리킨다.

이러한 위키 기술이 적용된 대표적인 사례로는 온라인 백과사전 'Wikipedia(위키피디아, 위키백과)'가 있다. 하지만 이 때 주의해야 할 점은 위키피디아는 위키의 활용 사례 중 하나일 뿐이며, 위키와 동의어로 사용해서는 안 된다. 위키는 방대한 정보를 공유하고, 수정하는 웹 기술이며, 위키피디아는 그러한 기술이 적용된 특정 웹사이트를 가리킨다.

위키의 활용은 광범위하다. 협업용 웹사이트에서 찾아볼 수 있으며, 조직 내 인트라넷으로도 활용되며, 심지어는 개인적인 용도로도 사용된다. 유연한 수정과 공유 기능으로 인해 다양한 환경에서 원활한 정보 교류와 협업을 가능하게 하기 때문이다. 이러한 위키의 특징과 활용범위는 정보의 생산과 공유 방식에 혁신을 가져왔으며, 이는 계속 발전하고 있다.

위키의 핵심 기능

위키는 협업과 공유에 중점을 둔 웹 기술로, 그 핵심 기능들은 다음과 같다.

첫째, 사이트를 방문한 누구든지 문서를 생성하고 수정할 수 있다. 이는 사용자가 직접 내용을 추가하거나 변경함으로써 정보의 정확성과 다양성을 보장하며, 누구나 참여할 수 있게 함으로써 정보의 학문적 편향을 최소화하는 효과를 가져온다.

둘째, 서로 다른 문서를 단순히 링크하는 것만으로도 의미 있는 주제 간 연계가 생성된다. 이에 따라, 사용자는 관련된 정보들을 쉽게 찾아볼 수 있으며, 새로운 문서를 만들 때에도 다른 문서들의 정보에 손쉽게 접근할 수 있다.

셋째, 방문자의 참여를 통해 콘텐츠의 변화와 협력의 지속성이 유지된다. 이는 정보와 지식이 다양한 사용자들의 경험과 지식을 바탕으로 지속해서 추가되고 수정되는 동적인 구조를 형성한다.

마지막으로, 위키는 집단 지성(Collective Intelligence)의 구현을 가능하게 한다. 집단 지성이란 여러 사람들의 아이디어와 지식이 공유되고 결합되어 더 뛰어난 결과를 낳는 것을 의미한다. 이러한 집단 지성의 실현을 통해 위키는 다양한 사용자들이 함께 정보를 생성하고 검증하는 새로운 형태의 지식 생성 공동체를 만들어낸다. 이는 전통적인 지식 생성 시스템이 가진 제약을 극복하며, 기존보다 더 빠르고 다양한 정보를 제공할 수 있게 한다.

위키 활용의 중요성

위키 활용의 중요성은 사용자 개인의 적극적인 참여에 크게 의존한다. 위키의 핵심적인 특성 중 하나는 바로 수정 가능성이다. 이는 문서를 생성하거나 수정함으로써 다양한 정보와 지식을 공유하는 데 있어 사용자의 적극적인 참여가 필수적임을 의미한다.

특히, 다양한 정보를 제공하고 싶다면 개별 사용자가 자신이 가지고 있는 지식을 계속해서 추가하거나, 이미 존재하는 정보에 대해 본인의 견해나 이해를 덧붙여야 한다. 이러한 과정에서 사용자는 단순히 정보를 소비하는 주체가 아니라, 정보를 생산하는 주체로 변모한다.

참고문헌

"위키피디아 독도 내용은 직접 고치면 되는데", 2008. 7. 17.
https://cantips.com/808

또한, 면밀한 검토와 수정을 통해 위키는 지식의 질을 높이는 역할을 한다. 개개인이 제공하는 정보의 질과 정확성은 철저히 검증되어야 하며, 이런 검증 과정 역시 다른 사용자의 적극적인 참여에 의해 이루어진다. 사용자 각각이 집단 지성의 일부로서 위키 플랫폼에 기여함으로써, 그 내용을 개선하고 더욱 타당하게 만드는 동시에, 전체 지식 공동체의 발전에도 기여한다.

따라서, 위키의 활용은 사용자 개인의 적극적인 참여 없이는 성공하기 어렵다. 사용자들의 참여와 협력, 지속적인 관리를 통해서만 위키는 생동감 있는 지식 공동체로 발전하고, 그 가치를 최대화할 수 있다.

4. 소셜 미디어

개념

소셜 미디어(Social Media)는 소셜 네트워크 기반 위에서 작동하는 개방화된 온라인 플랫폼을 의미한다. 이 플랫폼에서 개인은 자신의 생각이나 의견, 경험, 정보를 공유하고, 타인과의 관계를 생성하거나 확장할 수 있다.

소셜 미디어의 가장 핵심적인 특징은 다양한 형태의 콘텐츠가 다양한 이용자들에 의해 생성되고 공유된다는 점이다. 이는 일방적인 정보의 전달이 아니라, 이용자 간 쌍방향적인 소통과 상호 작용을 가능케 하는 매우 중요한 요소이며, 이를 통해 소셜 미디어는 다대다의 관계성을 구축하고 바탕으로 작동한다.

이러한 소셜 미디어의 형태는 다양하게 나타날 수 있는데, 대표적으로 블로그, 소셜 네트워킹 서비스, 위키, 동영상 공유 사이트 등이 있으며, 이들 플랫폼을 통해 사용자들은 자신의 의견을 자유롭게 표현하고 정보를 수집하며, 다른 이용자들과 대화하고 소통함으로써 새로운 관계를 형성하고 기존의 관계를 강화한다.

따라서, 소셜 미디어는 개개인의 의견과 정보가 널리 퍼질 수 있게 하는 동시에 이용자 간의 상호 작용을 촉진하는 중요한 도구이다. 그 대표적인 활용은 정보 전달과 교류, 관계 구축, 그리고 온라인 커뮤니티 활동 등이 있다. 이러한 활동을 통해 소셜 미디어는 사람들의 생활 패턴에 큰 변화를 가져오고 있다.

소셜 미디어의 특징

소셜 미디어의 가장 큰 특징은 양방향성이라고 할 수 있다. 이런 특성을 활용하여 이용자들은 자발적으로 참여하고 정보를 공유하며 콘텐츠를 생성한다. 이러한 구조는 1인 미디어와 1인 커뮤니티의 성질을 보이게 된다. 개개인이 콘텐츠의 생산자로서 자신의 의견이나 생각, 경험 등을 다른 이용자들과 공유하면서 독자적인 커뮤니티를 형성하게 된다.

소셜 미디어는 기존의 방송 매체가 가진 일방적 메시지 전달의 한계를 극복하고, 대화식의 사회성 매체로 변환할 수 있는 가능성을 제시한다. 즉, 이용자들이 단순히 콘텐츠의 소비자로서 정보를 받아들이는 것을 넘어, 직접 정보를 생산하고 배포함으로써 콘텐츠의 생산자로서 역할을 수행한다. 이러한 점은 정보의 민주화와 개방화를 촉진하며, 다양한 의견과 정보가 교류되는 건강한 정보 환경을 조성한다.

한편, SNS라는 표현도 이러한 현상을 나타내는데 사용되지만, 소셜 미디어라는 표현이 좀 더 권장된다. SNS는 상호 간의 관계를 중심으로 한 네트워크를 강조하지만, 소셜 미디어는 이용자들이 정보를 생성하고 공유하는 과정을 강조하여 본래의 특징을 더욱 잘 드러낸다.

소셜 네트워킹 서비스 현황

(2024년 1월 현재, 단위: 백만 명)

No.	서비스이름	사용자 수	No.	서비스이름	사용자 수
1	Facebook	3.049	9	Douyin	700
2	YouTube	2,491	10	Snapchat	750
3	WhatsApp	2,000	11	Kuaishou	685
4	Instagram	2,000	12	X (Twitter)	619
5	WeChat	1,562	13	Sina Weibo	605
6	TikTok	1,336	14	QQ	558
7	Facebook Messenger	979	15	Pinterest	482
8	Telegram	800			

자료: "Social networking service", https://en.wikipedia.org/wiki/Social_networking_service

기업의 소셜 미디어 활용 영역

- 마케팅 조사(Marketing Research): 소셜 미디어는 기업이 시장 동향, 소비자 선호도 및 경쟁사 분석과 같은 중요한 마케팅 정보를 수집하는 데 있어 중요한 도구다. 사용자 행동 분석, 설문 조사, 실시간 피드백을 통해 기업은 상품 개발과 전략 수립에 필수적인 데이터를 획득할 수 있다.
- 고객 커뮤니케이션 채널(Customer Communication Channel): 소셜 미디어는 기업과 고객 간의 직접적인 커뮤니케이션 채널을 제공한다. 이는 상품 및 서비스에 대한 고객의 의견을 듣고, 즉각적인 피드백을 제공하는 효과적인 방법이다.
- 마케팅 및 홍보(Marketing and Promotion): 기업은 소셜 미디어를 사용하여

제품이나 서비스를 홍보하고 브랜드 인지도를 높일 수 있다. 이는 비용 효율적인 방식으로 대규모의 대상에게 도달할 수 있으며, 타깃 마케팅을 통해 특정 고객층에게 맞춤형 메시지를 전달할 수 있다.

- 고객 관계 개발 및 고객 충성도 강화 프로그램(Customer Relationship Development and Loyalty Programs): 소셜 미디어는 고객과의 관계를 강화하고 고객 충성도를 높이는 데 사용될 수 있다. 예를 들어, 소셜 미디어를 통한 전용 프로모션, 경품 추첨, 고객 참여 이벤트 등은 고객과의 장기적인 관계를 구축하는 데 중요하다.
- 비공식적 종업원 교육 및 조직 개발 수단(Informal Employee Training and Organizational Development): 소셜 미디어는 직원들의 비공식적 학습 및 개발을 촉진하는 수단으로 활용될 수 있다. 예를 들어, 소셜 미디어 그룹이나 커뮤니티를 통해 지식 공유, 신제품 정보, 업계 동향 등에 대해 논의할 수 있다.
- 고객 서비스 및 지원(Customer Service and Support): 소셜 미디어는 고객 문의에 신속하게 대응하고 문제를 해결하는 데 중요한 역할을 한다. 기업은 소셜 미디어를 통해 고객의 불만사항을 적극적으로 관리하고, 고객 만족도를 높이는 서비스를 제공할 수 있다.
- 전자 상거래(E-commerce): 소셜 미디어 플랫폼은 상품 및 서비스의 온라인 판매 채널로서 기능한다. 소셜 미디어를 통해 기업은 소비자에게 직접 상품을 판매하고, 구매 과정을 간소화할 수 있다. 또한, 소셜 미디어 기반의 마케팅 캠페인은 온라인 매출 증대에 기여한다.

공공 부문의 소셜 미디어 활용 영역

- 정책 홍보 및 안내(Policy Promotion and Information): 공공 부문은 소셜 미디어를 통해 정책을 홍보하고 중요한 정보를 국민에게 전달한다. 이는 정책의 적극적인 이해와 참여를 촉진하며, 정부의 투명성과 접근성을 높이는 데 기여한다.
- 시민, 국민 참여 유도(Citizen and Public Engagement): 소셜 미디어는 시민과 국민의 참여를 유도하는 플랫폼으로 활용된다. 온라인 설문조사, 토론

포럼, 인터랙티브 콘텐츠를 통해 국민들의 의견을 수렴하고 참여를 증진시킨다.

- 여론 및 민간 활동 분석 및 파악(Public Opinion and Civil Activity Analysis): 소셜 미디어는 여론 조사 및 민간 활동의 분석에 중요한 도구로 사용된다. 이를 통해 정부는 국민의 의견과 트렌드를 실시간으로 파악하고, 이에 기반한 효과적인 정책을 수립할 수 있다.
- 위험, 재해, 보건 관련 안내 및 교육(Risk, Disaster, and Health Information and Education): 공공 부문은 소셜 미디어를 이용해 재해, 위험, 보건과 관련된 중요한 정보를 신속하고 효과적으로 전달한다. 이는 국민의 안전과 건강을 보호하는 데 중요한 역할을 한다.
- 개방형 정부 운영 확대(Expansion of Open Government Operations): 소셜 미디어는 정부 운영의 투명성을 높이고, 국민과의 소통을 강화하는 데 사용된다. 이는 정부의 활동을 더 개방적이고 참여적으로 만들며, 국민의 신뢰를 증진시킨다.
- 범죄 예방 및 안전 확보(Crime Prevention and Safety Assurance): 공공 부문은 소셜 미디어를 통해 범죄 예방과 안전 확보에 관한 정보를 제공한다. 이는 시민들에게 유용한 안전 팁을 제공하고, 공동체의 안전을 강화하는 데 기여한다.
- 정부 이미지 개선(Government Image Improvement): 소셜 미디어는 정부의 이미지를 개선하고, 긍정적인 정부 활동을 강조하는 데 사용된다. 이는 공공 부문의 브랜딩 전략의 일환으로, 국민과의 긍정적인 관계를 구축하는 데 중요하다.

3 | 무선 통신 기술

1. 무선 통신 네트워크의 유형

일반적인 네트워크 유형 분류 방법에 따라 크게 셀룰러 네트워크와 무선 데이터 네트워크로 나눌 수 있으며, 무선 환경의 특성을 고려하여 무선 센터 네트워크를 추가할 수 있다.

- 셀룰러 네트워크(Cellular Network): 셀룰러 네트워크는 휴대 전화와 같은 모바일 장치들이 중앙 기지국과 무선으로 연결되는 통신 시스템이다. 이러한 네트워크는 여러 개의 셀로 구성되며, 각 셀은 특정 지역의 통신 서비스를 제공한다. 셀룰러 네트워크는 고밀도 도시 지역에서 효율적인 서비스 제공과 높은 통신 용량을 가능하게 한다.
- 무선 데이터 네트워크(Wireless Data Network): 무선 데이터 네트워크는 데이터 전송을 목적으로 한다. 이러한 네트워크는 Wi-Fi와 같은 기술을 사용하여 인터넷 접속, 파일 공유, 무선 프린팅 등 다양한 데이터 기반 서비스를 제공한다. 일반적으로 건물 내부나 제한된 지역에서 사용되며, 공공 장소, 사무실, 주거지역 등에서 널리 활용된다.
- 무선 센서 네트워크(Wireless Sensor Network, WSN): 무선 센서 네트워크는 다수의 센서 장치들이 무선으로 연결되어 환경적, 물리적 조건을 모니터링하고 데이터를 수집하는 네트워크이다. 이러한 네트워크는 환경 모니터링, 군사 감시, 건강 관리 시스템 등 다양한 분야에서 사용된다. 각 센서 노드는 주변 환경의 정보를 수집하여 중앙 데이터 수집 노드에 전송한다.

이 세 가지 주요 무선 통신 네트워크 유형은 각각 고유한 기능과 용도를 가지며, 현대 사회에서 중요한 역할을 담당한다. 셀룰러 네트워크는 일상생활에서의 이동성과 연결성을 제공하는 반면, 무선 데이터 네트워크는 특정 지역 내에서의 효율적인 데이터 통신을 가능하게 한다. 무선 센서 네트워크는 주변 환경의 정보를 수집하고 분석하는 데 필수적이며, 다양한 응용 분야에서의 활용도가 높다.

2. 셀룰러 네트워크

개념

이동 통신(mobile communication) 또는 모바일 네트워크(mobile network)라고도 불리는 셀룰러 네트워크(cellular network)는 고정 위치가 아닌 이동 중인 사용자들에게 무선 통신 서비스를 제공하는 기술이다. 이 네트워크는 여러 개의 송수신기인 '셀(Cell)'로 구성되어 있으며, 각 셀은 특정 지리적 영역을 커버한다.

사용자가 이동하면서 셀 간을 이동할 때, 통신은 자동적으로 인접한 셀로 전환되어 연속적인 서비스가 유지된다. 이러한 과정을 '핸드오프(handoff)'라고 하며, 사용자가 네트워크 내에서 이동하면서도 끊김 없는 통신을 경험할 수 있게 해준다. 셀룰러 네트워크는 음성 통화, 문자 메시지, 인터넷 접속과 같은 다양한 서비스를 제공하며, 4G, 5G와 같은 다양한 표준을 통해 발전해 왔다.

셀룰러 네트워크의 주요 장점은 넓은 지역에 걸쳐 안정적인 무선 연결을 제공하며, 대용량의 사용자를 수용할 수 있는 높은 용량과 효율성이다. 이는 도시 지역에서는 물론 농촌 지역에서도 사용자에게 연결성을 보장하는 데 중요한 역할을 한다.

셀(Cell)의 개념

셀이란 이동 통신에서 하나의 기지국이 커버하는 특정 지리적 지역을 의미한다. 이는 셀룰러 네트워크에서 핵심적인 개념으로, 휴대 전화(Cellular Phone)와 같은 이동 통신 기기가 네트워크에 접속하는 데 사용되는 공간 단위다. 각 셀은 독립적인 통신 영역을 형성하며, 기지국은 해당 셀 내의 통신 기기들과 무선 신호를 송수신한다.

셀의 구조는 제한된 주파수 대역을 효율적으로 사용하기 위해 중요하다. 동일한 주파수 대역을 다수의 사용자가 공유함으로써 주파수의 재활용이 가능해진다. 이를 통해 네트워크는 더 많은 사용자에게 서비스를 제공할 수 있으며, 통신 트래픽을 관리하는 데 효과적이다.

또한, 주파수 대역을 달리하는 여러 종류의 셀을 조합함으로써 서비스 지역을 확대할 수 있다. 예를 들어, 도심 지역에서는 소형 셀을 사용하여 고밀도 사용자를 수용하고, 광대한 지역을 커버하기 위해서는 대형 셀을 사용한다. 이러한 셀의 조합은 셀룰러 네트워크의 범위를 최적화하고, 다양한 환경과 사용자 수요에 맞추어 효율적인 서비스를 제공한다.

핸드오버 또는 핸드오프

핸드오버(handover) 또는 핸드오프(handoff)는 이동 통신에서 사용자가 이동하는 동안 통신을 지속해서 유지하는 기술을 의미한다. 이 과정은 사용자가 셀룰러 네트워크 내의 한 셀 영역에서 인접한 다른 셀 영역으로 이동할 때 발생한다. 핸드오버의 목적은 이동 중인 사용자가 경험하는 통신의 연속성을 보장하는 것이다.

핸드오버 과정에서 중요한 것은 사용자의 통신이 끊기지 않고 원활하게 이어지도록 하는 것이다. 이를 위해 네트워크는 사용자의 위치, 신호 강도, 네트워크 트래픽 등 다양한 요인을 실시간으로 모니터링한다. 사용자가 셀 경계에 도달하면 네트워크는 인접한 셀의 기지국으로 통신 연결을 자동으로 전환한다.

핸드오버 기술은 휴대 전화 사용자가 이동 중에도 전화 통화, 데이터 전송, 인터넷 브라우징 등을 끊김 없이 계속할 수 있게 해준다. 이는 셀룰러 네트워크의 핵심 기능 중 하나로, 현대 이동 통신 시스템의 사용자 경험과 효율성을 높이는 데 중요한 역할을 한다.

셀룰러 네트워크 세대 구분

- 1세대(1G): 1세대 셀룰러 네트워크는 아날로그 방식을 사용하며, 주요 기술은 AMPS(Advanced Mobile Phone System)이다. 데이터 전송 속도는 2.4kbps로, 주로 음성 통화 기능에 초점을 맞추었으며, 데이터 통신은 지원하지 않는다.
- 2세대(2G): 2세대 네트워크는 디지털 방식을 도입하여 데이터 전송 속도를 14.4kbps로 향상시켰다. 주요 기술로는 CDMA(Code Division Multiple Access)와 GSM(Global System for Mobile Communications)이 있다. 이 시대에는 음성 통화와 단문 메시지 서비스(SMS)가 가능해졌다.
- 3세대(3G): 3세대 네트워크는 고속 데이터 통신을 지원하며, 전송 속도는 최대 2Mbps에 이른다. 주요 기술은 WCDMA(Wideband Code Division Multiple Access), 또는 UMTS(Universal Mobile Telecommunications System)이다.

이를 통해 음성 통화, SMS, 인터넷 접속, 동영상 스트리밍 등이 가능하다.

- 4세대(4G): 4세대 네트워크는 초고속 데이터 통신을 지원하며, 데이터 전송 속도는 최대 1Gbps에 달한다. 주요 기술은 LTE(Long Term Evolution)로, 3세대에 비해 향상된 속도로 음성 통화, SMS, 인터넷, 동영상 스트리밍, 온라인 게임 등을 지원한다.
- 5세대(5G): 5세대 네트워크는 초고속, 초저지연, 초연결성을 특징으로 한다. 데이터 전송 속도는 최대 20Gbps로, 4세대보다 약 20배 빠르며, 음성 통화, SMS, 인터넷, 동영상 스트리밍, 온라인 게임, 자율 주행 자동차, 스마트 팩토리 등 다양한 최첨단 응용 분야에서의 활용이 가능하다.

각 세대별 셀룰러 네트워크는 통신 기술의 발전을 대변하는 중요한 이정표들이다. AMPS에서 시작해 CDMA, GSM, WCDMA, LTE에 이르기까지, 이러한 기술들은 데이터 전송 속도, 기능, 응용 분야 측면에서 지속적인 발전을 이루어왔다.

5세대 이동 통신(5G)

5세대 이동 통신(5G)은 4G를 잇는 새로운 세대의 이동 통신 기술로, 더 빠른 속도, 더 짧은 지연 시간, 더 많은 기기의 동시 접속을 가능하게 하는 것을 목표로 한다. 이론적으로는 초당 수십 기가비트(Gbps)에 이르는 매우 높은 전송 속도를 지원하도록 설계되며, 이를 통해 대용량 영상, 클라우드 기반 서비스, 실시간 스트리밍 등 고품질 멀티미디어 서비스를 더욱 안정적으로 제공할 수 있다.

5G의 중요한 특징은 속도뿐만 아니라 지연 시간(latency)의 감소와 대규모 기기 연결 능력이다. 지연 시간이 줄어들면 데이터를 보내고 받는 데 걸리는 시간이 짧아져, 사람이 느끼기에 거의 실시간에 가까운 통신이 가능해진다. 이를 통해 자율 주행 자동차, 원격 제어, 온라인 게임, 가상 현실(VR)·증강 현실(AR)과 같이 시간 지연에 민감한 서비스의 품질을 높일 수 있다. 동시에 수많은 센서와 사물 인터넷(IoT) 기기를 한꺼번에 연결할 수 있어, 스마트 홈, 스마트 시티, 환경 모니터링, 물류·유통 관리 등 다양한 분야에서 5G 네트워크를 기반으로 한 서비스가 확대되고 있다.

우리나라는 2018년 말부터 5G 서비스를 단계적으로 도입하였으며, 이후

5G 스마트폰 보급과 함께 전국적인 네트워크 구축을 빠르게 진행해 왔다. 현재는 4G와 5G가 함께 사용되는 과도기적 구조이지만, 점차 5G 기반 서비스와 요금제가 확대되면서 통신 인프라의 중심이 5G로 이동하고 있다.

향후 5G는 단일한 완성 기술이라기보다, 점진적으로 성능과 기능이 고도화되는 과정에 있는 기술로 이해할 수 있다. 5G의 고도화 단계와 향후 6세대 이동 통신(6G) 논의는 더 높은 속도, 더 넓은 서비스 범위, 더 높은 에너지 효율을 목표로 진행되고 있다. 조직 경영 관점에서 5G는 단순한 통신 기술을 넘어, 디지털 전환과 새로운 비즈니스 모델을 가능하게 하는 기반 인프라로서 중요한 의미를 지닌다.

6세대 이동 통신(6G)

6세대 이동 통신(6G)은 5G 이후를 대상으로 국제기구와 산업계에서 연구·표준화가 진행 중인 차세대 이동 통신 기술이다. 6G는 5G보다 훨씬 더 높은 전송 속도, 매우 낮은 지연 시간, 방대한 수의 기기 연결을 목표로 하며, 여기에 인공 지능(AI)과 센싱 기능을 통신 인프라에 깊이 통합하는 방향으로 설계되고 있다. 현재 6G는 국제전기통신연합(ITU)에서 IMT-2030이라는 이름으로 비전과 요구 사항이 논의되고 있으며, 본격적인 상용화 시점은 대체로 2030년 전후로 예상된다.

6G의 성능 목표는 이론적으로 초당 테라비트(Tbps)급에 이르는 초고속 통신, 인간이 거의 느끼기 어려운 수준의 초저지연, 그리고 도시와 산업 전반의 수많은 단말과 센서를 동시에 수용하는 초연결 환경을 구현하는 데 있다. 그러나 6G의 특징은 속도 향상에만 있지 않고, 네트워크 자체가 인공 지능을 활용해 스스로 상태를 최적화하고, 통신과 센싱 기능을 결합해 주변 환경을 인식하는 지능형 네트워크 인프라를 지향한다는 점에 있다. 또한 지상 기지국뿐 아니라 위성, 무인기 등과 연계된 입체적(3차원) 통신 구조를 통해, 넓은 공간과 다양한 환경에서 끊김이 없는 서비스를 제공하는 것이 중요한 방향으로 제시되고 있다.

6G는 만물 인터넷(Internet of Everything, IoE)을 뒷받침하는 핵심 인프라로 기대된다. 만물 인터넷은 사람, 사물, 공간, 데이터, 서비스 등 거의 모든 요소가 디지털로 연결되고 상호 작용을 하는 환경을 의미하며, 6G는 이러한 초연결·

초실감 서비스의 기반이 된다. 예를 들어, 초실감형 가상·증강 현실, 정교한 디지털 트윈(digital twin)을 활용한 도시·공장 시뮬레이션, 협력 자율 주행, 초정밀 원격 제어, 대규모 로봇·드론 협업 등은 6G가 지향하는 대표적인 응용 영역으로 논의되고 있다. 이러한 서비스는 고속·고신뢰 통신뿐만 아니라, 네트워크가 환경을 인지하고 실시간으로 대응하는 능력을 전제로 한다.

세계 각국과 주요 기업들은 6G 기술 선점을 위해 연구 개발과 표준화 경쟁을 진행하고 있다. 우리나라는 5G 상용화를 선도한 경험을 바탕으로, 6G에서도 조기 상용화와 글로벌 표준 주도를 목표로 국가 차원의 전략을 수립하고 있다. 예를 들어, 2019년 KAIST와 LG전자가 공동으로 설립한 LG-KAIST 6G 연구 센터는 차세대 무선 통신 기술의 핵심 원천 기술을 확보하기 위한 산학 협력의 대표 사례이다. 이와 함께 정부, 통신사, 장비·단말 제조사가 참여하는 다양한 6G 연구 프로젝트와 국제 표준화 활동이 병행되고 있다.

6G는 아직 상용화되지 않은 미래 기술이지만, 중장기적으로 기업 환경에 큰 영향을 미칠 수 있는 인프라로 이해할 필요가 있다. 5G를 기반으로 한 서비스와 비즈니스 모델이 이미 확산하고 있는 가운데, 6G는 초연결·초실감·지능형 네트워크를 전제로 한 새로운 가치 제안을 가능하게 할 것으로 예상된다. 기업과 조직은 당장 6G 기술 자체를 도입하는 것보다, 데이터·인공 지능·네트워크 전략을 수립할 때 6G가 가져올 연결성과 서비스 환경의 변화를 미리 고려함으로써, 향후 등장할 새로운 기회와 위험에 대비할 필요가 있다.

3. 무선 데이터 네트워크

유형

- 블루투스(Bluetooth)
- 와이파이(Wi-Fi)

블루투스(Bluetooth)

블루투스는 IEEE 802.15 표준을 기반으로 하는 개인 근거리 무선 통신 기술이다. 이 기술은 1994년에 스웨덴의 통신 장비 회사인 에릭슨(Ericsson)에 의해 처음 개발되었다. 블루투스는 전자 장비 간의 짧은 거리에서 데이터를 통신하는 방식을 규정한다.

블루투스 기술의 주요 장점 중 하나는 사용의 간편함과 낮은 전력 소모다. 사용자는 별도의 케이블 연결 없이도 기기들을 쉽게 연결할 수 있으며, 블루투스 기기들은 일반적으로 배터리 사용량이 적어 오랜 시간 동안 사용할 수 있다. 또한, 블루투스는 자동적으로 주변 기기들과 통신 연결을 수립하고, 간섭을 최소화하며 안정적인 데이터 전송을 제공한다.

블루투스의 또 다른 중요한 특징은 보안이다. 블루투스 통신은 암호화되어 있어 기기 간의 안전한 데이터 교환을 보장한다. 이는 개인 정보 보호 및 데이터 보안이 중요한 현대 사회에서 매우 중요한 요소다.

블루투스 기술의 발전은 계속되고 있으며, 새로운 버전의 블루투스는 더 빠른 데이터 전송 속도, 더 넓은 범위, 개선된 연결 안정성을 제공한다. 이러한 지속적인 혁신은 무선 통신 기술의 발전을 이끌며, 미래의 다양한 무선 응용 기술에 중요한 영향을 미칠 것으로 기대된다.

블루투스(Bluetooth)의 용도

블루투스 기술은 주로 개인 영역 네트워크(Personal Area Network, PAN) 구축에 사용된다. 이 기술을 활용하여 개인용 컴퓨터, 휴대 전화, 스마트폰, 태블릿, 스피커 등 다양한 디지털 기기 간에 문자 정보 및 음성 정보를 무선으로 송수신한다. 블루투스는 낮은 전력 소모와 편리한 연결성이 특징으로, 사용자들에게 케이블 없는 통신 경험을 제공한다.

일반적으로 블루투스를 이용하는 대표적인 예로는 무선 마우스와 키보드가 있다. 이들은 개인 컴퓨터와 무선으로 연결되어 사용자에게 더 많은 자유를 제공한다. 또한, 블루투스 헤드셋과 이어폰은 음악 감상이나 통화를 위해 널리 사용되며, 무선 스피커는 음악을 편리하게 스트리밍할 수 있는 수단으로 인기가 있다.

스마트폰과 태블릿에서 블루투스는 파일 전송, 미디어 제어, 심지어 위치 추적과 같은 다양한 기능을 지원한다. 이 외에도 블루투스는 의료 기기, 자동차 내부의 핸즈프리 시스템, 가정용 스마트 기기 등 다양한 분야에서 활용되고 있다. 이러한 다양한 용도로 인해 블루투스는 일상생활에서 무선 통신의 필수적인 부분으로 자리 잡았다.

블루투스 명칭과 로고의 유래

참고문헌

"블루투스(Bluetooth) 로고의 정체", 2008. 11. 18.
https://cantips.com/944

와이파이

와이파이(Wi-Fi, WiFi)는 IEEE 802.11 표준을 기반으로 하는 무선랜(WLAN, Wireless Local Area Network) 기술이다. 이 기술은 다양한 전자 기기들이 무선으로 네트워크에 연결할 수 있도록 한다. 와이파이 호환 장치들은 무선 액세스 포인트(AP, Access Point)를 통해 WLAN 네트워크에 연결되며, 이를 통해 인터넷에 접속한다.

핫스팟(hotspot)은 무선 액세스 포인트의 물리적인 도달 범위를 의미한다. 핫스팟은 공공 장소, 사무실, 주거 역 등에서 인터넷에 접속할 수 있는 지역을 제공한다. 사용자는 이러한 핫스팟 내에서 무선 연결을 통해 인터넷을 이용할 수 있다.

와이파이는 고속 인터넷 접속, 파일 공유, 미디어 스트리밍과 같은 다양한 기능을 지원한다. 이는 스마트폰, 태블릿, 노트북, 스마트 TV 등 다양한 기기에서 활용되며, 사용자에게 무선으로 편리하게 인터넷을 사용할 수 있는 환경을 제공한다. 또한, 와이파이 네트워크는 일반적으로 케이블 기반의 유선 네트워크보다 설치가 간편하고 유연하며, 사용자가 원하는 장소에서 인터넷 접속이 가능하다는 장점을 가진다.

와이파이의 발전은 디지털 커뮤니케이션과 정보 접근성의 향상에 중요한 역할을 하고 있다. 또한, 와이파이 기술의 지속적인 발전은 더 빠른 속도, 더 넓은 범위, 더 안정적인 연결을 가능하게 하며, 미래의 무선 통신 기술 발전에 기여하고 있다.

와이파이 세대 구분

세대	IEEE 표준	속도(Mbps)	채택	주파수(GHz)
Wi-Fi 7	802.11be	0.4 ~ 23,059	2024	2.4/5/6
Wi-Fi 6E Wi-Fi 6	802.11ax	0.4 ~ 9,608	2021	2.5/5/6 2.4/5
Wi-Fi 5	802.11ac	6.5 ~ 6,933	2013	5
Wi-Fi 4	802.11n	6.5 ~ 600	2009	2.4/5
Wi-Fi 3	802.11g	6 ~ 54	2003	2.4
Wi-Fi 2	802.11a		1999	5
Wi-Fi 1	802.11b	1 ~ 11	1999	2.4

셀룰러에서 5G와 와이파이에서 5G의 구분

셀룰러의 5G와 와이파이의 5G는 서로 다른 무선 통신 기술을 지칭하는 용어로, 종종 혼동될 수 있으나 각각의 기술과 용도는 명확히 구분된다.

- 셀룰러의 5G: 이동 통신 네트워크에서 사용되는 기술로, 5세대 기술은 주로 넓은 지역을 커버하는 대규모 네트워크에서 사용되며, 특히 광대역 모바일 인터넷 접속, 고속 데이터 전송, 저지연 통신 등을 가능하게 한다. 여기에서 G는 Generation, 세대를 의미한다.
- 와이파이의 5G: 와이파이에서의 5G는 와이파이 네트워크의 5GHz 주파수 대역을 의미한다. 이는 와이파이 네트워크의 두 주요 주파수 대역 중 하나로, 다른 하나는 2.4GHz이다. 5GHz 와이파이는 보통 더 빠른 속도와 더 적은 간섭을 제공하지만, 2.4GHz 대역에 비해 범위가 짧은 편이다. 와이파이의 5GHz 대역은 주로 가정이나 사무실과 같이 제한된 공간에서 무선 인터넷 접속에 사용된다.

4 | 무선 센서 네트워크

1. 위치 기반 서비스

위치 기반 서비스의 개념

위치 기반 서비스(LBS: Location-Based Service)는 무선 인터넷 사용자에게 사용자의 위치에 따라 특정 정보를 제공하는 무선 콘텐츠 서비스다. 이 서비스는 사용자의 현재 위치를 기반으로 관련된 정보를 제공하며, 사용자가 다양한 위치로 이동하더라도 직접 주소나 지역 구분자를 입력할 필요가 없다. 이러한 특징은 사용자에게 큰 편의성을 제공한다.

LBS는 다양한 측위 기술을 적용하여 사용자의 위치를 정확하게 파악한다. GPS(위성 항법 시스템), Wi-Fi 네트워크, 휴대 전화 기지국, 블루투스 등 여러 기술이 LBS에서 위치를 결정하는 데 사용될 수 있다. 이를 통해, 사용자는 자신의 위치에 맞는 지도 서비스, 교통 정보, 가까운 상점이나 서비스 찾기, 긴급 서비스 호출 등 다양한 형태의 맞춤형 정보와 서비스를 받을 수 있다.

LBS의 활용은 매우 다양하며, 광고, 소셜 네트워킹, 보안, 엔터테인먼트 등 여러 분야에서 그 가치가 인정되고 있다. 특히 스마트폰과 태블릿과 같은 모바일 기기의 보급이 확대됨에 따라, LBS는 개인화된 서비스와 정보 제공을 통해 사용자 경험을 풍부하게 하는 데 중요한 역할을 하고 있다.

주요 측위(測位) 기술

- GPS 기반: GPS(Global Positioning System)는 지구 궤도상의 여러 위성에서 신호를 수신하여 사용자의 위치를 정확하게 파악한다. GPS는 대부분의 야외 환경에서 높은 정확도로 위치를 제공하며, 자동차 내비게이션, 스마트폰의 위치 서비스, 지리 정보 시스템(GIS) 등 다양한 분야에서 활용된다.
- 셀룰러망 기반: 셀룰러망 기반 측위는 휴대 전화 기지국의 신호를 이용한다. 이 방식은 사용자의 휴대 전화가 가장 강한 신호를 수신하는 기지국의 위치를 기반으로 사용자의 대략적인 위치를 추정한다. 셀룰러망 측위

는 GPS 신호가 약한 실내 환경이나 도심 지역에서 유용하다.

- 와이파이망 기반: 와이파이망 기반 측위는 주변의 와이파이 네트워크 접속점(Access Point, AP)의 신호 강도를 분석하여 위치를 결정한다. 이 방식은 특히 실내 환경에서 효과적이며, GPS에 비해 더 정밀한 위치 정보를 제공할 수 있다. 와이파이 측위는 쇼핑몰, 공항, 대형 건물 내부와 같은 복잡한 실내 환경에서 사용자의 위치를 파악하는 데 자주 사용된다.

응용 범위

위치 기반 서비스는 일상생활 및 산업 분야에서 광범위하게 활용되고 있다.

- 자동차 내비게이션: 자동차 내비게이션 시스템은 위치 기반 서비스의 대표적인 예로, 운전자에게 현재 위치에서 목적지까지의 최적 경로를 제공한다. 또한, 교통 상황, 사고 정보, 속도 제한 등과 같은 중요한 정보를 실시간으로 제공하여 운전자의 편의를 증진시킨다.
- 지역적 분산 자원 관리: 위치 기반 서비스는 차량, 장비, 선박, 인력 등과 같은 분산된 자원의 관리에 효과적이다. 이를 통해 기업은 자원의 위치를 실시간으로 파악하고, 더 효율적인 운영 및 관리를 할 수 있다.
- 주변 사람이나 물건 위치 파악: 위치 추적 기능을 통해 사용자는 주변의 사람이나 물건의 위치를 파악할 수 있다. 예를 들어, 가족 위치 추적 앱이나 분실 물건 추적기 등이 이에 해당한다.
- 목표 근접 시 알림 기능: 위치 기반 서비스는 사용자가 특정 목표에 근접했을 때 알림을 제공하는 기능을 포함한다. 예를 들어, 쇼핑몰 내 특정 매장 근처에 도달했을 때 할인 정보를 알려주는 기능이 이에 해당한다.
- 목표 근접 시 자동 수행: 위치에 기반한 특정 작업의 자동 실행도 가능하다. 예를 들어, 사용자가 집에 근접했을 때 스마트 홈 시스템이 자동으로 조명을 켜거나 온도를 조절하는 시스템 등이 있다.

위치 기반 서비스의 이러한 응용은 사용자에게 편의성을 제공할 뿐만 아니라, 비즈니스 프로세스의 효율성을 증진시키고, 새로운 비즈니스 기회를 창출하는 데 기여한다.

지오펜스

지오펜스(Geofence)는 물리적인 지리 공간에 설정된 가상의 지역 범위를 의미한다. 이 기술은 특정 지점을 중심으로 한 반경이나, 특정 영역의 경계를 사용자가 임의로 지정할 수 있게 해준다. 지오펜스를 이용하는 행위를 '지오펜싱(geofencing)'이라고 부른다.

지오펜싱은 다양한 용도로 활용될 수 있다. 예를 들어, 소매업에서는 고객이 특정 매장 근처에 접근했을 때 프로모션 알림을 보내는 마케팅 전략에 사용될 수 있다. 보안 분야에서는 특정 지역에 진입하거나 이탈하는 사람들을 감지하기 위해 사용되며, 이는 직원의 출입 관리나 어린이, 노약자의 안전을 모니터링하는 데에도 적용될 수 있다.

또한, 지오펜싱은 차량 추적, 야생동물 모니터링, 농업 분야에서 작물 관리 등과 같은 다양한 분야에서도 사용된다. 이 기술은 사용자가 설정한 지역 범위에 따라 자동으로 특정 작업을 실행하거나 알림을 제공하는 것이 가능하게 하며, 이는 효율적인 자원 관리와 작업 자동화에 크게 기여한다.

지오펜싱 기술은 특히 모바일 기기와의 연동을 통해 그 가능성이 더욱 확대되고 있다. 사용자의 위치 정보와 지오펜스를 결합함으로써, 더욱 개인화되고 맥락에 맞는 서비스 제공이 가능해지고 있다. 이러한 지오펜싱 기술의 발전은 다양한 분야에서 위치 기반 서비스의 혁신을 촉진하고 있으며, 앞으로도 다양한 적용 가능성을 보게 될 것이다.

2. 무선 센서 기술

RFID(Radio-Frequency Identification)

RFID는 주파수를 이용해 식별 정보(ID)를 인식하는 기술을 말한다. 이 기술은 전자 태그 방식으로도 잘 알려져 있으며, 물리적인 접촉 없이 전파를 이용해 먼 거리에서 정보를 인식할 수 있다. RFID 시스템은 주로 태그(tag)와 리더(reader)로 구성되어 있다.

RFID 태그는 물체에 부착되어 그 물체의 식별 정보를 저장하고, RFID 리더는 태그에서 해당 정보를 읽는 역할을 한다. 이 과정은 전자기 유도 방식을 통해 이루어지며, 태그는 리더로부터 전자기 신호를 받아 그 신호를 이용해 데이터를 전송한다. 이 기술은 물리적인 접촉이 없어도 데이터를 읽을 수 있어, 다양한 산업 분야에서 유용하게 사용된다.

RFID는 물류 및 공급망 관리, 소매업, 도서관 자료 관리, 출입 통제 시스템, 차량 관리 시스템 등 다양한 분야에서 활용된다. 예를 들어, 공급망에서는 상품의 이동과 재고를 추적하는 데 사용되며, 소매업에서는 상품의 보안 태그로 활용된다.

RFID 기술의 발전은 객체의 식별과 추적을 효율적이고 자동화된 방식으로 가능하게 하며, 이로 따라 정보 관리와 운영 효율성이 크게 개선된다. RFID의 사용은 미래에도 계속 확대될 것으로 예상되며, 특히 사물 인터넷(IoT)과의 결합을 통해 더욱 다양한 형태로 발전할 것으로 기대된다.

RFID의 용도

RFID 기술은 다양한 분야에서 광범위하게 활용되고 있다.

- 물류 및 재고 관리: RFID는 바코드를 대체하여 물류 및 재고 관리에서 핵심적인 역할을 한다. 이 기술을 통해 기업은 상품의 입출고, 재고 상태, 위치 정보 등을 실시간으로 추적하고 관리할 수 있다. 이는 공급망의 효율성을 크게 개선시킨다.
- 제품의 생산 이력 추적: RFID 태그는 제품의 생산부터 소비자에게 도달하기까지의 전 과정을 기록할 수 있다. 이를 통해 제품의 출처와 생산 과정을 추적하고, 품질 관리 및 안전성을 확보할 수 있다.
- 대상물의 이동 상태 추적: RFID는 사람, 동물, 물건 등 다양한 대상물의 이동 상태를 추적하는 데 사용된다. 이는 해당 대상의 속도와 위치 정보를 포함하며, 이동 경로와 패턴 분석에 유용하게 사용된다.
- 유료 도로 요금 징수: RFID 태그는 자동차 번호판이나 차량 내부에 부착되어 유료 도로의 요금 징수에 사용된다. 이 시스템을 통해 차량이 통행료 지불 구역을 통과할 때 자동으로 요금이 징수된다.

- 신분증에 적용 및 대용: RFID 태그는 신분증이나 여권에 부착되어 개인 식별 정보를 저장하고, 신속한 신원 확인과 보안 강화에 기여한다. 또한, 접근 통제 시스템에서 근로자나 방문자의 신원 확인에도 사용된다.

RFID의 장점

- 반영구적 사용: RFID 태그는 내구성이 뛰어나고 장기간 사용할 수 있다. 이는 일반적인 바코드 라벨과 비교했을 때, 훨씬 오랜 시간 동안 사용이 가능함을 의미한다.
- 대용량의 메모리 내장 및 이동 중 인식 가능: RFID 태그에는 상대적으로 더 많은 양의 데이터를 저장할 수 있는 메모리가 내장되어 있다. 또한, 태그가 이동 중일 때도 리더가 태그를 인식할 수 있다.
- 비접촉 인식: RFID 시스템은 물리적인 접촉 없이 태그를 인식할 수 있어, 사용이 편리하고 신속하다.
- 반복 재사용: RFID 태그는 데이터를 갱신하거나 변경할 수 있어, 반복적으로 재사용이 가능하다.
- 다수의 태그 동시 인식 가능: RFID 리더는 한 번에 여러 개의 태그를 동시에 인식할 수 있어, 대량의 아이템을 빠르고 효율적으로 처리할 수 있다.
- 높은 데이터 신뢰도: RFID 시스템은 데이터 오류율이 낮고, 신뢰도가 높은 데이터 전송을 보장한다.
- 공간 제약 극복: 물리적인 장애물이 있어도 RFID 시스템은 태그를 인식할 수 있어, 공간적 제약을 최소화한다.
- 저렴한 유지 보수 비용: RFID 시스템은 유지 보수 비용이 낮으며, 장기적으로 볼 때 경제적인 효율성이 높다.

RFID의 단점

- 비싼 가격: RFID 태그와 시스템의 초기 설치 비용이 비교적 높다. 특히 고품질 태그나 복잡한 시스템을 구축할 경우 비용 부담이 커질 수 있다.
- 개인 프라이버시 침해 가능성: RFID 태그를 통해 수집된 데이터는 개인의 위치나 활동에 대한 정보를 포함할 수 있어, 프라이버시 침해의 우려가 있다.
- 국가별 주파수 상이: RFID 시스템은 국가마다 다른 주파수 표준을 사용할

수 있어, 국제적인 적용에 있어 호환성 문제가 발생할 수 있다.

- 전파의 한정적 적용 범위: RFID 리더는 태그와의 거리나 환경 요인에 따라 인식 범위가 제한될 수 있다. 특히 금속이나 액체는 RFID 신호를 방해하는 요인이 될 수 있다.
- 모든 정보 유출 가능성: RFID 시스템이 해킹되거나 보안이 약할 경우, 중요 정보가 유출될 위험이 있다. 이는 특히 보안이 중요한 분야에서 큰 문제가 될 수 있다.
- 적용 대상에 대한 한정성: RFID 태그는 모든 종류의 상품이나 환경에 적용하기에 적합하지 않을 수 있다. 특히 고온이나 극한의 환경에서는 RFID 태그의 성능이 저하될 수 있다.

NFC(Near Field Communication)

NFC(근거리 무선 통신)는 아주 가까운 거리에서 무선 통신을 위한 기술을 의미한다. 근거리라는 이름에서 알 수 있듯이, 이 기술은 접촉 및 근접 비접촉 모두를 포함한 매우 가까운 거리에서 작동된다.

NFC는 주로 서비스 산업에서 널리 활용되며, 특히 교통, 티켓, 지급 등의 서비스에서 주요한 역할을 수행한다. 예를 들어, 교통 카드를 NFC 기술이 적용된 리더기에 가까이 대면, 사용자는 대중교통을 이용할 수 있게 된다. 또한, 음식점에서 고객은 NFC를 활용해 테이블에 앉아서 직접 주문할 수 있게 된다.

NFC 기술은 고객의 편의성을 높여주는 동시에, 서비스 제공자에게는 고객 서비스의 효율과 효과를 높이는 장치로 작용한다. 이렇게 고객과 서비스 제공자 모두에게 이점을 제공하며, 미래의 다양한 분야에서 활용 가능성을 제시한다. NFC의 작동 거리가 짧은 것은 보안 측면에서도 장점으로 작용한다. 짧은 거리에서만 작동하기 때문에, 불법적인 접근이나 해킹을 방지할 수 있다. 이는 특히 결제나 개인 정보 전송 등 보안이 중요한 상황에서 큰 장점으로 작용한다.

UWB(Ultra-wideband)

UWB(초광대역 통신)는 매우 넓은 대역에 걸쳐 낮은 전력으로 대용량의 정보를 전송하는 단거리 무선 통신 기술을 의미한다. 이는 고품질의 데이터 전송을 가능하게 하고, 전력 소비를 최소화한다는 장점을 가지고 있다.

UWB를 사용하는 사례로 스마트폰의 '공간 인식(spatial awareness)' 기능이 있다. 스마트폰 내장 센서와 결합하여, 벽 뒤나 장애물에 숨겨진 물체의 위치를 파악하는 등의 고도화된 분석을 가능하게 한다. 이는 증강 현실(AR) 애플리케이션과 결합될 경우, 사용자 경험을 풍부하게 만들 수 있다.

또한, 스마트폰 간의 파일이나 사진을 빠르게 전송하는 용도로도 사용된다. 고용량 파일을 초고속으로 전송함으로써 사용자에게 편리성을 제공한다. 이는 특히 사진이나 동영상과 같이 큰 용량의 파일을 전송해야 하는 상황에서 유용하다. 이와 같이 UWB는 그 기능과 활용성으로 많은 장비와 서비스에서 주목받고 있다.

3. 무선 센서 네트워크

개념

무선 센서 네트워크(WSN: Wireless Sensor Network)는 각종 센서를 네트워크로 구성한 체계를 의미한다. "유비쿼터스 센서 네트워크(USN: Ubiquitous Sensor Network)"라고도 한다.

무선 센서 네트워크는 인간 중심 지향적이며, 장소에 구애받지 않고 언제 어디서나 컴퓨팅 환경에 접속할 수 있는 유비쿼터스 패러다임이 확대되면서 활발하게 연구되고 있는 핵심 기술 중 하나이다. 이는 사물과 사람, 환경 등에서 수집된 정보를 무선으로 전송하고, 센서 간에 정보를 공유하며, 중앙 처리 시스템이나 클라우드와 연동하여 작동한다.

유비쿼터스 패러다임이란 정보 통신 기술이 사회 전반에 두루 퍼져 어디에서나 이용할 수 있는 환경을 말하며, 이를 바탕으로 한 무선 센서 네트워크는 이 기술을 실제 생활에 적용하려는 큰 노력의 결과물이다. 이를 통해 스마트홈, 스마트 빌딩, 스마트 그리드(smart grid)[5], 스마트 팩토리 등에서 센서 네트

5) 스마트 그리드는 전기 생산, 운반, 소비 과정에 정보 통신 기술을 접목하여 공급자와 소비자가 상호 작용함으로써 효율성을 높인 지능형 전력망 시스템을 말한다. 전기 사용량과 공급량, 전력선의 상태까지 알 수 있는 기술로 에너지 효율성을 극대화할 수 있다. 예를 들어, 소비자는 전기 요금이 쌀 때 전기를 쓰고, 전자 제품이 자동으로 전기 요금이 싼 시간대에 작동하게 하는 것도 가능하다.

워크 기술은 기존 시스템을 효율적이고 M2M(Machine to Machine, 사물 통신) 지향적인 방향으로 발전시키는 중추적인 역할을 하고 있다.

특징 및 과제

무선 센서 네트워크는 그 특징과 과제를 통해 다양한 환경과 상황에서의 주요한 이슈들을 보여주고 있다.

첫째, 무선 센서 네트워크는 센서의 작동을 보장하기 위한 지속적인 전력 연결이 필요하다. 센서는 끊임없이 데이터를 수집하고 이를 중앙 처리 시스템으로 전송해야 하므로, 이에 맞는 전력 공급 방안을 고려해야 한다.

둘째, 센서 노드의 오류에 대한 대응 능력이 요구된다. 센서 노드의 오류는 데이터 수집과 전송에 중대한 영향을 미치므로, 이를 신속하게 감지하고 적절히 대응할 수 있는 기능이 필요하다.

셋째, 특정 상황에서는 센서의 이동성이 요구될 수 있다. 예를 들어, 모바일 환경이나 변화하는 시나리오에 따라 센서가 이동해야 할 경우, 관련 네트워크 구성과 데이터 수집에 따른 대응 전략이 필요하다.

넷째, 센서 노드의 동질성과 이질성 문제를 고려해야 한다. 동일한 센서 노드들이 모여 동일한 기능을 수행하는지, 또는 다른 기능을 가진 센서 노드들이 함께 네트워크를 구성하는지에 따라, 네트워크 구성과 운영 방안이 달라질 수 있다.

다섯째, 큰 규모의 네트워크에 대한 확장성이 중요하다. 센서 네트워크가 커질수록, 이를 효율적으로 관리하고 운영하는 데에는 많은 도전 과제가 있다.

여섯째, 극한 사용 환경에서도 센서 네트워크가 작동해야 한다. 이는 고온, 고압, 방수 등 다양한 환경 조건을 고려하게 만든다.

마지막으로, 사용 용이성은 무선 센서 네트워크가 널리 활용되기 위한 중요한 요소이다. 사용자가 쉽게 네트워크를 설정하고 관리할 수 있는 도구나 인터페이스가 필요하다.

활용 분야

무선 센서 네트워크는 그 활용 가능성이 다양하며, 이를 통해 현대 사회의 여러 과제를 해결하는 데 있어 중요한 기술적 역할을 수행한다.

먼저, 무선 센서 네트워크는 지역 감시 및 경계 설정에 사용된다. 구역의 불규칙한 활동을 모니터링하거나 위험 요소를 식별하는 등의 용도로 사용되며, 이를 통해 보안을 강화하는 데 기여한다.

또한, 보건 분야에서도 무선 센서 네트워크의 중요성이 높아지고 있다. 병원에서 환자의 상태를 실시간으로 모니터링하거나, 개인의 건강 상태를 관리하는 데 사용된다.

동식물 서식지 관리에서도 무선 센서 네트워크가 활용된다. 판독기를 통해 동식물의 행동을 추적하거나 서식지의 변화를 감지하는 등의 역할을 수행한다.

무선 센서 네트워크는 또한 환경 감시에 탁월하다. 공기 질, 산불, 산사태, 수질, 자연재해 등의 요소를 모니터링하며, 이러한 데이터는 환경의 변화를 이해하고, 예방 조치를 취하는 데 매우 중요하다.

산업 분야에서도 무선 센서 네트워크는 중요한 도구로 사용된다. 장비의 상태를 모니터링하거나 데이터를 기록하는 데 사용되며, 공업용수 및 폐수 관리, 구조 진단, 생산 및 품질 관리 등의 작업을 돕는다.

마지막으로, 군사 및 테러 위협, 사고 예방 등의 분야에서도 무선 센서 네트워크는 중요한 역할을 한다. 위협 요소를 식별하고 사고를 예방하는 데 필요한 정보를 실시간으로 제공한다. 또한, 이 기술은 복잡하고 위험한 환경에서 작동할 수 있으므로, 전투나 재난 상황에서 도움이 될 수 있다.

스마트더스트

스마트더스트(smartdust)는 빛, 온도, 진동, 자기, 화학 물질 등을 감지할 수 있는 센서나 로봇 등의 초소형 장치로 구성된 시스템을 의미한다. 이 장치들은 MEMS(Microelectromechanical Systems, 마이크로 전자 기계 시스템) 기술을 기반으로 하며, 여기에는 수백 개, 수천 개의 센서가 포함되어 다양한 환경 요소를 동시에 모니터링하는 것이 가능하다.

스마트더스트의 주요 활용 중 하나는 무선 센서 네트워크를 형성하는 것이다. 이 네트워크는 스마트더스트 장치 안의 센서들이 감지한 정보를 중앙 컴퓨터나 클라우드에 무선으로 전송하여, 실시간 모니터링 및 데이터 분석을 가능하게 한다. 이는 환경 모니터링, 보안 시스템, 산업 모니터링 등 다양한 분야에서 활용될 수 있다.

스마트더스트는 크기가 매우 작고, 에너지 효율적이며, 대량으로 제조할 수 있는 장점을 가지고 있다. 이러한 특성 덕분에 더 넓은 범위를 모니터링하거나, 간섭을 최소화하며 데이터를 수집하거나, 다양한 환경 조건에 적응하는 등의 용도로 사용될 수 있다. 이에 따라, 스마트더스트는 무선 센서 네트워크의 핵심 기술로서, 각종 분야에서 활용 가능성을 지니고 있다.

11

정보 보호의 개념과 중요성

CHAPTER

정보 보호의 개념과 중요성

1 정보 보안

1. 보안

개념

보안(Security)은 위험, 손실, 범죄와 같은 부정적인 사건이 발생하지 않도록 방지하는 상태를 의미한다. 이 개념은 단순히 위험 요소를 제거하는 것에 국한되지 않으며, 정상적인 상태를 유지하고 보존하는 데 필요한 모든 활동을 포함한다. 보안의 핵심은 보호해야 하는 대상이나 자산에 대한 접근을 통제함으로써 안전을 도모하는 데 있다.

일반적인 보안 개념은 물리적, 디지털, 인적 자산 등 다양한 영역을 아우른다. 예를 들어, 기업 환경에서의 보안은 사무실 건물의 물리적 보안, 네트워크 및 데이터의 정보 보안, 직원들의 개인 보안까지 포함할 수 있다. 각각의 영역에서 보안은 해당 자산이 안전하고 보호받을 수 있도록 보장하는 역할을 한다. 보안의 중요성은 다양한 위협으로부터 자산을 보호함으로써 안정성과 신뢰성을 제공한다는 데 있다.

따라서 보안은 단순히 위험을 방지하는 것을 넘어서, 지속해서 변화하는 위협 환경에 대응하여 자산을 보호하고 유지하는 복합적인 과정이다. 이를 통해 개인, 조직, 국가 등이 안정적이고 신뢰할 수 있는 환경에서 활동할 수 있는 기반을 마련한다.

보안과 안전의 구분

보안(Security)과 안전(Safety)은 종종 혼동되어 사용되는 용어이지만, 두 개념 사이에는 중요한 차이가 존재한다. 이 두 개념의 핵심적인 차이는 피해 발생의 원인에 있다. 보안은 인간의 행위가 피해를 일으킬 수 있는 상황에 초점을 맞춘다. 반면, 안전은 위험 자체가 없어서 피해를 볼 가능성이 없는 상태를 의미한다.

보안은 주로 인간이 의도적으로 일으키는 위협, 예를 들어 해킹, 도난, 사기와 같은 행위들을 포함한다. 이는 정보 보안, 물리적 보안, 개인 보안 등 여러 형태로 나타날 수 있다. 보안의 목표는 이러한 의도적인 위협으로부터 자산을 보호하고, 불법적이거나 해로운 행위를 방지하는 데 있다.

반면, 안전은 주로 자연재해, 기계적 고장, 사고와 같이 인간의 의도와는 무관하게 발생하는 위험으로부터의 보호를 의미한다. 예를 들어, 건물의 안전 설계, 제품의 안전 기준 준수, 교통안전 규정 등은 모두 안전과 관련된 예시들이다. 안전의 핵심은 예기치 못한 사고나 재해로부터 사람들과 재산을 보호하는 것이다.

두 용어가 혼용되는 경향이 있는 것은 둘 다 피해를 방지하고자 하는 목적이 비슷하기 때문일 수 있다. 그러나 이들의 접근 방식과 처리하는 위험의 유형은 분명히 다르다. 보안은 인간의 의도적인 위협에 초점을 맞추고, 안전은 무작위적이거나 비의도적인 위험에 대응한다.

이렇게 보안과 안전은 서로 다른 관점에서 위험을 관리하고 피해를 방지하는 조치를 취한다. 보안은 인간의 행위에 의한 위협으로부터 보호하는 데 집중하며, 안전은 자연적이거나 비의도적인 사고나 재해로부터의 보호에 초점을 맞춘다. 이 두 개념이 모호하게 적용되는 경우도 적지 않지만, 정확히 구분하는 것은 위험 관리와 정책 수립 과정에서 중요하게 작용할 수도 있다.

2. 정보 보안

개념

정보 보안(Information Security, InfoSec)은 다양한 위협으로부터 정보를 보호하는 일련의 활동을 의미한다. 이 개념은 정보의 수집, 가공, 저장, 검색, 송신 및 수신 과정 전반에 걸쳐 정보의 훼손, 변조, 유출 등을 방지하기 위한 관리적, 기술적 방법을 포괄한다. 정보 보안의 주된 목적은 중요한 정보 자산을 보호하는 것이며, 이는 개인, 조직, 심지어 국가의 안전과 직결되는 중요한 이슈다.

정보 보안의 관리적 접근은 정책, 절차, 훈련 및 감사와 같은 방법을 포함한다. 이는 조직 내에서 정보 보안 정책을 수립하고, 이를 구현하며, 직원들에게 적절한 보안 교육과 인식 훈련을 제공하는 것을 포함한다. 또한, 정기적인 보안 감사를 통해 보안 정책의 효과를 평가하고, 필요한 조정을 진행한다.

기술적 접근은 정보 보안 소프트웨어 및 하드웨어 도구를 사용하여 정보를 보호한다. 이러한 기술적 방법에는 방화벽(Firewall), 암호화(Encryption), 침입 탐지 시스템(Intrusion Detection Systems, IDS), 백신 프로그램(Antivirus Software) 등이 포함된다. 이들 기술은 외부 공격자로부터 정보를 보호하고, 내부적인 정보 유출을 방지하는 데 중요한 역할을 한다.

정보 보안의 중요성은 정보 기술의 발전과 더불어 더욱 증가하고 있다. 디지털화된 정보는 해킹, 바이러스, 피싱(Phishing)과 같은 다양한 사이버 위협에 노출되어 있다. 이러한 위협은 개인의 개인정보 보호는 물론이고, 조직의 비즈니스 연속성, 심지어 국가의 안보에까지 영향을 미칠 수 있다. 따라서, 효과적인 정보 보안 전략은 현대 사회에서 필수적인 요소가 되었다.

정보 보안은 단순히 기술적 도구의 적용에만 국한되지 않는다. 이는 조직의 문화와 정책, 기술적 방법들이 결합하여 구현되는 포괄적인 접근 방식이 필요하다. 정보 보안 전략의 성공은 조직 구성원들의 보안 인식 수준과 밀접하게 연관되어 있으며, 지속적인 교육과 훈련을 통해 강화될 수 있다. 이러한 종합적인 접근을 통해 정보 보안은 조직과 개인의 중요한 정보 자산을 효과적으로 보호할 수 있다.

정보 보안의 주요 원칙

정보 보안의 핵심은 세 가지 주요 원칙, 즉 기밀성(Confidentiality), 무결성(Integrity), 가용성(Availability)에 기반한다. 이들 원칙은 정보를 적절히 보호하고 관리하는 데 필수적인 기준을 제공한다.

기밀성

기밀성 또는 비밀성은 정보가 허가되지 않은 사용자나 객체에 의해 알려지지 않도록 보호하는 성질을 말한다. 이 원칙의 핵심은 비인가자가 중요한 정보에 접근하는 것을 방지하는 것이다. 예를 들어, 암호화(Encryption)는 정보를 암호화된 형태로 변환하여 비인가자가 이를 이해할 수 없게 만드는 방법이다. 또한, 접근 통제(Access Control) 시스템은 사용자의 신원을 확인하고 적절한 권한이 있는 사용자만 정보에 접근할 수 있도록 한다.

무결성

무결성은 정보가 중간에 수정되거나 첨삭되지 않았음을 보장하는 성질이다. 이 원칙은 정보가 원본 상태 그대로 보존되어야 함을 의미한다. 데이터 무결성을 보장하기 위해 디지털 서명(Digital Signature)과 같은 기술이 사용된다. 이는 정보가 전송 중이거나 저장 중에 변조되지 않았음을 보증한다. 또한, 정기적인 백업과 감사 로그(Audit Logs) 기록은 무결성을 확인하는 데 중요한 도구로 활용된다.

가용성

가용성은 정보가 필요할 때 사용할 수 있도록 보장하는 성질을 말한다. 이는 정보 시스템이 신뢰할 수 있고, 연속적으로 작동해야 함을 의미한다. 예를 들어, 서버의 고장이나 사이버 공격으로 인한 서비스 중단을 방지하기 위해 다중화(Redundancy)와 재해 복구 계획(Disaster Recovery Plan)이 필요하다. 또한, 적절한 네트워크 인프라와 시스템 유지 관리도 정보의 가용성을 보장하는 데 중요하다.

이 세 가지 원칙은 정보 보안의 기초를 이루며, 정보가 안전하게 보호되고 관리되도록 하는 데 핵심적인 역할을 한다. 기밀성은 정보가 노출되지 않도록 보호하고, 무결성은 정보가 변경되지 않도록 보장하며, 가용성은 정보가 필요할 때 사용할 수 있도록 한다. 이 원칙들은 상호 보완적이며, 정보 보안 전략을 수립할 때 균형 있게 고려되어야 한다.

정보 보안의 구조

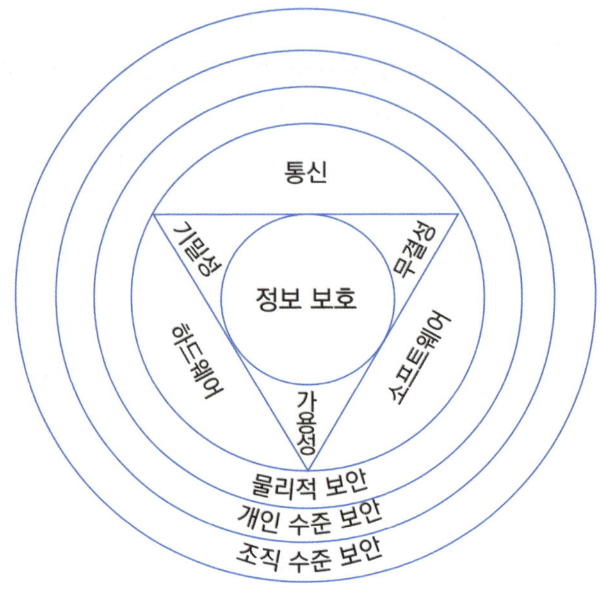

위 그림은 정보 보안의 구조를 도식화한 것으로, 중앙의 삼각형과 이를 둘러싼 원들로 구성되어 있다. 중심에 있는 삼각형은 정보 보안의 세 가지 기본 요소인 기밀성, 무결성, 가용성을 상징한다.

삼각형을 둘러싼 원들은 정보 보안을 지탱하는 다양한 영역을 표현한다. 가장 안쪽의 원은 물리적 보안을 의미하며, 이는 하드웨어, 소프트웨어, 통신 수단을 포함한 정보 시스템의 물리적 안전을 지키는 것을 말한다. 이 영역에서는 건물의 보안, 컴퓨터와 서버의 보안, 네트워크 인프라의 보안 등이 중요한 요소로 작용한다.

두 번째 원은 개인 수준 보안을 나타내며, 개인이 사용하는 장치와 데이터를 보호하는 활동을 말한다. 이에는 비밀번호 사용, 보안 소프트웨어의 적절한 활용, 인터넷 사용 시의 주의 깊은 행동 등이 포함된다. 개인 사용자의 책임감 있는 행동은 정보 보안의 기초이며, 개인의 데이터뿐만 아니라 조직의 보안 상태에도 영향을 미친다.

세 번째 원은 조직 수준 보안을 나타내고, 이는 조직 전체의 정보 보안을 관리하는 것과 관련 있다. 조직의 보안 정책 및 절차의 수립, 보안 교육의 실시, 보안 사고 발생 시 대응 계획 등이 이 영역에 포함된다. 조직 차원에서의 체계적인 접근은 정보 보안의 강화를 위해 필수적이다.

이 구조는 정보 보안이 단순한 개념이 아니라, 물리적, 개인적, 조직적 차원에서의 포괄적인 접근이 필요함을 보여준다. 각 영역은 서로 연결되어 있으며, 모든 수준에서의 철저한 보안 조치가 정보를 보호하는 데 중요하다. 이러한 다차원적 접근은 정보 보안의 복잡성을 관리하고, 다양한 위협으로부터 정보를 효과적으로 보호하는 데 기여한다.

정보 보안의 특성

정보 보안은 그 특성상 100% 완벽하게 달성하는 것이 불가능하다. 기술의 발전, 새로운 위협의 등장, 인간의 실수 등 예측할 수 없는 요소들로 인해, 보안 시스템이 완전무결할 수 없다는 것을 인정하는 것이 중요하다. 이러한 불확실성은 보안 대책을 마련할 때 필요성에 대한 확신을 갖기 어렵게 만든다. 하지만 이는 보안 대책을 소홀히 할 이유가 되지 않으며, 오히려 지속적인 보완과 강화를 위한 동기를 제공한다.

정보 보안 대책의 효과성은 실패율로 측정된다. 이는 보안 대책이 얼마나 잘 위험을 방지하고, 정보를 안전하게 보호하는지를 나타낸다. 실패율이 낮을수록, 대책의 효과성이 높다고 평가된다. 이를 통해 조직은 보안 대책의 취약점을 파악하고, 필요한 조치를 취할 수 있다.

또한, 두 가지 이상의 보안 대책을 동시에 사용할 경우 위험이 대폭 감소할 수 있다. 이를 '다층적 방어(Layered Defense)' 또는 '방어의 깊이(Depth of Defense)' 전략이라고 부른다. 다양한 유형의 보안 조치를 겹쳐 사용함으로써, 하나의 대책이 실패하더라도 다른 대책이 추가적인 보호를 제공할 수 있다. 예를 들어, 네트워크 보안, 애플리케이션 보안, 물리적 보안 등을 동시에 강화함으로써 전체적인 보안 체계를 견고하게 만들 수 있다.

이와 같이, 정보 보안은 완벽한 보장을 제공할 수는 없지만, 다양한 대책과 지속적인 관리를 통해 실패율을 최소화하고, 위험을 줄일 수 있다. 각 대책의 조합과 적용은 정보 보안을 튼튼하게 하는 중요한 기반으로 작용한다.

3. 정보 보안 취약점

개념

취약점 또는 취약성(Vulnerabilities)은 정보 보안 시스템 내에 존재하는 약점을 의미한다. 이는 공격자가 시스템의 정보 보증을 낮추고, 보안을 침해하는 데 이용할 수 있는 요소들이다. 취약점은 시스템의 디자인, 구현, 작업, 또는 관리상의 결함으로부터 발생할 수 있으며, 이를 통해 비인가 접근, 데이터 유출, 분산 서비스 거부 공격(DDoS) 등 다양한 형태의 보안 사고로 이어질 수 있다.

취약점은 개별 자산 또는 집합적 자산에 대한 약점으로 존재할 수 있으며, 하나 이상의 위협에 의해 침해될 가능성이 있는 상태를 말한다. 예를 들어, 소프트웨어 버그, 설정 오류, 업데이트의 부재, 약한 비밀번호 정책 등이 취약점의 예가 될 수 있다. 이러한 취약점은 공격자에게 시스템 내부로의 길을 제공하고, 보안 정책을 우회할 기회를 준다.

정보 보안 취약점은 지속적인 모니터링과 평가를 통해 식별되고 관리되어야 한다. 취약점 평가(Vulnerability Assessment) 및 침투 테스트(Penetration Testing)는 취약점을 발견하고 평가하는 데 사용되는 보안 활동이다. 이러한 활동을 통해 조직은 자신의 시스템 내에 존재하는 취약점을 이해하고, 적절한 보안 조치를 취할 수 있다.

정보 보안의 관점에서 취약점은 불가피한 요소이지만, 적절한 대응을 통해 그 위험을 줄일 수 있다. 취약점 관리는 보안 사고의 예방 및 대응 전략의 중요한 부분이며, 정보 보안의 전반적인 강도를 결정하는 데 중요한 역할을 한다.

정보 보안 취약점의 분류

정보 보안 취약점은 다양한 형태로 나타나며, 이를 이해하는 것은 적절한 보안 대책을 수립하는 데 필수적이다. 각 분류별로 나타나는 취약점들은 다음과 같다.

하드웨어 취약점은 습도나 먼지에 대한 민감성, 저장 장치의 보호 불안정성, 기기의 노후화에 따른 오류 발생, 과열 등 물리적 환경에 대응하는 문제들을 포함한다. 이러한 문제들은 하드웨어의 성능 저하나 고장을 초래할 수 있다.

소프트웨어 취약점은 불충분한 테스트로 인한 버그, 코딩의 불안정성, 감사 절차의 부재, 설계 결함 등으로 나타난다. 이는 소프트웨어가 예상치 못한 방식으로 동작하거나 보안을 위협하는 약점이 있을 수 있음을 의미한다.

네트워크 취약점은 통신 라인상의 보안 부재와 불안정한 네트워크 구조를 포함한다. 이는 외부 공격자의 침입이나 내부 통신의 누출 등을 초래할 수 있는 문제를 내포한다.

인적 자원 취약점은 부적절한 선발 과정, 보안 인식의 부족, 내부자 위협 등을 포함한다. 이는 조직 내의 인원이 의도적 또는 비의도적으로 정보 보안을 해치는 행위로 이어질 수 있다.

입지 취약점은 자연재해에 대한 취약성과 안정적인 전원 공급이 미보장되는 것을 말한다. 이는 조직의 물리적 위치가 재해에 노출되거나, 전원 공급의 불안정성으로 인해 중요 시스템의 가동이 중단될 수 있음을 나타낸다.

조직 취약점은 정기 감사의 부재, 비즈니스 지속성 계획의 미흡, 보안 정책의 부재 등을 포함한다. 이는 조직 차원에서의 체계적인 보안 관리와 대응 계획이 미비함을 의미한다.

이처럼 정보 보안 취약점은 다양한 요소에서 발생할 수 있으며, 각 분야에서의 철저한 점검과 대비가 필요하다. 보안 취약점에 대한 깊이 있는 이해와 지속적인 개선 활동은 정보 보안의 강화를 위해 중요하다.

정보 보안 취약점의 원인

정보 보안 취약점은 다양한 원인에 의해 발생하며, 이를 이해하는 것은 보안 위협을 방지하는 데 중요하다.

복잡성은 시스템이나 소프트웨어가 너무 복잡해질 때 발생한다. 이는 보안 설정이나 구성을 오류 없이 관리하기 어렵게 만들며, 공격자가 이용할 수 있는 틈새를 제공한다.

익숙함은 사용자가 보안에 대해 너무 안이하게 생각하는 태도에서 비롯된다. 자주 사용하는 시스템에 대한 과신은 보안 관행을 소홀히 하게 만들 수 있다.

연결성은 디바이스와 시스템이 네트워크를 통해 상호 연결됨으로써 발생하는 취약점이다. 더 많은 연결점은 더 많은 공격 경로를 의미하며, 이는 보안 위협을 증가시킨다.

부실한 암호 관리는 약한 비밀번호의 사용이나 재사용, 비밀번호 관리의 부주의에서 발생한다. 이는 무작위 혹은 사전 공격을 통한 비밀번호 추측을 용이하게 만든다.

웹사이트 접속은 사용자가 악의적 웹사이트에 접속함으로써 발생할 수 있는 취약점이다. 이는 악성 코드 감염이나 피싱 공격의 위험을 증가시킨다.

소프트웨어 버그는 개발 과정에서의 오류나 미흡한 테스트로 인해 발생한다. 이는 공격자가 시스템을 침투하거나 데이터를 손상하는 데 이용될 수 있다.

입력 단계의 사용자 오류는 사용자가 데이터를 입력하거나 시스템을 조작하는 과정에서 발생하는 실수로 인한 취약점이다. 이는 잘못된 데이터 처리나 보안 설정의 오류로 이어질 수 있다.

과거의 전철을 반복하는 것은 과거에 발생했던 보안 사고에서 교훈을 얻지 못하고, 동일한 오류를 반복함으로써 발생한다. 이는 조직이 보안 사고의 원인을 제대로 분석하고 이에 대응하지 않았음을 의미한다.

이러한 원인은 정보 보안 취약점을 이해하고, 예방하는 조치를 하는 데 있어서 중요한 지표가 된다. 각각의 원인에 대해 체계적으로 대응함으로써, 정보 보안의 강화를 추구할 수 있다.

정보 보안 취약점 관리

취약점 관리(Vulnerability Management)는 조직이 정보 보안 취약점을 체계적으로 다루는 과정이다. 이는 조직 내 각 단계에서 취약점을 인식하고, 분류하고, 개선하고, 완화하는 주기적인 업무로 구성된다. 컴퓨터 보안과 네트워크 보안에서 필수적인 이 과정은 정보 시스템을 보호하고, 보안 사고의 위험을 줄이기 위해 실행된다.

취약점 관리의 첫 단계는 취약점을 인식하는 것이다. 이는 시스템을 주기적으로 스캔하고, 취약점을 검출하는 활동을 포함한다. 인식된 취약점은 이후 분류 과정을 통해 그 심각도와 우선순위가 결정된다. 이 단계에서는 취약점이 실제로 조직에 미칠 수 있는 영향을 평가한다.

다음으로, 인식되고 분류된 취약점에 대해 개선 조치가 이루어진다. 이는 패치 적용, 구성 변경, 보안 정책 강화 등의 조치를 포함할 수 있다. 이러한 개선 작업은 취약점을 효과적으로 해결하거나 그 위험을 최소화하기 위해 수행된다.

마지막으로, 취약점이 완전히 해결될 수 없는 경우 완화 조치가 취해진다. 이는 위험을 수용하거나, 위험을 줄이기 위한 보완적인 보안 조치를 적용하는 것을 의미한다. 예를 들어, 침입 탐지 시스템의 강화, 사용자 교육 강화 등이 완화 조치에 포함될 수 있다.

취약점 관리는 지속적인 과정이며, 새로운 취약점의 등장과 기존 취약점의 변화에 대응하기 위해 지속적인 모니터링과 검토가 필요하다. 이 과정은 조직의 보안 자세를 강화하고, 신속하게 대응할 수 있는 능력을 개발하는 데 중요하다.

정보 보안 취약점 관리 활동의 영역

정보 보안 취약점 관리는 여러 중요한 활동을 포함하며, 각각은 정보 시스템의 안전을 유지하기 위한 필수적인 요소이다.

취약점 발견은 취약점 관리 과정의 시작점이며, 시스템의 잠재적인 약점을 식별하는 활동을 말한다. 이는 자동화된 스캐닝 도구, 침투 테스트 및 코드 리뷰 등을 통해 이루어진다.

패치(Patch) 설치는 발견된 취약점에 대해 제공되는 소프트웨어 업데이트를 적용하는 과정이다. 이 패치들은 취약점을 해결하거나, 보안을 강화하기 위해 공급자로부터 배포된다.

네트워크 보안 정책 수정은 기존의 정책을 재검토하고, 새로운 위협에 대응하기 위해 변경하는 활동을 포함한다. 이는 접근 제어, 네트워크의 구성, 통신 프로토콜의 보안 설정 등을 포함할 수 있다.

소프트웨어 재구성은 기존의 소프트웨어 설정을 변경하여 보안을 강화하는 과정이다. 이는 불필요한 서비스의 비활성화, 권한 설정의 조정, 보안 기능의 활성화 등을 포함한다.

사용자 교육은 조직의 모든 구성원이 보안에 대한 인식을 높이고, 보안 사고를 예방할 수 있도록 하는 활동이다. 이는 보안 정책, 비밀번호 관리, 피싱 공격 등에 대한 인식을 포함한다.

이러한 각각의 활동은 조직의 정보 보안 체계를 구성하는 중요한 부분이며, 서로 연계되어 전체적인 보안의 효과를 높인다. 지속적인 관리와 개선을 통해 정보 보안 취약점에 대한 대응력을 강화할 수 있다.

2 | 컴퓨터 보안

1. 컴퓨터 보안

개념

컴퓨터 보안(Computer Security)은 사이버보안(Cybersecurity), IT 보안(Information Technology Security)이라고도 하는데 이는 컴퓨터 시스템과 네트워크를 보호하는 방대한 분야이다. 이는 하드웨어, 소프트웨어, 데이터를 도난, 손상으로부터 보호하고, 컴퓨터가 제공하는 서비스의 중단이나 오용을 방지하기 위한 관리적 활동을 포함한다.

이 분야의 핵심 목표는 조직 내외부의 다양한 위협으로부터 시스템을 보호하는 것이다. 컴퓨터 보안은 비인가 접근을 막고, 데이터의 기밀성과 무결성을 유지하며, 시스템과 서비스의 지속적인 가용성을 보장한다. 이를 위해 다양한 보안 메커니즘을 사용하며, 이에는 암호화, 방화벽, 안티바이러스 소프트웨어, 침입 탐지 시스템 등이 포함된다.

컴퓨터 보안은 또한 정기적인 보안 감사, 취약점 평가, 사용자 교육과 같은 예방적 조치를 수반한다. 이러한 조치들은 시스템에 잠재적인 취약점을 식별하고, 보안 사고가 발생하기 전에 이를 해결하는 데 필요하다. 따라서 컴퓨터 보안은 단순한 기술적 실행을 넘어서 조직의 정책, 절차, 인식 개선과도 깊이 연관되어 있다.

현대 사회에서 컴퓨터 보안의 중요성은 계속해서 증가하고 있으며, 개인의 프라이버시 보호부터 국가 안보까지, 사회의 모든 층위에 걸쳐서 영향을 미친다. 이러한 이유로 컴퓨터 보안은 지속적인 관심과 자원 투입이 요구되는 분야이다.

위협의 유형

맬웨어(악성 소프트웨어), 도청, 신원 도용, 사회 공학, 해킹, 물리적 공격, 서비스 거부(DoS) 공격, 역공학, 부채널 공격의 위협을 들 수 있는데, 여기에서는 주요한 몇 가지를 확인해 본다.

2. 맬웨어

맬웨어(malware, malicious software는 컴퓨터, 서버, 클라이언트, 컴퓨터 네트워크에 악영향을 끼치는 모든 소프트웨어를 총칭한다. 이는 시스템의 정상적인 기능을 방해하거나, 민감한 정보를 탈취하고, 사용자에게 손상을 입힐 수 있다. 과거에는 주로 컴퓨터 바이러스의 활동이 관찰되었으나, 1990년대 이후로 맬웨어의 감염 방법과 증상이 다양해지면서 맬웨어를 세분화하여 분류하기 시작했다.

컴퓨터 바이러스(Virus)는 파일이나 실행 가능한 코드에 자기 자신을 복제하며 퍼져 나가는 맬웨어 유형이다. 웜(Worm)은 자가 복제 능력을 갖추며, 네트워크를 통해 다른 컴퓨터로 스스로 전파한다.

트로이 목마(Trojan horse)는 정상적인 소프트웨어처럼 보이지만, 실제로는 악의적인 기능을 가진 맬웨어이다. 이는 사용자의 시스템에 무단으로 접근하거나 손상을 입힐 수 있다.

스파이웨어(Spyware)는 사용자의 동의 없이 개인 정보를 수집하는 맬웨어이다. 이는 사용자의 인터넷 사용 습관, 키 입력 등을 추적하여 정보를 탈취한다.

백도어(Backdoor)는 보안 메커니즘을 우회하여 시스템에 접근할 수 있는 숨겨진 경로를 생성하는 맬웨어이다. 이를 통해 공격자는 시스템을 제어하거나 추가적인 악성 코드를 설치할 수 있다.

랜섬웨어(Ransomware)는 사용자의 파일을 암호화하고, 그것을 풀기 위한 몸값을 요구하는 맬웨어이다. 이는 사용자의 중요 데이터를 인질로 삼아 금전적 이득을 취하려 한다.

애드웨어(Adware)는 사용자에게 원치 않는 광고를 표시하는 맬웨어이다. 때때로 이는 브라우저를 가로채거나, 사용자가 의도하지 않은 광고 콘텐츠를 보게 만든다.

이러한 맬웨어들은 각기 다른 방식으로 위협을 가하고, 보안 전문가들은 이를 식별하고 대응하기 위해 계속 노력하고 있다. 맬웨어의 진화는 끊임없이 계속되고 있으며, 이에 대응하기 위해서는 지속적인 보안 업데이트와 사용자의 경각심이 필요하다.

3. 도청

도청(Telephone tapping, wiretapping, wire tapping)은 대상의 통신을 무단으로 가로채 정보를 취득하는 행위를 말한다. 이 과정은 전화 통화뿐만 아니라, 전자 장치를 통해 전송되는 영상이나 데이터 신호를 포함할 수 있으며, 무선 신호나 유선 네트워크를 통한 통신 모두가 대상이 될 수 있다.

도청은 각종 감청 장비를 이용하여 수행되며, 때로는 통신 기기나 네트워크 기반에 물리적으로 접근하여 진행되기도 한다. 또한, 고도로 발달한 기술을 이용해 원격으로 통신 내용을 가로채는 방법도 존재한다. 이러한 행위는 개인의 프라이버시를 침해하고 법적 문제를 일으킬 수 있으며, 따라서 대부분 국가에서는 엄격한 법적 제한을 두고 있다.

도청이 발생할 수 있는 상황은 다양하며, 법 집행 기관에서 법원의 명령에 의거한 조사의 일환으로 합법적으로 사용되기도 하지만, 불법적인 목적으로 개인 정보를 취득하기 위해 사용되는 일도 있다. 이에 대한 방어를 위해서는 통신 암호화, 보안 프로토콜의 적용 등의 보안 조치가 필요하다.

4. 스니핑

스니핑(Sniffing)은 네트워크 트래픽을 감시하고 데이터를 가로채는 공격 방법이다. 이 과정에서 공격자는 패킷 스니퍼(Packet Snipper)라 불리는 소프트웨어나 하드웨어 도구를 사용하여 네트워크상의 데이터 트래픽을 캡처한다. 이를 통해 공격자는 중요한 정보를 훔치거나, 네트워크 통신을 방해할 수 있다.

스니핑은 특히 네트워크를 통해 데이터를 전송할 때 데이터 패킷이 암호화되지 않았을 때 효과적이다. 암호화되지 않은 데이터 패킷은 내용이 노출되어, 스니퍼를 통해 쉽게 가로챌 수 있다. 이 과정에서 이메일, 비밀번호, 신용카드 정보 등 민감한 데이터가 노출될 위험이 있다.

스니핑 공격을 방지하는 주된 방법은 데이터 전송 시 암호화를 적용하는 것이다. 예를 들어, SSL/TLS와 같은 보안 프로토콜을 사용하여 네트워크 통신을 암호화함으로써, 데이터가 전송 과정에서 가로채어지더라도 그 내용을 이해할 수 없도록 한다.

스니핑은 네트워크 보안에 있어 중요한 위협 중 하나로, 조직은 네트워크 보안 체계를 강화하고 지속적인 모니터링을 통해 이러한 위협으로부터 자신의 네트워크를 보호해야 한다.

5. 신원 도용

스푸핑

스푸핑(spoofing)은 스니핑(sniffing)과 모양과 발음이 유사해 대표적이고 기본적인 공격 방법으로 함께 소개되기도 하는데, 네트워크상에서 자신의 신원을 다른 제3자로 가장하는 행위를 말한다. 이 과정에서 공격자는 특정한 네트워크 요소의 신원을 모방하여, 통신망 내에서 신뢰성 있는 소스처럼 보이게 만든다. 스푸핑의 대상은 네트워크 통신과 관련된 모든 요소가 될 수 있으며, 이에는 MAC 주소, IP 주소, 포트 등이 포함된다.

스푸핑은 여러 가지 방식으로 이루어질 수 있다. 예를 들어, IP 스푸핑은 공격자가 자신의 IP 주소를 다른 합법적인 주소로 위장하여 네트워크의 보안을 우회하는 것을 의미한다. MAC 주소 스푸핑은 네트워크 인터페이스 카드의 물리적 주소를 모방하는 것이다.

이러한 스푸핑 공격은 네트워크 보안을 해치고, 데이터의 무단 접근이나 조작을 가능하게 만든다. 예를 들어, 스푸핑된 주소를 사용하여 공격자는 네트워크 내의 다른 기기들로부터 데이터를 가로채거나, 네트워크의 보안 메커니즘을 우회할 수 있다.

스푸핑 공격을 방지하기 위한 방법에는 네트워크 트래픽의 감시, 주소 확인 메커니즘의 구현, 보안 프로토콜의 사용 등이 있다. 네트워크 보안 시스템의 강화와 지속적인 모니터링을 통해 이러한 위협에 대응할 수 있다.

한편, 네트워크상의 패킷을 들여다보는 스니핑는 소극적 공격 방법으로, 자신을 의도적으로 속이는 스푸핑은 적극적 공격 방법으로 간주하기도 한다.

피싱

피싱(Phishing)[1)]은 이메일이나 메신저와 같은 통신 수단을 이용하여 사용자로부터 기밀 정보를 부정하게 취득하려는 공격 방법이다. 이 공격은 신뢰할 수 있는 사람이나 기업이 보낸 것처럼 위장한 메시지에 위장된 웹사이트 주소를 포함하여 사용자를 속이는 방식으로 이루어진다. 사용자가 이러한 메시지를 믿고 가짜 웹사이트에 접속하여 비밀번호, 신용 카드 정보 등의 기밀 정보를 입력하면, 공격자는 이 정보를 가로챌 수 있다.

피싱은 사회 공학적 공격의 일종으로 분류되며, 사용자의 신뢰를 기반으로 한다. 이 용어는 '낚시하다'는 뜻의 Fishing에서 영감을 받아 만들어진 것으로, 어떤 단어들로 구성된 합성어는 아니지만, Privacy + Harvesting 또는 Private Data + 합성어로 보는 견해도 있다.

참고문헌

"[용어 표기] Voice Phishing과 Voice Fishing", 2010. 9. 26.
https://cantips.com/1664

피싱의 한 형태로는 보이스 피싱(voice phishing, vishing)이 있다. 이는 전화를 통해 사용자에게 연락하여 기밀 정보를 얻으려는 방식으로, 종종 신뢰할 수 있는 기관이나 회사를 사칭한다.

피싱 공격을 방지하기 위해서는 이메일이나 메시지의 출처를 항상 확인하고, 의심스러운 링크나 첨부 파일을 클릭하지 않는 등의 주의가 필요하다. 또한, 정기적인 보안 교육과 사용자의 경각심 향상은 이러한 유형의 공격에 대한 대응력을 높이는 데 중요한 역할을 한다.

---

1) Fishing으로 쓰지 않도록 주의한다. 낚는다는 의미와 발음 때문에 잘못 쓰는 경우가 있다.

파밍

파밍(Pharming)은 비교적 새로운 피싱 기법의 일종으로, 사용자가 웹 브라우저에서 정확한 웹 페이지 주소를 입력하더라도 가짜 웹 페이지로 유도하여 개인 정보를 훔치는 공격 방법이다. 이 기법의 핵심은 사용자의 웹 트래픽을 정상적인 목적지가 아닌 가짜 사이트로 재지정하는 것이다.

파밍 공격은 특히 공격자가 인터넷 주소 정보에 접근할 수 있을 때, 또는 인터넷 서비스 제공자(ISP)의 서버에 존재하는 결점을 이용할 때 발생한다. 공격자는 DNS 서버를 조작하거나 손상시켜 사용자가 입력한 정상적인 웹 주소가 가짜 사이트로 리다이렉트(redirect)되도록 만든다. 이를 통해 사용자는 자신이 의도한 정상적인 웹사이트에 접속한 것으로 착각하며, 이 과정에서 로그인 정보, 신용카드 번호와 같은 민감한 개인 정보를 입력할 수 있다.

파밍은 사용자가 웹사이트의 유효성을 식별하기 어렵게 만들며, 이는 피싱과 비교했을 때 더욱 교묘한 방식으로 개인 정보를 탈취할 수 있다. 이러한 공격을 방지하기 위해서는 웹 브라우저의 보안 설정을 강화하고, SSL/TLS 같은 보안 프로토콜이 적용된 웹사이트를 사용하는 것이 중요하다. 또한, 사용자는 항상 웹사이트의 보안 인증서를 확인하고 의심스러운 사이트에 대해서는 접속을 자제해야 한다.

사회 공학적 공격

사회 공학적 공격(Social Engineering)은 기술적인 방법이 아닌, 사람들 간의 기본적인 신뢰와 인간 상호 작용의 특성을 이용하여 비밀 정보를 획득하는 공격 기법이다. 이 방법은 인간의 심리적 약점을 이용하여, 개인이나 조직의 보안 절차를 교묘하게 우회한다. 공격자는 사람들이 다른 사람들을 신뢰하고, 자연스럽게 도움을 주는 경향을 이용하여, 표적이 정상적인 보안 절차를 깨뜨리도록 만든다.

이 공격 방법은 기술적인 취약점을 찾는 것보다 쉽고, 효과적일 수 있다. 이는 보안 시스템이 아무리 견고하더라도, 최종 사용자의 심리적 취약성을 공격 대상으로 삼기 때문이다. 이를 방지하기 위해서는 직원 교육과 인식 향상 프로그램이 중요하며, 보안 절차와 정책을 철저히 준수하는 문화를 조성하는 것이 필요하다.

6. 해킹

개념

해킹(Hacking)은 타인의 컴퓨터 시스템에 무단으로 침입하여 데이터에 접근하고, 해당 시스템의 정보를 열람, 복제, 변경할 수 있는 권한을 얻는 행위를 말한다. 해커(Hacker)는 전자 회로, 컴퓨터의 하드웨어, 소프트웨어, 네트워크, 웹사이트 등 각종 정보 체계를 대상으로 활동하며, 이러한 체계가 본래의 설계자나 관리자, 운영자가 의도하지 않은 방식으로 동작하도록 만든다.

해킹은 정보 보안 분야에서 중요한 문제이며, 다양한 형태와 목적으로 이루어진다. 일부 해커들은 지적 호기심, 기술적 도전, 정치적 목적 등 다양한 이유로 해킹을 수행한다. 반면, 범죄적 목적으로 개인의 프라이버시를 침해하거나 금전적 이익을 취하기 위해 해킹을 하는 경우도 있다.

해킹은 기술적 취약점을 이용하는 것뿐만 아니라, 사회 공학적 방법을 통해 사용자의 심리를 이용하는 경우도 포함한다. 이러한 해킹 행위는 개인의 정보, 기업의 비밀, 국가의 안보에 심각한 위협이 될 수 있으며, 이에 대응하기 위한 지속적인 보안 강화와 사용자 교육이 필요하다.

해커와 크래커

해커(Hacker)와 크래커(Cracker)는 종종 혼동되어 사용되지만, 이들의 활동과 목적에는 명확한 차이가 있다.

해커는 해킹 활동을 하는 사람을 의미하며, 컴퓨터 시스템과 정보 보안 분야에서 높은 기술적 전문성을 가진 사람을 지칭한다. 해커들은 시스템의 보안 취약점을 찾거나, 기술적 한계를 넘어서는 새로운 방법을 개발하는 데 관심이 많다. 이들은 종종 시스템의 보안을 강화하거나, 새로운 기술적 솔루션을 찾는 데 기여한다.

반면, 크래커는 컴퓨터 네트워크에 무단으로 침입하여 파괴, 변조와 같은 악의적인 행위를 하는 사람을 의미한다. 크래커들은 주로 불법적인 목적으로 시스템에 접근하여 정보를 도용하거나, 시스템을 파괴하는 데 초점을 맞춘다. 이들의 활동은 범죄적 성격을 띠며, 개인이나 조직에 심각한 피해를 줄 수 있다.

일상에는 이 둘에 차이를 두지 않고, 혼용해서 사용하는 경우가 많다. 그러나 이 둘의 차이는 다음과 같은 문장으로 상징할 수 있다.

"해커는 자신들은 크래커가 아니라고 하고, 크래커는 자신들은 해커라고 한다."

법률적 해석

우리나라 정보통신망 이용촉진 및 정보보호 등에 관한 법률(약칭: 정보통신망법)의 관련 조항(제1장 제1조와 제2조)을 통해 해킹과 관련된 법률적 해석을 살펴볼 수 있다. 이 법은 정보 통신망의 이용 촉진과 이용자 보호, 안전한 정보 통신망 환경 조성을 목적으로 하고 있다. 이 법에 따르면, 해킹은 정보 통신망 또는 관련 정보 시스템에 무단으로 접근하고, 이를 통해 정보를 열람, 복제, 변경하는 행위로 간주될 수 있다.

또한, 해킹은 '침해 사고'의 범주에 속하는 것으로 해석된다. 여기에는 해킹뿐만 아니라 컴퓨터 바이러스, 논리 폭탄, 메일 폭탄, 서비스 거부 공격 등 다양한 형태의 정보 통신망 공격 방법이 포함된다. 또한, 정보 통신망의 정상적인 보호 및 인증 절차를 우회하여 무단으로 정보 통신망에 접근하는 프로그램이나 기술적 장치의 설치도 침해 사고에 포함된다.

이러한 해킹 행위는 정보통신망법에 의해 엄격하게 금지되며, 이를 위반할 경우 법적 책임을 지게 된다. 이는 정보 통신망을 통한 개인의 프라이버시 보호와 정보 보안을 강화하고자 하는 법의 기본 취지에 부합한다.

따라서 정보통신망법은 해킹과 같은 불법적인 정보 통신망 접근 및 침해 행위에 대해 엄격한 법적 제재를 가하는 것으로 이해된다. 이는 정보 통신망의 안전하고 건전한 이용 환경을 조성하고, 국민 생활의 향상과 공공 복리의 증진에 기여하기 위한 법적 장치로 작용한다.

7. 서비스 거부 공격

개념

서비스 거부 공격(Denial-of-Service, DoS[2])은 시스템에 대한 악의적인 공격

2) 디오에스나 도스로 읽는다.

으로, 해당 시스템의 자원을 과도하게 소모시켜 정상적인 서비스 제공을 방해하는 행위를 말한다. 이 공격의 목적은 시스템의 자원을 고갈시켜 시스템이 원래의 용도로 사용될 수 없게 만드는 것이다.

DoS 공격은 다양한 수단, 동기, 표적을 가질 수 있다. 일반적으로 이러한 공격은 인터넷에 연결된 사이트의 서비스 기능을 일시적이거나 영구적으로 방해하거나 중단시킨다. 예를 들어, 네트워크에 과도한 트래픽을 유발하여 서버가 정상적인 요청을 처리할 수 없도록 만들거나, 시스템의 리소스를 고갈시켜 서비스를 제공할 수 없게 만드는 방식이 있다.

DoS 공격은 개별 공격자 또는 그룹에 의해 수행될 수 있으며, 공격의 동기는 사이버 테러, 경쟁사에 대한 방해, 혹은 단순한 장난에서 비롯될 수 있다. 이러한 공격은 조직의 비즈니스 연속성에 심각한 영향을 미치며, 사용자에게 서비스를 제공하지 못하게 하여 명성과 신뢰도에 타격을 줄 수 있다.

DoS 공격에 대응하기 위해서는 보안 시스템의 강화, 네트워크 트래픽의 지속적인 모니터링, 비상시 대응 계획의 수립 등이 필요하다. 이러한 조치들은 DoS 공격의 피해를 최소화하고, 시스템의 신속한 복구를 도울 수 있다.

분산 서비스 거부 공격

분산 서비스 거부 공격(DDoS[3], Distributed Denial-of-Service)은 여러 대의 컴퓨터를 이용해 대상의 네트워크 또는 서버에 동시에 서비스 거부 공격을 수행하는 방식이다. 이 공격은 단일 출처가 아닌 여러 지점에서 동시에 이루어지므로, 일반적인 서비스 거부 공격(DoS)보다 훨씬 더 강력하고 방어하기 어렵다.

DDoS 공격에서는 '좀비(zombie, 좀비 컴퓨터, 좀비 PC)'나 이들로 구성된 '봇넷(botnet)'이라고 불리는, 악성 코드에 감염된 다수의 컴퓨터가 사용된다. 이 컴퓨터들은 공격자에 의해 원격 조종되어 동시에 대상에 대한 트래픽을 생성하며, 이로 인해 대상 시스템은 정상적인 요청을 처리할 수 없게 된다. 결과적으로 이는 시스템의 오버로드를 유발하여 서비스 제공 능력을 마비시킨다.

DDoS 공격은 그 규모와 범위가 클 뿐만 아니라, 공격자가 실제로 어디에서 공격을 조종하는지 파악하기 어려워 방어가 까다롭다. 또한, 이 공격은 기업이나 조직에 심각한 재정적 손실과 명성 훼손을 초래할 수 있다.

---

3) 디디오에스나 디도스로 읽는다.

분산 서비스 거부 공격에 대응하기 위해서는 고급 네트워크 모니터링 도구, 트래픽 필터링, 대역폭 용량 증가 등의 조치가 필요하다. 또한, DDoS 공격 감지 및 완화 솔루션을 구축하여 조기에 공격을 탐지하고 신속하게 대응하는 것이 중요하다.

8. 사이버반달리즘

사이버반달리즘(Cybervandalism)은 인터넷 환경에서 이루어지는 반달리즘[4)]형태로, 공공의 재산이나 사유 재산에 대한 고의적인 파괴나 훼손을 가리킨다. 전통적인 반달리즘은 물리적 재산에 대한 파괴나 손상을 의미하는데, 사이버반달리즘은 이를 디지털 영역으로 확장한 개념이다.

사이버반달리즘의 대표적인 예로는 웹사이트의 해킹 및 변조, 온라인 커뮤니티에서의 의도적인 혼란 조성, 디지털 콘텐츠의 무단 삭제 또는 변조 등이 있다. 이러한 행위는 해당 웹사이트의 정상적인 운영을 방해하고, 이용자에게 혼란을 주며, 때로는 심각한 경제적 손실을 초래할 수 있다.

사이버반달리즘의 동기는 다양하며, 정치적, 사회적 메시지를 전달하려는 의도에서부터 단순히 혼란을 조성하고자 하는 목적까지 이르기까지 다양하다. 이러한 행위는 인터넷의 익명성과 접근 용이성으로 인해 전통적인 반달리즘보다 감지하고 대응하기 어려운 측면이 있다.

사이버반달리즘에 대응하기 위해서는 체계적인 보안 시스템 구축, 정기적인 보안 점검, 백업 및 복구 계획의 수립이 필요하다. 또한, 이러한 행위를 감지하고 신속하게 대응하기 위한 모니터링 시스템의 운영이 중요하다. 이를 통해 사이버반달리즘의 피해를 최소화하고, 인터넷 환경의 안전과 신뢰성을 유지할 수 있다.

---

4) 원래 반달족의 기질이나 풍습을 뜻하는 말이지만, 문화나 예술을 파괴하려는 경향이라는 부정적인 의미로 쓴다. 455년경 유럽의 민족 대이동 때 게르만의 한 부족인 반달족이 로마를 점령하여 광포한 약탈과 파괴 행위를 했다는 데서 유래한다. 반달족은 4세기 이후 동유럽으로부터 에스파냐를 거쳐 북아프리카에 건너가 429년에 카르타고를 중심으로 하여 반달 왕국을 세우고 서지중해에서 위세를 떨치지만 534년에 동로마 제국에게 망한다.

12

정보 보안 기술과 관리

CHAPTER

12

정보 보안 기술과 관리

1 정보 보안 기술

1. 인증과 신원 확인

개념

인증(Authentication)은 디지털 환경에서 사용자의 신원과 권한을 확인하고 증명하는 중요한 절차이다. 특히 네트워크 보안과 개인 정보 보호 분야에서 중요한 역할을 한다. 이 과정은 사용자가 누구인지, 그리고 그들이 주장하는 권한을 실제로 소유하고 있는지를 검증한다. 이는 다양한 방식으로 수행될 수 있는데, 대표적인 예로는 로그인 과정이 있다.

로그인 과정에서는 사용자가 자신의 신원을 주장하고, 시스템은 이를 검증한다. 이 검증 과정은 사용자가 제공한 정보(예: 사용자 이름과 비밀번호)가 저장된 정보와 일치하는지 확인함으로써 이루어진다. 이를 통해 시스템은 통신상에서 보내는 사람의 디지털 정체성을 확인한다. 이러한 과정은 인터넷 뱅킹, 이메일 서비스, 온라인 쇼핑과 같이 온라인상에서 개인 신원 확인이 필요한 모든 활동에 필수적이다.

또 다른 형태의 인증 방법으로는 전자 서명이 있다. 우리나라 전자서명법은 “전자 서명 생성 정보가 가입자에게 유일하게 속한다는 사실을 확인하고 이를 증명하는 행위"로 정의하고 있다.

인증 과정은 보안의 중요한 첫 단계이며, 개인 정보 보호와 데이터 보안을 위해 필수적이다. 올바른 인증 절차 없이는 민감한 정보가 노출될 위험이 있으며, 이는 사기, 데이터 유출, 신원 도용 등 다양한 보안 위협으로 이어질 수 있다. 따라서, 강력하고 신뢰할 수 있는 인증 방법은 디지털 세계에서 안전한 상호 작용을 위한 기반을 제공한다.

인증 요인

인증 요인은 사용자가 자신의 신원을 증명하는 데 사용하는 다양한 요소를 말한다. 이들은 크게 지식(knowledge), 소유(ownership), 생체(inherence)의 세 가지 범주로 나눌 수 있다.

지식 요인은 사용자가 알고 있는 정보에 기반을 둔다. 대표적인 예로는 비밀번호, 개인 식별 번호(PIN, Personal Identification Number), 미리 설정된 보안 질문에 대한 답 등이 있다. 이들은 사용자만이 알고 있는 정보로서, 인증 과정에서 그들의 정체성을 증명하는 역할을 한다. 지식 기반 인증은 사용자가 정보를 잊어버리거나 이런 정보가 외부나 타인에게 노출될 경우 보안상의 취약점을 생길 수 있다.

소유 요인은 사용자가 가지고 있는 물리적 또는 디지털 항목에 초점을 맞춘다. 여기에는 신분증, 인증용 토큰, 토큰이 내장된 장치(예: 스마트폰), 손목 밴드와 같은 장치들이 포함된다. 이러한 요소들은 사용자가 물리적으로 소지하고 있어야만 인증 절차를 완료할 수 있다. 소유 기반 인증은 물리적인 항목의 분실 또는 도난에 취약할 수 있다.

마지막으로, 생체 인증 요인은 사용자의 신체적 또는 행동적 특성에 기반한다. 여기에는 지문, 망막 패턴, 서명, 얼굴 인식, 목소리 인식 등이 포함된다. 생체 인증은 사용자 고유의 특징을 활용하기 때문에 상대적으로 보안이 강하며, 위조나 도난의 가능성이 적다. 하지만, 정확도와 프라이버시 관련 이슈가 주요 고려 사항으로 남아 있다.

이 세 가지 인증 요인은 각각 독립적으로 사용될 수도 있고, 더 강력한 보안을 위해 여러 요인을 결합하여 사용될 수도 있다. 예를 들어, 비밀번호(지식)와 스마트폰(소유)을 동시에 사용하는 이중 인증 방식이 그 예이다. 따라서, 인증 절차 설계 시 이러한 요소들을 고려하여 사용자의 보안 및 편의성을 모두 충족시키는 방향으로 접근하는 것이 바람직하다.

다중 인증

다중 인증(Multi-Factor Authentication, MFA)은 보안을 강화하기 위해 두 개 이상의 인증 요소나 절차를 결합하는 방식이다. 이는 단일 인증 방식에 비해 사용자의 신원을 더 정확하고 안전하게 확인할 수 있는 방법으로, 보안 수준을 크게 향상시킨다.

다중 인증은 일반적으로 세 가지 주요 인증 요인인 지식(사용자가 알고 있는 것), 소유(사용자가 가지고 있는 것), 생체(사용자 자체 또는 행동) 중 두 가지 이상을 사용한다. 예를 들어, 사용자는 로그인 과정에서 비밀번호(지식 요인)를 입력한 후, 스마트폰으로 전송된 일회용 코드(소유 요인)를 입력해야 할 수 있다. 또는, 비밀번호와 지문 인식(생체 요인)을 함께 사용하는 경우도 있다.

이러한 접근 방식은 단일 요소에만 의존하는 것보다 훨씬 더 안전하다. 예를 들어, 비밀번호가 노출되더라도, 다른 요인(예: 스마트폰이나 지문)이 없으면 무단 접근이 어렵다. 이런 이유로, 다중 인증은 중요한 데이터를 보호하는 금융 기관, 정부 기관, 헬스케어 시스템 등에서 널리 사용된다.

특히, 이중 인증(Two-Factor Authentication, 2FA)은 다중 인증의 일종으로, 두 가지 요소를 사용하는 방식을 의미한다. 이 방식은 다중 인증 중에서도 가장 널리 사용되며, 사용자에게 상대적으로 높은 보안 수준을 제공하면서도 사용의 편리함을 유지한다.

다중 인증의 도입은 사이버 보안 위협에 대응하는 중요한 전략이다. 이는 민감한 정보와 시스템을 보호하고, 신원 도용과 같은 사이버 범죄를 방지하는 데 큰 역할을 한다. 그러나 사용자의 편의성과 보안의 균형을 맞추는 것이 중요하며, 과도한 보안 조치가 사용자 경험을 저하시킬 수 있음을 고려해야 한다. 따라서, 다중 인증 절차는 사용자의 편의를 최대한 고려하면서도 필요한 보안 수준을 제공하는 방향으로 설계되어야 한다.

2. 방화벽

개념

방화벽(Firewall)은 네트워크 보안 시스템으로, 미리 정의된 보안 규칙을 기반으로 하여 들어오고 나가는 네트워크 트래픽을 모니터링하고 제어하는 역할을 한다. 이 시스템은 일반적으로 신뢰할 수 있는 내부 네트워크와 신뢰할 수 없는 외부 네트워크(예: 인터넷) 간의 경계에 위치하여, 보안 위협으로부터 내부 네트워크를 보호한다.

방화벽은 서로 다른 네트워크를 지나는 데이터를 관리하는 기능을 수행한다. 이는 데이터의 허용, 거부, 검열, 수정 등을 포함할 수 있으며, 이 모든 과정은 사전에 정의된 보안 규칙에 따라 이루어진다. 예를 들어, 특정 유형의 인터넷 트래픽이나 특정 출처의 데이터를 차단하는 규칙을 설정할 수 있다.

방화벽은 하드웨어 기반과 소프트웨어 기반의 두 가지 주요 형태로 구현될 수 있다. 하드웨어 기반 방화벽은 물리적 장비로서 네트워크 경로에 배치되며, 주로 대규모 네트워크 환경에서 사용된다. 반면, 소프트웨어 기반 방화벽은 컴퓨터 시스템에 설치되어 실행되며, 개별 시스템이나 소규모 네트워크 환경에 적합하다.

방화벽은 네트워크 보안의 필수적인 요소로, 특히 기업이나 기관의 내부 네트워크가 외부의 여러 위협으로부터 보호받을 수 있도록 하는 데 중요한 역할을 한다. 해킹, 바이러스, 웜, 트로이 목마와 같은 사이버 위협으로부터 사용자와 데이터를 보호하는 것이 주된 목적이다. 방화벽 설정과 관리는 네트워크의 보안 수준을 결정하는 중요한 요소이며, 지속적인 관리와 업데이트가 필요하다. 이를 통해 네트워크는 안전하게 유지되며, 사용자는 신뢰할 수 있는 환경에서 작업을 수행할 수 있다.

방화벽의 주요 기능

방화벽은 네트워크 보안을 강화하는 핵심 요소로, 다양한 기능을 통해 네트워크의 안전을 유지한다. 그 중에서도 패킷 필터(Packet Filter)와 네트워크 주소 변환(Network Address Translation, NAT)은 방화벽의 주요 기능으로 꼽힌다.

- 패킷 필터: 이 기능은 네트워크 트래픽을 구성하는 패킷을 검사하고, 이들이 미리 설정된 보안 정책에 부합하는지를 판단한다. 만약 패킷이 설정된 정책에 맞지 않는다면, 방화벽은 해당 패킷을 차단하여 네트워크를 보호한다. 패킷 필터는 소스 주소, 목적지 주소, 포트 번호, 프로토콜 타입 등 다양한 패킷의 속성을 기반으로 판단을 내린다. 이러한 접근 방식은 네트워크를 불필요하거나 잠재적으로 위험한 트래픽으로부터 보호하는 데 효과적이다. 그러나 이 방식은 패킷의 내용을 깊이 있게 분석하지 않으므로, 정교한 보안 위협을 탐지하는 데는 한계가 있다.
- 네트워크 주소 변환(NAT): NAT는 내부 네트워크의 컴퓨터가 외부 네트워크로 통신할 때, 내부 네트워크의 IP 주소를 외부로 노출시키지 않고, 대신 다른 네트워크 주소를 할당하는 기능이다. 이는 내부 네트워크의 컴퓨터들이 하나의 공용 IP 주소를 공유하여 인터넷에 접근할 수 있게 해준다. NAT는 내부 네트워크의 주소 구조를 외부로부터 숨기는 역할을 함으로써, 외부 공격자들이 내부 네트워크에 대한 정보를 얻는 것을 방지한다. 이는 네트워크의 보안을 강화하는 동시에, IP 주소의 효율적인 사용을 가능하게 한다.

이러한 기능들을 통해 방화벽은 네트워크의 보안을 유지하고, 외부 공격으로부터 내부 시스템을 보호하는 중요한 역할을 수행한다. 네트워크 보안을 위해 방화벽의 적절한 구성과 지속적인 관리가 필요하며, 이는 네트워크의 안전성과 사용자의 데이터 보호에 기여한다.

3. 암호화

개념

암호화(Encryption)는 데이터 보안의 핵심 요소로, 정보를 보호하기 위해 사용되는 기술이다. 이 과정은 메시지나 데이터를 알아볼 수 없는 암호문(Ciphertext)으로 변환하는 것을 포함하며, 이를 통해 정보가 의도치 않게 제3자에게 노출되는 것을 방지한다. 암호화는 전송하려는 메시지가 외부의 눈에 띄었을 때, 그 내용을 읽을 수 없도록 하여 정보의 안전성을 보장한다.

암호화 과정은 크게 암호화와 복호화 두 단계로 나뉜다.

암호화 과정에서는 원본 메시지(Plaintext)를 암호화 알고리즘과 키(Key)를 사용하여 암호문으로 변환한다. 이 변환된 암호문은 원본 메시지와는 완전히 다른 형태로 되어 있어, 암호화 키를 모르는 사람이라면 이해할 수 없다.

반면, 복호화 과정은 암호화된 메시지를 다시 원래의 형태로 되돌리는 과정이다. 이는 적절한 키와 암호화 알고리즘을 사용하여 수행되며, 결과적으로 수신자는 원본 메시지를 정확하게 복원할 수 있다. 복호화 과정은 암호화된 메시지를 보내는 측과 받는 측만이 수행할 수 있으므로, 정보의 기밀성이 보장된다.

암호화 기술은 다양한 형태로 존재하지만, 크게 대칭 키 암호화(Symmetric Key Encryption)와 주로 공개 키 암호화라고 하는 비대칭 키 암호화(Asymmetric Key Encryption)로 구분한다.

암호화는 디지털 통신과 데이터 저장에서 필수적인 역할을 한다. 이는 인터넷 뱅킹, 온라인 쇼핑, 전자 메일, 클라우드 스토리지 등 일상적인 디지털 활동에서 중요한 정보를 보호하는 데 사용된다. 암호화는 사이버 공격, 데이터 유출, 신원 도용 등의 위협으로부터 사용자의 데이터를 보호하는 데 중요한 기능을 수행한다. 따라서, 효과적인 암호화 전략은 현대 디지털 환경에서 개인과 조직의 데이터 보안을 위해 필수적이다.

대칭 키 암호화 방식

대칭 키 암호화 방식(Symmetric Key Encryption)은 개인 키 암호화 방식 또는 비밀 키 암호화 방식(Private Key Encryption)이라고도 하는데 암호화와 복호화에 같은 키를 사용하는 암호화 방법이다. 이 방식의 핵심은 데이터를 보호하기 위해 동일한 비밀 키를 공유하는 것이다. 서로 같아서 대칭이고 당사자 이외에는 노출되지 않아야 하므로 개인 또는 비밀이다.

예를 들어, A가 자신의 현관 출입 시스템의 비밀번호인 '1234'를 보호하기 위해 비밀 키 '2'를 사용한다고 가정하자. 이때, A는 평문 '1234'의 각 자리의 숫자에 비밀 키 2를 더해 '3456'으로 암호화한다. 이 암호문 '3456'은 B에게 전달된다. B는 A로부터 받은 암호문을 다시 복호화하기 위해 동일한 키 '2'를 사용한다. 각 자리의 숫자에서 2를 빼서 결과적으로 B는 원래의 평문 '1234'로 복원할 수 있다. 같은 원리라면 'abc'와 같은 문자 데이터의 경우도 비밀

키의 수만큼 자리를 이동해 암호화할 수 있을 것이다. 예를 들어, 비밀 키를 2로 정했다면, a는 c, b는 d, c는 e로 바꿀 수 있다. 복호화는 그 반대로 자리를 이동한다.

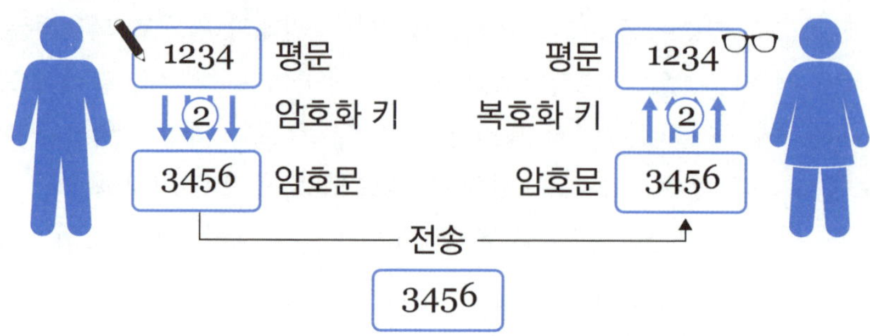

대칭 키 암호화 방식의 장점은 그 처리 속도가 빠르고, 비교적 단순하여 구현이 용이하다는 것이다. 그러나 이 방식의 주요 단점은 키 관리에 있다. 암호화와 복호화에 동일한 키를 사용하기 때문에, 키를 안전하게 공유하고 관리하는 것이 중요하다. 만약 비밀 키가 노출된다면, 암호화된 데이터의 보안이 위협받게 된다. 따라서 사전에 암호화 키가 당사자 간에 안전하게 교환되지 않는다면 이 방법을 사용할 수 없고, 암호화 키 자체를 전달하는 과정도 쉽지 않다. 그래서 미리 키를 교환할 수 없는 상황이 일반적인 현대의 전자 상거래 같은 환경에서는 당사자 간의 암호화 통신에 이 방법은 한계가 있다. 비대칭 키 방식인 공개 키 암호화 방식이 필요한 이유이다.

결론적으로 대칭 키 암호화 방식은 파일 암호화, 네트워크 통신 보안 등 다양한 분야에서 널리 사용된다. 이 방식은 데이터를 안전하게 암호화하고, 빠르고 효율적으로 복호화할 수 있도록 해주지만, 키 관리와 보안에 특히 주의를 기울여야 한다. 따라서, 대칭 키 암호화 방식을 사용할 때는 키의 안전한 배포와 보관이 중요한 고려 사항이 된다.

공개 키 암호화 방식

공개 키 암호화 방식(Public Key Encryption)이라고 하는 비대칭 키 암호화 방식(Asymmetric Key Encryption)은 암호화와 복호화에 서로 다른 두 개의 키를 사용하는 방식이다. 이 방식에서 각 참가자는 공개 키와 비밀 키, 두 가지 키를 가지고 있다. 공개 키는 누구에게나 공개될 수 있는 반면, 비밀 키는 사용자만이 알고 있어야 한다.

이 암호화 방식의 이해를 돕기 위해, A가 B에게 현관 출입 시스템의 비밀번호인 '1234'(평문)를 안전하게 전송하려는 예를 들어 보자. 먼저, A와 B는 각각 자신만의 고유한 공개 키와 비밀 키의 쌍을 가지고 있다. 공개 키는 자물쇠로, 비밀 키는 이 자물쇠에 달린 열쇠로 생각하면 된다. A는 평문을 자신의 공개 키로 잠금 처리된 상자에 넣고, 이를 B에게 보낸다(①). B는 이 상자를 받지만, A의 공개 키로 잠긴 상자는 열 수 없다. 따라서 B는 상자에 자신의 공개 키로 잠금을 추가하고(②), 이를 다시 A에게 보낸다(③). 이제 A는 상자를 받고, 자신의 비밀 키로 자신의 잠금을 해제(④)한 후 다시 B에게 보낸다(⑤). 이 과정에서도 상자는 계속 잠겨 있어 보안이 유지된다. 마지막으로, B는 상자를 받아 자신의 비밀 키로 자신의 잠금을 해제하여 평문을 얻는다(⑥).

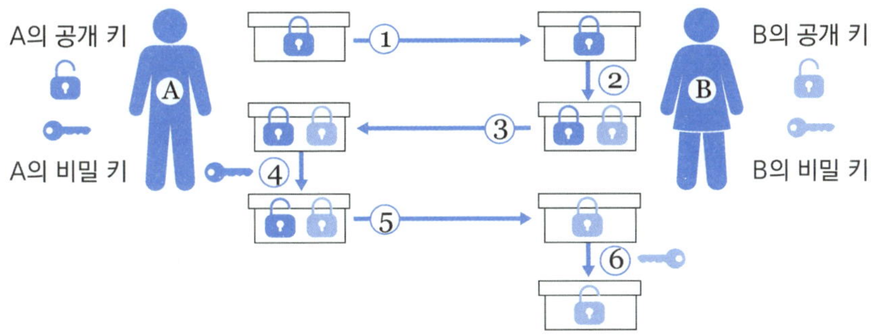

이 방식의 장점은 사전에 암호화 키 교환 없이도 안전한 통신이 가능하다는 것이다. 그러나 이 과정에서 제3자가 개입할 위험도 존재한다. 예를 들어, 해커 C가 B인 척하여 중간에 상자를 가로챈 후 A에게 자신의 자물쇠를 채운 상자를 보낼 수 있다. 이러한 위험을 방지하기 위해, 인증 기관(Certificate Authority, CA)과 등록 기관(Registration Authority, RA)의 역할이 중요하다. CA는 각 사용자의 공개 키에 대한 인증서를 발급하여, 사용자들이 서로의 공개 키가 진짜인지를 확인할 수 있게 한다.

그러나 CA의 공개 키 인증 과정이 해킹을 당하는 등 문제가 발생하면, 전체 인증 체계가 무력화될 수 있는 위험이 있다. 이는 공개 키 인프라스트럭처(Public Key Infrastructure, PKI)의 취약점으로, CA의 보안이 전체 시스템의 보안에 직접적인 영향을 미친다는 것을 의미한다.

따라서, 공개 키 암호화 방식은 효과적인 데이터 보호를 위한 강력한 도구이지만, 그 사용과 관리에 있어 신중함이 요구된다. 특히, 키 관리와 인증 기관의 보안은 이 암호화 방식을 사용하는 데 있어 핵심적인 고려 사항이 된다.

공개 키 기반 구조

공개 키 기반 구조(Public Key Infrastructure, PKI)는 디지털 인증서의 생성, 관리, 배포, 사용, 저장 및 파기와 공개 키 암호화 관리를 위한 일련의 역할, 정책, 하드웨어, 소프트웨어 및 절차를 총칭하는 용어이다. 이 시스템은 디지털 통신과 데이터 교환의 안전성을 보장하는 데 중요한 역할을 한다.

PKI의 주요 목적은 네트워크상에서 정보를 안전하게 전송하는 것이다. 이는 전자 상거래, 인터넷 뱅킹, 민감한 정보를 담은 이메일 전송과 같은 다양한 네트워크 활동에 필수적이다. PKI는 사용자 또는 장치의 공개 키와 개인 키 쌍을 생성하고, 이 키들을 안전하게 관리하며, 공개 키에 대한 인증서를 발급하는 역할을 한다. 이 인증서는 사용자의 정체성을 증명하고, 공개 키가 실제로 해당 사용자에게 속하는 것임을 보증한다.

PKI는 디지털 세계에서 정보의 기밀성, 무결성, 인증성을 보장하는 데 필수적인 요소이다. 이는 사용자와 기관이 신뢰할 수 있는 방식으로 정보를 교환하고, 데이터 보안을 유지할 수 있도록 돕는다. 하지만, PKI 시스템의 안전성은 그 구성 요소들의 보안에 직접적으로 의존하기 때문에, 이들 요소의 보안 유지가 매우 중요하다. PKI 시스템은 사이버 보안의 기본 요소로서, 현대 디지털 통신 환경에서 안전한 데이터 교환의 기반을 제공한다.

인증 기관과 등록 기관

공개 키 기반 구조(PKI)의 핵심 구성 요소인 인증 기관(Certificate Authority, CA)과 등록 기관(Registration Authority, RA)은 디지털 인증서의 관리 및 발행 과정에서 중요한 역할을 수행한다. 이들 기관은 암호화된 통신과 데이터 전송의 안전성을 보장하는 데 필수적이다.

인증 기관(CA)은 공개 키와 사용자의 신원을 연결하는 역할을 한다. 사용자나 조직이 CA에 자신의 공개 키를 등록하면, CA는 해당 사용자의 신원을 확인한 후 이를 공개 키와 연결하여 디지털 인증서를 발행한다. 이 인증서는 공개 키가 특정 개인이나 조직에 속하는 것임을 증명한다. CA에 의해 발행된 인증서는 데이터를 암호화하고 디지털 서명을 검증하는 데 사용될 수 있으며, 이를 통해 정보의 기밀성과 무결성이 보장된다.

등록 기관(RA)은 사용자의 키 등록 과정을 CA를 대신하여 수행한다. RA는 인증 요청을 받아, 사용자의 신원을 검증하고 CA에 인증 요청을 전달한다. RA는 사용자의 신원 확인 및 인증 요청의 유효성 검증에 중점을 두며, CA의 부담을 덜어주는 역할을 한다. RA는 CA와 직접적인 연결이 없을 수도 있으며, 이 경우 사용자는 RA를 통해 자신의 공개 키를 CA에 등록하고 인증서를 발급받게 된다.

CA와 RA의 역할은 PKI의 신뢰성과 안전성을 결정하는 중요한 요소이다. 이들 기관은 디지털 인증서의 정확성을 보장하고, 공개 키가 실제 소유자에게 속하는 것임을 인증함으로써, 디지털 통신과 데이터 교환의 안전을 보장한다. 또한, 이들 기관의 보안 수준은 PKI 전체의 보안에 직접적인 영향을 미치기 때문에, 강력한 보안 프로토콜과 절차의 유지가 필수적이다. CA와 RA의 적절한 관리와 운영은 디지털 세계에서의 신뢰와 보안을 유지하는 데 핵심적인 역할을 한다.

2 | 무선 네트워크 보안과 시스템 가용성 관리

1. 무선 네트워크 보안

와이파이 보안의 필요성

현대 사회에서 스마트폰, 노트북 PC 등 모바일 컴퓨팅 장치의 사용이 급증함에 따라 와이파이(Wi-Fi) 네트워크의 중요성이 대두되고 있다. 사용자들은 자주 공공 장소에서 핫스팟(Hotspot)을 형성하는 액세스 포인트(Access Point, AP)에 연결하여 인터넷 서비스를 이용한다. 이러한 환경에서 와이파이 보안은 매우 중요한 이슈로 부상한다.

와이파이 네트워크를 통한 데이터 전송 과정에서 가장 큰 위험 중 하나는 데이터 패킷의 노출이다. 사용자가 AP에 접속할 때, 데이터 패킷이 암호화되지 않은 상태로 전송되면, 중간에서 이를 가로채는 해커들에 의해 개인 정보 및 민감한 데이터가 유출될 수 있다. 이는 개인의 프라이버시 침해는 물론, 금융 사기 및 기타 사이버 범죄의 위험을 증가시킨다.

이러한 위험을 줄이기 위해, 와이파이 네트워크 보안은 통신 과정에서 발생할 수 있는 데이터의 노출을 방지하는 데 초점을 맞추고 있다. 이를 위해 가장 기본적인 방법은 단말기 간, 또는 단말기와 기타 네트워크 장비 간의 통신을 암호화하는 것이다. 현재 다양한 암호화 기술이 와이파이 보안에 적용되고 있다.

와이파이 네트워크 보안은 단순히 개인 사용자의 편의성을 넘어, 개인 정보 보호 및 사이버 보안의 핵심 요소로 자리 잡고 있다. 따라서 사용자는 안전한 와이파이 사용을 위해 보안이 강화된 네트워크에 접속하고, 정기적으로 보안 설정을 검토하여 최신 상태를 유지하는 것이 중요하다. 이와 같은 조치는 와이파이 네트워크를 통한 데이터 전송의 안전성을 높이는 데 기여한다.

대표적 보안 유형

와이파이 네트워크의 보안을 강화하기 위해 여러 보안 프로토콜이 개발되었다. 이러한 프로토콜은 데이터의 무단 접근 및 유출을 방지하며, 네트워크 사용자의 프라이버시를 보호하는 데 중요한 역할을 한다. 대표적인 와이파이 보안 유형으로는 WEP, WPA, WPA2, WPA3가 있다.

WEP(Wired Equivalent Privacy)

WEP는 초기 와이파이 보안 프로토콜 중 하나로, 1997년에 도입되었다. 이 프로토콜은 무선 네트워크를 유선 네트워크만큼 안전하게 만들겠다는 목표로 설계되었다. WEP는 RC4 암호화 알고리즘을 사용하여 데이터를 암호화한다. 그러나 시간이 지남에 따라 WEP의 암호화 방식은 쉽게 해독될 수 있다는 단점이 드러났고, 보안성이 낮다고 평가받는다.

WPA(Wi-Fi Protected Access)

WEP의 취약점을 보완하기 위해 2003년에 도입되었다. WPA는 데이터 패킷마다 고유한 암호화 키를 생성하며, 이는 WEP보다 훨씬 강력한 보안성을 제공한다. 또한, 사용자 인증 과정에서도 보안을 강화했다. 그런데도 WPA 역시 시간이 지나면서 몇 가지 취약점이 드러났다.

WPA2

WPA의 취약점을 해결하기 위해 2004년에 등장했다. WPA2는 AES(Advanced Encryption Standard, 고급 암호화 표준)를 사용하여 보안성을 대폭 강화했다. AES는 미국 정부가 사용하는 암호화 표준으로, 매우 높은 수준의 보안을 제공한다. 이는 현재까지도 많은 네트워크에서 사용되는 신뢰도 높은 와이파이 보안 프로토콜 중 하나이다.

WPA3

최신 보안 프로토콜인 WPA3는 2018년에 도입되었다. WPA3는 이전 버전의 보안 취약점을 개선하고, 보안 수준을 더욱 향상시켰다. WPA3는 개별화된 데이터 암호화(Individualized Data Encryption)를 제공하여 공공 와이파이 네트워크에서 사용자 간의 데이터 보안을 강화한다.

보안 유형의 선택

애플의 "Wi-Fi 라우터 및 액세스 포인트의 권장 설정" 페이지 중 '보안 '항목 참조: https://support.apple.com/ko-kr/HT202068

SSID

SSID(서비스 세트 식별자, Service Set Identifier)는 무선랜 환경에서 중요한 역할을 하는 개념이다. SSID는 각 무선랜을 식별하기 위한 고유한 이름으로, 무선 라우터나 액세스 포인트가 방송하는 식별자이다. 무선 네트워크를 사용하고자 할 때, 사용자는 이 SSID를 통해 원하는 네트워크를 선택하고 접속한다.

SSID는 무선랜을 통해 전송되는 모든 데이터 패킷의 헤더에 존재한다. 이는 네트워크 상의 데이터가 어떤 SSID에 속하는지를 나타내며, 네트워크 장비와 사용자들이 올바른 네트워크에 데이터를 전송하고 수신할 수 있게 한다. SSID는 무선랜의 '공개된 이름'이라고 할 수 있으며, 이를 통해 사용자는 여러 무선 네트워크 중에서 선택할 수 있다.

무선 라우터나 액세스 포인트는 기본적으로 제조사에서 설정한 기본 SSID를 가지고 있지만, 사용자는 보안 및 관리의 편의를 위해 이를 변경할 수 있다. SSID는 각 무선랜을 다른 무선랜과 구분하는 데 필수적인 역할을 한다. 네트워크 환경이 복잡해지고 무선랜이 더욱 널리 사용됨에 따라, SSID의 중요성은 더욱 강조되고 있다. 사용자가 원하는 네트워크에 쉽고 정확하게 접속할 수 있도록 하며, 네트워크 관리자에게는 네트워크를 관리하고 통제하는 데 필요한 기능을 제공한다. 따라서 SSID는 무선랜의 사용과 관리에 있어서 핵심적인 요소로 자리 잡고 있다.

SSID 설정 시 유의점

올바른 SSID 설정은 네트워크의 안전성을 높이고, 의도치 않은 접속을 방지하는 데 기여한다. SSID를 설정할 때 몇 가지 중요한 유의점이 있다.

비공개 설정 고려

필요한 경우, SSID의 브로드캐스팅 기능을 중지하여 네트워크를 비공개로 설정할 수 있다. 이 경우, 네트워크 목록에서 해당 SSID가 보이지 않게 되므로, 사용자는 SSID를 직접 입력해야만 네트워크에 접속할 수 있다. 이 방법은 네트워크의 보안을 강화하는 한편, 의도된 사용자만이 네트워크에 접근하도록 할 수 있다. 그러나 SSID 숨김이 절대적인 보안을 제공하는 것은 아니며, 추가적인 보안 조치와 함께 사용되어야 한다.

개인이나 부서의 신원, 위치 식별 정보 피하기

SSID를 설정할 때 개인이나 부서의 신원, 위치를 직접적으로 나타내는 이름은 사용을 피해야 한다. 예를 들어, 특정 개인의 이름이나 부서명, 위치를 드러내는 SSID는 보안상 위험할 수 있다. 이는 외부인에게 네트워크의 성격이나 위치 정보를 노출시키며, 이를 악용한 보안 위협의 가능성을 증가시킬 수 있다.

경각심 있는 명칭 사용

SSID에 경각심을 불러일으키는 명칭을 사용하는 것이 권장된다. 이는 의도치 않은 사용자가 무의식적으로 네트워크를 선택하는 것을 방지할 수 있다. 예를 들어, 'Hacker', 'Virus'와 같은 명칭은 무분별한 접속 시도를 줄이는 데 도움이 될 수 있다.

SSID 설정은 네트워크의 보안 및 운영에 있어 중요한 부분이다. 올바른 SSID 설정은 네트워크를 더 안전하고 효율적으로 관리하는 데 기여하며, 네트워크 사용자와 관리자 모두에게 중요하다. 따라서 SSID를 설정하거나 변경할 때는 이러한 유의점을 고려하여, 안전하고 효과적인 네트워크 환경을 조성하는 데 주의를 기울여야 한다.

2. 시스템 가용성

개념과 필요성

시스템 가용성(System Availability)은 조직의 시스템이 언제든지 필요할 때 사용할 수 있도록 유지하는 것을 목표로 하는 관리 전략이다. 이는 조직이 운영하는 시스템이 효율적이고, 신뢰할 수 있으며, 지속해서 작동할 수 있도록 보장하는 데 중점을 둔다. 시스템 가용성은 현대 경영 환경에서 필수적인 요소로 여겨지며, 기업의 연속성과 경쟁력 유지에 핵심적인 역할을 한다.

시스템 가용성의 중요성은 다음과 같은 요인에서 기인한다:

- 비즈니스 연속성 보장: 시스템 가용성은 기업이 예기치 못한 상황에도 중단 없이 운영을 지속할 수 있도록 한다. 이는 재해, 기술적 오류, 사이버 공격 등 다양한 외부 위협으로부터 비즈니스 연속성을 보호하는 데 중요하다.
- 고객 만족도 향상: 높은 수준의 시스템 가용성은 고객이 필요할 때 언제나 서비스를 이용할 수 있도록 보장한다. 이는 고객 경험을 개선하고, 고객 만족도를 높이는 데 기여한다.
- 운영 효율성 증대: 안정적이고 지속적으로 가용한 시스템은 조직의 운영 효율성을 높인다. 이는 자원의 최적화된 사용과 업무 프로세스의 효율적

인 진행을 가능하게 한다.

- 경쟁력 강화: 시스템 가용성은 기업이 시장에서 지속해서 경쟁력을 유지하는 데 도움이 된다. 시스템의 높은 가용성은 기업이 신속하게 시장 변화에 대응하고, 경쟁자들보다 우위를 점하는 데 기여한다.

결국, 시스템 가용성은 현대 경영에서 중단 없는 시스템 운영을 보장하는 핵심 요건이다. 이는 조직이 효율적으로 운영되고, 고객과 시장의 요구에 신속하게 대응할 수 있도록 지원하는 중요한 역할을 수행한다. 따라서 조직은 시스템 가용성을 높이기 위한 전략을 적극적으로 구축하고 실행함으로써, 경쟁력 있는 비즈니스 환경을 조성해야 한다.

시스템 가용성 확보 방안

시스템 가용성을 확보하는 것은 현대 기업 경영에서 매우 중요한 과제이다. 이를 위해 여러 전략과 기술이 동원되며, 주요 방안은 다음과 같다.

무장애 시스템 구축 및 활용

무장애 시스템(Fault-Tolerant System)은 하드웨어나 소프트웨어의 결함, 외부 공격, 시스템 오류 등 다양한 문제 상황에서도 연속적으로 운영될 수 있는 시스템을 의미한다. 이러한 시스템은 중요한 데이터와 서비스가 중단 없이 지속될 수 있도록 설계되어 있으며, 장애가 발생했을 때 자동으로 복구되거나 대체 시스템으로 전환하는 기능을 갖추고 있다. 무장애 시스템의 구축은 시스템의 안정적 운영을 보장하고, 비즈니스 연속성을 유지하는 데 필수적이다.

보안 업무의 아웃소싱(외주화)

보안 업무를 전문 업체에 아웃소싱하는 것도 시스템 가용성을 확보하는 데 중요한 방법이다. 전문적인 보안 서비스 제공업체는 최신의 보안 위협에 대응할 수 있는 고도의 기술과 경험을 갖추고 있으며, 이를 통해 조직의 시스템을 더욱 효과적으로 보호할 수 있다. 아웃소싱을 통해 기업은 자체적으로 보안 시스템을 관리하는 것보다 더 높은 수준의 보안을 유지할 수 있으며, 핵심 비즈니스에 집중할 수 있는 여건을 마련할 수 있다.

정보 보안 정책의 수립과 체계적 관리

정보 보안 정책의 수립과 체계적 관리는 시스템 가용성을 높이는 데 필수적인 요소이다. 이는 기업의 데이터 보호, 시스템 접근 제어, 네트워크 보안 등 다양한 측면을 포함한다. 효과적인 정보 보안 정책은 조직의 보안 수준을 향상시키고, 시스템에 대한 무단 접근 및 공격으로부터 조직을 보호한다. 또한, 정기적인 보안 감사와 평가를 통해 보안 위협을 식별하고 대응 전략을 개선하는 것도 중요하다.

이러한 방안들은 시스템의 안정성을 높이고, 다양한 위험 요소로부터 보호함으로써 시스템 가용성을 확보하는 데 기여한다. 시스템 가용성은 기업이 비즈니스 연속성을 유지하고, 고객 만족도를 향상시키며, 경쟁력 있는 서비스를 제공하는 데 중요한 역할을 한다. 따라서 기업은 시스템 가용성을 확보하기 위해 계속 노력하고, 적절한 전략과 기술을 적용해야 한다.

모바일 플랫폼 관리 방안

모바일 장치의 사용 증가와 함께, 모바일 플랫폼의 효과적인 관리는 조직의 보안 및 운영 효율성에 있어 중요한 요소가 되었다. 모바일 플랫폼 관리를 위한 주요 방안은 다음과 같다.

모바일 장치 사용자를 위한 보안 정책 수립 및 시행

조직은 모바일 장치 사용에 관한 명확한 보안 정책을 수립하고 이를 시행해야 한다. 이 정책은 장치 사용 규칙, 접근 권한, 데이터 관리 방법 등을 포함해야 하며, 모든 사용자가 이해하고 준수할 수 있도록 명확하게 정의되어야 한다. 정책의 주요 목표는 조직의 데이터 보안을 유지하고, 장치 사용에 따른 위험을 최소화하는 것이다.

MDM 시스템을 통한 관리

MDM(Mobile Device Management, 모바일 장치 관리) 시스템은 장치의 인증 상태, 보유 및 운용 현황, 분실 시 대응 방안 등을 관리하는 데 사용된다. 이러한 시스템은 장치에 대한 중앙 집중적인 관리를 가능하게 하여, 보안 위협에 신속하게 대응할 수 있도록 한다. 예를 들어, 분실된 장치에 대해 자동으로 잠금을 설정하거나, 데이터를 원격으로 삭제하여 정보 유출을 방지할 수 있다.

데이터 암호화

모바일 장치에 저장되거나 전송되는 데이터는 암호화되어야 한다. 데이터 암호화는 정보가 무단으로 접근되거나 유출될 경우 정보를 보호하는 데 중요하다. 암호화는 데이터의 무결성과 기밀성을 보장하며, 모바일 장치가 해킹이나 기타 보안 위협에 노출되었을 때 중요한 방어선 역할을 한다.

업무용 데이터를 모바일 장치와 분리 운용

업무용 데이터와 개인 데이터를 분리하여 운용하는 것은 모바일 장치 관리에 있어 중요한 전략이다. 이는 장치가 개인적인 용도로 사용될 때 발생할 수 있는 보안 위험을 최소화하는 데 도움이 된다. 또한, 이 방법은 장치 사용자의 프라이버시를 보호하고, 업무 데이터의 보안을 강화하는 효과가 있다.

이러한 관리 방안은 조직이 모바일 장치의 사용을 효과적으로 관리하고, 관련된 보안 위험을 최소화하는 데 기여한다. 모바일 장치의 적절한 관리는 조직의 데이터 보안을 유지하고, 업무 효율성을 높이며, 장치 사용자의 만족도를 개선하는 중요한 역할을 한다. 따라서 조직은 모바일 장치의 사용과 관련된 정책과 시스템을 지속해서 개선하고 강화하는 데 주력해야 한다.

클라우드 서비스의 보안 확보 방안

클라우드 서비스의 보안 확보는 기업 데이터 관리 및 운영의 핵심 요소로 자리 잡고 있다. 클라우드 환경에서의 보안 확보를 위한 주요 방안은 다음과 같다.

데이터 보유와 관리 책임 소재에 대한 확실한 규정과 관리

클라우드 서비스 이용 시 데이터 보유와 관리 책임의 명확한 정의는 필수적이다. 이는 데이터 보호와 관련된 책임을 명확히 분담하고, 데이터 관리 프로세스를 정립하는 데 중요하다. 기업은 자체적으로 데이터 관리 및 보호에 관한 정책을 수립하고, 클라우드 서비스 제공자와의 계약에서 이러한 책임과 역할이 명시되어야 한다.

클라우드 서비스 제공자에 대한 관리 항목

클라우드 서비스 제공자를 선택할 때 고려해야 할 중요한 관리 항목들이 있다. 이에는 데이터 저장 위치, 기업의 요구 사항과 법적 요건 준수 여부, 다른 기업과의 데이터 분리 정책 및 절차, 그리고 감사 및 보안과 관련한 자격 및 증명 자료 등이 포함된다. 이러한 항목들은 클라우드 서비스 제공자가 기업의 보안 요구를 충족할 수 있는지 평가하는 데 필수적이다.

- 데이터 저장 위치: 클라우드 서비스를 이용할 때 데이터가 저장되는 위치는 보안 및 규제 준수 측면에서 중요한 요소이다. 데이터의 지리적 위치는 해당 국가의 법률 및 규제에 영향을 받으므로, 데이터 보호와 관련된 법적 요구 사항을 충족하는지 확인하는 것이 중요하다.
- 기업의 요구 사항과 법적 요건 준수 여부: 클라우드 서비스 제공자는 기업의 요구 사항과 법적 요건을 준수해야 한다. 이는 데이터의 보안, 프라이버시 보호, 데이터 이전 및 처리 방식에 관한 기업의 정책과 규정을 충족하는 것을 의미한다.
- 클라우드 서비스를 이용하는 다른 기업과의 데이터 분리 정책 및 절차: 클라우드 환경에서는 여러 고객의 데이터가 같은 인프라에서 관리될 수 있다. 따라서 각 고객의 데이터를 확실히 분리하고 보호할 수 있는 정책과 절차의 존재는 중요하다.
- 감사 및 보안 관련 자격과 증명 자료: 클라우드 서비스 제공자의 보안 수준과 관련 자격은 서비스의 신뢰성을 평가하는 데 중요한 기준이 된다. 제공자가 갖춘 보안 인증과 감사 기록은 서비스의 안전성을 입증하는 중요한 자료이다.

이러한 방안들은 클라우드 서비스의 보안 확보에 필수적이며, 기업이 클라우드 환경에서 데이터를 안전하게 관리하고 운영하는 데 중요한 역할을 한다. 클라우드 서비스의 선택과 이용 과정에서 이러한 요소들을 철저히 검토하고 관리함으로써, 기업은 클라우드 환경에서의 데이터 보안과 규제 준수를 보장할 수 있다.

서비스 수준 계약(SLA)

서비스 수준 계약(SLA, Service-Level Agreement, 서비스 수준 약정, 서비스 수준 협약)은 서비스 제공자와 사용자 간에 서비스 수준에 대한 약정을 정의하는 문서

이다. 이는 서비스의 품질, 가용성, 책임 등을 명시하고, 서비스 제공 과정에서 양 당사자가 준수해야 할 기준과 조건을 규정한다. SLA는 일반적으로 서비스 제공의 범위, 측정 지표, 목표 수준, 평가 및 보고 체계 등을 포함한다.

SLA의 주요 구성 요소는 다음과 같다.

- 측정 지표와 목표: SLA는 서비스 성능을 평가하기 위한 구체적인 측정 지표와 목표를 설정한다. 이에는 CPU의 가용 시간, 응답 시간, 헬프 데스크의 응답 시간, 서비스 완료 시간 등이 포함될 수 있다. 이러한 지표들은 서비스 제공자가 제공해야 하는 서비스 수준을 명확하게 정의하고, 사용자의 기대치를 충족시키기 위한 기준으로 활용된다.
- 서비스 수준의 선정: SLA에서는 서비스 수준의 선정이 중요한 과정이다. 이는 기존의 서비스 수준을 바탕으로 하며, 공급자와 사용자 간의 상호 합의로 이루어진다. 적절한 서비스 수준의 선정은 SLA의 효과성을 보장하는 데 중요하다.
- 평가와 보고 체계: 서비스 제공 과정에서의 성과를 지속해서 모니터링하고 평가하는 체계는 SLA의 핵심 요소이다. 이는 서비스 제공자가 약정된 서비스 수준을 준수하고 있는지 확인하고, 필요한 조치를 할 수 있도록 한다.

SLA는 서비스 제공자와 사용자 간의 명확한 기대치를 설정하고, 서비스 품질을 유지하는 데 중요한 역할을 한다. 이를 통해 사용자는 일관된 서비스 품질을 보장받을 수 있으며, 서비스 제공자는 투명하고 책임 있는 서비스 제공을 약속할 수 있다. 따라서 SLA는 고품질의 서비스 제공을 위한 중요한 도구로, 양 당사자 간의 신뢰 구축과 관계 강화에 기여한다.

3 | 개인 수준의 보안 기술과 용어

1. 애플리케이션 관리

버그와 디버그

소프트웨어 버그(software bug)는 프로그램이나 시스템에서 발생하는 예기치 못한 오류나 문제를 말한다. 이러한 버그는 소프트웨어가 잘못된 결과를 내거나, 시스템이 오작동하거나, 착오를 일으키는 원인이 된다. 예를 들어, 계산 오류, 기능 실패, 시스템 충돌 등 다양한 형태로 나타날 수 있다. 버그의 발생은 소프트웨어 개발 과정 중 실수, 설계 오류, 또는 소스 코드 내의 논리적 오류로 인해 발생한다.

참고문헌

"Bug (Software Bug)", 2008. 5. 6. https://cantips.com/755

소프트웨어 개발 과정에서 버그는 불가피한 요소로 간주된다. 개발자들은 코드를 작성하는 과정에서 복잡한 시스템 내에서 다양한 상호 작용을 고려해야 하며, 이 과정에서 예상치 못한 상황이 발생할 수 있다. 따라서, 효과적인 버그 관리와 수정 방법은 소프트웨어 개발의 중요한 부분이다.

디버그(debug, debugging)는 이러한 소프트웨어 버그를 식별하고 수정하는 과정이다. 디버깅은 버그가 발생한 원인을 찾아내고, 해결하여 프로그램이 정상적으로 작동하도록 하는 작업을 포함한다. 디버깅 과정은 시스템의 로그 파일을 검토하거나, 코드를 단계별로 실행하여 오류가 발생하는 지점을 찾는 것과 같은 다양한 방법을 사용할 수 있다. 이 과정은 종종 시행착오를 반복하며, 복잡하고 시간이 많이 소요되는 작업일 수 있다.

디버깅의 목표는 단순히 버그를 제거하는 것뿐만 아니라, 왜 그 버그가 발생했는지를 이해하고, 유사한 문제가 미래에 다시 발생하지 않도록 하는 것이다. 이를 통해 개발자는 소프트웨어의 안정성을 높이고, 사용자 경험을 개선할 수 있다.

버그와 디버깅은 소프트웨어 개발의 필수적인 부분으로, 효과적인 디버깅 기술은 소프트웨어의 품질과 성능을 결정하는 중요한 요소이다. 따라서, 개발자들은 디버깅 기술을 계속 발전시켜야 하며, 소프트웨어 개발 과정에서 발생할 수 있는 다양한 종류의 버그에 대비할 수 있어야 한다.

백신 프로그램

바이러스 검사 소프트웨어인 백신 프로그램(Antivirus Software)은 컴퓨터 시스템을 보호하는데 필수적인 도구이다. 이 프로그램은 악성 소프트웨어를 탐지하고 제거하는 기능을 가지고 있어, 사용자의 데이터와 시스템을 위협으로부터 보호한다. 초기에는 주로 컴퓨터 바이러스에 초점을 맞췄지만, 시간이 지남에 따라 다양한 종류의 악성 코드를 탐지하고 대응할 수 있도록 발전했다.

현대의 백신 프로그램은 단순한 바이러스 탐지뿐만 아니라, 트로이 목마, 웜, 스파이웨어, 랜섬웨어 등 다양한 형태의 악성 소프트웨어를 검출하고 제거하는 능력을 갖추고 있다. 또한, 피싱 공격과 같은 사이버 위협에 대응하기 위한 기능도 포함되어 있다. 이러한 기능은 사용자의 개인 정보와 중요한 데이터를 보호하는데 중요한 역할을 한다.

악성 소프트웨어의 유형과 전략은 계속 진화하고 있으므로, 백신 프로그램도 이에 대응하기 위해 지속해서 업데이트되어야 한다. 이를 위해 백신 프로그램은 정기, 비정기적으로 새로운 위협을 탐지할 수 있는 패턴과 데이터베이스를 업데이트한다. 이러한 업데이트는 새로운 형태의 악성 코드나 공격 기법이 등장할 때마다 적시에 대응할 수 있는 역량을 강화한다.

백신 프로그램의 효과적인 사용은 단순히 소프트웨어를 설치하고 실행하는 것을 넘어서, 지속적인 업데이트와 적극적인 모니터링이 필요하다. 사용자는 정기적인 시스템 검사를 수행하고, 백신 프로그램의 최신 버전을 유지함으로써 자신의 디지털 환경을 안전하게 보호할 수 있다. 이는 개인 사용자뿐만 아니라 기업 환경에서도 중요한 보안 조치 중 하나이다.

침입 탐지 시스템

침입 탐지 시스템(IDS, Intrusion Detection System)은 컴퓨터 시스템이나 네트워크에 대한 원치 않는 접근이나 조작을 탐지하는 보안 기술이다. 이 시스템은 악의를 가진 숙련된 해커는 물론 자동화된 툴을 사용한 공격과 같은 다양한 유형의 위협을 식별한다. IDS의 주요 목적은 보안 위반, 정책 위반 및 기타 유형의 보안 위협을 감지하는 것이다.

침입 탐지 시스템은 전통적인 방화벽이 탐지할 수 없는 복잡한 보안 위협에 대응하기 위해 설계되었다. 방화벽은 주로 네트워크 경계를 보호하는 역할을 하며, 허가되지 않은 외부 접근을 차단하는 데 초점을 맞춘다. 반면, IDS는 네트워크 내부 또는 경계를 넘나드는 모든 종류의 악의적인 트래픽과 비정상적인 컴퓨터 사용을 모니터링하고 분석한다.

IDS는 네트워크 보안의 중요한 부분을 이루며, 지속해서 변화하는 사이버 위협 환경에 적응하여 정보와 자산을 보호한다. 이 시스템은 다양한 공격 방식을 식별하고 분석하여, 조기 경보를 제공하고 보안 팀이 적절한 대응 조치를 취할 수 있도록 한다.

키로깅

키로깅(Keylogging) 또는 키스트로크 로깅(Keystroke logging)은 사용자가 키보드를 통해 컴퓨터에 입력하는 모든 내용을 비밀리에 기록하는 활동을 말한다. 이 기술은 다양한 목적으로 사용되지만, 주로 보안 위협의 맥락에서 문제가 되는 경우가 많다. 키로깅을 통해 해커들은 비밀번호, 신용 카드 번호, 개인 메시지 등 사용자의 민감한 정보를 무단으로 수집할 수 있다.

키로깅 방법은 여러 가지가 있다. 가장 일반적인 방법은 소프트웨어 기반 키로거로, 악성 소프트웨어의 형태로 컴퓨터에 설치되어 사용자의 키 입력을 기록한다. 이러한 소프트웨어는 사용자의 지식 없이 설치될 수 있으며, 이메일 첨부 파일, 다운로드된 파일, 심지어 웹사이트를 통해서도 전파될 수 있다.

하드웨어 기반 키로깅도 존재한다. 이는 키보드와 컴퓨터 사이에 물리적인 장치를 설치하여 키 입력을 가로채는 방법이다. 하드웨어 키로거는 종종 소형 장치로, 눈에 잘 띄지 않게 설계되어 있어 감지하기 어렵다.

훨씬 발전된 키로깅 방법에는 전자적, 음향 기술을 활용하는 방법이 포함된다. 예를 들어, 키보드의 전자기 신호를 분석하거나 키 입력 시 발생하는 소리를 분석하여 사용자가 무엇을 타이핑했는지 파악하는 기술이 개발되고 있다. 이러한 방법은 고도의 기술적 지식을 요구하며, 일반적인 사용 환경에서는 드물게 사용된다.

키로깅은 개인의 프라이버시 침해와 정보 보안 위협에 대한 중대한 문제를 제기한다. 사용자는 이러한 위협으로부터 자신을 보호하기 위해 안전한 비밀번호 관리, 정기적인 보안 업데이트 및 악성 코드 검사, 의심스러운 링크나 파일 다운로드를 피하는 등의 조치를 취해야 한다. 또한, 기업이나 기관에서는 민감한 정보를 다룰 때 키로깅 방지 소프트웨어의 사용을 고려할 수 있다. 이와 같이, 키로깅에 대한 경각심과 적절한 보안 조치는 개인과 조직 모두에게 중요한 사안이다.

2. 웹 관련 보안 기술

HTTP와 HTTPS

웹에서 데이터 통신의 기본이 되는 것이 HTTP(HyperText Transfer Protocol) 프로토콜이다. 이는 웹 브라우저와 서버 간에 웹 페이지나 그와 관련된 파일을 전송하기 위한 표준 방법을 제공한다. HTTP는 초기 웹의 발전과 함께 널리 채택되었지만, 데이터 전송 과정에서 보안에 취약한 점이 문제로 지적되었다. 이는 특히 금융 정보, 개인 식별 정보와 같은 민감한 데이터를 다루는 웹사이트에서 중요한 문제가 되었다.

이러한 보안상의 우려를 해결하기 위해 등장한 것이 HTTPS(HyperText Transfer Protocol Secure)이다. HTTPS는 HTTP에 데이터 암호화 기능을 추가한 것으로, 사용자와 웹사이트 간의 모든 통신을 암호화하여 안전하게 보호한다. 이는 공개 키 암호화와 같은 기술을 사용하여 데이터를 암호화하고, 서버와 클라이언트 간의 통신을 보안을 강화한다.

HTTPS를 사용하는 웹 페이지의 URL은 'http://' 대신 'https://'로 시작하여, 사용자가 해당 페이지가 보안 연결을 통해 전송되고 있음을 쉽게 식별할 수 있게 한다. 웹 브라우저의 주소 표시줄에서 자물쇠 아이콘으로도 이를 확인할 수 있다. 이는 특히 온라인 뱅킹, 전자 상거래, 개인 정보를 다루는 웹사이트에서 중요하다.

우리나라에서는 2012년 8월부터 개인 정보를 다루는 온라인 사업자에게 HTTPS를 통한 보안 서버 구축을 의무화하고 있다. 이는 사용자의 개인 정보 보호를 위한 중요한 조치로, 웹 기반의 사업을 운영하는 기업들에게는 필수적인 요구 사항이 되었다.

HTTPS의 도입은 웹 보안의 중요한 발전으로 여겨지며, 사용자 데이터 보호 및 사이버 보안 강화에 크게 기여하고 있다. 또한, HTTPS는 단순히 보안을 강화하는 것뿐만 아니라, 웹사이트의 신뢰도를 높이고, 검색 엔진 최적화(SEO)에도 긍정적인 영향을 미친다. 이러한 이유로, 오늘날 많은 웹사이트와 온라인 서비스들이 HTTPS를 표준 프로토콜로 채택하고 있으며, 이는 웹 사용자에게 안전한 온라인 경험을 제공하는데 중요한 역할을 하고 있다.

웹 버그

웹 버그(web bug) 또는 웹 비컨(web beacon)은 웹 페이지나 이메일에 포함되어 사용자의 활동을 추적하는 기술이다. 이는 대개 매우 작은 이미지 파일(예: 1×1 픽셀의 투명 GIF) 형태로 존재하며, 사용자에게는 대부분 보이지 않는다. 웹 버그의 주요 기능은 사용자가 특정 웹 페이지를 방문하거나 이메일을 열람하는 것을 확인하는 데 있다.

웹 버그는 디지털 마케팅과 온라인 광고에서 특히 자주 사용된다. 마케터들은 웹 버그를 통해 사용자의 온라인 행동과 반응을 측정하고, 이 데이터를 활용하여 광고 전략을 개선하거나 타깃 마케팅을 수행한다. 예를 들어, 이메일 마케팅 캠페인에서는 웹 버그를 통해 수신자가 이메일을 언제, 얼마나 자주 열람하는지 파악할 수 있다.

또한, 웹 버그는 웹사이트 트래픽 분석에도 사용된다. 웹사이트 운영자들은 페이지 방문자의 수, 체류 시간, 페이지 내에서의 활동 등을 추적하여 사이트 성능을 분석하고 사용자 경험을 개선하는 데 이 데이터를 활용할 수 있다.

하지만 웹 버그는 개인의 프라이버시 침해 우려를 낳기도 한다. 사용자는 자신의 동의 없이 온라인 활동이 추적되고 기록되는 것을 원하지 않을 수 있으며, 이는 개인 정보 보호와 관련된 법적, 윤리적 문제를 야기할 수 있다. 따라서 많은 웹 브라우저와 이메일 서비스는 사용자가 이러한 추적을 차단할 수 있는 기능을 제공한다.

웹 버그는 디지털 환경에서 효과적인 데이터 수집 및 분석 도구로 활용될 수 있지만, 사용자의 프라이버시와 데이터 보호를 고려하는 것이 중요하다. 이는 사용자의 신뢰를 유지하고 디지털 환경에서의 개인 정보 보호를 강화하는 데 필수적인 요소이다.

HTTP 쿠키

HTTP 쿠키(cookie)는 웹 쿠키, 브라우저 쿠키라고도 하고 그냥 쿠키라고도 하는데, 인터넷 사용자가 웹사이트를 방문할 때 해당 사이트의 서버를 통해 사용자의 컴퓨터에 저장되는 작은 데이터 파일이다. 이 쿠키 파일에는 사용자의 웹사이트 방문 내역, 로그인 정보, 페이지 설정과 같은 사용자 특화 정보가 포함될 수 있다. 쿠키의 주요 목적은 웹 사용자 경험을 개선하고, 웹사이트 방문 시 사용자 맞춤형 서비스를 제공하는 것이다.

쿠키는 사용자가 동일한 웹사이트를 재방문할 때 웹사이트에 의해 읽히며, 이를 통해 웹사이트는 이전에 사용자가 설정했던 선호도, 로그인 상태, 장바구니 내용 등을 기억한다. 예를 들어, 온라인 쇼핑몰에서 쿠키는 사용자가 이전에 봤던 상품, 장바구니에 담았던 물품, 특정 선호도를 기억하여 사용자에게 맞춤화된 쇼핑 경험을 제공한다.

쿠키는 또한 웹사이트의 트래픽을 분석하고 사용자의 웹사이트 사용 패턴을 이해하는 데에도 사용된다. 이 정보는 웹사이트 운영자에게 중요한 통찰력을 제공하며, 사용자 경험을 향상시키고 웹사이트의 효율성을 높이는 데 도움이 된다.

그러나 쿠키 사용과 관련하여 프라이버시 문제가 제기되기도 한다. 쿠키는 사용자의 온라인 활동을 추적하므로, 개인 정보 보호에 대한 우려를 낳을 수 있다. 이러한 이유로, 많은 웹 브라우저는 사용자가 쿠키의 사용을 관리하고 차단할 수 있는 기능을 제공하고 있다. 또한, 일부 지역에서는 웹사이트가 쿠키를 사용하기 전에 사용자의 동의를 얻도록 하는 법률이 시행되고 있다.

쿠키는 웹사이트 사용자 경험을 개선하고 개인화하는 데 중요한 역할을 하지만, 사용자의 프라이버시와 데이터 보호에 대한 고려도 중요하다. 웹사이트 운영자는 쿠키를 사용하여 사용자 경험을 향상시키면서도, 사용자의 프라이버시를 존중하고 보호하는 균형을 유지해야 한다.

불필요한 키보드 보안 프로그램

금융 사이트와 같이 보안이 중요하게 여겨지는 웹사이트들은 종종 사용자에게 키보드 보안 프로그램의 설치를 강제하거나 권장한다. 이러한 프로그램은 키 입력을 암호화하여 키로깅과 같은 보안 위협으로부터 사용자의 개인 정보를 보호하는 목적을 가진다. 사용자의 비밀번호, 계좌 정보와 같은 민감한 데이터가 온라인으로 전송될 때 이를 보호하기 위한 조치이다.

그러나 이러한 키보드 보안 프로그램이 항상 긍정적인 영향만을 미치는 것은 아니다. 일부 보안 프로그램은 시스템 성능 저하, 호환성 문제, 사용자 경험의 저하와 같은 부정적인 영향을 끼칠 수 있다. 예를 들어, 일부 프로그램은 운영 체제의 업데이트와 충돌할 수 있으며, 이는 컴퓨터의 정상적인 작동을 방해할 수 있다.

또한, 이러한 프로그램들이 실제로 보안을 강화하는지에 대한 의문도 제기된다. 최신의 운영 체제와 웹 브라우저는 이미 다양한 보안 기능을 내장하고 있으며, 이러한 내장된 보안 기능이 충분한 보호를 제공할 수 있다는 주장도 있다. 따라서, 별도의 키보드 보안 프로그램 설치가 항상 필요하지는 않을 수 있다.

이러한 이유로, 사용자는 금융 사이트나 다른 보안이 중요한 사이트를 이용할 때 요구되는 키보드 보안 프로그램의 필요성과 효과를 신중하게 고려할 필요가 있다. 또한, 설치된 보안 프로그램이 시스템에 미치는 영향을 주기적으로 점검하고, 필요한 경우 업데이트하거나 제거하는 것이 좋다. 이는 컴퓨터의 안정성과 성능을 유지하는 동시에, 보안을 효과적으로 관리하는 방법이 될 수 있다.

옵트인과 옵트아웃

옵트인(Opt-in)과 옵트아웃(Opt-out)은 개인 데이터 보호 및 이용과 관련하여 중요한 개념들이다. 이들은 특히 개인 정보 수집, 마케팅, 전자 메일 광고와 같은 분야에서 사용자의 동의 및 선택권을 중시하는 방식으로 활용된다.

옵트인(Opt-in)

옵트인은 개인 데이터 수집을 위해서 사용자의 명시적인 동의가 필요한 제도이다. 이 방식에서는 사용자가 데이터 수집을 허용하기 전까지는 개인 데이터를 수집하거나 사용할 수 없다. 예를 들어, 기업이 마케팅 목적으로 전자 메일을 보내려 할 때, 수신자의 사전 동의를 반드시 얻어야 한다. 이는 사용자의 프라이버시 보호와 데이터 사용에 대한 투명성을 강화하기 위한 방법으로, 개인 정보 보호에 있어 더욱 엄격한 접근 방식을 제공한다.

옵트아웃(Opt-out)

옵트아웃은 사용자가 자신의 데이터 수집을 명시적으로 거부하지 않는 한 데이터 수집이 허용되는 제도이다. 이 경우, 기업은 광고 메일을 보내도 되지만, 수신자가 수신 거부 의사를 밝히기 전까지만 가능하다. 수신자가 발송자에게 수신 거부 의사를 명확히 표현하면 그 이후로는 해당 수신자에게 메일을 보낼 수 없다. 옵트아웃 방식은 사용자가 적극적으로 거부 의사를 표시하지 않는 이상 기업이 데이터를 수집하고 활용할 수 있게 한다. 이는 옵트인에 비해 사용자의 선택권이 다소 제한될 수 있으나, 기업에게는 수집과 이용이 더 용이한 방식이다.

이 두 방식은 각각 사용자의 데이터와 프라이버시 보호에 있어 다른 수준의 통제권을 제공한다. 옵트인은 사용자에게 더 많은 통제권을 부여하며, 개인 정보 보호에 좀 더 중점을 둔다. 반면, 옵트아웃은 데이터 수집과 이용을 용이하게 하되, 사용자가 필요할 때 개입하여 수집을 거부할 수 있는 선택권을 준다. 따라서 기업과 사용자 모두 이 두 방식의 차이점을 이해하고 적절하게 활용하는 것이 중요하다.

3. 암호 작성과 관리

암호를 해제하는 일반적인 방법

암호 보안은 사이버 보안의 핵심 요소 중 하나이며, 이를 무력화시키려는 다양한 방법들이 존재한다. 그 중에서도 '사전 공격'과 '무차별 대입 공격'이 가장 일반적인 암호 해제 방법으로 꼽힌다.

사전 공격(Dictionary Attack)

사전 공격은 사전에 미리 정리된 단어나 구문들의 목록을 이용해 암호를 해제하는 방식이다. 이 공격은 주로 사람들이 자주 사용하는 암호나 일반적인 단어들을 대상으로 하기 때문에, 간단하고 예측 가능한 암호에 특히 효과적이다. 공격자는 미리 준비된 사전 파일을 사용하여 시스템에 접근을 시도하며, 이 파일은 일반적인 단어, 인기 있는 암호, 흔히 사용되는 숫자 조합 등을 포함한다. 이 방법의 효율성은 사용하는 사전의 질과 범위에 크게 의존한다.

무차별 대입 공격(Brute-Force Attack)

무차별 대입 공격은 가능한 모든 문자 조합을 시스템적으로 입력하여 암호를 해제하는 방법이다. 이 방식은 특정 사전이나 데이터베이스에 의존하지 않고, 모든 가능한 조합을 시도한다. 이는 알파벳, 숫자, 특수 문자 등을 포함한 모든 조합을 순차적으로 대입해 보는 과정을 거친다. 암호의 길이가 길고 복잡할수록, 무차별 대입 공격으로 해제하는 데 필요한 시간과 자원은 기하급수적으로 증가한다. 따라서, 복잡하고 긴 암호는 이러한 공격으로부터 상대적으로 안전하다고 할 수 있다.

이러한 공격 방법들을 이해하는 것은 암호를 설정하고 관리하는 데 있어 중요하다. 간단하고 예측 가능한 암호는 사전 공격에 취약할 수 있으며, 짧고 간단한 암호는 무차별 대입 공격에 노출될 위험이 있다. 따라서, 복잡하고 예측 불가능한, 긴 암호를 사용하는 것이 중요하며, 이는 암호 보안을 강화하는 데 핵심적인 요소이다

암호 생성의 기본 원칙

암호는 디지털 보안의 첫 번째 방어선으로, 강력하고 안전한 암호 생성은 사이버 보안의 핵심적인 부분이다. 이를 위해 몇 가지 기본 원칙을 따라야 한다.

사전에 나와 있는 일반적인 단어와 유추하기 쉬운 문자열 생성 금지

암호 생성 시 가장 중요한 원칙 중 하나는 사전에 나와 있는 단어나 유추하기 쉬운 문자열을 사용하지 않는 것이다. 이러한 단어나 구문은 사전 공격에 매우 취약하기 때문이다. 예를 들어, 일반적인 이름, 날짜, 일상적인 단어 등은

쉽게 추측될 수 있어 안전하지 않은 암호로 간주된다. 대신, 무작위 문자 조합을 사용하는 것이 권장된다.

될수록 긴 암호

암호의 길이는 그 안전성에 직접적인 영향을 미친다. 긴 암호는 무차별 대입 공격에 대한 저항력이 더 강하다. 각 추가 문자는 가능한 조합의 수를 기하급수적으로 증가시키기 때문에, 해커가 모든 가능성을 시도하는 데 걸리는 시간이 현저히 늘어난다. 따라서, 암호는 가능한 한 길게 설정하는 것이 바람직하다.

완벽하게 보호될 수 있는 암호는 없으며 언젠가는 노출될 수 있다는 점을 전제로 암호 관리

모든 암호는 시간이 지남에 따라 노출될 위험이 있다는 것을 인식하는 것이 중요하다. 따라서, 정기적으로 암호를 변경하고, 다양한 계정에 동일한 암호를 사용하지 않는 것이 중요하다. 또한, 이중 인증(Two-Factor Authentication, 2FA)과 같은 추가 보안 조치를 사용하여 암호가 노출되더라도 보안을 유지할 수 있는 방법을 마련하는 것이 중요하다.

이러한 원칙들을 따름으로써, 개인 및 조직의 사이버 보안을 강화할 수 있다. 강력하고 예측 불가능한 암호를 사용하고, 이를 주기적으로 갱신하는 것은 데이터 보호의 필수적인 조치이다.

문서 파일 암호 저장

중요한 정보를 포함하는 문서 파일의 보안을 강화하는 가장 기본적인 방법은 암호를 지정하여 저장하는 것이다. 이러한 방식은 문서의 무단 접근을 방지하고, 데이터의 무결성 및 기밀성을 유지하는 데 중요한 역할을 한다. 특히, '읽기(열기) 암호'와 '쓰기 암호'를 설정함으로써 문서의 보안 수준을 높일 수 있다.

읽기(열기) 암호

읽기 암호는 문서를 열 때 필요한 암호이다. 이 암호가 설정된 문서는 암호를 알고 있는 사용자만 열람할 수 있다. 이는 민감한 정보가 담긴 문서를 보호하는 효과적인 방법으로, 무단 접근으로부터 정보를 안전하게 지킬 수 있다. 읽기 암호가 설정된 문서는 암호를 모르는 사용자에게는 내용이 완전히 숨겨져 있어, 데이터 누출의 위험을 크게 줄일 수 있다.

쓰기 암호

쓰기 암호는 문서에 변경이나 편집을 가할 수 있는 권한을 제한하는 데 사용된다. 이 암호가 설정된 문서는 모든 사용자가 열람할 수 있지만, 특정 암호를 알고 있는 사용자만이 편집이나 수정을 할 수 있다. 이 방법은 문서의 내용이 임의로 변경되는 것을 방지하며, 문서의 무결성을 유지하는 데 중요하다.

문서 파일에 암호를 설정하는 것은 사이버 보안의 기본적이면서도 중요한 단계이다. 읽기 암호는 무단 접근으로부터 문서를 보호하고, 쓰기 암호는 문서의 무결성을 유지하는 데 도움이 된다. 따라서, 중요한 문서를 다룰 때는 반드시 이러한 암호 보호 기능을 활용하는 것이 권장된다.

웹 사이트 암호 관리

인터넷의 보급과 함께 웹사이트 계정의 수가 급증함에 따라, 암호 관리의 중요성은 점차 증가하고 있다. 효과적인 웹사이트 암호 관리 방법에는 여러 가지가 있으며, 그중에서도 특히 중요한 몇 가지 원칙을 살펴본다.

각 사이트마다 다른 암호 사용

각 웹사이트마다 다른 암호를 사용하는 것은 기본적이지만 매우 중요한 보안 원칙이다. 하나의 암호가 노출되었을 때 다른 사이트들의 보안까지 위험에 빠지는 것을 방지하기 위함이다. 다양한 사이트에 동일한 암호를 사용하는 경우, 한 사이트의 보안이 침해되면 연쇄적으로 다른 계정들도 쉽게 위험에 노출될 수 있다.

혼자 사용하는 PC라면 웹 브라우저의 비밀번호 관리 기능 활용

개인이 사용하는 PC에서는 웹 브라우저의 비밀번호 관리 기능을 활용하는 것도 좋은 방법이다. 대부분의 현대 웹 브라우저들은 안전하게 비밀번호를 저장하고, 필요할 때 자동으로 입력해주는 기능을 제공한다. 이는 다수의 복잡한 암호를 기억할 필요 없이 편리하게 관리할 수 있도록 해준다. 그러나 공용 PC나 타인과 공유하는 컴퓨터에서는 이 기능을 사용하지 않는 것이 좋다.

별도로 암호 관리용 소프트웨어 사용

다양한 웹사이트의 암호를 관리하기 위해 전문적인 암호 관리용 소프트웨어를 사용하는 것도 효과적인 방법이다. 암호 관리자(Password Manager)라 불리는 이 소프트웨어는 각 사이트의 암호를 안전하게 저장하고 필요할 때 쉽게 접근할 수 있게 해준다. 또한, 강력하고 복잡한 암호를 생성하고 관리하는 데도 도움을 준다. 이러한 소프트웨어는 보안성이 높으며, 여러 기기에서 암호를 동기화하는 기능을 제공하기도 한다.

이러한 방법들을 통해 웹사이트 암호를 효과적으로 관리함으로써, 개인 정보 보호 및 사이버 보안을 강화할 수 있다. 다양한 사이트에 다른 암호를 사용하고, 비밀번호 관리 기능 또는 전문 소프트웨어를 활용함으로써 안전하고 편리한 암호 관리가 가능해진다.

웹 공유 사진의 개인 정보 데이터 문제

디지털 시대에 사진을 온라인으로 공유하는 것은 일상적인 활동이 되었으나, 이 과정에서 개인 정보의 무단 노출 위험이 도사리고 있다. 특히, 공유하는 사진에 포함된 메타데이터가 중요한 정보를 담고 있어 주의가 필요하다.

GPS 정보 노출 위험

디지털 사진에는 촬영 위치에 대한 GPS 정보가 포함될 수 있다. 이는 위도, 경도, 고도 정보를 포함하며, 사진을 촬영한 정확한 위치를 나타낸다. 이러한 정보는 사진이 온라인에 공유될 때 함께 업로드되어 사용자의 위치 정보가 노출될 위험이 있다. 예를 들어, 집, 학교, 직장 등 개인적인 공간에서 찍은 사진을 공유하면, 해당 위치의 세부 정보가 불의의 개인 정보 유출로 이어질 수 있다.

사진의 속성 정보에서 민감한 정보 삭제 등 보완 작업 필요

사진을 온라인에 공유하기 전에는 메타데이터를 검토하고 필요한 경우 민감한 정보를 삭제하는 보완 작업이 필요하다. 대부분의 사진 편집 소프트웨어나 앱은 메타데이터를 확인하고 수정할 수 있는 기능을 제공한다. 이를 통해 GPS 정보뿐만 아니라, 촬영 일시, 카메라 모델, 노출 설정 등 다른 개인적인 정보도 관리할 수 있다. 특히, 소셜 미디어나 웹사이트에 사진을 업로드할 때는 이러한 정보가 자동으로 공개되지 않도록 설정을 조정하는 것이 중요하다.

이러한 조치들을 통해 온라인에서 사진을 공유할 때 개인 정보 보호를 강화할 수 있다. GPS 정보와 같은 민감한 메타데이터는 사생활 보호 및 보안에 직접적인 영향을 미치므로, 사진을 공유하기 전에 적절한 검토와 조정이 필수적이다.

13

전자 상거래와 지식 경영

1 전자 상거래와 e-비즈니스

2 전자 상거래 유형과 수익 모델

3 지식 경영

CHAPTER 13

전자 상거래와 지식 경영

1 | 전자 상거래와 e-비즈니스

1. 디지털 경제

정의

디지털 경제(Digital Economy)는 디지털 컴퓨팅 기술(Digital Computing Technology)을 기반으로 한 경제 체계를 의미한다. 이 경제 체계는 기존의 산업 경제와 비교하여 기술 중심적인 접근 방식을 취하며, IT와 인터넷의 발전이 그 중심에 있다. 디지털 경제의 핵심은 디지털 정보와 통신 기술을 활용하여 생산성과 경제적 효율성을 증대시키는 데 있다.

인터넷 경제(Internet Economy)는 디지털 경제의 주요 부문 중 하나로, 인터넷과 웹을 기반으로 하는 시장을 통해 비즈니스가 이루어진다. 이 부문은 전자 상거래(E-commerce)로도 널리 알려져 있으며, 전통적인 상업 활동을 디지털 플랫폼으로 옮겨놓은 형태를 띠고 있다. 전자 상거래는 상품이나 서비스의 온라인 판매, 디지털 결제 시스템, 온라인 마케팅 등을 포함한다. 이러한 활동은 경제적 거래를 더욱 신속하고 효율적으로 만들며, 글로벌 시장 접근성을 대폭 확장시킨다.

신경제(New Economy)라는 용어는 디지털 경제의 변화와 혁신을 강조하기 위해 사용된다. 이는 기술 발전, 특히 정보 통신 기술의 급속한 발전이 경제 전반에 걸쳐 새로운 비즈니스 모델과 시장 구조를 창출하고 있다는 것을 의미한다. 신경제에서는 데이터의 중요성이 강조되며, 빅 데이터와 같은 기술이 경제적 의사 결정 및 전략 수립에 핵심적인 역할을 한다.

웹 경제(Web Economy)는 인터넷을 기반으로 하는 디지털 경제의 또 다른 표현이다. 이는 웹 기술과 관련 서비스의 발전이 경제 활동에 미치는 영향을 강조한다. 웹 기반 기술은 소셜 미디어, 클라우드 컴퓨팅, 모바일 애플리케이션 등을 포함하며, 이러한 기술들은 비즈니스 모델의 변화를 촉진하고, 새로운 시장 기회를 창출한다.

결국 디지털 경제는 정보 기술과 디지털 혁신이 경제적 가치 창출 및 교환 방식을 변화시키는 현상을 설명한다. 이는 전통적인 산업과 시장을 변형시키며, 새로운 경제적 기회와 도전 과제를 제시한다. 디지털 경제의 이해는 현대 사회와 경제에서 필수적이며, 지속적인 기술 발전과 함께 그 중요성은 더욱 증가할 것이다.

디지털 경제의 구성 요소

디지털 경제는 여러 중요한 구성 요소들의 상호 작용을 통해 형성되며, 이들 요소는 디지털 경제의 다면성과 역동성을 반영한다. 핵심적인 구성 요소로는 IT 인프라스트럭처, 디지털 기반의 업무 방식, 디지털 기반의 제품 및 서비스와 가치의 이전이 있다.

IT 인프라스트럭처

디지털 경제의 기반이 되는 IT 인프라스트럭처는 컴퓨터 시스템, 네트워크, 데이터 관리 시설, 소프트웨어 등을 포함한다. 이는 정보와 서비스의 디지털화를 가능하게 하며, 사이버 공간에서의 비즈니스 활동을 지원한다. 클라우드 컴퓨팅, 빅 데이터, 사물 인터넷(IoT), 인공 지능과 같은 최신 IT 기술은 디지털 경제의 성장을 촉진하는 중요한 역할을 한다. 이러한 인프라는 기술적 진보의 속도와 범위를 결정짓는 중요한 요소로, 현대 경제에서 IT 인프라 없이는 디지털 전환(Digital Transformation, DX 또는 DT)을 실현할 수 없다.

디지털 기반의 업무 방식

현대 경제의 변화하는 역동성을 반영하는 디지털 기반의 업무 방식은 전통적인 업무 방식을 디지털화하고 혁신한다. 원격 근무, 협업 소프트웨어, 자동화 및 인공 지능의 적용 등이 새로운 업무 방식의 예이다. 이러한 변화는 생산성과 효율성을 높이고, 글로벌 시장에서의 경쟁력을 강화한다. 디지털 기술에 의한 업무 방식의 변화는 경제적 효율성을 증대시키는 중요한 동력이다.

디지털 기반의 제품, 서비스, 가치의 이전

디지털 경제는 물리적 제품과 서비스뿐만 아니라 디지털 콘텐츠, 소프트웨어, 데이터 기반 서비스 등을 포함한다. 이러한 제품과 서비스는 인터넷을 통해 쉽고 빠르게 전달되며, 사용자 경험을 개선하고 새로운 가치 창출을 가능하게 한다. 디지털 결제 시스템, 전자 상거래, 디지털 마케팅 등은 이러한 가치 이전의 중요한 수단이다. 이러한 제품 및 서비스의 보급은 전통적인 상품과 서비스와 다른 방식으로 제공되며, 새로운 비즈니스 모델과 소비자 경험을 창출한다.

이와 같이, 디지털 경제의 구성 요소들은 상호 보완적이며, 각각은 디지털 경제의 다양한 측면을 대표한다. 이러한 요소들의 상호 작용은 디지털 경제의 복잡성과 역동성을 이해하는 데 중요하며, 지속적인 혁신과 발전이 디지털 경제의 미래를 이끌어 갈 것이다.

디지털 전환

디지털 전환(Digital Transformation: DX 또는 DT)은 조직이 디지털 기술을 채택하여 효율성, 가치, 혁신을 개선하는 과정이나 활동을 의미한다. 이 과정은 단순히 기술 도입에 그치지 않고, 조직의 전략, 문화, 작업 프로세스 및 비즈니스 모델 자체를 변화시키는 것을 포함한다. 디지털 전환의 목표는 조직의 경쟁력을 강화하고, 새로운 기회를 창출하는 것이다.

디지털 전환의 핵심 요소는 새로운 디지털 기술의 적용이다. 이는 클라우드 컴퓨팅, 빅 데이터, 인공 지능, 사물 인터넷과 같은 혁신적인 기술을 포함한다. 이러한 기술은 제품과 서비스의 디지털화, 프로세스의 자동화, 고객 경험의 개선 등 다양한 영역에서 적용될 수 있다. 또한, 디지털 전환은 조직 내부의 의사 결정 방식과 운영 모델을 혁신하는 데 중요한 역할을 한다.

전통적인 기업과 기존 기업이 디지털 전환을 추진하는 것은 자신들의 체질과 목표를 수정하고, 디지털 시대에 적응하기 위한 노력의 일환으로 볼 수 있다. 이러한 변화는 조직이 더욱 유연하고, 시장 변화에 빠르게 반응하며, 새로운 비즈니스 기회를 탐색하고 활용하는 데 도움을 준다. 디지털 전환은 디지털 경제의 진화와 함께 발전하며, 현대 경제에서 필수적인 요소로 자리 잡고 있다. 조직의 디지털 전환 과정은 기술적 측면뿐만 아니라, 문화적, 조직적 변화를 포괄하는 종합적인 접근이 요구된다. 이를 통해 조직은 디지털 시대의 도전과 기회에 능동적으로 대응할 수 있다.

2. 전자 상거래

전자 상거래의 정의와 범위

전자 상거래(Electronic Commerce, E-Commerce, EC)는 인터넷을 이용한 상거래 활동으로, 그 범위는 좁은 의미와 넓은 의미로 다르게 해석될 수 있다. 좁은 의미에서 전자 상거래는 온라인 쇼핑과 같이 인터넷을 통해 상품과 서비스를 사고파는 활동에 국한된다. 이는 소비자와 기업이 컴퓨터 통신망을 활용하여 거래를 이루는 것으로, 온라인 마켓플레이스, 웹사이트, 모바일 앱 등 다양한 플랫폼을 통해 이루어진다.

반면, 넓은 의미에서의 전자 상거래는 인터넷 기반의 모든 경제 및 사회 활동을 포함한다. 이는 단순히 상품과 서비스의 구매와 판매에 국한되지 않고, 온라인 광고, 디지털 마케팅, 소셜 미디어를 통한 소비자 참여, 클라우드 기반 서비스, 온라인 금융 서비스 등을 포함한다. 이러한 활동은 전자 상거래의 범위를 전통적인 상거래의 영역을 넘어서 확장시킨다.

전자 상거래의 이러한 넓은 범위는 디지털 기술의 발전과 밀접한 관련이 있다. 인터넷의 보급과 모바일 기기의 사용 증가는 상거래 활동을 온라인 공간으로 이동시켰으며, 이는 경제 활동의 많은 부분을 디지털화하는 결과를 낳았다. 또한, 빅 데이터와 인공 지능 같은 기술의 발전은 개인화된 소비자 경험을 제공하고, 더 효율적인 마케팅 전략을 가능하게 한다.

전자 상거래는 경제 활동뿐만 아니라 사회적 상호 작용에도 영향을 미친다. 소비자들은 상품 리뷰를 공유하고, 소셜 미디어를 통해 의견을 교환하며, 온라인 커뮤니티를 통해 정보를 얻는다. 이러한 상호 작용은 전자 상거래의 중요한 구성 요소로, 소비자의 구매 결정과 브랜드 인지도에 영향을 미친다.

이렇게 전자 상거래는 좁은 의미에서의 온라인 쇼핑 활동뿐만 아니라, 넓은 의미에서 인터넷 기반의 모든 경제 및 사회 활동을 포함하는 광범위한 개념이다. 이는 현대 경제에서 디지털 기술의 중요성과 영향력을 반영하며, 앞으로도 지속적인 발전과 변화가 예상된다. 전자 상거래는 비즈니스 모델의 혁신뿐만 아니라, 소비자의 생활 방식과 구매 행태에도 근본적인 영향을 미치는 중요한 경제 현상이다.

법적 정의

전자 상거래를 직접적으로 정의한 것으로 아니지만 법적으로 '전자 거래'라는 용어가 사용된다. 이는 재화나 용역을 거래할 때 그 전부 또는 일부가 전자 문서 등 전자적 방식으로 처리되는 거래를 의미한다. 이 정의는 "전자문서 및 전자거래 기본법(약칭: 전자문서법)" 제1장 총칙 제2조(정의)에 근거한다.

이 법적 정의는 전자 상거래가 단순히 인터넷을 통한 상품의 구매와 판매에만 국한되지 않는다는 점을 명확히 한다. 전자 상거래 과정에서 생성되는 계약서, 영수증, 주문서 등의 모든 문서가 전자 문서의 형태로 존재하고 처리되며, 이는 전통적인 종이 기반의 문서에 준하는 법적 효력을 갖는다. 이러한 전자 문서의 사용은 거래의 투명성을 높이고, 거래 과정을 간소화하며, 법적 보호를 강화하는 역할을 한다.

전자 문서법은 전자 상거래의 법적 틀을 제공함으로써, 전자 거래가 빠르게 발전하고 있는 디지털 경제 환경에서 안정적이고 신뢰할 수 있는 거래를 보장한다. 이 법률은 전자 상거래 관련 문서의 생성, 전송, 보관, 인증 등에 대한 기준을 설정하며, 이는 전자 상거래 참여자들의 권리와 의무를 명확히 하는데 기여한다. 따라서 전자 상거래는 단순히 기술적인 혁신을 넘어, 법적인 구조와 규제 내에서 이루어지는 경제 활동으로 이해될 수 있다. 전자 상거래의 법적 정의와 규제는 이러한 거래가 안전하고 효율적으로 이루어질 수 있는 기반을 마련하며, 디지털 경제의 발전에 중요한 역할을 한다.

e-비즈니스

e-비즈니스(Electronic Business, e-Business)는 인터넷과 디지털 기술을 기업의 재무, 회계, 마케팅, 인적 자원 관리 등의 직능을 계획, 실행, 평가하는 등 모든 비즈니스 프로세스에 적용하고 활용하는 현상을 의미한다. 이 개념은 단순한 온라인상의 상품이나 서비스의 거래에 국한되지 않고, 기업 경영의 전략적 차원에서 디지털 기술을 통합하는 것을 포함한다.

e-비즈니스는 기업 내부의 관리와 운영뿐만 아니라, 공급업체나 협력업체와의 관계에서도 디지털 기술을 활용한다. 이는 기업의 전반적인 운영 효율성을 증대시키고, 비즈니스 프로세스를 혁신하는 데 중요한 역할을 한다. 예를 들어, 기업의 4대 정보 시스템 등은 e-비즈니스 전략의 주요 구성 요소로 작용한다.

e-비즈니스는 기업이 디지털 시대에 적응하고 혁신하는 핵심 전략으로, 기존 비즈니스 모델을 디지털 기술을 통해 재정립하고 최적화하는 데 중점을 둔다. 이를 통해 기업은 빠르게 변화하는 시장 환경에 효과적으로 대응하고, 지속 가능한 성장을 추구할 수 있다. 따라서 e-비즈니스는 단순한 기술적 적용을 넘어, 기업 경영 전반의 디지털 전환과 혁신에 중요한 기여를 한다.

전자 상거래와 E-비즈니스의 관계

전자 상거래와 e-비즈니스는 자주 혼용되거나 다양한 의미로 사용되는 용어이다. 일부는 e-비즈니스라는 용어를 더 선호하며, 이를 전자 상거래보다 강력하고 넓은 범위를 포함하는 개념으로 해석하기도 한다. 이러한 이해는 전자 상거래를 단순히 "전자적으로 실행하는 상업적인 거래 활동(electronic commercial transaction)"으로 한정짓는 것에서 비롯된다.

전자 상거래는 원래 인터넷의 도입과 확산 과정에서 광고나 상업적 거래까지 확장하려는 노력의 일환으로 출발한 것은 사실이다. 그러나 "commerce"라는 용어 자체가 단순한 상업적 거래에만 국한되지 않는다는 점을 인식할 필요가 있다. 예를 들어, 미국 행정부에 상무부(Department of Commerce, DoC)가 있다. 당연히 단순한 상거래를 담당하는 곳이 아니다. 상업뿐만 아니라 광범위한 경제적, 사회적 활동을 관리한다. 넓게 보면 이 부서에서 담당하는 모든 업무를 전자적으로, 인터넷으로 처리하는 게 'Electronic Commerce'라고 할 수 있다. 따라서 이런 상무부라는 이름을 고려한다면 전자 상거래를 번역할 때, '전자 상무'라고 하는 것이 더 넓은 범위의 활동을 포함한다는 점을 반영할 수 있다. 이는 정부, 기업, 가계(개인)를 포함한 다양한 경제 주체의 활동 영역과 관계를 의미한다.

반면, e-비즈니스는 주로 기업의 활동에 국한된다. 기업의 재무, 회계, 마케팅, 인적 자원 관리 등의 직능을 계획, 실행, 평가하는 전반적인 비즈니스 프로세스의 디지털화를 의미한다. 전자 정부나 이러닝과 같은 영역은 전자 상거래의 범위에 포함될 수 있지만, e-비즈니스의 영역으로 보기는 어렵다.

현재 현실에서는 이 두 용어가 혼용되거나, 때에 따라 다양한 의미로 사용되는 경우가 많다. 많은 사람들이 전자 상거래를 e-비즈니스에 포함되는 하위 개념으로 보거나, 아니면 공통 부분이 있는 서로 다른 영역으로 타협하여 설명한다. 그러나 말 그대로 본다면 전자 상거래가 e-비즈니스를 포함하는 상위의 더 큰 개념이다.

그렇다 하더라도 실무적인 입장에서는 전자 상거래와 e-비즈니스를 사용할 때 그 용어가 가지는 구체적인 의미와 맥락을 명확히 규정하는 것이 중요하다. 이는 두 용어가 각각의 영역에서 중요한 역할을 하며, 디지털 경제의 발전에 기여하는 바가 크고 다르기 때문이다. 따라서 각각의 용어가 가리키는 범위와 의미를 정확히 이해하고 정의하여 상황에 맞게 적절하게 사용할 필요가 있다.

3. 전자 상거래의 학문적 관점

전자 상거래 분야의 여러 대표 용어들을 나열하여 살펴보면 아래와 같이 정보 기술(IT)과 경영(Management)로 구성되어 있음을 확인할 수 있다.

따라서 이들은 각각 IT와 경영학의 관점에서 접근할 수 있다. 이러한 두 관점은 사회 기술적 시스템(Sociotechnical System, STS)의 접근법과 일치한다.

기술적 관점

- 이 관점에서 전자 상거래는 컴퓨터 과학, 경영 과학, 정보 시스템, 통계학 등의 분야를 포함한다.
- 기술적 관점은 전자 상거래를 기능하게 하는 방식, 사용되는 기술, 데이터 처리 및 분석 방법 등에 초점을 맞춘다.

사회적 관점

- 사회적 관점에서는 경제학, 경영학, 사회학 등을 중심으로 전자 상거래를 이해한다.
- 이는 전자 상거래가 사회, 경제, 관리 측면에서 어떠한 영향을 미치는지, 그리고 이를 어떻게 관리하고 최적화할 수 있는지를 탐구한다.

STS는 기술과 사회 사이의 상호 작용을 중시하며, 기술이 사회에 미치는 영향과 사회가 기술 발전에 기여하는 방식을 조망한다. 전자 상거래는 이러한 STS의 핵심 사례로 볼 수 있으며, 기술과 사회 간의 상호 작용을 통해 발전하고 있다.

또한, 이러한 관점들은 경영 정보 시스템의 학문적 관점과 일치한다. 경영 정보 시스템은 정보 기술을 비즈니스와 조직의 관리에 적용하는 방법을 연구하는 분야로, 전자 상거래의 핵심적인 요소를 포함한다.

이처럼 전자 상거래는 기술적, 사회적 관점을 모두 포함하는 복합적인 학문 영역으로, 다양한 학문 분야의 지식과 접근법이 상호 작용하며 이 분야를 형성하고 발전시킨다. 전자 상거래의 이해는 이러한 다양한 학문적 관점을 통합하여 더 깊이 있는 이해를 제공하며, 디지털 경제에서 중요한 역할을 하는 이 분야의 발전에 기여한다.

2 전자 상거래 유형과 수익 모델

1. 전자 상거래 모델의 유형

- Business-to-Consumer (B2C)
- Consumer-to-Business (C2B)
- Business-to-Business (B2B)
- Consumer-to-Consumer (C2C)
- Business-to-Government (B2G)
- Citizen-to-Government (C2G)

B_2C

B_2C(Business–to–Consumer, 기업과 소비자 간 전자 상거래)는 주로 웹사이트나 온라인 플랫폼을 통해 소비자가 재화나 서비스를 구매하는 방식으로 진행된다. B_2C 전자 상거래의 주요 과정은 다음과 같다.

소비자의 주문 단계

- 소비자는 웹사이트를 방문하여 원하는 제품이나 서비스를 선택하고 주문한다.
- 이 과정은 사용자 친화적인 인터페이스와 다양한 결제 옵션을 통해 진행된다.

기업의 주문 처리 단계

- 기업은 웹사이트를 통해 접수된 주문을 처리한다.
- 이 단계에는 주문 확인, 결제 처리, 재고 관리 및 배송 준비 등이 포함된다.

납품 단계

- 기업은 주문된 상품이나 서비스를 소비자에게 납품한다.
- 납품 과정은 물리적 상품의 경우 배송, 디지털 상품의 경우 온라인 전송을 통해 이루어진다.

B2C 전자 상거래는 소비자에게 편리함과 다양한 선택권을 제공하며, 기업에게는 더 넓은 시장 접근과 효율적인 판매 프로세스를 가능하게 한다. 이 모델은 소비자와 직접적으로 연결되는 디지털 마케팅 전략과 결합되어, 기업들이 고객의 요구와 트렌드를 더 잘 이해하고 적응하는 데 도움을 준다. B2C 전자 상거래는 현대의 디지털 경제에서 중요한 역할을 하며, 온라인 쇼핑의 확산과 함께 계속해서 성장하고 있다. 이러한 거래 방식은 소비자 경험을 개선하고 기업의 경쟁력을 강화하는 주요 수단으로, 디지털 경제의 주요한 동력 중 하나로 자리 잡고 있다.

C_2B

C_2B(Consumer-to-Business, 소비자 기업 간 전자 상거래)는 전통적인 시장 구조를 뒤집는 모델로, 여기에서 가치 창출의 주체는 소비자이다. 이 모델에서는 소비자가 제품이나 서비스를 제공하고, 기업이 이를 소비한다. C_2B 모델의 특징과 과정은 다음과 같다.

소비자의 제품/서비스 게시 단계

- 소비자는 특정 웹사이트에 자신이 제공할 수 있는 서비스나 제품을 게시한다.
- 이는 프리랜서 서비스, 맞춤형 제품 제작, 창작물 등 다양한 형태로 이루어질 수 있다.

기업의 채택 단계

- 관심 있는 기업은 웹사이트를 통해 소비자가 제공하는 서비스나 제품을 채택한다.
- 이 과정은 입찰, 협상, 계약 체결 등을 포함할 수 있다.

소비자의 제품/서비스 전송 단계

- 소비자는 선택된 기업에 제품이나 서비스를 전송한다.
- 전송 방법은 디지털 콘텐츠의 경우 온라인 전송, 물리적 제품의 경우 배송 등으로 이루어진다.

대가 수령 단계

- 서비스나 제품 제공 후, 소비자는 기업으로부터 대가를 수령한다.
- 이는 금전적 보상, 서비스 교환, 혜택 등 다양한 형태로 이루어질 수 있다.

C_2B 모델은 소비자가 판매자의 역할을 하는 것뿐만 아니라, 소비자가 원하는 제품이나 서비스를 웹사이트를 통해 요청하고, 이에 대해 여러 기업이 경쟁적으로 제공하는 경우도 포함한다. 이러한 접근은 소비자 중심의 시장을 창출하며, 기업과 소비자 간의 관계를 새로운 방식으로 재정립한다.

C_2B는 소비자의 창의성과 자발성을 기업의 수요와 결합시켜 새로운 비즈니스 기회를 창출한다. 이 모델은 개인의 역량과 자원을 활용하여 기업에 가치를 제공하는 독특한 방식으로, 디지털 경제에서 소비자와 기업 간의 상호 작용을 재해석하고 있다. C_2B는 디지털 기술의 발전으로 가능해진 새로운 형태의 상거래로, 기업과 소비자 모두에게 새로운 기회와 도전을 제공하는 중요한 모델이다.

역경매

역경매(Reverse Auction)는 전통적인 경매 방식을 뒤집은 형태로, 소비자가 원하는 제품이나 서비스를 게시하고, 여러 판매자들이 경쟁적으로 가격을 제시하는 모델이다. 이 방식에서 소비자는 거래의 주도권을 가지며, 판매자들은 소비자의 요구에 맞춰 최적의 가격과 조건을 제공하려 노력한다.

소비자의 제품/서비스 요청 단계

- 소비자는 특정 플랫폼이나 웹사이트에 자신이 구매하고자 하는 제품이나 서비스의 사양과 조건을 게시한다.

판매자의 경쟁 가격 제시 단계

- 다수의 판매자들은 소비자의 요구 사항을 기반으로 경쟁적으로 가격을 제시한다.
- 이 과정은 판매자 간의 경쟁을 통해 소비자에게 유리한 조건을 이끌어 낼 수 있다.

소비자의 선택과 거래 결정 단계

- 소비자는 제시된 가격과 조건을 비교하여 가장 적합한 판매자와 거래를 결정한다.

역경매 모델은 전통적인 B_2C 모델과는 대조적으로, 소비자가 더 적극적인 역할을 하며 C_2B로 분류될 수 있다. 이 방식은 소비자에게 더 나은 가격과 조건을 제공할 수 있는 기회를 마련해줄 뿐만 아니라, 판매자에게도 새로운 고객을 확보하고 시장을 확장할 수 있는 플랫폼을 제공한다.

역경매는 디지털 경제에서 소비자 주도의 시장 구조를 강화하는 중요한 전자 상거래 모델이다. 이는 기존의 시장 역학을 변화시키며, 소비자와 기업 간의 관계를 새롭게 정립하고 있다. 역경매를 통해 소비자는 더 나은 구매 결정을 내릴 수 있으며, 판매자는 경쟁력을 강화하고 시장의 다양한 요구에 빠르게 대응할 수 있다.

B2B

B2B(Business–to–Business, 기업 간 전자 상거래)는 생산자, 도매상 등이 포함된 기업 간의 상호 작용을 중심으로 한다. 이 모델은 주로 생산재, 원자재, 기업용 서비스 등 기업 간에 필요한 제품이나 서비스의 교환에 초점을 맞춘다. B2B 전자 상거래의 주요 과정과 특징은 다음과 같다.

주문 단계

- 한 기업(기업 2)이 B_2B 웹사이트를 통해 필요한 제품이나 서비스를 주문한다.
- 이 과정은 웹 기반 플랫폼을 통해 자동화되고 효율적으로 진행될 수 있다.

주문 처리 단계

- 주문을 받은 기업(기업 1)은 웹사이트를 통해 주문을 처리하고 준비 작업을 진행한다.
- 이 단계에는 주문 확인, 결제 처리, 재고 관리 및 배송 준비 등이 포함된다.

납품 단계

- 주문한 제품이나 서비스는 기업 1에서 기업 2로 납품된다.
- 납품 과정은 제품의 특성과 거래 조건에 따라 다양하게 이루어질 수 있다.

B_2B 전자 상거래는 수직적 관계(예: 제조업체와 공급업체 간)와 수평적 관계(예: 동일 산업 내 기업 간)로 구성된다. 이는 공개형과 폐쇄형 등 다양한 형태로 수행될 수 있으며, 각각의 형태는 거래의 특성과 필요에 따라 다르게 설계된다.

B_2B 전자 상거래는 기업 운영의 효율성을 높이고, 거래 비용을 줄이며, 시장 접근성을 개선하는 등의 이점을 제공한다. 디지털 시대에는 이러한 B_2B 전자 상거래가 기업 간의 상호 작용을 간소화하고, 비즈니스 프로세스를 최적화하는 중요한 역할을 한다. 기업 간의 디지털 연결성은 비즈니스 활동을 더욱 효율적이고 유연하게 만들며, 경쟁력 있는 시장 환경을 조성하는 데 기여한다.

C_2C

C_2C(Consumer-to-Consumer, 소비자 간 전자 상거래)는 주로 개인 간의 경매나 중고 거래 등에 활용된다. 이 거래 방식은 다음과 같은 과정을 포함한다.

판매 의사 게시 단계

- 한 소비자(소비자 1)가 C_2C 전자 상거래 웹사이트에 자신이 판매하고자 하는 제품이나 서비스에 대한 정보를 게시한다.
- 이 게시물은 제품의 사진, 설명, 가격 등의 정보를 포함할 수 있다.

구매 의사 게시 단계

- 다른 소비자(소비자 2)는 해당 웹사이트를 통해 관심 있는 제품이나 서비스를 찾고, 구매 의사를 나타낸다.
- 이 과정은 입찰, 가격 협상, 구매 의사 표현 등 다양한 형태로 이루어질 수 있다.

납품 및 결제 단계

- 두 소비자 간의 거래가 성사되면, 납품 및 결제가 이루어진다.
- 납품 방법은 직거래, 우편, 택배 등으로 다양하며, 결제는 현금, 전자 결제 등 여러 방식으로 이루어질 수 있다.

C_2C 전자 상거래는 기업이 매개 역할을 하는 경우가 많아 C_2B_2C라고 부르기도 한다. 이는 기업이 플랫폼을 제공하고 거래를 중개하며, 때로는 거래 보장, 결제 시스템 관리, 고객 지원 등의 서비스를 제공한다는 의미를 포함한다.

C_2C는 개인이 직접 상품이나 서비스를 판매하고 구매할 수 있는 기회를 제공하며, 이는 디지털 경제에서 중요한 역할을 하는 거래 형태이다. 이 모델은 소비자들에게 더 많은 선택권과 유연성을 제공하며, 경제적 가치의 순환을 촉진한다. 또한, C_2C 전자 상거래는 중고 물품 거래의 활성화 및 지속 가능한 소비 문화의 발전에 기여하고 있다. C_2C 모델은 디지털 기술이 개인 간의 상거래를 가능하게 하고, 새로운 경제적 기회를 창출하는 방식으로, 디지털 시대의 소비자 간 상호 작용을 재정의하고 있다.

B_2G(Business–to–Government) 또는 B_2A(Business–to–Administration), 상황에 따라 G_2B, A_2B로도 쓸 수 있는 이 전자 상거래는 기업이 정부나 공공 기관을 대상으로 하는 조달 업무를 의미한다. 이 거래 방식은 주로 정부 기관에 제품이나 서비스를 제공하는 과정에 관련되며, 다음과 같은 특징과 과정을 포함한다.

정부 및 공공 기관 대상의 조달

- 기업은 정부나 공공 기관에 제품이나 서비스를 제공한다.
- 이러한 거래는 주로 정부의 입찰, 계약, 구매 주문 등을 통해 이루어진다.

국가 종합 전자 조달 시스템 활용

- 예를 들어, 우리나라의 경우 '나라장터'라는 국가 종합 전자 조달 시스템을 통해 B_2G 거래가 이루어진다.
- 나라장터는 조달청이 운영하는 시스템으로, 공공 기관의 구매 요구와 기업의 제안을 연결한다.

전자적 거래 과정

- B_2G 전자 상거래는 주문, 계약, 납품, 결제 등의 전 과정을 전자적으로 처리한다.
- 이는 투명성, 효율성, 접근 용이성을 증가시킨다.

B_2G 전자 상거래는 정부와 기업 간의 상호 작용에 중요한 역할을 하며, 공공 부문의 조달 프로세스를 디지털화함으로써 효율성과 투명성을 높인다. 이는 공공 조달 시장에 대한 기업의 접근성을 향상시키고, 정부의 구매 과정을 간소화한다. B_2G 모델은 공공 기관과 민간 기업 간의 거래를 촉진하며, 디지털 경제에서 공공 부문의 혁신과 발전에 기여한다. B_2G는 기업에게 공공 부문 시장으로의 진입 기회를 제공하며, 정부에게는 다양한 기업들의 제품 및 서비스에 대한 접근을 용이하게 하여 경쟁력 있는 조달 환경을 조성한다.

나라장터

나라장터[1]는 우리나라 조달청에서 운영하는 국가 종합 전자 조달 시스템으로, 2002년 10월부터 서비스를 시작했다. 이 시스템은 전 부처의 단일 시스템을 공동 활용하여 통합 서비스를 제공하며, 조달 과정의 효율성과 투명성을 크게 향상시켰다.

전 과정 처리

- 나라장터는 입찰 공고, 업체 등록, 입찰 및 낙찰자 선정, 계약 체결, 대금 지급 등 조달 과정의 전 단계를 처리한다.

1) https://www.g2b.go.kr

- 이 시스템을 통해 조달 과정이 표준화되고, 중앙 집중화된 관리가 가능해진다.

입찰 정보의 중앙화

- 모든 수요 기관의 입찰 정보가 나라장터에 공고되며, 등록된 업체는 한 번의 등록으로 어느 기관의 입찰에도 참가할 수 있다.
- 이는 업체에게 다양한 입찰 기회를 제공하며, 수요 기관에게는 폭넓은 공급원 접근을 가능하게 한다.

기관 간 시스템 연계

- 나라장터는 행정안전부, 금융 기관, 관련 협회 등 여러 기관의 시스템과 연계하여 서비스를 제공한다.
- 이러한 연계는 조달 과정에서 다양한 기능과 서비스의 통합을 가능하게 한다.

나라장터는 우리나라 공공 조달의 디지털화를 선도하며, 공공 부문의 효율성과 투명성을 높이는 데 중요한 역할을 한다. 이 시스템은 공공 조달 과정을 효율적으로 관리하며, 업체와 수요 기관 간의 상호 작용을 간소화하고 최적화한다. 나라장터의 도입은 공공 조달 시장에 혁신을 가져왔으며, 공공 조달 과정에서의 디지털 전환을 상징한다. 이 시스템은 공공 기관과 민간 기업 간의 거래를 촉진하며, 공공 조달 시장의 경쟁력을 강화하고 새로운 기회를 창출하는 중심축으로 작용한다.

C_2G

C_2G(Citizen-to-Government) 또는 C_2A(Citizen-to-Administration)는 G_2C나 A_2C로 쓸 수 있으며, 전자 정부의 한 형태를 나타낸다. 이는 B_2C나 C_2B 모델에서 소비자(Consumer) 대신 시민(Citizen)을 사용하는 개념이며, 행정 기관이나 공공 기관의 업무를 전자화하여 국민에 대한 행정 업무를 효율적으로 수행하는 방식을 말한다.

행정 업무의 전자화

- C_2G 전자 정부는 국민들이 정부 기관과의 행정 업무를 온라인으로 수행할 수 있게 한다.
- 이는 세금 납부, 서류 신청, 라이선스 갱신 등 다양한 행정 서비스를 포함한다.

국민과 정부 간의 상호 작용

- 시민들은 전자 정부 플랫폼을 통해 행정 서비스를 이용하고, 정부는 이를 통해 서비스를 제공한다.
- 이 과정은 국민과 정부 간의 통신을 간소화하고, 더 빠르고 효율적인 서비스를 가능하게 한다.

공공 서비스의 개선

- C_2G 전자 정부는 공공 서비스의 접근성을 향상시키고, 대기 시간을 줄이며, 행정의 투명성을 높인다.
- 시민들은 언제 어디서나 행정 서비스에 접근할 수 있게 되며, 정부는 운영 비용을 절감하고 서비스 품질을 개선할 수 있다.

C_2G 전자 정부는 시민과 정부 간의 상호 작용을 디지털화함으로써 공공 서비스의 혁신을 도모한다. 이 모델은 시민의 삶을 간소화하고 향상하며, 정부의 효율성을 증대시키는 동시에 공공 서비스의 품질을 높인다. C_2G 전자 정부는 시민 참여와 정부 운영의 현대화를 촉진하는 중요한 수단으로, 디지털 시대의 공공 부문 혁신에 기여한다.

정부24

정부24[2)]는 우리나라 정부가 운영하는 인터넷 정부 서비스의 통합 포털 사이트로, 다양한 정부 서비스를 온라인으로 제공한다. 이 포털의 주요 특징과 발전 과정은 다음과 같다:

2) https://www.gov.kr

통합된 정부 서비스 제공

- 정부24는 민원24, 정부 대표 포털, 알려드림이(e) 등 행정 안전부의 3개 시스템을 통합하여 운영한다.
- 이를 통해 국민들은 다양한 정부 서비스를 하나의 포털에서 이용할 수 있다.

다양한 기관의 서비스 연계

- 정부24는 소득 확인 증명(홈택스), 건강 보험 자격, 국민연금 자격 변동 등 다른 기관의 여러 서비스를 연계하여 제공한다.
- 이러한 연계는 국민들에게 다양한 정부 서비스에 대한 원스톱 접근을 가능하게 한다.

서비스의 발전 과정

- 원래 2010년 8월 2일에 '민원24'로 시작된 이 서비스는 2020년 11월 5일에 '정부24'로 개편되었다.
- 이 개편은 서비스의 범위를 확장하고, 사용자 경험을 개선하는 데 중점을 두었다.

정부24는 정부와 국민 간의 상호 작용을 디지털화함으로써 공공 서비스의 혁신을 촉진한다. 이 포털은 국민의 삶을 편리하게 만들고, 정부 서비스의 효율성과 접근성을 향상시킨다. 정부24의 도입은 공공 서비스의 품질 개선과 행정 효율성 증대에 중요한 역할을 하며, 디지털 시대의 공공 부문 혁신을 대표한다.

2. 수익 모델

 개념

수익 모델(Revenue Model)은 온라인 비즈니스가 서비스를 화폐화하는 방식을 말한다. 이는 기업이 어떻게 수익을 창출하고, 이익을 발생시키며, 투자에 대한 최고의 수익률(Return on Investment, ROI)을 내는지를 설명하는 틀을 제공한다. 수익 모델은 비즈니스 모델(Business Model)의 핵심적인 요소 중 하나로, 때로는 비즈니스 모델과 동의어로 사용되기도 한다.

온라인 비즈니스에서 서비스를 화폐화한다는 것은, 기업이 제공하는 서비스나 제품을 통해 금전적 가치를 창출하는 방식을 의미한다. 수익 모델의 선택과 구현은 기업의 재무적 성공에 직접적인 영향을 미친다.

투자에 대한 최고의 수익률을 내기 위해서는 기업이 선택한 수익 모델이 시장의 수요와 소비자의 기대에 부합해야 하며, 지속 가능한 성장을 위한 전략적 기반을 마련해야 한다. 이를 위해 시장 조사, 경쟁 분석, 고객 세분화 등 다양한 비즈니스 인텔리전스 도구가 활용될 수 있다.

비즈니스 모델과 수익 모델은 밀접하게 연관되어 있으며, 때로는 수익 모델이 비즈니스 모델의 핵심을 이루기도 한다. 비즈니스 모델은 기업의 전체적인 운영 구조와 전략을 포괄하는 반면, 수익 모델은 구체적으로 금전적 가치를 창출하는 방식에 초점을 맞춘다.

수익 모델의 성공적인 구현은 기업이 시장에서 지속 가능한 성장을 이루고, 경쟁 우위를 확보하는 데 중요한 역할을 한다. 이를 위해 기업은 끊임없이 시장 변화를 주시하고, 소비자의 요구에 부응하며, 혁신적인 접근 방식을 모색해야 한다.

수익 모델의 유형

판매형(Sales) 모델

판매형 모델은 제품이나 서비스의 직접적인 판매를 통해 수익을 창출하는 방식이다. 이 모델에서는 소비자가 기업으로부터 제품이나 서비스를 구매하고, 기업은 이 거래를 통해 수익을 얻는다. 예를 들어, 전자 상거래 플랫폼에서 상품을 판매하거나, 소프트웨어 회사가 소프트웨어를 판매하는 경우가 이에 해당한다.

거래 수수료형(Transaction Fee) 모델

거래 수수료형 모델은 거래가 성사될 때마다 수수료를 부과하여 수익을 창출하는 방식이다. 이 모델은 중개 플랫폼이나 결제 서비스에서 흔히 볼 수 있다. 예를 들어, 온라인 마켓플레이스가 판매자와 구매자 간의 거래에 수수료를 부과하거나, 온라인 결제 서비스가 각 거래에 대해 일정 비율의 수수료를 취하는 경우가 이에 해당한다.

구독형(Subscription) 모델

구독형 모델은 정기적인 지불을 통해 지속적인 접근 권한이나 서비스를 제공하는 방식이다. 이 모델은 주기적인 수익을 창출할 수 있으며, 고객 유지에 중점을 둔다. 예를 들어, 온라인 스트리밍 서비스, 소프트웨어 서비스(SaaS), 정기적인 상품 배송 서비스 등이 구독 모델을 사용한다.

제휴형(Affiliate) 모델

제휴형 모델은 제휴 마케팅을 통해 수익을 창출하는 방식이다. 기업은 제품이나 서비스를 홍보하고, 이를 통해 발생하는 판매나 가입에서 일정 비율의 수익을 얻는다. 예를 들어, 블로그나 소셜 미디어 인플루언서(Influencer)가 특정 제품에 대한 링크를 공유하고, 그 링크를 통해 구매가 발생할 경우 수수료를 받는 경우가 이에 해당한다.

광고형(Advertising) 모델

광고형 모델은 광고를 통해 수익을 창출하는 방식이다. 이 모델에서는 기업이 웹사이트, 애플리케이션, 소셜 미디어 플랫폼 등에 광고 공간을 제공하고, 광고주로부터 광고 비용을 받는다. 예를 들어, 검색 엔진, 소셜 미디어, 뉴스 사이트 등이 광고 모델을 사용한다.

각 수익 모델은 특정 비즈니스 유형, 시장 환경, 대상 고객층에 따라 그 적합성이 달라진다. 기업은 자신의 제품, 서비스, 시장 상황을 고려하여 가장 적합한 수익 모델을 선택하고, 필요에 따라 여러 수익 모델을 결합하여 사용할 수도 있다.

3. 전자 상거래의 안전성

전자 상거래 보안의 4요소

기밀성(Confidentiality)

전자 상거래에서 기밀성(비밀성)은 거래의 내용이 제3자에게 유출되지 않도록 보호하는 성질을 말한다. 이는 고객의 개인 정보, 결제 정보, 거래 내역 등이 외부에 노출되지 않도록 하는 것이 중요하다. 이를 위해 데이터 암호화

(Encryption), 안전한 통신 채널(예: SSL/TLS), 접근 제어(Access Control) 등의 기술이 사용된다.

인증성(Authenticity)

인증성은 거래 상대방의 신원이 정확하게 확인될 수 있는 성질을 의미한다. 전자 상거래에서는 판매자와 구매자 모두 신원이 정확하게 확인되어야 안전한 거래가 이루어질 수 있다. 이를 위해 사용자 인증(User Authentication) 기술, 예를 들어, 비밀번호, 이중 인증(2FA), 디지털 인증서 등이 활용된다.

무결성(Integrity)

무결성은 거래의 내용에 결함이 없어야 하는 성질을 말한다. 이는 거래 데이터가 전송 과정에서 변경되거나 조작되지 않았음을 보장한다. 데이터 무결성을 유지하기 위해 해시 함수(Hash Function)[3], 디지털 서명(Digital Signature), 무결성 검증 프로토콜 등이 사용된다.

부인 방지(Non-repudiation)

부인 방지는 일단 성립된 거래의 내용을 거래 당사자가 부인할 수 없도록 하는 성질이다. 이는 거래가 완료된 후, 어느 한쪽이 거래 내용을 부인하는 것을 방지한다. 디지털 서명, 전자적 거래 기록의 보존, 증거로 활용할 수 있는 강력한 로그 관리 시스템 등이 이를 위해 사용된다.

전자 상거래에서 이러한 네 가지 보안 요소는 거래의 안전성과 신뢰성을 보장하는 데 필수적이다. 각 요소는 서로 상호 연관되어 있으며, 전체 전자 상거래 시스템의 보안을 강화하는 데 기여한다. 따라서 기업은 이러한 요소들을 적절히 관리하고 강화함으로써, 안전한 전자 상거래 환경을 구축하고 고객의 신뢰를 얻을 수 있다.

---

3) 어떤 길이의 입력 데이터를 받아 고정된 길이의 고유한 해시 값(Hash Value)으로 변환하는 함수. 해시 값은 입력 데이터의 고유한 '지문'과 같으며, 빠른 계산이 가능하고, 원본 데이터를 해시 값으로부터 알아내기 어렵다. 데이터 무결성 검증, 암호화 등에 사용된다.

에스크로

에스크로(Escrow)는 상거래 과정에서 판매자와 구매자 사이에 신뢰할 수 있는 중립적인 제삼자가 중개하는 활동이나 서비스를 말한다. 이 시스템의 핵심은 중개인이 거래 과정에서 금전이나 물품을 일시적으로 관리함으로써, 거래의 안전성을 확보하는 것이다.

상거래에서 에스크로의 역할은 다음과 같다.

- 중립적 관리: 에스크로 서비스 제공자는 판매자와 구매자 양쪽 모두에게 중립적이어야 한다. 이는 거래가 공정하게 진행되도록 보장한다.
- 거래 보안 강화: 구매자가 지불한 금액은 판매자에게 바로 전달되지 않고, 에스크로 계정에 일시적으로 보관된다. 판매자가 제품을 제대로 배송하고, 구매자가 제품을 확인한 후 만족할 경우에만 금액이 판매자에게 전달된다. 이 과정은 거래가 안전하게 완료될 때까지 금전적 보호를 제공한다.
- 분쟁 해결: 거래 중 발생할 수 있는 분쟁 상황에서 에스크로 서비스 제공자는 중재자 역할을 하여 문제를 해결하는 데 도움을 준다.

온라인 상거래, 부동산 거래, 대규모 프로젝트 계약 등 다양한 분야에서 에스크로 서비스가 활용된다. 이 서비스는 특히 정보의 불균형이나 상호 신뢰 부족으로 인해 위험이 존재하는 거래에서 중요한 역할을 한다. 따라서 에스크로 서비스는 거래의 안전성을 보장하고, 양 당사자의 신뢰를 구축하는 데 기여한다.

3 | 지식 경영

1. 지식 경영

개념

지식 경영(Knowledge Management, KM)은 조직의 목표를 달성하기 위해 조직 내의 지식과 정보를 효과적으로 창출, 활용 및 관리하는 일련의 과정과 학제적 접근 방법을 의미한다. 이 과정은 조직의 지식 자산을 최대한 활용하여 경쟁 우위를 강화하고, 조직의 성과를 향상시키는 것을 목표로 한다.

지식 경영의 핵심 요소는 다음과 같다.

- 지식 창출(Creation of Knowledge): 이는 새로운 아이디어와 해결책을 개발하는 과정을 포함한다. 창의적 사고, 연구 개발(R&D), 브레인스토밍 등이 이에 해당한다.
- 지식 활용(Utilization of Knowledge): 조직 내외부에서 얻은 지식을 실제 업무에 적용하여 가치를 창출하는 과정이다. 예를 들어, 시장 조사 결과를 제품 개발에 적용하거나, 직원 교육을 통해 전문 지식을 공유하는 것이 여기에 속한다.
- 지식 관리(Management of Knowledge): 조직의 지식 자산을 체계적으로 관리하고 보존하는 것이다. 이는 지식 데이터베이스 구축, 지식 보안, 지식 공유 문화 조성 등을 포함한다.

지식 경영은 조직의 다양한 부문에 걸쳐 진행되며, 기술, 인적 자원, 조직 문화 등 여러 요소와 밀접하게 연관되어 있다. 효과적인 지식 경영은 조직의 혁신 능력을 강화하고, 의사 결정 과정을 개선하며, 장기적인 성공을 위한 기반을 마련한다. 따라서 조직은 지식 경영을 통해 지속해서 학습하고 성장하는 문화를 구축하고, 이를 기업 경영 전략의 핵심 요소로 삼아야 한다.

지식 경영상의 조직의 목표

성과 향상

지식 경영의 주요 목표 중 하나는 조직의 전반적인 성과를 향상시키는 것이다. 이는 지식 자원을 효과적으로 활용하여 업무 효율성을 높이고, 결과적으로 조직의 생산성과 수익성을 증가시키는 데 기여한다.

경쟁 우위 확보

지식 경영을 통해 조직은 시장에서의 경쟁 우위를 확보할 수 있다. 이는 고유한 지식 자산을 구축하고 활용함으로써 경쟁사와 차별화되는 전략을 개발하고 실행하는 데 도움이 된다.

혁신

지식 경영은 조직 내의 혁신을 촉진한다. 새로운 아이디어와 접근 방식을 공유하고, 창의적인 문제 해결을 장려함으로써, 조직은 지속적인 혁신을 통해 새로운 기회를 창출할 수 있다.

학습 정보의 공유

조직 내에서의 학습 정보의 공유는 지식 경영의 중요한 목표이다. 이를 통해 직원들은 서로의 경험과 전문 지식을 공유하고, 조직 전체의 학습 능력과 지식 기반을 강화할 수 있다.

조직의 통합 및 지속적인 업무 개선

지식 경영은 조직 내의 다양한 부문과 팀 간의 통합을 촉진하고, 지속적인 업무 개선을 위한 기반을 마련한다. 지식 공유와 협업을 통해 조직 구성원은 업무 프로세스를 계속 개선하고, 조직 전체의 성과를 높일 수 있다.

이러한 목표들은 조직이 지식 경영을 통해 장기적인 성장과 성공을 달성하는 데 필수적인 요소이다. 지식 경영을 통해 조직은 내부 역량을 강화하고, 외부 환경 변화에 능동적으로 대응할 수 있는 기반을 마련할 수 있다.

지식의 유형

형식지

형식지(Explicit 또는 Expressive Knowledge)는 명시적으로 표현되고, 쉽게 문서화하거나 전달할 수 있는 지식의 형태이다. 이는 데이터, 사실, 원칙, 지침 등과 같이 구체적이고 체계화된 정보로 나타난다. 예를 들어, 매뉴얼, 보고서, 학술 논문, 절차서 등이 형식지에 해당한다. 형식지의 주요 특징은 이를 쉽게 전파하고 공유할 수 있다는 것이다. 따라서 조직은 형식지를 데이터베이스, 문서관리 시스템 등에 저장하여 접근성을 높일 수 있다.

암묵지

암묵지(Tacit 또는 Implicit Knowledge)는 언어나 기타 형식으로 쉽게 표현되거나 전달될 수 없는 지식의 형태이다. 이는 개인의 경험, 직관, 신념, 가치관 등에 기반을 두고 있으며, 종종 '몸에 밴' 지식으로 묘사된다. 예를 들어, 전문가의 직관, 숙련된 기술, 팀워크 능력, 창의적 해결 방법 등이 암묵지에 포함된다. 암묵지는 개인 내부에 내재되어 명시적으로 표현하기 어려워 공유와 전달을 위해서는 멘토링, 협업, 직접적인 경험 교환 등이 필요하다.

형식지와 암묵지는 지식 경영에서 서로 보완적인 관계를 가지며, 조직 내에서 이 두 가지 유형의 지식을 모두 활용하는 것이 중요하다. 형식지는 체계화되고 접근하기 쉬운 반면, 암묵지는 조직 내의 창의성과 혁신을 촉진하는 데 필수적이다. 조직은 이 두 유형의 지식을 적절히 통합하고 관리함으로써, 지식의 전체적인 가치를 극대화할 수 있다.

암묵지와 형식지의 차이점

성문화와 지식 전달의 구조화

형식지는 성문화(成文化, codification)되어 있어 문서, 데이터베이스, 매뉴얼 등의 형태로 쉽게 기록되고 전달될 수 있다. 이는 구조화된 형태로 존재하며, 누구나 접근하여 이해하고 사용할 수 있다. 반면, 암묵지는 비구조적이고 성문화되지 않은 형태로, 주로 개인의 경험, 직관, 가치관에 뿌리를 두고 있다. 이는 언어나 문서로 쉽게 전달되지 않으며, 직접적인 경험을 통해 공유되는 경우가 많다.

획득과 축적 방법

형식지의 획득과 축적은 명확하고 체계적인 과정을 통해 이루어진다. 교육, 연구, 문서화 등을 통해 쉽게 얻고 축적할 수 있다. 암묵지의 경우, 획득과 축적은 개인의 경험, 관찰, 실습 등을 통해 자연스럽게 이루어진다. 이는 시간이 지남에 따라 서서히 축적되며, 개인의 내면적인 이해와 통찰을 바탕으로 한다.

통합 가능성과 점유 형식

형식지는 다양한 정보와 지식을 쉽게 통합하고, 여러 사람이 공유하고 활용할 수 있는 형태로 존재한다. 암묵지는 개인적인 특성을 갖고 있어 통합과 공유가 형식지에 비해 복잡하다. 암묵지의 통합과 공유는 대화, 스토리텔링, 멘토링, 집단 활동 등을 통해 이루어지며, 이 과정에서 개인의 경험과 지식이 다른 구성원과 공유되고 확장된다.

이러한 차이점들은 암묵지와 형식지가 각각 조직 내에서 다른 역할과 가치를 가진다는 것을 보여준다. 형식지는 지식의 명확한 전달과 표준화된 접근을 제공하는 반면, 암묵지는 조직의 창의성과 혁신을 지원하며, 깊이 있는 경험적 지식을 제공한다. 따라서 조직은 두 유형의 지식을 적절히 활용하여 조직의 지식 관리 전략을 강화해야 한다.

지식 경영의 필요성

비즈니스 세계화

비즈니스의 세계화는 다양한 문화, 시장, 규제 환경에 대한 깊은 이해를 필요로 한다. 지식 경영은 전 세계적인 시장에서 경쟁하기 위해 필요한 지식과 정보를 수집, 분석, 공유하는 데 중요한 역할을 한다. 국제적인 비즈니스 환경에서 성공하기 위해서는 지역별 시장 동향, 소비자 행동, 법적 규제 등에 대한 지식이 필수적이다.

학습 조직

조직이 학습 조직으로 발전하는 것은 지속 가능한 경쟁 우위를 확보하는 데 중요하다. 지식 경영은 조직 내 지속적인 학습 문화를 조성하고, 직원들이 새로운 지식과 기술을 습득하고 활용할 수 있는 환경을 제공한다. 이를 통해 조직은 변화하는 시장 환경에 빠르게 적응하고 혁신을 추진할 수 있다.

조직 기억 상실 방지

직원의 이직이나 은퇴와 같은 변화는 조직의 중요한 지식이 상실될 위험을 가져온다. 지식 경영은 조직의 핵심 지식을 보존하고 전달하는 메커니즘을 마련하여, 조직 기억의 상실을 방지한다. 이를 통해 조직은 중요한 경험과 전문 지식을 잃지 않고, 새로운 직원들에게 효과적으로 전달할 수 있다.

기술 진보

기술의 급속한 진보는 새로운 지식과 기술을 빠르게 습득하고 적용할 필요성을 증가시킨다. 지식 경영은 최신 기술 동향에 대한 정보를 수집하고 분석하여, 조직이 기술 발전을 활용하여 비즈니스 전략을 개선하고 혁신을 이룰 수 있도록 한다.

이러한 요소들은 지식 경영이 조직의 전략적 목표 달성과 경쟁력 강화에 필수적임을 보여준다. 지식 경영은 비즈니스 세계화에 대응하고, 학습 조직을 구축하며, 조직 기억의 상실을 방지하고, 기술 진보에 대처하는 데 중요한 역할을 한다. 따라서 조직은 지식 경영을 중심으로 한 전략적 접근을 채택하여 조직의 성공을 도모해야 한다.

2. 지식의 획득과 참조

지식 획득의 정의

지식 획득(Knowledge Acquisition)은 지식 기반 시스템을 위해 필요한 규칙과 생각들을 기술하고 구조화하는 중요한 절차이다. 이 과정은 지식의 원천, 예를 들어 전문가나 경험 많은 직원들로부터 중요한 지식을 추출하고, 이를 시스템이나 조직 내에서 쉽게 사용할 수 있는 상태로 만드는 것을 포함한다.

지식 획득의 방법으로는 다음과 같은 다양한 접근이 사용된다.

- 인터뷰(면접): 전문가나 경험 많은 직원들과 일대일 대화를 통해 이들의 지식과 경험을 수집한다.
- 관찰: 실제 작업 환경에서 직원들의 활동을 관찰함으로써, 이들의 업무

방식과 문제 해결 과정을 이해한다.

- 프로토콜 분석: 전문가의 사고 과정을 분석하기 위해, 문제 해결 과정을 자세히 기록하고 분석한다.
- 브레인스토밍(brainstorming): 그룹 내에서 아이디어를 자유롭게 공유하고 발전시키는 과정을 통해, 창의적인 해결책과 새로운 지식을 창출한다.

이러한 방법들은 조직 내의 숨겨진 지식을 드러내고, 이를 조직 전체가 활용할 수 있도록 만든다. 지식 획득은 지식 관리의 핵심 요소로, 조직의 혁신과 성장을 촉진하는 데 중요한 역할을 한다. 조직은 지식 획득을 통해 내부의 전문 지식을 효과적으로 활용하고, 지속 가능한 경쟁 우위를 구축할 수 있다.

지식의 성문화

지식의 성문화(Codification)는 외형적으로 표현되지 않은 지식을 구체적으로 표시하고 명문화하여 체계적인 형태로 변환하는 과정이다. 이 과정의 핵심은 암묵지와 같은 비형식적 지식을 외형적인 메타 지식(지식에 관한 지식)으로 변환하는 것이다. 성문화된 지식은 조직 내에서 쉽게 접근, 공유, 저장 및 사용될 수 있도록 만든다.

지식의 성문화 과정은 다음과 같은 목적을 가진다.

- 지식의 조직: 성문화를 통해 흩어져 있는 지식을 체계적으로 정리하고 조직한다.
- 지식의 발굴: 조직 내 숨겨진 지식을 발굴하여 명확하게 기술하고, 이를 구조화한다.
- 지식의 공유: 명문화된 지식은 조직 내 다른 구성원들과 쉽게 공유될 수 있다.
- 지식의 저장: 성문화된 지식은 디지털 형태나 문서로 저장되어 장기간 보존될 수 있다.
- 지식의 사용: 성문화된 지식은 필요한 시점에 쉽게 검색하고 활용할 수 있다.

성문화의 결과물로는 매뉴얼, 스프레드시트, 의사 결정 지원 시스템(DSS), 절차서 등이 있다. 이러한 문서와 시스템들은 조직의 지식을 표준화하고, 업무 효율성을 높이며, 새로운 직원의 교육 및 훈련을 용이하게 한다.

지식의 성문화는 조직의 지식 관리 전략에서 중요한 부분을 차지하며, 조직의 지속적인 성장과 발전에 기여한다. 이 과정을 통해 조직은 지식을 더욱 효과적으로 활용하고, 내부 역량을 강화할 수 있다.

지식 창조 도구

저작 도구(Authoring Tools)

저작 도구는 문서, 프레젠테이션, 멀티미디어 콘텐츠 등을 만드는 데 사용되는 소프트웨어이다. 이 도구들은 사용자가 새로운 아이디어를 시각적이고 구조화된 형태로 표현할 수 있게 해준다. 예를 들어, 워드 프로세서, 슬라이드 제작 프로그램, 비디오 편집 소프트웨어 등이 여기에 속한다.

주석 도구(Annotation Tools)

주석 도구는 기존의 문서나 콘텐츠에 추가적인 설명이나 해설을 붙일 수 있게 해주는 도구이다. 이는 텍스트, 이미지, 비디오 등 다양한 형태의 콘텐츠에 사용할 수 있으며, 지식의 깊이와 이해도를 높이는 데 기여한다.

분석 도구(Analytical Tools)

분석 도구는 데이터 분석, 통계적 처리, 그래픽 시각화 등을 통해 새로운 지식과 통찰력을 창출하는 데 사용된다. 이 도구들은 대량의 데이터를 처리하고, 패턴이나 추세를 발견하는 데 유용하다.

템플릿(Templates)

템플릿은 특정 형식의 문서나 콘텐츠를 빠르게 생성할 수 있는 미리 정의된 형식이다. 이는 일관된 형식을 유지하면서, 시간을 절약하고 생산성을 높이는 데 도움을 준다.

블로그(Blogs)

블로그는 개인이나 조직이 아이디어, 경험, 전문 지식을 공유할 수 있는 온라인 플랫폼이다. 블로그는 지식 창조와 공유를 위한 강력한 도구로, 독자와의 상호 작용을 통해 지식을 확장하고 깊이 있는 토론을 유도할 수 있다.

이러한 지식 창조 도구들은 조직 내에서 새로운 지식을 생성하고 공유하는 데 필수적인 역할을 한다. 저작 도구부터 블로그에 이르기까지, 다양한 도구들은 창의적인 사고를 촉진하고, 지식의 체계화와 공유를 용이하게 한다. 조직은 이러한 도구들을 효과적으로 활용하여 지식 기반을 강화하고 혁신적인 환경을 조성할 수 있다.

3. 지식의 공유와 이전

개념

지식 공유

지식 공유(Knowledge Sharing)는 개인이나 조직 간에 다양한 지식을 교환하는 활동을 말한다. 이 과정에는 정보, 전문성, 기술 등이 포함되며, 이러한 지식의 공유는 조직의 혁신, 문제 해결 능력 향상, 조직 구성원 간의 협업을 촉진한다. 지식 공유는 팀 미팅, 워크숍, 문서 공유, 사내 네트워크, 멘토링 프로그램 등 다양한 형태로 이루어질 수 있다. 조직 내에서 지식 공유를 활성화하는 것은 조직의 지식 기반을 강화하고, 다양한 관점과 경험을 통합하는 데 중요하다.

지식 이전

지식 이전(Knowledge Transfer)은 특정 문제 해결이나 목적 달성을 위해 지식을 재구성하고 전파하는 활동을 의미한다. 이 과정에서 지식은 단순히 공유되는 것을 넘어, 새로운 문맥이나 상황에 맞게 조정되고 적용된다. 예를 들어, 한 부서의 성공적인 프로젝트 관리 기법을 다른 부서에 전달하고, 그 부서의 특정 상황에 맞게 조정하는 것이 지식 이전의 예가 될 수 있다. 지식 이전은 조직의 학습 능력을 강화하고, 효과적인 의사 결정을 지원하는 데 중요한 역할을 한다.

지식 공유와 지식 이전은 조직의 지속적인 성장과 혁신을 위해 중요한 과정이다. 이들은 조직 내에서 지식이 효과적으로 순환되고 활용되도록 하며, 조직 구성원 간의 상호 작용과 학습 문화를 강화한다. 따라서 조직은 이 두 과정을 적극적으로 장려하고 지원하여, 조직의 지식 자산을 최대한 활용할 수 있는 환경을 조성해야 한다

지식의 흐름과 이전

지식을 이전(또는 교육)의 대상으로 볼 때, 그 특성을 '과정(Flow)'과 '물건(Thing)'의 관점으로 이해할 수 있다.

과정(Flow)으로서 지식

이 관점에서 지식은 연속적인 흐름으로 간주한다. 지식의 흐름은 조직 내외부에서 계속해서 발생하며, 이는 지식이 생성되고, 공유되며, 적용되는 과정을 포함한다. 과정으로서 지식은 동적이며, 상호 작용과 커뮤니케이션을 통해 조직의 구성원 사이에서 순환한다. 이러한 지식의 흐름은 조직 내 학습, 혁신, 그리고 문제 해결 능력을 강화한다.

물건(Thing)으로서 지식

지식을 '물건'으로 바라보는 관점에서는, 지식을 구체적이고 명시적인 객체로 간주한다. 이는 문서로 만든 매뉴얼, 보고서, 데이터베이스, 절차서 등의 형태를 취할 수 있다. 물건으로서 지식은 고정적이며, 쉽게 전달, 저장, 검색할 수 있는 형태로 존재한다. 이러한 지식은 조직의 기존 지식을 체계화하고, 표준화된 정보를 제공하는 데 유용하다.

지식의 이러한 두 가지 특성은 조직에서 지식이 어떻게 다루어지고, 활용되어야 하는지에 대한 이해를 제공한다. 과정으로서 지식은 지속적인 상호 작용과 커뮤니케이션을 통한 지식의 공유와 창출을 강조하며, 물건으로서 지식은 지식의 명시적이고 체계적인 기록과 관리의 중요성을 부각한다. 따라서 조직은 이 두 가지 관점을 모두 고려하여 지식의 흐름과 이전을 최적화해야 한다.

지식 관리의 과제

지식 관리는 여러 과제를 포함한다. 이들은 지식의 창출, 공유, 저장, 활용과 관련된 다양한 측면에서 발생한다.

- 중요한 암묵지 이해 능력 부재: 암묵지의 깊이 있는 이해와 효과적인 활용이 어렵다는 문제가 있다.
- 지식의 형식화에 대한 관점 차이: 조직 내 다양한 구성원 간 지식의 형식화 방식에 대한 인식 차이가 존재한다.

- 지리, 거리상의 불편: 지리적, 거리적 요인으로 인한 커뮤니케이션 및 협업의 어려움이 있다.
- 정보 통신 기술의 한계: 기술적 제약으로 인한 지식 공유 및 관리의 한계가 존재한다.
- 사회적 정체성 결여: 조직 내에서 사회적 정체성의 부족으로 인해 지식 공유가 제한될 수 있다.
- 언어: 언어적 장벽이 지식의 전달과 이해를 방해할 수 있다.
- 전문성과 전문 분야: 다양한 전문 분야 간의 지식 교류와 통합에 어려움이 있다.
- 내부 갈등: 조직 내 갈등이 지식 공유를 방해할 수 있다.
- 세대 차이: 세대 간의 차이가 지식의 인식과 공유 방식에 영향을 미친다.
- 노사 관계: 노사 간의 관계가 지식 관리에 영향을 줄 수 있다.
- 성과 보상 체계: 성과와 보상 체계가 지식 공유를 장려하거나 방해할 수 있다.
- 문화와 관습: 조직 문화와 관습이 지식 공유의 걸림돌이 될 수 있다.
- 정보 시각화 능력: 정보를 효과적으로 시각화하고 해석하는 능력의 부족이 문제가 될 수 있다.
- 과거 경험의 정도: 개인 또는 조직의 과거 경험이 현재 지식 관리에 영향을 미친다.
- 오해와 무지: 오해와 무지가 지식의 정확한 전달과 이해를 방해한다.
- 잘못된 데이터와 정보: 부정확한 데이터와 정보가 지식 관리의 효과를 저해한다.
- 지식 최상주의: 특정 지식이나 방법론에 대한 과도한 의존이 다양성을 제한한다.
- 동기 부여 문제: 지식 공유와 창출에 대한 충분한 동기 부여가 이루어지지 않는다.
- 신뢰 부족: 조직 내 신뢰의 부족이 지식 공유를 방해한다.
- 업무 역량: 직원들의 업무 역량 부족이 지식 관리와 활용에 제약을 주는 요인이다.

이러한 과제들은 지식 관리를 복잡하게 만들며, 조직이 지식을 효과적으로 관리하고 활용하기 위해 극복해야 할 중요한 장애물들이다. 조직은 이러한 과제들을 인식하고, 이에 대응하는 전략과 시스템을 개발함으로써 지식 관리의 효과를 극대화할 수 있다.

지식 공유 및 이전 방법

멘토링(Mentoring)

멘토링은 경험 많은 직원이 덜 경험 많은 직원에게 지식을 전달하고 지도하는 과정이다. 이는 전문 지식, 업무 스킬, 조직 내 정책 및 절차 등에 대한 이해를 증진한다.

현장 실습(Field Training)

현장 실습은 직접적인 업무 환경에서 실무를 배우는 방법이다. 이를 통해 구성원은 실제 업무 상황에서 필요한 기술과 지식을 습득한다.

시뮬레이션(Simulation)

시뮬레이션은 실제 업무 환경을 모방한 가상 환경에서 업무 상황을 연습하는 방법이다. 이를 통해 직원들은 위험 부담 없이 다양한 시나리오를 경험하고 학습할 수 있다.

현장 실험(Field Experiment)

현장 실험은 실제 업무 환경에서 새로운 방법이나 기술을 실험해 보는 것을 의미한다. 이를 통해 직원들은 혁신적인 아이디어를 시험하고 결과를 평가할 수 있다.

작업 관찰(Work Shadowing)

작업 관찰은 다른 직원의 일상 업무를 관찰하는 것을 말한다. 이를 통해 관찰자는 업무 수행 방법과 전략을 학습할 수 있다.

협업(Collaboration)

협업은 팀원들이 공통의 목표를 위해 협력하는 것을 의미한다. 이 과정에서 지식과 기술이 자연스럽게 공유되고 전달된다.

실천 공동체(Community of Practice, CoP)

실천 공동체는 특정 분야에 관심을 가진 사람들이 지식을 공유하고 학습하는 그룹이다. 이들은 정기적으로 만나 경험과 지식을 교환한다.

구두 설명(Verbal Explanation)

구두 설명은 직접적인 대화나 프레젠테이션을 통해 지식을 전달하는 방법이다. 이는 복잡한 개념이나 절차를 명확하게 이해하는 데 도움을 준다.

실기, 실습(Hands-on Training)

직접적인 실습으로 특정 기술이나 절차를 익히는 방법이다. 이를 통해 구성원은 실제 작업을 수행하면서 실무 지식을 습득한다.

이러한 다양한 지식 공유 및 이전 방법들은 조직 내에서 지식의 흐름을 촉진하고, 구성원들의 역량을 강화하는 데 기여한다. 각 방법은 상황과 필요에 따라 적절히 선택되고 활용되어야 하며, 조직의 지식 관리 전략에 통합되어야 한다.

4. 지식 관리 기술

유형

그룹웨어(Groupware)

그룹웨어는 팀원들이 협업을 통해 정보를 공유하고 의사소통을 할 수 있게 하는 소프트웨어이다. 이는 이메일 시스템, 캘린더, 파일 공유, 실시간 채팅 등을 포함한다.

워크플로 시스템(Workflow Systems)

워크플로 시스템은 업무 프로세스를 자동화하고 표준화하여, 업무의 효율성을 높인다. 이는 업무 순서, 승인, 문서 흐름 등을 관리한다.

콘텐츠 및 문서 관리 시스템(Content and Document Management Systems)

이 시스템들은 문서와 디지털 콘텐츠의 생성, 관리, 저장, 공유를 지원한다. 이를 통해 조직은 지식 자산을 효과적으로 관리할 수 있다.

기업 포털(Corporate Portals)/인트라넷(Intranets)

기업 포털 또는 인트라넷은 조직 내 정보와 자원에 쉽게 접근할 수 있도록 하는 내부 네트워크이다. 이를 통해 직원들은 필요한 정보를 빠르게 찾을 수 있다.

이러닝(eLearning)

이러닝 시스템은 온라인 교육 및 학습 관리를 가능하게 한다. 이를 통해 직원들은 시간과 장소에 구애받지 않고 지식과 기술을 습득할 수 있다.

일정 관리 소프트웨어(Scheduling Software)

일정 관리 소프트웨어는 회의, 프로젝트, 기타 업무 관련 활동의 계획과 조정을 돕는다.

텔레프레전스(Telepresence)

텔레프레전스는 원거리 영상 회의 시스템으로, 지리적으로 떨어진 장소에 있는 사람들 간의 협업을 가능하게 한다.

시맨틱(Semantic) 기술

시맨틱 기술은 데이터와 정보를 의미론적으로 연결하고 분석하여, 지식을 쉽게 검색하고 이해할 수 있도록 한다.

이러한 다양한 지식 관리 기술들은 조직 내 지식의 효과적인 창출, 공유, 저장, 활용을 지원한다. 각 기술은 조직의 특정한 필요와 상황에 따라 선택되며, 지식 관리 전략의 하나로 통합되어 활용될 수 있다. 이를 통해 조직은 지식 기반을 강화하고, 업무 효율성을 향상할 수 있다.

지식 정보 시스템의 성공적 활용을 위한 개인의 자질

사고력(Critical Thinking)

사고력은 정보를 분석하고 해석하는 능력을 말한다. 지식 정보 시스템을 활용할 때, 정보의 가치를 판단하고, 문제 해결을 위한 결정을 내리는 데 중요하다.

학습 관리(Learning Management)

지속적인 학습과 개인의 지식 기반 확장 능력은 지식 정보 시스템의 효과적인 활용에 필수적이다. 이는 새로운 정보와 기술을 빠르게 습득하고 적용하는 능력을 포함한다.

정보 활용 능력(Information Utilization)

정보를 효과적으로 활용하는 능력은 시스템에서 얻은 지식을 실제 업무에 적용하는 데 중요하다. 이는 정보를 구조화하고, 분류하며, 적절한 상황에 적용하는 능력을 의미한다.

조직력(Organizational Skills)

조직력은 정보와 자원을 효율적으로 관리하고, 업무를 체계적으로 진행하는 능력이다. 이는 복잡한 정보를 관리하고 업무를 조율하는 데 필요하다.

인적 네트워크 구성력(Networking Skills)

인적 네트워크를 구성하고 유지하는 능력은 지식 정보 시스템에서 얻은 지식을 다른 사람들과 공유하고, 협력을 촉진하는 데 중요하다.

인적 요소를 활용한 정보 수집 능력(Information Gathering with Human Element)

인적 요소를 활용한 정보 수집 능력은 동료나 다른 전문가들로부터 필요한 정보를 효과적으로 얻는 데 필요하다.

창의력(Creativity)

창의력은 새로운 아이디어를 생각하고, 비표준적인 해결책을 개발하는 데 도움이 된다. 이는 지식 정보 시스템을 사용하여 혁신적인 방법으로 문제를 해결하는 데 중요하다.

협업 능력(Collaboration Skills)

협업 능력은 팀원들과 함께 일하고, 공동의 목표를 달성하는 데 중요하다. 이는 다양한 지식과 기술을 통합하고, 공유하는 데 필수적이다.

이러한 자질들은 개인이 지식 정보 시스템을 효과적으로 활용하는 데 필수적이며, 이를 통해 조직의 지식 관리와 업무 효율성을 높일 수 있다. 개인은 이러한 자질을 개발하고 강화함으로써, 지식 정보 시스템을 최대한 활용하고 조직의 성공에 기여할 수 있다.

효과적인 개인 정보 시스템 활용을 위한 핵심 요소

실시간/적시 데이터 수집(Real-time/On-demand Data Collection)

개인 정보 시스템 활용의 첫 번째 핵심 요소는 실시간 또는 적시에 필요한 데이터를 수집하는 능력이다. 이는 시장 동향, 업무 관련 정보, 고객 데이터 등을 포함할 수 있으며, 적절한 시기에 정확한 정보를 확보함으로써 더 효과적인 결정을 내릴 수 있다.

지식 수집 및 축적(Knowledge Acquisition and Accumulation)

정보 시스템을 활용한 지식의 수집과 축적은 지속적인 학습과 개인 역량 강화에 필수적이다. 이는 업무 관련 연구 자료, 경쟁사 분석, 업계 보고서 등의 지식을 포함하며, 이를 통해 개인은 전문성을 발전시키고, 지식 기반을 확장할 수 있다.

콘텐츠 관리(Content Management)

개인 정보 시스템의 효과적인 활용에 있어 콘텐츠 관리는 중요한 요소이다. 이는 업무 문서, 프로젝트 파일, 연구 자료 등의 콘텐츠를 체계적으로 관리하고, 필요할 때 쉽게 접근할 수 있도록 하는 것을 말한다.

개인 생산성 향상(Enhancing Personal Productivity)

개인 생산성의 향상은 정보 시스템을 활용하는 데 있어 필수적인 목표이다. 이는 업무 자동화 도구, 시간 관리 애플리케이션, 효율적인 정보 검색 기술 등을 활용하여 업무 효율을 극대화하는 것을 포함한다.

이러한 요소들은 개인이 정보 시스템을 활용하여 자신의 업무와 경력을 효과적으로 관리하고 발전시키는 데 중요한 역할을 한다. 실시간 데이터 수집부터 개인 생산성 향상에 이르기까지, 이들은 개인이 자신의 역량을 강화하고, 업무 효율성을 높이며, 지속 가능한 성장을 도모하는 데 필수적인 방법들이다.

지식과 정보 시스템 활용의 중요성

지식과 정보 시스템을 활용하는 데 있어 다음과 같은 네 가지 유형에 따른 전략적 접근이 필요하다:

지식 부족을 인지하지 못하는 사람 또는 조직 → 피한다(회피 전략)

"아는 게 없지만, 아는 게 없다는 사실을 모르는 사람/조직(아무것도 모르는 바보)"

이 유형은 자신들이 알지 못하는 것을 모르는 상태에 머무른다. 이들과의 상호 작용에서는 조심스러운 접근이 필요하며, 때로는 이들의 영향력으로부터 거리를 두는 것이 현명하다. 잘못된 정보나 결정으로부터 자신을 보호하기 위해 정보의 정확성을 스스로 검증하는 것이 중요하다.

지식 부족을 인지하는 사람 또는 조직 → 가르친다(교육 전략)

"아는 게 없지만, 아는 게 없다는 사실을 아는 사람/조직(단순한 사람/조직)"

이들은 자신의 한계를 인정하며 성장을 원한다. 이러한 유형에게는 지식과 정보의 공유, 교육 기회 제공이 중요하다. 이들에게 적절한 지도와 교육을 제공함으로써, 그들의 잠재력을 최대한 발휘할 수 있도록 돕는다.

지식은 있지만 그것을 인지하지 못하는 사람 또는 조직 → 깨운다(각성 전략)

"알지만, 안다는 사실을 모르는 사람/조직(잠들어 있는 사람/조직)"

이 유형은 자신이 가진 지식을 충분히 활용하지 못하고 있다. 이들의 잠재력을 깨우기 위해, 자신들의 지식과 능력을 인식할 수 있도록 격려하고 동기를 부여하는 것이 필요하다. 이들을 깨워 자신의 능력을 인식하고 이를 적극적으로 활용하도록 유도한다.

자신의 지식을 인식하고 활용하는 사람 또는 조직 → 따른다(추종 전략)

"알지만, 안다는 사실을 알고 있는 사람/조직(현명한 사람/조직)"

이들은 자신의 지식을 알고 있으며 이를 적극적으로 활용한다. 이러한 유형은 모범적인 사례로서, 이들의 접근 방식과 전략을 학습하고 따라야 한다. 이들로부터 배우고, 그들의 지식 공유 방식을 모방함으로써, 자신과 조직의 지식 관리 능력을 향상할 수 있다.

이러한 전략적 접근은 각 유형의 특성을 고려하여 지식과 정보 시스템의 활용을 최적화하는 데 중요하다. 이를 통해 개인과 조직은 지식 관리를 더 효과적으로 수행하고, 지속적인 학습과 성장을 도모할 수 있다.

국문색인

ㅇ

ㅈ

ㅊ

ㅋ

ㅌ

ㅍ

ㅎ

영문색인

제2판
경영 정보 시스템

초판발행 2024년 2월 29일
제2판발행 2026년 2월 10일

지은이 박철우
펴낸이 안종만 · 안상준

편 집 조영은
기획/마케팅 정성혁
표지디자인 BENSTORY
제 작 고철민 · 김원표

펴낸곳 (주) 박영사
서울특별시 금천구 가산디지털2로 53, 210호(가산동, 한라시그마밸리)
등록 1959. 3. 11. 제300-1959-1호(倫)
전 화 02)733-6771
f a x 02)736-4818
e-mail pys@pybook.co.kr
homepage www.pybook.co.kr
ISBN 979-11-303-9773-3 93320

정 가 27,000원